实 现 文 化 的 大 发 展 大 繁 荣

2015

W E N H U A   D A   S H U J U

文化大数据

编委会

主任　张旭　　副主任　李春华　周耀林

主编　苏峰　　副主编　戴有山

为文化立言　为事业立心　为理论立据　为培训立学

知识产权出版社
全国百佳图书出版单位

图书在版编目（CIP）数据

文化大数据 2015 / 苏峰主编. —北京：知识产权出版社，2016.8
ISBN 978-7-5130-4445-5

Ⅰ. ①文… Ⅱ. ①苏… Ⅲ. ①信息技术—应用—文化产业—研究—中国
Ⅳ. ①G124-39

中国版本图书馆 CIP 数据核字（2016）第 221298 号

内容提要

《文化大数据 2015》通过现代网络技术，从文化治理、文体改革、公共文化、文化产业、文化消费、艺术经纬、文化遗产、文化科技、文化交流、社会文化十个方面，对每天发生的重要的文化事件进行全方位的捕捉，并请权威专家对数据进行客观分析，表明对所发生事件的态度并从理论上进行分析及研究，对事件做出相对公正、公平、科学的引领。本书是中央文化管理干部学院信息中心长期坚持的一项研究成果。树立大数据思维是文化从业人员必须具备的基本能力，也是促进中国特色的社会主义文化事业大发展、大繁荣的必然要求。本书旨在为全国的文化从业人员结合基层实践，运用理论分析方法，对动态事件进行科学决策提供一个分析问题、确定观点、解决问题、交流经验的普惠式通俗读本。

责任编辑：荆成恭　　　　　　　　　　　责任出版：刘译文
封面设计：刘　伟

文化大数据 2015

苏　峰　主　编
戴有山　副主编

出版发行：知识产权出版社 有限责任公司　　　网　　址：http://www.ipph.cn
社　　址：北京市海淀区西外太平庄 55 号　　　邮　　编：100081
责编电话：010-82000860 转 8341　　　　　　责编邮箱：jcggxj219@163.com
发行电话：010-82000860 转 8101/8102　　　发行传真：010-82000893/82005070/82000270
印　　刷：北京嘉恒彩色印刷有限责任公司　　经　　销：各大网上书店、新华书店及相关专业书店
开　　本：720mm×1000mm　1/16　　　　　印　　张：25.75
版　　次：2016 年 8 月第 1 版　　　　　　　印　　次：2016 年 8 月第 1 次印刷
字　　数：460 千字　　　　　　　　　　　　定　　价：78.00 元
ISBN 978-7-5130-4445-5

编委会

主　任

张　旭

副主任

李春华　周耀林

主　编

苏　峰

副主编

戴有山

编　委

序

　　"文化"是一个很古老的概念。在中国，"文"与"化"并联使用，最早见之于《周易·贲卦·象传》："刚柔交错，天文也。文明以止，人文也。观乎'天文'，以察时变；观乎'人文'，以化成天下。"西汉以后，"文"与"化"方合成一个整词，如"文化不改，然后加诛"（《说苑·指武》），"文化内辑，武功外悠"（《文选·补之诗》）等。"文""化"联用，虽为古老的词汇，但今天在不同地域，对于不同民族，却被赋予新的时代意义，即人类之间进行交流的普遍认可的一种能够传承的意识形态。我们认为"文化"是指人类从一切社会实践中所获得的物质、精神的生产能力和创造的物质、精神财富的总和。

较之"文化"而言，"大数据"则是一个很新的词汇

　　最早提出"大数据"概念的是全球知名的美国咨询公司麦肯锡。2011年的研究报告《大数据：下一个创新、竞争和生产率前沿》指出："数据，已经渗透到当今每一个行业和业务职能领域，成为重要的生产因素。人们对于海量数据的挖掘和运用，预示着新一波生产率增长和消费者盈余浪潮的到来。"2013年，维克托·迈尔和舍恩伯格等著的《大数据时代》，提出"大数据并非一个确切的概念，而是人们在大规模数据的基础上可以做到的事情，是人们获得新的认知、创造新的价值的源泉"，大数据是为人类服务的一种工具。在我国，国务院2015年9月印发了《促进大数据发展行动纲要》，明确指出"大数据是以容量大、类型多、存取速度快、应用价值高为主要特征的数据集成，正快速发展为对数量巨大、来源分散、格式多样的数据进行采集、存储和关联分析，从中发现新知识、创造新价值、提升新能力的新一代信息技术和服务业态"。业界将大数据的特征归纳为 4 个"V",即数量巨大（Volume）、类型繁多（Variety）、价值密度低（Value）和处理速度快（Velocity），其作用主要是通过数据的收集、分析及价值挖掘，引起社会的革命性进步和创新。

将"文化"和"大数据"相结合，形成"文化大数据"则是一件更新的事情

2012 年 2 月，中共中央办公厅、国务院办公厅印发《国家"十二五"时期文化改革发展规划纲要》，指出"文化与科技融合"，文化建设要顺应大数据时代带来的机遇和挑战。时任文化部文化科技司司长于平认为，"步入大数据时代的文化建设，应当着眼于文化作用的大力发挥和有效实现，这便是党的十八大报告所说'发挥文化引领风尚、教育人民、服务社会、推动发展的作用'"。林青在《大数据应用与文化发展趋势——〈大数据大文化〉研究报告书评》一文中指出，"大数据应用于文化及关联产业相比电商和金融等行业来说相对滞后，但影响不可小视。从商业角度讲，大数据改变了文化产业运营模式和形态；而从社会角度看，它改变着人们的生活方式及社会结构"。

2015 年是我国"十二五"规划的收官之年。这一年，文化科技在演艺、文博、数字阅读、智慧城市等多方面取得的成果，是对 2012 年《国家文化科技创新工程纲要》和《文化部"十二五"文化科技发展规划》提出的"科技带动文化产业发展战略"交出的完美答卷；而"互联网+"行动计划的提出、文化部重点实验室等的建设部署、文化领域的标准化制定，包括大数据、VR 技术应用于文化领域等，则引导着"十三五"文化科技进一步融合发展。❶

---

❶ 孟欣. 2015 年文化科技进一步融合发展革新文化生活［N］. 中国文化报，2016-01-18.

当"文化"发展遇到了"大数据",将会为文化大发展大繁荣带来蜕变

"在大数据时代,转变思维方式很重要。思维的转变对研究、寻求对策都会发生转变。以往的文化艺术学的研究都是寻找一种因果关系,现在则更注重关联性。"将文化与大数据相结合,将会创造出新的火花。

"文化"与"大数据"进行结合,已经出现了很多成功的案例。例如,大数据时代的文化创意产业受到了高度的重视。对于电影产业来说,"大数据"分析正在运用到电影产业的剧本选择、拍摄、营销等各个环节,不仅能为产品找到更加合适的消费者,还可使广告精准投放,带来更好的营销效果。对于出版业来说,"大数据"带来的变化则更具颠覆性。中国新闻出版研究院数字出版研究所研究员汤雪梅表示,通过分析客户网上行为产生的"痕迹",不仅能了解客户的深度需求,从而实现对目标用户的精准营销,还可以"循迹而作",把"大数据"的成果与创作有机结合,或者与读者共同创作一部作品。"它改变了传统图书生产以内容为核心的模式,转而以客户的需求为核心,能够为每个人的需求提供更精准的服务。"

大数据时代的文化消费变化及应用价值

文化消费在大数据时代的变化,尤其是大数据在个性化程度较高的文化消费方面,有着显著的应用价值。对于影视消费来说,通过对大数据的分析、挖掘,影视播出由借力播出平台的品牌效应转变为关注观众需求,观众由被动接受转变为主动参与。对于旅游消费来说,将游客旅游信息拼集而成的大数据通过统计及图示的方式,为地区旅游发展提出明确的修改方案;通过预测游客喜好,进行旅游方案的推送服务。对于时尚视觉消费来说,大数据源自无孔不入的社交媒体,使得原本属于名人的前排座椅已被流行博客写手、拥有大批微博粉丝的摄影师和网络红人所占据,他们对大众的时尚影响力远大于传统的精英人群。

大数据时代给文化发展带来了更大的动力、更多的活力、更强的生命力

大数据时代给文化发展带来了更大的张力、更多的活力、更强的生命力。正因为如此，国际国内都非常重视文化与大数据的结合。例如，2014 年，我国国家文化科技提升计划——"公共文化大数据平台的关键技术"项目获立项，本项目建设依托大数据管理系统，在全国范围内建设以数字转化加工、数字化传播、数字化管理为主要业务的新媒体公共服务平台。韩国首尔一家图书馆举办了一场由图书馆对读者借阅图书的"大数据库"进行分析后推出的定制活动，韩国文化体育观光部推动建设图书馆大数据收集、存储、共享平台，并帮助各大图书馆根据大数据分析结果，开发更多符合读者需求的服务。在互联网用户中占据 50% 以上用户的谷歌和 Facebook，于 2012 年推出的 Knowledge Graph 试图直接回答互联网用户的问题，特别是有关文化的问题（地点、人物、艺术作品等），这一新形态彻底打破了搜索与网页内容提供者相依共存的传统模式。

大数据对文化发展的影响将是直接而深入的，文化领域也正在以积极的姿态应对大数据时代的到来。

2016 年 5 月 26 日

目　　录

第一篇 文化治理

随着大数据时代的到来，中国正处于政治、经济、文化体制深刻变革的重要时期，正逐步迈入多元化社会的进程中。在完善和推进国家治理的步伐中，文化作为一种软实力，发挥着越来越重要的作用。就国家治理而言，传统的依靠政治手段、经济手段和法律手段等的治理模式，受到了时代发展的挑战，已很难从根本上解决问题。如何有效地进行国家治理，除了政治、经济、法律、文化多个因素的回应外，政府、市场组织和公民社会组织等主体也应采取合理措施，积极参与其中。

从宏观层面来讲，文化的使命是为国家治理提供一整套相对稳定、让广大人民接受认同的思想价值体系，为制度变革、社会创新等打牢思想基础。从微观层面来讲，文化治理是指在文化领域实现公众利益最大化，让人民群众分享文化权益、实现文化公平等。文化治理是国家治理的重要组成部分，在国家治理体系中担任着重要角色。文化治理需要依靠文化的力量熏陶和教化民众，塑造现代社会和现代公民良好的形象，营造崇高的道德氛围和良好的社会环境。传播社会正能量，构建牢固的精神家园，形成积极进取的社会风尚，在社会精神、社会意识和社会共识的基础上，建设一个理性成熟的体系框架，在多元社会、多元发展的前提下，实现社会统一协调发展，平稳安全地完成社会过渡和转型。

在当前大数据时代，信息传播模式产生了颠覆性的改变，传统的文化治理方式已经严重滞后，政府文化管理信息被动开放，交流共享严重受限，倒逼政府文化治理的全面升级。相关政府部门应积极利用大数据技术，转变工作方式，变被动开放为主动提供服务，对社会文化进行整体规划，从而使文化传播在大数据时代发挥出更大的价值。

文化治理作为国家治理的重要组成部分，也是社会治理的重要方式。党的十八届三中全会通过的《中共中央关于全面深化改革若干重大问题的决定》（本文以下简称《决定》）提出，全面深化改革的总目标是推进国家治理体系和治理能力现代化。

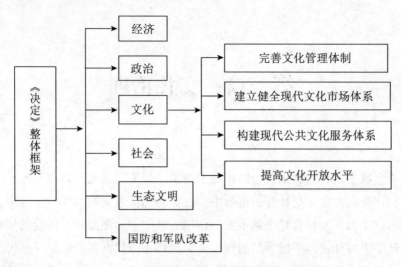

图 1-1　《决定》中有关文化的整体框架图

从图 1-1 可以看出，《决定》从四个方面阐述文化治理的途径，即完善文化管理体制、建立健全现代文化市场体系、构建现代公共文化服务体系、提高文化开放水平。推动我国社会主义文化大发展、大繁荣，是建设社会主义和谐社会的基本任务之一。建设社会主义文化强国，必须增强国家文化软实力，坚持中国共产党的领导，坚持社会主义先进文化前进方向，坚持中国特色社会主义文化发展道路，坚持最广大人民的根本利益，践行社会主义核心价值观，激发全民族文化创造活力，进一步深化文化体制改革。同时，积极吸收借鉴国内外一切优秀文化成果，以我为主，为我所用，引进有利于我国文化发展的人才、技术、经营管理经验。

坚持社会主义先进文化前进方向、遵循文化发展规律，建立健全有利于激发文化创造力、保障人民基本文化权益的文化法律制度。制定公共文化服务保障法，促进公共文化服务顺利开展。制定文化产业促进法，协调经济和文化的关系，把文化经济政策法定化，健全促进社会效益和经济效益有机统一的制度规范。加强网络领域立法，净化网络环境，完善网络信息服务、网络安全保护、网络社会管理等方面的法律法规，依法规范网络行为。

针对我国文化体制改革和建设，要不断建立健全文化治理法律法规，推进文化治理体系的构建和治理能力现代化的提升。实现传统文化管理向现代文化治理的转变，促进现代文化市场有条不紊地运行。推进文化法律法规的体系化建设，保持法律法规与党的规章协调统一。新近出台的《中央党内法规制定工作五年规划纲要（2013—2017）》（本文以下简称《纲要》）提出的"宪法为上，党章为本。以宪法为遵循，保证党内法规体现宪法和法律的精神和要求，保证党内法规制度体系与中国特色社会主义法律体系内在统一"，为我国文化立法提供了依据和标准，使我国文化治理逐步迈向法治化。

　　我国文化治理主要从以下三方面着手开展，见图1-2。

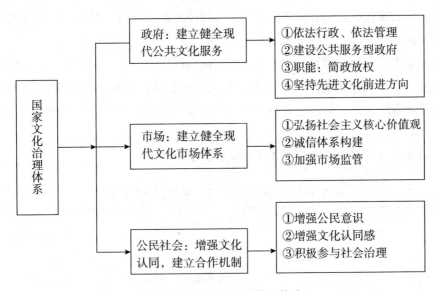

图1-2　国家文化治理体系构建

　　目前，我国文化治理已初具成效，政府采取积极有力的措施，市场自动调控的能力，公民的积极回应都加快了文化治理的步伐。政府、市场、公民社会在各尽其职的前提下，相互统一，有所为有所不为，协调发展。在实践方面，全国（未包括港澳台地区）31省份都不同程度按照《纲要》要求，对文化治理宏观政策进行落地，制定与本地区相适应的相关政策。比如，河北开始了文化产业园区的求索之路，武强国际乐器文化产业园是武强县委、县政府立足乐器产业优势，和河北金音乐器集团、德国GEWA乐器公司、北京路德文化艺术中心共同打造的具有完整乐器文化产业链的综合项目，园区与美国布鲁克林大学合办乐器研究所，每年都有新成果为园内企业所用，并与全国29个院校合作，依托技术中心为平台，不断有新产品问世。

　　从总体来看，虽然国家有关部门和各地方行政机构制定并出台了大量具体性文化法规，但具体实施措施不到位，导致法律规章成为一纸空文。因此，法律规章的制定应该要在尊重国家文化法规的基础上，结合当地实际情况，制定出切实可行的方案和规划。

他山之石，可以攻玉。郭灵凤在《欧盟文化政策与文化治理》一书中提到欧盟推崇"欧洲文化模式"，即"多样性中的一致性"，集中体现了欧盟文化政策的目标，即强调保护共同的文化遗产，提高属于一个共同社会的归属感；承认和尊重文化、民族国家和地区的多样性，促进各种社会的发展和传播。欧盟将显性和隐性的文化政策结合起来，借助市场调控的强大作用，推动了欧洲范围内跨国界、跨部门、跨行业的文化交流。

加拿大针对管理差异，建构了三种文化治理模式：单一文化模式、多元文化模式和多重多元文化模式，并将多重多元文化作为后民族国家和跨越国界的课题。协调多元主义和普世主义的关系，把多重多元文化与兼容并包相结合，促进加拿大的国际性、多样化。

加拿大政府多元文化政策变化情况如表 1-1 所示。

表 1-1　加拿大政府多元文化政策变化情况

时间	20 世纪 70 年代	20 世纪 80—90 年代初期	1995—2005 年	2006 年至现在
文化政策	族群取向的多元文化主义	公平取向的多元文化主义	公民社会取向的多元文化主义	整合性的多元文化主义

加拿大政府多元文化政策经历了四个阶段的变革，目前，采用的是整合性的多元文化主义政策。同样采用多元文化主义政策的国家还有美国、英国等国，多元文化主义政策从根本上就是通过政策力量将不同族群接纳到制度中来，从而使不同族群在共同制度下，学会如何和其他族群成员协商共事。

当前，在推进国家治理体系和治理能力现代化进程中，进一步优化我国各级政府制定实施的旨在促进公共文化服务体系建设和推动文化产业发展的各项文化政策，是提升我国文化治理能力的一项紧迫任务。为此，要从我国现实国情出发，立足中国特色社会主义文化建设，要为实现民族复兴中国梦伟大目标奠定精神文化基础的战略高度，按照党的十八大关于经济、政治、文化、社会和环境五位一体同步建设总布局总要求，在把握经济、政治、文化、社会和环境协调发展的相互关系中，进一步优化文化政策，为国家文化治理顶层设计提供理论依据和现实指导。

文化建设需法治文化"提神醒脑"

引言

随着全国文化法治工作会议的召开，法治文化建设被提上日程。而随着网络文化的发展，知识产权问题日受关注，这也督促国家加大力度建设法治文化，为文化产业的规范发展提供法律保障。

全国文化法治工作会议在京召开

2015年5月19日，文化部在京召开全国文化法治工作会议，深入学习贯彻党的十八大和十八届三中、四中全会精神，认真贯彻习近平总书记系列重要讲话精神，研究部署下一阶段的文化法治工作。文化部党组书记、部长雒树刚出席会议并讲话。文化部党组成员、副部长项兆伦主持会议。

雒树刚在讲话中，明确了未来五年我国文化法治建设的总体目标。到2020年，在文化法治的重要领域和关键环节取得决定性成果，基本建成符合社会主义先进文化前进方向、遵循文化发展规律、有利于激发文化创造活力、保障人民基本文化权益的文化法律制度和规范公正文明的文化行政执法体系，在文化系统内形成办事依法、遇事找法、解决问题用法、化解矛盾靠法的良好法治氛围，打造一支政治强、业务精的文化法治人才队伍，走出一条中国特色社会主义文化法治建设道路，使文化法治滞后的局面得到明显改观。他强调，为实现这个目标，必须坚持党的领导，坚持正确方向，坚持服务民生，坚持统一协调，坚持实事求是。

关于近期文化法治工作的重点任务，雒树刚指出，第一，要加快推进文化立法，重点是推进公共文化服务保障法、文化产业促进法、公共图书馆法等立法项目的进程，切实提高立法质量。第二，深入推进依法行政，深化行政审批制度改革，推行权力清单、责任清单制度，强化文化市场监管，加快文化市场综合行政执法改革步伐。第三，扎实推进法制宣传，着力完善领导干部学法制度，建设法治文化。第四，下大力气加强知识产权工作，尽快制定关于加强文化知识产权工作的指导意见和工作指南，不断提升知识产权服务能力。第五，加强文化法治机构和队伍建设，建立健全文化法治机构，充分发挥文化系统外文化法治专家、律师在文化法治中的积极作用。❶

---

❶ 文化部．全国文化法治工作会议在京召开［EB/OL］．网易新闻中心，2015-05-19．

网络文化：谁来保护我的版权

根据《2013年中国网络版权年度报告》，在最高人民法院2013年公开的知识产权案审理结果中，全国共有1388件涉及网络著作权侵权争议的民事判决书公开，涉诉作品类型中，网络视频民事案件有783件，排名第一，占整个侵犯信息网络传播权案件数量的56%左右。其他依次为网络游戏、图片作品、网络文学及网络音乐。

（1）版权纠缠，缘何剪不断理还乱

毫无疑问，盗版已成为我国网络视频成长过程中绕不过的关键词之一。在网络视频行业明争暗斗的背后，几乎所有视频厂商都因版权问题成为过原告也坐上过被告席。尽管网络视频行业和国家相关部门曾多次合力整治网络视频侵权，但盗版侵权事件仍频频发生。

"网络视频版权的保护，难点在于如何认定侵权和取证。"爱奇艺法律总监王岩在接受采访时告诉记者，现在的侵权种类繁多，尤其是UGC（用户生成内容）及网盘侵权等侵权形式难以甄别。

除此之外，王岩表示，许多公司还假借"避风港原则"进行盗播，即许多只提供空间服务、不制作网页内容的网络服务提供商不承担审查义务，结果这些违法行为屡屡逃脱处罚。据了解，快播就综合了几种侵权方式，既是P2P软件平台，借技术中立为名进行侵权，又找了很多中小网站来运营，这就加大了监测难度和维权成本。

同时，"伤害大，判决轻"也打击了网络视频商的维权热情。"网络视频版权一旦出现纠纷，如果诉诸法律，司法程序比较复杂，周期比较长，判决结果出来后可能错过了该视频热播的时间。"北京泰和泰律师事务所律师吴飞说，"目前侵权盗播的违法成本也比较低，最多赔偿三五十万元，所以很多企业就走上了先盗播再赔偿的歪路。"版权方受损利益很难得到补偿。对此，吴飞希望司法机关在侵权惩罚数额上能有更大突破。

（2）纷争中如何突出重围

湖南卫视前不久推出"芒果独播战略"，《花儿与少年》《唱战记》等几档新节目不再对外销售互联网版权，只在旗下的视频网站芒果TV独播。与此同时，视频网站掀起自制剧风潮，网络自制剧《万万没想到》第二季近日在优酷上映，仅一天时间，优酷点击量就高达2800万；而爱奇艺播出的《废柴兄弟》，上线仅

5 日播放量便一路飙升到近 8000 万。

"一旦卫视不再分销版权，视频网站只能通过自制这条途径寻找优质内容。现在网络视频公司都在抢占优质内容，版权费用炒得很高，但重金购买版权、依靠片头广告获利的方式是不可能持久的。"王岩坦率地说。

另外，版权纷争多是平台之间的混战，用户对此不会有直观的感受。有调查显示，许多网友并不关心自己点击的影片是否存在版权问题，更在乎的仅仅是自己能否最快看到新片，以及视频的清晰度和流畅性。❶

文化法治，为产业保驾护航

2015 年 3 月 3 日，由《中国新闻出版报》和《中国版权》杂志联合评选的"2014 年度中国版权 10 件大事"在中国版权服务年会上揭晓，其中包括：开展第十次打击网络侵权盗版专项行动；"网络字幕组"侵权盗版行为被查处；《使用文字作品支付报酬办法》颁布，对使用文字作品支付报酬的方式等进行了规范；"琼瑶诉编剧于正抄袭案"引起社会广泛关注。

这些事件的入选，实际上从一个侧面展现了我国从新闻、出版、电影、电视，到互联网、新媒体等普遍存在着的版权侵害问题。"人们在生活中看到，文字作品、音像制品等盗版普遍存在，不仅严重地损害了创作者和投资者的利益，更打击了他们的创作动力和积极性。"中国社会科学院知识产权中心研究员李明德说，这一方面缘于公众的知识产权和维权意识普遍比较淡薄，致使知识产权保护的氛围不浓厚；另一方面是维权成本太高、打官司"得不偿失"。

与之相应的是我国文化法治的严峻现状。文化部部长雒树刚公开指出，文化法治建设还存在着文化领域的立法数量总体偏少、文化立法层次仍然较低、文化建设各领域立法不平衡、文化知识产权保护工作开展力度不够等一系列问题。

盈科律师事务所高级合伙人、文化传媒与知识产权专业律师王军表示："文化市场的飞速繁荣，催生了很多新兴的媒体平台、创新手段、创意模式和创作成果。它们为整个文化市场带来生机，同时也带来了一些问题。比如，电视节目模式的版权保护问题、网络言论侵权问题、新媒体传播的著作权侵权问题、技术革新过程中的专利侵权问题、知识产权侵权与不正当竞争交织的问题，等等。"

中国人民大学法学院副教授姚欢庆谈道，与文化市场关系最密切的法律制度就是知识产权制度。"然而，知识产权制度是随着新技术变化而不断发展的法律

---

❶ 光明网. 网络文化：谁来保护我的版权［N/OL］. 光明日报，2014-07-24.

制度，更容易落后于时代。尤其是随着互联网的不断发展，知识产权制度的很多方面都面临新的挑战。"

"由于微博、微信与生俱来的社交媒体属性，当著作权人将作品发布到微博上以后，其他人的转载行为是否构成侵权，有探讨的余地。另外，'今日头条'案引发的新闻深度链接问题、腾讯与 360 的反垄断诉讼等，都是与文化市场发展息息相关的法律实践问题。"姚欢庆说，自媒体传播的复杂性导致了法律定性的困难，而新技术的不断发展和新情况的不断出现又让法律随时处于滞后的状态。具体到实践，在更多方面都可以看到法律体系亟须完善。❶

数据分析

目前文化法治建设相对于经济、政治、社会和生态环境等领域仍然滞后，不努力加快推进，就会成为中国特色社会主义法治建设的"短板"，直接影响依法治国基本方略的全面落实；直接影响文化产业的规范发展。

文化法治建设存在的突出问题有以下六个方面。

第一，文化领域的立法数量总体偏少。据不完全统计，截至 2015 年，我国法律法规总数约 38000 多件，其中文化法律法规仅有 1042 件，占全部法律法规总量的 2.7%，而文化法律仅占全部法律的 1.7%。

第二，文化立法层次仍然较低。大部分为法规和规章，权威性、系统性、针对性不够，对相关权益的保障力度不够；同时，由于处罚权限、处罚力度有限，执行难度很大，对违法违规者往往起不到约束和震慑作用。

第三，文化建设各领域立法不均衡。现行文化相关法律法规主要集中在文化遗产保护和文化市场管理方面，保障公共文化服务、发展文化产业、促进文化交流等方面的立法几乎空白，缺乏对新型文化业态的及时回应。

第四，文化执法保障措施力度较弱。文化综合执法队伍的法律身份仍然没有通过法律法规得到确认，执法的有效性受到影响。部分文化法规操作性不足、部门联合执法机制不畅，影响了执法的有效性。

第五，文化知识产权工作开展力度不够。文化系统知识产权意识整体上仍然薄弱，文化知识产权保护力度不足，在现有法律制度下，文化领域知识产权侵权成本低，举证和维权难度大。

---

❶ 郑海鸣．文化法治，为产业保驾护航［N］．人民日报，2015-05-28.

第六，专业化的文化法治队伍尚不健全。各级文化行政部门中，具有法律专业背景的人员偏少，而且其中一些人长期不从事法律工作，在政府职能转变的大背景下，难以满足文化发展对文化法治工作的需求。

当前，文化法治建设的问题主要集中于文化立法、执法、司法和法律监督、法律宣传等方面，其中最主要的问题还是法治意识、法治思维不足引起的，其根本在于法治文化在文化领域还没有充分发挥引领作用。所以，从这个角度来讲，加强文化法治建设，还需法治文化为文化法治建设提供精神支柱和智力支持。

透析"众创时代"下的"创意大释放"

引言

在 2015 年全国两会的政府工作报告中，李克强总理在谈到大力调整产业结构时指出，2014 年我国着力培育新的增长点，众多"创客"脱颖而出，文化创意产业蓬勃发展。尽管只是简短的一句话，但在"创客"群体中引发强烈关注，成为代表委员热议的话题。

国务院发文力挺众创空间草根创业时代来临

2015 年 3 月 11 日，在国务院办公厅的发布文件中，中央为扶持大众创业送上大红包，提出推进大众创新创业的八个重点任务（本文以下简称"国八条"）。

"国八条"中，"众创空间"的概念再次被提到。文件要求，加快构建众创空间。到 2020 年，形成一批有效满足大众创新创业需求、具有较强专业化服务能力的众创空间等新型创业服务平台。此外，培育天使投资人和创业投资机构、开展互联网股权众筹融资试点等字眼也出现在文件中，意图全方位推进大众创业。

"国八条"中提到，总结推广创客空间、创业咖啡、创新工场等新型孵化模式，构建一批低成本、便利化、全要素、开放式的众创空间。发挥政策集成和协同效应，实现创新与创业相结合、线上与线下相结合、孵化与投资相结合，为广大创新创业者提供良好的工作空间、网络空间、社交空间和资源共享空间。

"和传统的孵化器相比，众创空间更多的是一种创业文化、氛围、环境和社区的概念，注重的是综合服务能力，另外还应包括创业的法治、文化、市场环境及社会生活的服务。"北京中关村管委会副主任宣鸿对本报记者解读。

（1）风口上的创业服务

和"众创空间"一起火起来的词还有"创客"，因为国务院总理李克强的一次到访，他们迅速蹿红，更被写入2015年的政府工作报告。

创客，来源于英文单词Maker，意指将与众不同的想法变成实物的人。在国内，他们多活动于创客空间。2015年1月，李克强来到深圳柴火创客空间，参观创客们的创意产品，一句"我再为你们添把柴"让小众化的创客空间走入大众视野。

2010年创客空间进入中国，目前，国内比较活跃的创客空间并不多。北京创客空间创始人王盛林对本报记者表示，空间主要为创业者和兴趣者提供场地、设备和创业指导，投资对接和供应链生产的支持，更关键的是在这里进行跨领域和跨产业的碰撞，目前已经有12个项目获得了融资。在引入新的投资人后，该空间计划在年底前扩展到8个城市，同时搭建基于时尚、机器人、美食等不同领域的创客空间。

为创业公司服务，正在和大众创业一起站在风口。数据显示，全国现在有科技企业孵化器超过1600家、大学科技园115家、在孵的企业8万多家，就业人数170多万。

但是，这些创业孵化器仍多以零散的状态出现，聚集资源的能力并不强。"众创空间"概念的提出，将推动孵化器升级。天使汇CEO兰宁羽表示，与硅谷的创业孵化器相比，创业文化、竞争体系、投资人数量、创业信用等都是国内的创业服务需要解决的问题。天使汇正在以O2O的方式为创业者提供创业指导、融资等服务。

（2）草根创业"黄金"时代

过去，人们对创业者的关注多集中在精英阶层，特别是一些从大企业离职的高管或者某个行业里的知名人士。但是现在，这一格局正在被打破，在高层的推动下，草根阶层的创业将会得到更多的重视。

全国政协委员、共青团中央常委倪邦文在接受记者采访时说到，创业需要环境，需要大家聚集起来分享创业经验，探讨创业模式，所以一定要汇集各种资源，把政策、资金、人才、技术叠加在一起，这样才能为创业提供更好的环境。❶

---

❶ 江旋. 国务院发文力挺众创空间草根创业时代来临［N］. 第一财经日报，2015-03-12.

创客交流催生文化创意成中外文化交流热点

创客的出现与文化创意产业的蓬勃发展密不可分。"创意产业"概念最早由英国提出，涵盖出版、电视和广播、电影和录像、电子游戏、时尚设计、软件和计算机服务、设计、音乐、广告、建筑设计、表演艺术、艺术和古玩、工艺 13 个子行业。创意产业最核心的要素就是"创造力"，由原创激发的"差异"和"个性"是创意产业的根基和生命，这与创客的特质不谋而合。中国人民大学文化创意产业研究所所长金元浦认为，创客思维最大的创意在于未来大规模的生产和集聚，为当前文化创意产业集聚区的升级换代提供了借鉴。

（1）创客空间在国内蓬勃涌现

当前，中国已经形成以北京、上海、深圳为中心的三大创客生态圈，各种创客组织蓬勃发展。尽管创客是文化创意产业重要的助推者之一，但是中国创客的规模仍比较小。据统计，全球创客空间已达数千家，而中国只有 70 余家。中外创客，以及创客空间之间的交流与合作绝对是壮大中国创客群体的一条捷径。

（2）创客成中外文化交流热点

2014 年 3 月 6 日，享有"世界创意经济之父"美誉的约翰·霍金斯在北京发布了酝酿两年之久的"新百万英镑"创筹计划。该计划将根据中英文化交流年在创意产业方面的重点领域，特别针对中英影视合作、文化产业投资与设计服务贸易等方向，发起集文化产业创权交易、创权开发、创权投资三位一体的创筹平台。通过"创筹"机制，为纳入"新百万英镑"计划的各类项目，提供"设计驱动"与"投资跟进"的平台，为初始阶段文化产业项目的创作与投资提供更多的交易机会。❶

让"创客"创新创业常态化

进入 21 世纪以来，随着移动互联网的勃兴，设计制造领域出现了以用户创新、共同创新为理念的创新生活实验室、制造实验室及众筹、众包、众智等创新模式，激发了全球性的创客运动。线上虚拟社区与线下实体社区融合发展，形成了各具特色的"创客空间"，成为新的创业孵化器。

2015 年 3 月，"互联网+"进入政府工作报告，国务院办公厅发布《关于发

---

❶ 疏影. 创客交流催生文化创意［EB/OL］. 中国文化传媒网，2015-03-16.

展众创空间推进大众创新创业的指导意见》，顺应了网络时代大众创业、万众创新的新趋势，给创业者带来了全新的创业机会。中国丰富的人力资源、便利的交通及通信基础设施、庞大的内需市场、逐渐完善的产权制度、日渐兴起的创新创业文化等要素融合在一起，将为创客提供广阔的创新创业空间。

目前，"创客潮"正由北京、深圳、上海迅速向全国扩散。让"创客"创新创业常态化，政府可在多方面发力：一是鼓励社会力量参与教育、卫生、文化等公共产品和服务供给，给创业留足空间；二是搭建互联互通的创业服务平台体系，建立多层次的创新合作伙伴关系；三是与企业、大学、社会组织合作提供常态化的创新创业培训，为初创者识别机会、整合资源、建设团队和开发运营项目提供全程辅导。虽然新的创业潮面临诸多挑战，但在一轮轮"大浪淘沙"的创业潮中，必然会涌现一批批新的"傲立潮头"的幸运儿。更多人参与创造、创新、创意、创业和创富，将有助于和受益于创新经济的繁荣发展。❶

数据分析

创客群体未来将逐渐成为社会的主流，并将对社会的生产、生活和组织模式带来深远的影响。首先，生产方式上，将由过去的大规模的批量生产变为个性化的定制式生产。生产者和需求者通过互动交流，可以按照自己的创意来生产，实际中包括传统工艺的艺术化改造、现代数字化制造等多种生产手段。其次，在生活方式上进入了一个"自定义"时代。伴随着创造性的释放，每个人都渴望按照自己的特色和理想定义生活，追求实现自我价值的表达方式，并形成庞大的"亚文化群体部落"。最后，在社会的组织模式上，将告别工业时代大型的垂直化、大规模的"块状的、体量化的组织形态"，变为"生物群落化的社会生态链"模式。社会舞台上更多涌现的是个人创新者、组织创新者和平台组织（如众筹、众包平台）。

众创时代对城市的变革是全方位立体性的、革命性的。着眼未来，无论是城市的空间组织形态、城市的发展内涵抑或是景观特色都应该适应新的时代变化。合理的城市变革还能更加有效地推动众创时代的来临。如何通过更新城市构建创新型的社会，应当通过以下 5 个方面来实现。

①体验化的城市设计。城市是激发创新欲望、孵化创新想法及创意者沟通的

---

❶　万劲波 . 万劲波：让"创客"创新创业常态化 [N]. 中国科学报，2015-03-02.

空间载体。未来的城市在空间的组织上、建筑景观的设计上都应该奉行突出主题化和精致化的路线，按照"众创空间品牌展示中心"的标准打造。

②智能化的城市设施。这不仅需要创客之间的畅通交流，还需要生产和供应者的快速沟通和互动，以及各种智能设备之间的数据交换和系统协同。这一切都离不开更加完备和快速的网络基础设施。在未来我国的城市建设中，应该对智慧城市、数字社区深入地展开研究并创新实践。

③平台化的社会组织。众创侧重于发挥每一个人的创造力，通过个人分享和组织协同来共同创新，无论是政府组织的支持还是各种专业化、主题化的协会组织都将发挥重要的作用，社会结构将趋向"扁平化"。我国未来应该在有效监督的基础上更多的放开一些协会组织，并积极探讨和实践一些有利于创新的组织模式。比如主题化的创新合作社、社会型企业、众筹、众包平台等。

④主题化的社区建设。在众创时代，社区的"城市组织细胞"的功能将会进一步凸显。工业时代的大规模经济将逐渐被淘汰，小规模的协作生产必然带来各种"亚文化主体的人群"的空间聚集，形成新的"线上线下结合的"创新社区。在未来的城市发展及建设中也应该注意到这种变化，鼓励每个社区充分发挥自己的文化特色，构建自己主题化的社区组织模式和管理模式。

⑤多元化的创新文化。随着互联网技术的渗透和社会的发展，世界变得日益的扁平化，文化逐渐成为保持世界纵深感的核心力量。因此，每一个城市都应该根据自己的产业特色和资源禀赋建立自己的创新文化体系，形成对全民创新的软性引导作用。无论是隐性的还是显性的文化、大时代和小时代的文化、主旋律和亚文化都应该纳入体系构建的范畴。

总之，众创时代是一个全新的时代，也是人类历史上第一次有真正意义的"创意大释放"时代，对社会的结构、人们的理念都将产生深远的影响。我们生活和工作的城市也应该顺应这种时代的变化，适时地推动城市的变革，才能在新世界产业变革和创新变革中抢占先机。

朔州创建国家公共文化服务体系示范区的"鲶鱼效应"

引言

朔州市在创建国家公共文化服务体系示范区的过程中，以山西省国家资源型经济转型综合配套改革试验区建设为统领和切入点，立足全市实际，加快构建现代公共文化服务体系，大力实施公共文化设施网络完善工程、文化供给保障工程、基层文化惠民工程、文化资源数字化工程等七大工程，不断拓展公共文化服务的深度与广度，形成了公共文化服务的"鲇鱼效应"。

创建国家公共文化服务体系示范区朔州亮点多

自 2013 年 4 月朔州市创建国家公共文化服务示范区工作启动以来，立足全市实际，加快构建现代公共文化服务体系，严格按照《创建国家公共文化服务体系示范区中部地区标准》《朔州市公共文化服务体系制度设计研究方案》《朔州市创建国家公共文化服务体系示范区规划（2013—2015）》的总体要求，加强部门协调配合，建立联动机制，发动社会力量积极参与，不断拓展公共文化服务的深度与广度，在全市形成了政府主导、部门协调、社会参与、城乡共创共建的良好氛围，亮点频现。

（1）七大工程为公共文化服务体系建设保驾护航

在较好的基础条件和扎实的文化实践基础上，在上级部门的大力支持和专家的指导帮助下，朔州市创建工作着力实施七大工程，加快提高公共文化服务能力和水平，有效保障广大人民群众基本文化权益，满足人民群众多样化、多层次、多方面的精神文化需求。

①公共文化设施网络完善工程。按照统一标准，配齐基层文化馆、站、室设备；市县区文化馆、图书馆 100% 达到国家部颁三级以上标准，乡、村文化站（室）100% 达到规定标准要求，实现基层公益性文化设施全覆盖。

②文化遗产保护工程。既保护重点文物，也保护非物质文化遗产。继续推进应县木塔申报世界文化遗产工作。高度重视崇福寺、净土寺、广武长城、广武古城等国家重点文物的保护工作。扶持朔州秧歌戏、晋北道情、朔州赛戏、雁北耍孩儿、北路梆子、踢鼓秧歌等具有地方特色的传统文化艺术和非物质文化遗产，让其焕发新的生机和活力。

③特色文化品牌提升工程。突出地域文化特色，持续开展"1+6"系列文化节庆活动，叫响"冬有海南、夏有朔州，南有三亚、北有右玉"口号，让海内外进一步了解朔州独特的边塞文化旅游资源和夏天清爽宜人的气候优势。同时，完善右玉展览馆，规划建设平朔改革开放纪念馆和国家煤炭地质矿山公园，彰显朔州的时代精神特质。

④文化供给保障工程。继续实行图书馆、文化馆、博物馆无障碍、零门槛进入

制度，提升公共文化服务质量。图书馆、文化馆、博物馆免费或优惠向弱势群体和特殊人群开放，完善方便残疾人及老年人、少年儿童的活动区域和服务项目，主动开展丰富多彩的文化活动。建设中的科技馆，将增加群众文化活动场所。

⑤基层文化惠民工程。继续实施好农村电影放映，定期组织市县文化院团送戏下乡，丰富群众精神文化生活。广泛开展全民健身运动，促进群众体育和竞技体育全面发展。

⑥文化资源数字化工程。坚持政府主导、社会参与，利用高等院校力量，整合分散在不同部门的公共文化服务资源和项目，建设数字图书馆、数字博物馆，以技术创新促进公共服务方式创新，实现基层公共文化服务资源的共建共享。合理布局建设规范化的数字电影放映影院，每个县区至少建设一座数字化多厅影院。

⑦人才队伍壮大工程。深入实施"三个一百"科技人才引进计划，支持文艺作品创作，持续举办名家讲座、朔州大讲堂等，加强高层次人才队伍建设。实施百名文化带头人培养计划，培养地方剧种、陶瓷、剪纸、活性炭雕等非物质文化遗产和新型工艺领域的领军人物，传承发展好地方特色文化。全面推进人才队伍建设，努力形成出人才、出成果的互动双赢格局。

（2）完善公共文化服务网络提升公共文化服务能力

在《关于加快建设文化强市的实施意见》中明确提出：到"十二五"末，确保实现市有博物馆、公共图书馆、文化（群众艺术）馆、科技馆、体育馆、歌舞剧院的"五馆一院"目标；县级在巩固"县县有文化（博物）馆、体育馆（场）、图书馆"的基础上，加快数字多厅影院建设，形成"三馆一院"。自示范区创建以来，按照网络健全、结构合理、发展均衡、运行有效的原则，以政府为主导、以公益性文化单位为骨干，引导和鼓励全社会积极参与，目前市有"三馆一院"、县有"两馆一院"、乡有综合文化站、村有文化室，市县乡村四级公共文化服务设施网络基本完善。四级公共文化设施全部实行免费开放。各级公共图书馆、博物馆、文化馆（站）面向广大群众，尤其是弱势群体和特殊人群实施无障碍、零门槛进入制度。不断完善残障人士，以及老年人、未成年人的设施设备功能；在做好日常文化服务的同时，朔州市还注重加快推进公共数字文化工程建设，着力构建覆盖全市城乡的文化信息资源服务网络，为基层群众提供便捷的现代网络技术服务和数字文化信息服务。

（3）打造文化活动品牌惠及城乡群众

文化惠民是党"执政为民"理念在文化上的具体反映，是构建公共文化服务体系、推动城乡基本公共文化服务均等化的重要途径。朔州市近年来全面实施"广播电视村村通""村级文化活动场所全覆盖""农家书屋全覆盖""农村电影放映工程""送戏下乡"等文化惠民工程，形成了一道道绚丽的"文化风景"，极大地提升和丰富了基层群众的文化生活。

基层文化建设的发展繁荣最终是要让人民群众的生活质量得到改善、生活内容变得丰富。近年来，市县区各级政府积极搭建文化活动平台，全力打造群众文化活动品牌。各乡镇及社区借助文化大舞台，开展形式多样、丰富多彩、主题突出的广场文化活动，每场演出由不同单位或乡镇主办，群众自发组织广场舞学习和交流。在农村，越来越多的村级文化活动室，正丰富着农村百姓的精神生活。

（4）引入社会力量，参与公共文化建设

2015 年在中共中央办公厅、国务院办公厅印发《关于加快构建现代公共文化服务体系的意见》（中办发〔2015〕2 号）中明确指出，"鼓励和引导社会力量参与，进一步简政放权，减少行政审批项目，吸引社会资本投入公共文化领域。建立健全政府向社会力量购买公共文化服务机制，以支持社会力量通过投资或捐助设施设备、兴办实体、资助项目、赞助活动、提供产品和服务等方式参与公共文化服务体系建设"，其中积极引进社会力量参与公共文化服务，是加快构建公共文化服务体系的重要举措和经济社会发展的客观要求。

近几年，朔州市各级政府积极采取措施，实行国有和民营的文化企业同等对待，提供宽松的环境，实行多项政府购买公共文化服务，以此引导群众参与公共文化服务建设，引导社会力量参与公共文化服务建设。一是文化惠民演出采取政府购买服务方式，如"送戏下乡""周末大舞台"等；二是基层文化工作人员采取政府购买服务方式，通过政府购买公共文化服务，市图书馆、群艺馆、博物馆、艺术中心招聘工作人员 115 名，有效缓解了编制不足、人员短缺的状况；三是文化志愿者服务，2015 年 3 月朔州市群众艺术馆文化志愿者"送文化、下基层"志愿服务群众文化艺术系列活动正式启动，活动第一站在朔州市南邢家河村圆满举行；四是借助民间资本，加快推进多厅数字影院建设，朔城区、平鲁、应县、右玉县、怀仁多厅数字影院建设全部借助民营力量推进，六县区多厅数字影院建设年底可实现全覆盖。

借助现代科技，全面构建网络健全、结构合理、运行有效、惠及全民的公共文化服务体系。一是推进朔州数字图书馆建设，实现纸质资源和数字资源的全程共享，同步加强市级和县级文化馆、博物馆数字化建设；二是积极实施公共数字文化建设工程。在朔州市文化资源信息共享工程建设的基础上，建立统一高效的公共文化数字服务体系，推进公共文化数字馆和公共电子阅览室建设项目，提高公共数字供给服务能力，建设"两中心两站"（机房中心、管理中心、群艺馆服务站、博物馆服务站）、"六馆八库"（数字图书自助出版馆、数字群众艺术体验馆、数字体育体验馆、数字实景博物馆、数字美术馆、数字红色文化馆和"右玉精神"数据库、朔州地方志年鉴数据库、朔州文物古迹数据库、朔州名人数据库、杨家将专题数据库、朔州宗族家谱数据库、朔州非遗数据库、朔州文艺数据库），构建市、县、乡、村四级公共数字文化共享平台，支持采用数字、网络等高新技术，发展移动多媒体广播电视、网络广播影视、移动文化信息服务、数字娱乐产品，推进广播电视传播和电影放映数字化进程。❶

数据分析

朔州市在创建国家公共文化服务体系示范区的过程中，始终坚持以党的十八大和十八届三中、四中、五中全会精神为指导，围绕优化经济结构和提升发展质量"两大任务"，通过加快工业新型化、农业现代化、市域城镇化和城乡生态化的步伐，强化建设"五个基地"：全国综合能源示范基地、工业固废综合利用示范基地、日用陶瓷生产基地、生态畜牧养殖基地、特色农产品加工基地，以及建设边塞文化旅游目的地、北方避暑胜地，努力探索资源型地区转型跨越发展的新路子。朔州市着力实施的七大工程立足于广大人民群众的根本利益和多样化、多方面、多层次的精神文化需求，努力在保障广大人民群众根本利益和文化权益的同时，提高朔州市公共文化服务的能力和水平。

朔州市在建设国家公共文化服务体系示范区的过程中，将国家政策的领导与朔州的客观实际相联系，形成了一套朔州所独有的发展规划和实施方案。在不断完善市县乡村四级公共文化设施网络的同时，注重引进高新科学技术，推进公共数字文化建设工程的实施。朔州市政府积极采取各项措施，实施政府向社会力量购买公共文化服务的机制，以充分调动社会各方面的积极性，推动广大企业和个人参与到公共文化服务建设。

朔州市取得成绩的同时也存在一些困难和问题。比如经费投入结构不合理、全市公共文化建设不均衡、专业人员紧缺，乡村两级创建工作不足等。朔州市在

---

❶ 《三晋都市报》（太原）、《朔州日报》综合整理．创建国家公共文化服务体系示范区朔州有特色亮点多［N/OL］．山西新闻网—三晋都市报，2015-06-25．

进一步加强建设国家公共文化服务体系示范区的过程中，需要不断完善不足之处，再创新高度。

新闻界"打假"成为新常态，中国新闻事业跨入进步时代

引言

2015 年 1 月 27 日中国记协评奖办公室就撤销第二十四届中国新闻奖拟获奖作品《中国慰安妇民间调查第一人》和三等奖获奖作品《阳洋：生命的最后一刻定格在新闻现场》获奖资格进行公开通报。这是中国新闻奖评选 24 年来，首次就违规参评作品进行公开通报批评。标志着新闻界"打假"的新常态即将到来，更标志着我国知识产权保护迈上了新的台阶，也让"中国新闻奖"更具有权威性和公信力。

中国记协首次通报中国新闻奖违规参评作品情况

在第二十四届中国新闻奖评选中，中国记协评奖办公室收到对文字通信三等奖拟获奖作品《中国慰安妇民间调查第一人》涉嫌严重抄袭的社会举报。经核查，确认举报意见属实。本届评委会主任会研究决定，撤销该作品中国新闻奖三等奖获奖资格。

经查，《山西日报》2013 年 11 月 6 日发表的《中国慰安妇民间调查第一人》，文字内容与法制日报社下属报《法治周末》2013 年 9 月 25 日发表的文字通讯《孤独的"慰安妇"民间调查者》雷同，其中有 9 个段落完全相同。

根据《中国新闻奖、长江韬奋奖评选办法》（记协发〔2014〕1 号）第九条"处罚办法"规定，中国新闻奖评委会主任会议决定，对《山西日报》中《中国慰安妇民间调查第一人》作者王建科、胡元学，编辑范林鹏通报批评；上述 3 人三年内不得参与中国新闻奖评选；该作品推荐单位山西日报社不得参评第二十五届中国新闻奖文字通讯项目评选。

希望各地区各单位吸取教训，加强新闻从业人员作风建设，严格采编工作管理，完善审核办法和机制，堵塞管理漏洞，切实维护新闻工作的公信力，确保中国新闻奖评选工作的严肃性和权威性。

关于撤销《阳洋：生命的最后一刻定格在新闻现场》的问题。

近期，中国记协评奖办公室收到对第二十四届中国新闻奖电视消息三等奖作

品《阳洋：生命的最后一刻定格在新闻现场》涉嫌后期制作的社会举报，且举报意见属实。评奖办公室研究决定，撤销该作品中国新闻奖三等奖获奖资格。

经查，该作品在原始播出作品《新闻特写：用镜头记录着他们的生死时刻》的基础上重新制作，修改了原播出作品、伪造参评视频。

根据《中国新闻奖、长江韬奋奖评选办法》（记协发〔2014〕1号）第九条"处罚办法"规定，中国新闻奖评奖办公室决定，对该作品主创人员唐永波、义庆峰、周自金、吕泰松进行通报批评；上述4人三年内不得参与中国新闻奖评选；该作品推荐单位贺州电视台不得参评第二十五届中国新闻奖电视消息项目评选。

希望各地区各单位吸取教训，引以为戒，加强新闻从业人员作风建设，树立正确的价值观、荣誉观，切实维护新闻工作的公信力，确保中国新闻奖评选工作的严肃性和权威性。❶

以改革提升中国新闻奖权威性和影响力——《中国记者》专访中国记协主席、中国新闻奖评委会主任田聪明

第二十四届中国新闻奖和第十三届长江韬奋奖评选已落下帷幕，又开始筹备下一届两奖评选。近年来，中国新闻奖和长江韬奋奖评选越来越受到业界和学界关注，《中国记者》专访中国记协主席田聪明，请他分析过去几年两奖评选改革的难点、重点，并介绍两奖下一步的工作重点。

中国记者：近几年来，中国新闻奖得到业界和学界越来越大的关注，这与其锐意改革是分不开的，您是如何考虑中国新闻奖评选的改革问题？2008年之后，您采取了哪些改革措施？

田聪明：概括讲首先是坚持标准。第一，无论是获奖的人还是作品，都要贯彻中央新闻工作的原则方针，坚持正确的舆论导向；必须坚持新闻规律，坚持新闻必须真实，要素必须交代清楚。还有具体标准，比如参评作品的范围就是经主管部门批准的媒体，是上年度内发的原创、首发作品。语法错误、错别字等也做出了规定。第二，坚持好中选优。中国新闻奖原来是28个奖项，后来又加了国际传播，一、二、三等奖都有规定的数量，可空缺但不得突破。而中国现在有近

---

❶　中国记协网．中国记协首次公开通报中国新闻奖违规参评作品情况［EB/OL］．新华网，2015-01-27．

两千家报刊，几百家广电媒体，众多的网站，有几十万新闻从业者，每年有那么多好作品，我们只能是好中选优。有瑕疵的作品，包括标点符号错误，至少不能获一等奖项。第三，坚持宁缺毋滥。近几年每年中国新闻奖都有空缺的，长江韬奋奖也空缺过。执行起来很难，但由于是先讨论，定下规定后，再评选，所以谁都没有理由不执行。

这些标准不少过去就有，但是没有具体执行的保证或执行不坚决。所以从2009年开始，下功夫解决这些问题。那年的评奖办法修改了好多次，有时候被我改得面目全非。同时，对评奖程序、机制也做些改进，比如确立三级评选，地方上的报纸、电台、电视台、网站是一级，界定为推荐单位；省（区、市、兵团，下同）记协是第二级，叫报送单位，最后到全国记协来定评。还有就是四次公示，推荐单位一次公示，报送单位一次公示，评奖办公室收到参评作品、参评人选并初步审核之后，再进行一次公示，定评委员会评出来后，又一次公示。每次公示中的举报都要认真核查，凡查实的就坚决拿下。三级评选，四次公示，目的就是要将两奖评选作为一个过程，发动新闻界乃至社会各界监督，以保证评出来的作品高质量、有权威，使新闻界比较信服。

评奖办法制定不容易，但具体执行起来更难，我应对的办法就是"较真"。为了评奖切实坚持标准，2013年我在《中国记者》第9期发表了在评委会上的一篇讲话，题目就叫《评好中国新闻奖，评委是关键》，我还强调评委的关键在评委会主任，关键在坚决执行评奖标准。2009年开始，对评委会组成也做了规范，评委主要由四个部分组成：一部分来自党政主管部门，一部分来自各省记协，还有就是专家学者和编辑记者代表。后两部分是要每年轮换的。党政部门的同志由于工作原因，也大约有一半自然轮换。❶

中国新闻奖对弄虚作假"斩立决"捍卫公信力

中国新闻奖，每年评选一次，被誉为"全国性年度优秀新闻作品最高奖"。面对这样一个极为严肃的新闻大奖，有的新闻单位居然弄虚作假，并最终获奖，令人愕然。细想释然，正因为中国新闻奖权威、高端、上档次，一些单位才暗自觊觎，甚至通过不光彩、不正当的方式染指。任何评奖，公正是生命力，中国新闻奖自然不例外，对弄虚作假的作品就应该"斩立决"。

撤销问题作品的获奖资格并公开通报批评违规参评作品，这还是中国新闻奖

❶ 梁益畅，张垒. 以改革提升中国新闻奖权威性和影响力［J］. 中国记者，2014（12）.

评奖 24 年来的首次。这是维护中国新闻奖公信力的需要，如果问题作品获奖，中国新闻奖的公信力必将受到损伤；这也是维护评奖公正，尊重其他参评者的需要，既然是参评，每个作品都遵守同样的规则。

其实，中国新闻奖评选一直捍卫严格规则，不断完善评选程序，以维护奖项公正性和权威性。比如早在 2008 年就出台新规，凡发现参评、获奖作品和相关申报材料有篡改、伪造等严重违规问题，一经核实，就取消该作品的参评资格；已获奖的要取消所获奖项，追回证书、奖杯和奖金，3 年内禁止该作者、编辑和推荐单位参加中国新闻奖评选，并将查处结果通报全国新闻界。这次对这两件问题作品的处置，正是按此规定。不留情，不妥协，也不大事化小，正体现了中国新闻奖的严肃性、公正性、权威性。

只要符合要求，各新闻单位都有权参评，但是不能造假。如果新闻单位造假，如何守住新闻工作的公信力？如果记者编辑造假，如何采写、编辑真实新闻？在评价中敢造假，在日常工作中就敢造假。近年来，新闻界出现一批害群之马，与记者缺乏自律有关，恐怕也与记者所在的单位缺乏监管有关。当新闻单位与记者编辑合谋造假，还能指望他们把住关、守住底线？

在第二十四届中国新闻奖、第十三届长江韬奋奖颁奖报告会上，刘云山强调，新闻工作者要真实、生动、鲜活地讲好中国故事，"真实的故事最精彩，百姓的故事最生动，要坚持实事求是，不断改进创新，努力出新出彩"。把真实放在首位，可见真实极其重要，不容挑战。采写新闻要真实，参评中国新闻奖也要真实。弄虚作假，必须付出代价。不仅记者被通报，记者所在的单位也被通报，以儆效尤！

在全国新闻工作者眼中，中国新闻奖是荣耀，每家新闻单位、每名从业者都有责任维护它的权威。真想获奖，记者就应该走出办公室、走出高楼大厦，深化"走转改"，多到基层一线，采写接地气、有温度的好新闻。以求真务实的态度，踏踏实实地干，中国新闻奖自然会垂青。❶

数据分析

"中国新闻奖"评选截止到 2015 年已有 24 年，此次为首次公开通报批评违规参评作品，标志着新闻界"打假"的新常态即将到来，更标志着我国知识产

---

❶　秦川．中国新闻奖对弄虚作假"斩立决"捍卫公信力［N/OL］．人民网——观点频道，2015-01-28．

权保护迈上了新的台阶，也让"中国新闻奖"更具有权威性和公信力。

在信息化时代，随着新媒体、自媒体的高速发展，我国的新闻环境受到诸多客观因素的影响，五花八门的新闻信息不断"轰炸"着人们的眼球。如何在信息洪流中吸引更多人的注意，成了摆在中国新闻人面前的一道难题。在这一背景下，个别新闻工作者为了成就"焦点""热点"，抛弃了最基本的新闻素养，以至于标题党、抄袭党横行，新闻造假、有偿软文频现。最终导致的后果是，"假新闻"泛滥，新闻媒体的公信力大打折扣。

在媒体行业竞争激烈的压力之下，一些主流新闻媒体为了追求更高的经济利益，动辄使用"软新闻"的方式变相出租新闻版面，把一些未经核实的广告以新闻形式刊发、播出，这些虚假广告不断误导民众，毒害社会。

因此，中国记协评奖办公室撤销两件中国新闻奖获奖作品的获奖资格，并对这两件违规参评作品进行公开通报批评，是对各级新闻媒体和记者的一种警示。新闻从业者必须引以为戒，必须坚持到基层去、到群众中去，坚持新闻要贴近实际、贴近生活、贴近群众的原则，用高度的责任感和饱满的热情采写出真实的、符合客观事实的新闻，奉献给受众。并通过建立相应的外部监督机制，加大处理力度，形成警示效果，让心存侥幸的新闻工作者不敢作假、不能作假、不去作假。

浙江特色小镇建设，供给侧结构性改革的实践探索

引言

"特而强""小而美""活而新""聚而合"——秉持创新、协调、绿色、开放、共享发展理念，特色小镇正逐渐成为"产、城、人、文"有机结合的重要平台，正在成为推进供给侧结构性改革的新实践。

浙江特色小镇：一场创新发展的生动实践

梦想小镇、云栖小镇、丝绸小镇、青瓷小镇、诸暨袜艺小镇、海宁皮革时尚小镇……一个个各具特色的小镇如同漫天繁星，散落在浙江大地上。尽管它们的地域面积往往不到半个西湖大，但小空间承载着创新发展的大战略，践行着党中央治国理政的新理念。

认识新常态、适应新常态、引领新常态，党中央审时度势，做出了一系列重

大战略部署。各地纷纷投身实践，按照创新、协调、绿色、开放、共享的发展理念、锐意改革、大胆创新，在提高发展质量和效益上迈出坚实的步子。浙江特色小镇就是其中的典型一例。

（1）小而强，聚焦特色推进转型升级

"七山一水两分田"的浙江，长期以来不得不在有限的空间里优化生产力布局。从块状经济、县域经济到工业区、高新区，再到集聚区、科技城，无不试图用最小的面积、空间集聚和配置更多的资源要素，提升生产力。

大唐袜业、嵊州领带、海宁皮革等块状经济，是浙江从资源小省迈向制造大省的"功臣"。然而，经济发展步入新常态，"浙江制造"并没有从"微笑曲线"底端走出来，产业转型升级滞后于市场升级和消费升级，环境资源触及"天花板"，传统块状经济的短板日益明显。

"创新是引领发展的第一动力。抓创新就是抓发展，谋创新就是谋未来。"习近平总书记在十二届全国人大三次会议上的讲话，为站在转型升级路口的浙江指明了努力方向。

创新需要载体，国外的知名小镇如瑞士达沃斯小镇、美国格林威治对冲基金小镇、法国普罗旺斯小镇等，虽然体量不太大，但产业富有特色、文化独具韵味、生态充满魅力。

"这对浙江优化生产力布局颇有启迪，我们的很多块状经济都有潜质。"浙江省省长李强说，"如果我们能形成一批这样独具韵味的特色小镇，那整个经济社会发展将迈入新境界，经济结构转换、生产力的布局将迈上新台阶。"

一个创建特色小镇的蓝图快速形成。浙江省委省政府决定创建100个省级特色小镇，去年公布了首批37个，最近将公布第二批，不少小镇已经投入运行并显现勃勃生机。

小镇梦想大，镇小功能强。浙江省发改委副主任翁建荣介绍，特色小镇既非简单地以业兴城，也非以城兴业，既非行政概念，也非工业园区概念，而是相对独立于市区，具有明确产业定位、文化内涵、旅游资源和一定社区功能的平台。

特色小镇聚焦于支撑浙江长远发展的信息经济、环保、健康、旅游、时尚、金融、高端装备制造七大万亿元产业，以及茶叶、丝绸等历史经典产业。"我们不求'大而全'，而是要培育具有行业竞争力的'单打冠军'，通过产业结构的高端化推动浙江制造供给能力的提升，通过发展载体的升级推动历史经典产业焕发青春。"翁建荣说。

制袜业是浙江诸暨大唐镇的支柱产业，从手摇袜机开始，家家户户靠制袜发家致富已有 30 多年历史，大唐镇农民收入的 70% 来自袜子，产量占全国的 70%，然而由于缺乏品牌和核心技术，附加值、溢价率等却被垄断设计、销售的国外企业赚取。

袜艺小镇正让这一切出现改变。大唐镇一年时间关停了一半的袜业作坊，2015 年袜业的产量出现了几十年来的首次下降，但设计、品牌、电商等取得长足发展。大唐镇党委书记徐洪说："袜艺小镇就是要集聚自主设计、机器换人、技术创新，让大唐袜业向高端发展，成为真正的'世界袜都'。"

（2）小而新，"双创"风起盛宴不落

党的十八大要求实施创新驱动发展战略，习近平总书记多次强调，必须紧紧抓住科技创新这个"牛鼻子"。向来敢为人先的浙江遵照这一要求，掀起了"双创"大潮，其特色小镇构筑的创业创新"生态群落"，不仅使浙江内在发展动力得到释放，同时对外在高端资源方面形成强大吸附力。

走进始建于南宋时期的古镇仓前，余杭塘河穿街而过、低山丘陵错落有致，12 座圆顶粮仓依河而建。如今，一个承载梦想、孕育创业"种子"的梦想小镇出现在人们视野。昔日无虫、无霉、无鼠、无雀的"四无"粮仓，而今变成了无经验、无资金、无技术、无场地"四无"青年的创客乐园。

"在这里，空气中都有梦想花开的气息。""双创"风起，小镇里形成了富有吸引力的创业创新生态，越来越多怀揣梦想的年轻人前来创业。

2015 年 3 月，"80 后"创客虞洋拿到梦想小镇第一届创业先锋营选拔赛的金钥匙，"拎包入住"仅半年，他的 3D 打印公司在创业圈里就已经小有名气。虽然公司目前只有几十个"小伙伴"，但他们的梦想却不止于眼前——降低制造业产品模具生产成本，改变中国制造业集约化生产、议价能力低的现状。虞洋说："原本我们是'四无'小卒，但在这里我们变成了有梦想、有经验、有资金、有场地的'四有'创客。"

承接"双创"、激发"双创"，浙江特色小镇独具优势。据统计，短短 8 个月时间，首批 37 个重点培育的特色小镇就集聚了 3300 多家企业，引进 1.3 万多人才特别是大批青年创业人才。涌动的"双创"热潮，正带动钱江两岸实现经济增长的新旧动力切换。

点燃创新热情、让市场成为"双创"的试金石。浙江省明确，特色小镇的成败不在于政府是否给"帽子"、给政策，关键在于企业是否有动力、市场是否

有热度。特色小镇要坚持企业为主体、市场化运作，摒弃"先拿牌子、政府投资、招商引资"的传统做法。

让改革引领特色小镇内涵式发展。"店小二"是梦想小镇管理人员对自己的定位。政府在政策供给上做"加法"，3年内提供免租金办公场地，给予最高100万元的信贷资金支持等；而在审批管理上则做"减法"，推出多证联办、下放登记权限等多项"一站式""全天候"的政府公共服务。

与梦想小镇中心区域一条马路之隔的天使村，集聚了创业者的"天使"——天使投资基金、股权投资机构、财富管理机构，能够提供企业发展初创期、成长期、成熟期等不同阶段的金融服务。

（3）小而美，"百镇百面"铺开协调发展画卷

习近平总书记近日在重庆调研时强调，要促进城乡区域协调发展，促进新型工业化、信息化、城镇化、农业现代化同步发展，在加强薄弱领域的工作中增强发展后劲，着力形成平衡发展结构，不断增强发展整体性。

记者在多个特色小镇看到，这些处在城乡结合部的新平台，产业生态与自然环境融为一体，社区功能与旅游服务一应俱全，一幅幅独具江南诗画韵味的协调发展画卷在小镇铺开。"产、城、人、文"四位一体的新型社区，让在特色小镇工作与生活成为令人羡慕的生存形态。

在距离梦想小镇不到30公里的钱塘江畔，中国首个云计算产业生态特色小镇——云栖小镇的"江湖地位"日渐稳固。在这个规划面积3.5平方公里的弹丸之地，已落户各类"涉云"企业230余家，规划到2017年云计算相关产值将超过200亿元。

梦想小镇主攻"互联网创业+风险投资"，而云栖小镇以发展大数据、云计算为特色。李强说："特色小镇不能'百镇一面'、同质竞争，即便主攻同一产业，也要差异定位、细分领域、错位发展。"

特色是小镇的核心元素，如此才能实现"小而精""小而美"。然而在各美其美的同时，也有美美与共的默契。既有现代感极强的信息经济产业，又有极具历史韵味的文化产业，依山傍水和人文底蕴衬出的"高颜值"，是特色小镇的共同点。

饱经历史风雨涤荡的龙泉青瓷，在千年窑火里有说不尽的故事，青瓷小镇让历史和未来交融。龙泉青瓷小镇建筑虽然低密度、低容积率，但"小镇味道"独特，引来多位重量级工艺大师，设立了46个创作工作室。

龙泉市文化旅游委员会主任胡武海说："小镇将重现历史经典、聚集文化创意，同时还兼具休闲度假功能，年旅游人数可达 30 万人次以上，青瓷工业将实现年产值 10 亿元。"

文化是特色小镇的"内核"。拥有百年经典产业积淀的丝绸小镇、龙井小镇、青瓷小镇将延续文化根脉，在传承文化精髓的过程中重现往日辉煌，拥有旅游功能作支撑的小镇，将拥有恒久生命力。

浙江省提出，每个特色小镇都要利用自身资源，把小镇打造成 3A 级以上景区，旅游特色小镇则要按照 5A 级景区标准建设。

浙江省发改委主任谢力群说："未来的浙江大地，特色小镇就像藤上的南瓜，游走一圈可领略江南大地特有的产业、文化、历史风味。"❶

（以上来源：新华社，记者何玲玲、王政、黄筱。）

文化基因植入浙江特色小镇全过程

以梦想小镇、云栖小镇为代表的一批特色小镇，形态各异、特色鲜明，成为浙江省经济转型升级进程中的新亮点、新律动，被看作是供给侧结构性改革的有益探索，是处理好政府和市场关系的新模式，引发全国关注。

特色小镇的内涵到底是什么？创建的理念和做法有哪些方面值得借鉴？2015年新春伊始，记者走访浙江特色小镇创建一线，探究特色小镇的历史渊源、运行机制、发展理念，感受浙江适应和引领经济新常态的新探索。

（1）特色小镇："非镇非区""块状经济"的升级版

张焱是杭州铜米互联网金融服务有限公司的创始人，在他的印象里，办企业有纷繁复杂的手续。但是入驻梦想小镇后，他感受到了巨大变化，各种手续都有绿色通道，每个公司还有专人对接辅导。"法律事务、工商手续、劳务招聘、场地租赁……就连'老大难'的融资，都变得简单了。"张焱说。

新型的众创空间、创业青年的梦想社区、巨型的孵化器……在杭州市余杭区仓前镇，刚刚建成一年的梦想小镇拥有神奇的魔力，使年轻创客、投资大咖不断云集。

位于丽水瓯江风情旅游度假区内的"古堰画乡小镇"，没有高楼大厦，有的是自然风光和艺术氛围，大量画家和摄影爱好者来此写生、创作，随之而来的住

---

❶ 何玲玲，王政，黄筱 . 浙江特色小镇：一场创新发展的生动实践 ［EB/OL］. 新华网，2016－01－20.

宿和餐饮需求促使当地村民发展出高端民宿经济。

自 2015 年 1 月 21 日浙江省委、省政府提出创建特色小镇战略一年多来，一个个各具特色的小镇如同漫天繁星散落在浙江大地上，成为加快产业转型升级的新载体，引发全国关注。

浙江省委书记夏宝龙在与记者座谈时强调，特色小镇"非镇非区"，不是行政区划单元上的一个镇，也不是产业园区的一个区，而是按照创新、协调、绿色、开放、共享的发展理念，聚焦浙江信息经济、环保、健康、旅游、时尚、金融、高端装备七大新兴产业，融合产业、文化、旅游、社区功能的创新创业发展平台。

他认为，特色小镇在浙江出现有深厚的理论和实践基础，首先是"八八战略"中的浙江优势论，民营经济发达，创业创新勃发，山水资源充沛；其次是市场经济"浙江实践"，积累了诸多民间资本、市场主体发展经验。

当这些条件遇到国外特色小镇实践的"催化"，"浙江版本"的特色小镇创建破茧而出。

"特色小镇的灵感来自于国外的特色小镇，如瑞士的达沃斯小镇、美国的格林威治对冲基金小镇、法国的普罗旺斯小镇，产业富有特色，文化独具韵味，生态充满魅力，对浙江优化生产力布局颇有启迪。"浙江省发改委副主任翁建荣说。

从历史渊源看，特色小镇的提出，源于浙江"块状经济"和区域特色产业30 多年的实践。但这些创造过辉煌的"块状经济"，一度落入层次低、结构散、创新弱、品牌小的窠臼，如何变叠加为嵌入、变重量到重质、变模仿为创新，需要突破性的力量来冲击。

跳出旧体制，打造新载体，特色小镇扑面来。浙江省省长李强说："规划建设特色小镇是具有历史传承、符合发展规律、切合浙江实际的重大决策和行政创新。"

（2）小镇创建坚持市场主导，杜绝"千镇一面"

独特的市场化运作机制是浙江特色小镇持续良性运行的保障。根据《浙江省人民政府关于加快特色小镇规划建设的指导意见》，特色小镇用创建制代替审批制，彻底改变"争个帽子睡大觉"的旧风气。

建设上采用"政府引导、企业主体、市场化运作"的机制，坚持"达标了才命名，给财税和土地等政策，不达标不命名，不给政策"。有奖有罚，扶持政策灵活有力，避免以往经济开发区"一哄而上"的发展模式。

从目前已经创建的浙江省级特色小镇来看，运作良好的都是市场化操作较好的小镇。如嘉善的巧克力甜蜜小镇、常山的赏石小镇，依托企业投资，形成产业与旅游的深度融合，带动上下游多个产业发展，实现收益上的"乘数效应"。

特色是小镇的核心元素，产业特色是重中之重。找准特色、凸显特色、放大特色，是小镇建设的关键所在。每个特色小镇都紧扣七大产业和历史经典产业，主攻最有基础、最有优势的特色产业，不能"百镇一面"、同质竞争。

即便主攻同一产业，也要差异定位、细分领域、错位发展，不能丧失独特性。比如，云栖小镇、梦想小镇都是信息经济特色小镇，但云栖小镇以发展大数据、云计算为特色，而梦想小镇主攻"互联网创业+风险投资"。

浙江省委政策研究室研究员于新东认为，找准特色要避免两种倾向，一是舍近求远、崇洋媚外和生搬硬套，没有产业基础，硬招商引资；二是选择性"失明"，以为当地无特色可寻、可挖掘。"属于小镇自己的山水风光、风俗人情、土特产品、镇街小巷、独特经济、个性产业、人文历史皆可为特色。"

（3）"产城人文"一体，江南韵味十足

浙江特色小镇的形态"小而美"，是城乡之间的诗意联结，是"产城人文"一体的复合载体。

"骨架小"——规划面积一般控制在 3 平方公里左右，建设面积一般控制在 1 平方公里左右；"颜值高"——所有特色小镇都要建成 3A 级以上景区，其中旅游类特色小镇要按照 5A 级景区标准建设。

龙泉青瓷小镇建筑低密度、低容积率，小镇保留原汁原味的自然风貌，让回归自然、田园生活不再遥远。大唐袜艺小镇现代感十足，以天然石材为主基调的小镇简洁现代，建筑物由一条名叫"美丽街"的沥青小道连接为有机整体。

特色小镇是改革创新的产物，也是承接、推进改革的平台。浙江省明确表明，特色小镇的定位是综合改革试验区——凡是国家的改革试点，特色小镇优先上报；凡是国家和省里先行先试的改革试点，特色小镇优先实施；凡是符合法律要求的改革，允许特色小镇先行突破。

特色小镇既承载历史，又面向未来，是产业的文化传承平台。文化是每个特色小镇的"内核"，文化基因植入产业发展全过程。

传承历史的小镇并不是被动发展或是纯粹的"博物馆"，如茶叶、丝绸、黄酒等小镇特产，既挖掘千年历史文化积淀，延续历史文化根脉，传承工艺文化精髓，又引领该产业创新发展，为传统产业注入新活力。

在经济新常态下，浙江利用自身的信息经济、块状经济、山水资源、历史人

文等独特优势，加快创建一批特色小镇，这不仅符合经济社会发展规律，而且有利于破解经济结构转化和动力转换的现实难题，是浙江适应和引领经济新常态的新探索，使得浙江人"敢为人先，特别能创业"的精神再次喷涌而出。据统计，首批 37 个省级特色小镇 2015 年新开工建设项目 431 个，完成固定资产投资额 480 亿元，新入驻企业 3300 家。❶

数据分析

浙江自提出创建特色小镇一年多来，使得一大批传统小镇和产业园区焕发出新活力，在扩大有效供给、促进"双创"、加快产业转型方面取得了可喜成绩，为浙江乃至全国供给侧结构性改革提供了新的文化视角。

"十二五"以来，一直保持高速增长的浙江经济在全国较早出现速度换挡回调，经济发展中产业同质化、产能过剩、有效供给不足等问题突显，如何破解这三大难题成为一个现实问题。

供给侧结构性改革中，强调破除供给约束、优化供给结构，提供生产要素的供给水平和效率，进而提高全要素生产率。浙江特色小镇建设正是供给侧结构性改革的重大举措。浙江省结合自身生态和人文特点、区域块状经济的特色和城乡协调发展的优势，提出"特色小镇"概念：它是相对独立于市区，具有明确产业定位、文化内涵、旅游资源和一定社区功能的平台。它不是产业园区，也不是行政区划，而是具有社区特征，是传承和展示独特地方文化的有效载体。通俗地说，小镇的"特色"在于，除了一定容量和特色的新兴产业，背后支撑的是浓厚的历史底蕴，将历史与现代相结合，开拓新的发展。

找准特色、凸显特色、放大特色，每个特色小镇都紧扣信息、环保、健康、旅游、时尚、金融、高端装备制造七大产业和青瓷、黄酒、丝绸、根雕、茶叶、中药等带有鲜明浙江印记、文化底蕴深厚的传统产业，主攻最有基础、最有优势的特色产业，拒绝"百镇一面"，避免同质竞争。如此"一镇一业"的产业定位，突出"特而强"；功能集成"紧贴产业"，力求"聚而合"，这一独特的集聚模式为加快产业转型升级提供新载体，成为传统与新兴产业融合的一个新方式、新亮点。

此外，政府在特色小镇建设中"店小二"角色定位，是供给侧变化的另一亮点。特色小镇创建，将审批制改为"宽进严定"的创建方式。坚持"达标了

---

❶ 常晓华，屈凌燕，王政. 文化基因植入浙江特色小镇全过程［R］. 新华社，2016-03-01.

才命名，给财税和土地等政策，不达标不命名，不给政策。"有奖有罚，扶持政策灵活有力，避免以往经济开发区"一哄而上"的发展模式。对于小镇上的企业，政府通过制度供给、政策供给、服务供给，尽最大努力为创业者降低创业门槛、降低创业成本、降低创业风险，尽力做好"店小二"角色，促进产业链、创新链、人才链等耦合，为特色小镇注入无穷生机。

无疑，加快建设发展特色小镇，是浙江深化新型城镇化建设发展至今的时代必然。特色小镇不仅是新型城镇化发展的创新缩影，也是供给侧结构改革的实践探索。

整顿"抗日神剧"：尊重历史，民族尊严岂可"娱乐化"

引言

抗日神剧一部接一部，剧情也从之前的手撕升级到前不久的大尺度，剧中还随处可见雷人台词。近日，广电总局再发通知明确提出四点要求，整顿"抗日神剧"。此举符合民意、顺应民声，是民之所盼、工作所向的具体表现。整顿"抗日神剧"，也是为了更好的纪念。

广电总局整顿"抗日神剧"：跟手撕鬼子说再见

抗日神剧一部接一部，剧情也从之前的手撕升级到前不久的大尺度，当然了，这些剧中还随处可见雷人台词，比如"爷爷9岁被鬼子杀了"，简直让人没法直视。

对于这样的情况，广电总局对于接下来的抗日电视剧，明确给出了四点要求。

一是中央电视台和全国省级卫视要按照中宣部和总局的统一部署，统筹做好纪念抗战胜利70周年电视剧的创作生产和播出工作。

二是中央电视台要发挥国家大台的作用，率先垂范，早着手、早准备，特别是跟进和抓好几部重点抗战题材电视剧的播出安排。

三是全国省级卫视尤其是影响力较大的重点电视台，要把握节奏，在宣传纪念期安排思想性、艺术性和观赏性俱佳的抗战剧的播出。

四是要把好内容导向关，宁缺勿滥，对过度娱乐化的剧不得发证。

在记者走访抗战老兵时，不知是老兵主动提起，还是记者有意提问，抗战老兵们表示，最反感的就是"抗日神剧"。因为老兵们的记忆，跟"抗日神剧"的场面，相差太大。多名抗战老兵说，当年斗争极其残酷，哪里是什么"神剧"。经过许多抗日"神剧"的洗脑，再看老兵们的战争回忆，觉得真实的历史太平淡了，抗战八年都比不上横店一天。

老兵李文仲回忆说："中国士兵装备比日军差，八路军士兵条件更加差，很多人没有枪，得从日本鬼子手里抢，抢到枪也没用，没有子弹啊……"区区几发子弹就把战士们难住了，他们不知道，多年后的荧屏上，真正的抗日高手都是不用枪的。铁砂掌、鹰爪功、化骨绵掌、太极神功，都可以取敌人首级如探囊取物。

在老兵黄殿军的记忆里，当年打仗吃饭是一大问题，夏天林子里随便找点什么就能充饥，可是到了冬天，大雪没膝盖，走路都不方便，更别说是找吃的了，战士们的脚印也常常暴露他们的行踪。老人伤心地说，伤病致死的战士比因战斗而死的战士还多。

老兵记忆里的抗战，和"神剧"里的抗战，上一代人、这一代人都知道哪一个更接近真实。我相信"神剧"的编剧和导演也知道。但是抗战"神剧"若再这样播下去，花样男女继续潇洒无敌，"横店大捷"继续扬我国威，而抗战老兵却日渐稀少，谁知道下一代人脑子里的抗战图景会是怎样？❶

抗日神剧传播了错误的价值观

八年抗战，我们先辈高唱着"大刀向鬼子们的头上砍去"，用劣质武器对抗着装备先进的侵略者。武器的代差决定了抗战是一场持久战，中国人民靠的是全民抗战和坚强意志抵抗侵略者，在世界反法西斯统一战线的支持下，才最终取得了胜利。为这一胜利，我们付出了伤亡二千余万人的沉重代价。能不能正视这一段悲壮的历史，是一个民族是不是成熟、敢不敢面对未来挑战的试金石。令人遗憾的是，这样一段历史在大量抗日题材的电视剧里却演化成了毫无历史真实和现实依据的武打剧。悲壮的历史变成了充满喜感的闹剧，这是对历史的最大不敬。它不是引导人们去感知先辈可歌可泣的英勇业绩，而是把有意义的东西化成滑稽，给人的仅仅是感官刺激，其负面的影响就是在缺乏历史内容的平面化激情中麻醉了自己。

血性的场面为什么大量出现在抗日题材的影视中？是因为日本帝国主义对亚洲人民，尤其是对中国人民确实犯下了滔天罪行，对日本侵略者的仇恨已经根植于亚洲人民，尤其是中国人民的记忆深处，因而一些人以为我们再怎么表现日本侵略者

❶ 中研网讯整理. 广电总局整顿抗日神剧：跟手撕鬼子说再见［EB/OL］. 环球网，2015-04-09.

的残暴和血性都是占据了道德制高点的，在政治上绝对正确，不会有任何风险。表现日本侵略者血性残暴的抗日神剧大量出现，一个重要原因，就是这种政治正确和道德优越感。但是透过这些消费历史的神剧，我们看到的恰恰是国人内心还没有足够强大的真相。血性的场面，类型化的形象，宣泄的仅是一种快意复仇的情绪，一种狭隘的民族主义意识，它对正确认识历史没有正面的意义，更遑论从历史中吸取经验教训，避免历史悲剧的重演。只有还没有成熟的孩子，才需要虚幻的胜利，用虚拟世界的荒诞剧情来遮蔽现实中的严重问题，逃避自己的责任。孩子总会长大，一个成熟的民族不能总陷于悲情中难以自拔。现在有人说起日本人，常常叫一声"小日本"以示蔑视，但在其表现对日本帝国主义仇恨的同时，是不是也暴露了自己的不足，即没有把日本帝国主义与日本人民区分开来，尤其是没有把日本帝国主义与今天的日本人民区分开来？把日本帝国主义与今天的日本人民混同，让今天大多数日本人民，尤其是对华友好的日本人民来承担日本帝国主义侵略战争的罪责，这对于发展中日两国人民的友好关系、从彼此的互利合作中获得双赢没有任何好处。我们要厘清历史，不能让日本军国主义分子否定侵略的罪行，在现实的冲突中要坚定地维护国家利益，但不必用抗日神剧这种形式来宣泄仇恨，播洒狭隘的民族主义意识。历史归历史，现实是现实，一个成熟的民族、真正有自信心的民族，完全可以用实际行动，而不是意淫，让世界人民、也让日本人民认识到中国人民是爱好和平的，但也不怕强加给我们的战争。我们可以从容地表达这样的态度，让世界感受到中国的善意，掂量出中国的分量。❶

抗战正剧太少神剧才会泛滥

经历了前几年各路抗战神剧热潮后，2014 年的抗战剧总算转入了一个平潮期，未再惊现手撕鬼子、手雷炸飞机等离谱奇观，然而整个抗战剧的创作也陷入了一个瓶颈。2015 年时值抗战胜利 70 周年，可以预感一大波抗战剧正在等待播出，那么抗战神剧会否卷土重来？当时广电总局副局长田进的一番讲话，为 2015 年此类剧播出指明了风向。

田进的讲话分四点，简明扼要。首先强调："中央电视台和全国省级卫视要按照统一部署，统筹做好纪念抗战胜利 70 周年电视剧的创作生产和播出工作。"对制作行业透露的信息是，别急，抗战剧 2015 年还是有大好机会的。其次"中央电视台要发挥国家大台的作用，率先垂范，早着手，早准备，特别是跟进和抓好几部重

---

❶ 陈国恩. 抗日神剧传播的错误价值观［J］. 文学教育，2013（10）.

点抗战题材电视剧的播出安排。"换句话说，只需在已生产的抗战剧中优选几部重点戏即可，不必上量。那么什么样的抗战剧将会得到厚爱？田进指出："全国省级卫视尤其是影响力较大的重点电视台，要把握节奏，在宣传纪念期安排思想性、艺术性和观赏性俱佳的抗战剧的播出。"言外之意，思想性、艺术性和观赏性三体合一的作品将是2015年抗战剧的赢家。至于这个观赏性是怎么样一个尺度，田进把门槛说得再明白不过："要把好内容导向关，宁缺毋滥，对过度娱乐化的剧不得发证。"也就是说，手撕鬼子一类的抗战神剧将被挡在闸门之外，今年不会再出现。

这番话对于各电视台的选片和工作部署来说是及时雨，对于早已看腻了抗战神剧的观众来说也是利好消息。但对于抗战剧投资、制作和发行公司来说，却可能是个晴天霹雳，意味着一大批不符合标准的抗战剧将被打入冷宫。前几年抗战神剧的涌现，原因之一是正剧站不住脚，拿不出《生死线》那样的高质量作品；其次是有些题材受限，让大量迷失的热钱都躲进了相对安全的抗战剧领域，作品一多，出品方就会想各种歪招来博出位，于是为了娱乐而娱乐的夸张手法层出不穷，这本身也是盲目创作的一种体现。抗战剧正剧太少，一味追求娱乐依然是目前亟待解决的难题。如果有关部门对剧作也能够像对电视台工作部署会那样，提前指导疏通，留出一两年的时间给编剧重起炉灶，抗战神剧也不至于泛滥成灾。❶

数据分析

抗日战争是第二次世界大战的重要组成部分，"二战"影视节目目不暇接，其中许多电影在片头标注着"Based on a true story"（根据真实事件改编）。建立在真实基础上的演绎，某种程度上更能拨动观众的心弦。我们的影视从业者当然不必照搬照抄，但是应当在立足我们文化传统的基础上，进行借鉴，并消化吸收。

从1937年7月7日日寇向我国北平（今北京）西南卢沟桥驻防的军队进攻起，到1945年8月15日日本无条件投降止，中国人民为抗击日本帝国主义侵略进行了英勇的民族独立战争，即我们早已耳熟能详的八年抗战。抗日剧所要表现的，无疑该是这场战争给中国人民带来的前所未有的灾难，在人类文明史上留下的极其黑暗的一页。不少抗日剧也的确反映了这一点，然而有少数影视作品却不幸沦为"抗日神剧"。这样的结果，根源在于情节上的一个"滥"字。而"滥"的前提，是一些缺少历史知识的影视从业者，无中生有、信马由缰地演绎当年的

---

❶ 曾念群.抗战正剧太少神剧才会泛滥［M］.京华时报，2015-04-10.

艰苦卓绝。这种只是单纯寻求感官刺激的作品，貌似歌颂国人在抗战中的英勇，实际上是把当年的战争当儿戏、违背历史事实、亵渎了抗战的神圣性。

抗日战争，是中华民族一段悲壮的历史，是一段艰苦卓绝的抗争，只有正视历史，才是对先辈的尊重，才能真正地弘扬民族精神。中华民族是具有爱国主义光荣传统的伟大民族，这种爱国精神不是抽象的，而是具体的，它可以外化为各种具体的道德观念和道德标准，体现了人们的精神追求和价值取向。爱国主义是人们对祖国的无限忠诚和热爱，如将"抗日神剧"冠以"爱国"的标签，以博得存在感，不择手段赚取金钱利益，便是对民族尊严的"戏谑"。抗日题材剧应秉承一种庄重的情感表达方式，从正视历史的角度出发，创作出震撼人心的作品，向公众，特别是我们的下一代传承革命传统教育和民族精神；而观众应通过强化民族自尊心，不随波逐流，用言论和行动抵制"抗日神剧"。

从"微信十条"到"账号十条"，加快互联网管理制度化的步伐

引言

2015年2月4日，国家互联网信息办公室发布《互联网用户账号名称管理规定》（以下本文简称《规定》），《规定》共十条，对公众上网注册或使用的账号名称（包括头像和简介等注册信息）进行规范，其中明确规定网上昵称的"九不准"。此《规定》被称为"账号十条"。

国家网信办发布互联网用户账号名称管理规定

2015年3月1日起，用户的微博、微信账号不能随意起了。因为国家互联网信息办公室发布《互联网用户账号名称管理规定》，被称为"账号十条"的《规定》明确要求，网民在账号名称、头像和简介等注册信息中不得出现违法和不良信息。

（1）为何管理？账号乱象污染网络生态

国家网信办有关负责人表示，中国网民规模世界第一，用户账号数量巨大，账号存在"十大乱象"，有的假冒党政机关误导公众，如"中纪委巡视组"；有的假冒媒体发布虚假新闻，如"人民日报"。"十大乱象"污染网络生态，侵害

公众利益，严重违反社会主义核心价值观，已成社会公害，社会各界反映强烈，广大网民深恶痛绝，整治账号乱象迫在眉睫。

（2）管理哪些？微博即时通信工具论坛等

该负责人介绍，《规定》明确，在中华人民共和国境内注册、使用和管理互联网用户账号名称，适用本《规定》。《规定》所称互联网用户账号名称，是指机构或个人在博客、微博客、即时通信工具、论坛、贴吧、跟帖评论等互联网信息服务中注册或使用的账号名称。"账号管理按照'后台实名、前台自愿'的原则，充分尊重用户选择个性化名称的权利，重点解决前台名称乱象问题。"

（3）如何管理？冒用社会名人注册账号将注销

《规定》明确，互联网信息服务提供者应当明示互联网信息服务使用者在账号名称、头像和简介等注册信息中不得出现违法和不良信息，配备专业人员对用户提交的相关注册信息进行审核，对含有违法和不良信息的，不予注册。

互联网信息服务使用者以虚假信息骗取账号名称注册，或其账号头像、简介等注册信息存在违法和不良信息的，互联网信息服务提供者应当采取通知限期改正、暂停使用、注销登记等措施。

对冒用关联机构或社会名人注册账号名称的，互联网信息服务提供者应当注销其账号，并向互联网信息内容主管部门报告。

互联网信息服务提供者应当按照"后台实名、前台自愿"的原则，要求互联网信息服务使用者通过真实身份信息认证后注册账号。

（4）"十大账号乱象"

①有的假冒党政机关误导公众，如"中纪委巡视组"；

②有的假冒媒体发布虚假新闻，如"人民日报"；

③有的冒用他人身份，侵害个人合法权益；

④有的假冒名人包括外国元首，如"普京""奥巴马"；

⑤有的假冒企事业单位和社会组织发布虚假信息；

⑥有的名称和头像包含淫秽色情内容，甚至公然招嫖；

⑦有的在简介中传播暴恐、聚赌、涉毒等违法信息，如"枪械军火商""乡村赌场"；

⑧有的违背社会公德，宣扬低俗文化；

⑨有的公然分裂国家，破坏民族团结；

⑩有的宣扬邪教和封建迷信。

（5）"九不准"

任何机构或个人注册和使用的互联网用户账号名称，不得有下列情形：

①违反宪法或法律法规规定的；

②危害国家安全，泄露国家秘密，颠覆国家政权，破坏国家统一的；

③损害国家荣誉和利益的，损害公共利益的；

④煽动民族仇恨、民族歧视，破坏民族团结的；

⑤破坏国家宗教政策，宣扬邪教和封建迷信的；

⑥散布谣言，扰乱社会秩序，破坏社会稳定的；

⑦散布淫秽、色情、赌博、暴力、凶杀、恐怖或者教唆犯罪的；

⑧侮辱或者诽谤他人，侵害他人合法权益的；

⑨含有法律、行政法规禁止的其他内容的。

（6）权威解读（国家互联网信息办公室徐丰）

①使用者账号被封，是否有申诉机制？

徐丰表示，互联网企业更要健全举报的受理和处置机制，自觉接受社会监督。如果互联网企业不受理，国家网信办所属的中国互联网违法和不良信息举报中心也接受社会监督。

同时，网民要积极参与到监督中来。"依法上网并不是对网民的约束，也给了网民权利，这其中网民可以对所有企业进行监督，作为管理部门，我们也会加强这方面的管理和执法。"

②"账号十条"实施之前，会如何处理？

徐丰表示，《规定》是2015年3月1日起实施，但并不意味着账号乱象还可以随心所欲，企业看到会不闻不问，等到3月1日再管理。在"账号十条"发布到实施的一个月中，还有很多准备工作要做。首先，互联网企业就落实互联网责任要充分准备，包括技术、流程、机制的准备。有些已经具备条件的企业要进一步完善。此外，根据《规定》，企业要从落实主体责任出发，就违背法律法规的账号进行自查，对已经存在的账号乱象进行处理。

徐丰说，《规定》并不是对名称进行限制，而是充分体现了尊重网民个性化选择名称的权益。从十大账户乱象来看，这些都侵害了网民的权益。❶

---

❶ 张璐. 国家网信办发布互联网用户账号名称管理规定引舆论关注［EB/OL］. 人民网，2015-02-05.

"账号十条"正本清源

自 2015 年 3 月 1 日起，机构或个人在微博、博客、论坛、帖吧、即时通信工具等互联网信息服务中注册或使用账号一律应遵循"后台实名、前台自愿"的原则。国家网信办 2015 年 2 月 4 日出台《互联网用户账号名称管理规定》，规范互联网用户账号名称的注册、使用及管理。这既是维护互联网秩序的正本清源之举，又是落实四中全会"依法治网"的一项有力措施。

"账号十条"管理规定，明确规范用户账号服务提供者、使用者、管理者的权利与责任。对用户账号"正本清源"，能从源头上遏制住各类恶意盗用、假冒或以虚假信息骗取账号注册的乱象，也能为大数据时代的信用社会、法治社会建设夯实基础。

打好注册账号的"正名"仗，服务提供者应承担起主体管理责任。互联网企业要主动加强对用户提交的注册信息进行审核、把关，避免不实或违法违规信息出现；要对过去存量注册信息做好审查、通知用户限期改正，对恶意冒用机构或社会名人名义开办的账号应暂停使用、即时注销；同时还要积极保护好用户信息及公民个人隐私，自觉接受社会监督，及时处理公众举报的相关信息。

用户应该积极参与、支持。用户应自觉按照"后台实名、前台自愿"的原则通过真实身份信息认证后注册账号，避免在账号名称、头像和简介等注册信息中出现违法和不良信息，在使用账号时遵守公共秩序等"七条底线"，做到不违反宪法或法律法规及有关规定等。用户要文明上网，依法上网，同时还要积极维权，主动对各种扰乱社会秩序、侵害用户权益的网络乱象进行监督、举报。

管理部门要对各类违法违规行为加强监督，依法严肃查处。宪法保障每一个公民的言论自由，但任何个人的自由必须在法律范围内行使。互联网绝不是法外之地，只有按照规范注册、使用互联网用户账号，让虚拟的互联网用户账号真实起来，才能真正保障每一个用户的合法权益，才能让网络空间更清朗。❶

数据分析

从 2014 年的"微信十条"到 2015 年的网络实名制和"账号十条"，表明我国互联网管理制度化步伐不断加快，管理手段日臻完善，这既是社会文明进步的

---

❶ 孤松．人民网评："账号十条"正本清源［EB/OL］．人民网——观点频道，2015-02-04．

象征，也是互联网产业健康发展的需要。在党的十八届四中全会确定依法治国的方略后，作为一个网络大国，如何在互联网领域渗透进法治理念，让互联网更好地服务于百姓的生产生活，推动社会的文明进程，就成了一个必须面对的新课题。

"账号十条"指出，网络用户账号必须遵循"后台实名、前台自愿"原则，恪守"七条底线"。把"七条底线"当作不可触碰的"高压线"，是确保互联网成为一个充满真实、互信、包容、健康的平台的有效保证。因此，"账号十条"用制度规范，就是开启网民"名正言顺时代"。

名正是一种文明，它可以对人起束缚作用，可以对言行起规范作用；言顺是说顺应时代发展潮流的话，是说顺应文明进步的话。名不正不一定言不顺，但是，却为言不顺提供了方便和条件。现实中，一些网民就是故意用"不正名"发表"不顺言"论调。这些言论混淆视听，让人困惑，甚至引导人走向错路、弯路，我们需要时刻保持警醒，并对他们进行制裁。我们应该树立正确的"言顺观"，从而进入到一个"名正言顺"的新时代。

"账号十条"开启网民"名正言顺时代"，这样的时代，网民美丽，网络生活美丽；在美丽中实现网络文明，在美丽中促进社会进步、时代前进。

推广"优秀广场舞"值得肯定和期待

引言

国家体育总局宣布，将在全国推出由专家创编、适合不同人群、编排科学合理、群众简单易学的12套广场健身操舞优秀作品。其中，传唱于大街小巷的《小苹果》《最炫民族风》都榜上有名。

12套广场舞将全国推出

2015年3月23日，在国家体育总局举行的2015年全国广场健身操舞活动发布会上，主办方宣布，将在全国推出由专家创编、适合不同人群、编排科学合理、群众简单易学的12套广场健身操舞优秀作品，并对其进行推广和培训。

除了这12套优秀作品外，主办方介绍，2015年将在全国范围征集由群众原创的广场健身操舞，另外还会举办全国性广场健身操舞展演活动。

编排健身操舞的专家介绍，不同年龄段的人，其实都可以选出一套适合自己的广场舞。现场一位领舞老师说："我们编排有五大原则，动作一定简单，每一个年龄段一定要有适应的运动量，每一个音乐都是全民化的音乐、要接地气，传递的要是一种正能量，动作简单跟学三到四遍就能学会。"出席发布会的体育总局群体司、文化部公共文化司等相关官员表示，下一步，体育总局、文化部还将对广场健身操舞活动按照引导、扶持、规范的方针，推动其健康有序发展。

引争议：广场舞参与者："我们凭什么要跳那个广播体操！"

国家体育总局推出的 12 套广场健身操舞，进行推广和培训。不过，对于总局推出的 12 套广场舞，却引来了社会各界的质疑和吐槽。不少西安广场舞参与者都表示："我们凭什么要跳那个广播体操！"

"广场舞本身就是一种全民健身的方式，我们会时隔一段时间编排一段新的舞蹈，音乐也会经常换，就是为了保持参与者的兴趣。"常年在大雁塔南广场领舞的陈女士告诉《华商报》记者，"我早上看了新闻发布会上的那个《最炫小苹果》，完全就是广播体操么，根本不适合中老年人跳。广场舞的精髓就在于参与，我们平时跳舞时经常有很多市民、游客都参与其中。可如果动作都弄得有板有眼，有什么意思？而且那根本就不是舞蹈，完全就是规定的机械动作，太难看了。"❶

别急着给推广广场舞泼冷水

广场舞无处不在，是全国大妈最为普及的健身活动之一，然而，跳广场舞却一直受到诟病，这并不是说广场舞这种运动方式不好，而是因为受到场地的限制在一定程度上变成了扰民行为，因此，这边大妈广场舞跳得欢，那边却是周边的居民受到困扰。的确，要让广场舞发展壮大，那就需要先提供场地，可这恐怕是短时间内难以实现的。

现在公众对健康的要求越来越高，健身的需求量也在增大，可提供给公众锻炼的场所却显得狭窄。数据显示，截至 2013 年年底，全国共有体育场地 169.46 万个，用地面积 39.82 亿平方米，建筑面积 2.59 亿平方米，场地面积 19.92 亿平方米。以 2013 年年底全国总人口 13.61 亿人（不含港澳台地区）计算，平均每万人拥有体育场地 12.45 个，人均体育场地面积 1.46 平方米。对此，公众对推广广场舞颇有微词，认为与其推广，不如先保证跳广场舞的"广场"，这话是没错，但短时间内不太可能一下子会突然冒出来那么多空间提供大妈跳广场舞，在场地有限的情形下，推广科学的广场舞又有何不可？

---

❶ 华商网整理. 12 套广场舞将全国推出［EB/OL］. 华商网，2015-03-23.

大妈们跳的广场舞，全国各地均有不同的版本，诚然，这也是群众智慧的折射，但不规范不太科学却是不争的事实，况且，在传授方式上也存在欠缺。其实，现在的广场舞往往存在这么几个问题：其一，缺乏科学的正规的广场舞；其二，缺乏有经验且懂广场舞的老师，往往多是由大妈凭借自身的力量自学的，这难免会有差错；其三，大妈所跳的现有的广场舞未必就能够起到健身的效果。谁都知道，如果运动方式不对，或是在跳广场舞时存在错误，则不仅起不到锻炼的目的，而且还极有可能会对身体造成损伤，起到反向作用。从这个意义上说，推广广场舞是有积极意义的，至少能够给大妈们一个科学的示范，让其明白有些广场舞是不太适宜跳的，也不是所有的广场舞都适合自己。

据了解，将在全国推出的广场舞，有这么几个特点：专家创编、适合不同人群、编排科学合理、简单易学，这对于大妈来说，学起来并不困难，最为关键的是，跳这些广场舞较为科学，也能够达到健身的效果。❶

行政力量不会强行干涉广场舞

国家体育总局将在全国推出 12 套广场健身操舞优秀作品，并对其进行推广和培训，这一消息引发了不小的争议。不少广场舞爱好者和网友担忧，现在百花齐放的广场舞会不会因为行政力量的干预变成千篇一律？也有人质疑，国家相关政府部门插手管理一项纯民间的群众活动，是出于公共服务的目的还是看上其中的商业价值？

国家体育总局群体司司长刘国永在接受记者采访时表示，舆论的担忧和质疑其实都是源于误解。"我们是本着引导、扶持、规范的方针，推动广场健身操舞健康有序发展，绝没有用行政力量去强行干涉、管理广场健身操舞的想法。"刘国永表示，国家体育总局、文化部组织专家创编的 12 套广场健身操舞优秀作品，是为了给广大广场舞爱好者提供更多"跳舞、跳操"的选择，并没有以这 12 套作品取代其他作品的意思。

不过，广场舞在近几年的发展中，几乎完全由民间力量主导，动作编创的科学性、规范性存在较大问题。业内人士介绍，全国绝大多数广场舞健身队使用的曲目和动作，都是健身队的领队、教练自学自编的，领队、教练的健身、舞蹈、音乐知识水平决定了编创曲目的科学性。刘国永表示，此次国家体育总局推出的 12 套作品，都由业内专家编创，这保证了 12 套作品的科学性和规范性。

---

❶ 前溪. 别急着给推广广场舞泼冷水［EB/OL］. 海南网，2015-03-25.

目前国内唯一的全国性广场舞组织——中国广场舞联合会是在香港注册的。在业内人士看来，近年来广场舞之所以争议不断，也与缺少协会组织有关。据刘国永介绍，国家体育总局正与民政部门沟通，全国性和地方性的广场舞协会组织应当会在不远的将来组建起来。

刘国永表示，政府部门不会插足广场舞协会，"连中国足协都与政府部门脱钩了，广场舞协会更不可能再被政府部门主导。一旦广场舞协会建立起来，一定是行业内部的自我管理。"❶

数据分析

广场舞已经是一种喜闻乐见的户外集体运动健身方式，但尽管广场舞如此风靡，却还存在在内容和形式方面不统一、编排混乱、表达正能量不足等缺憾，同时一些广场舞因为缺乏统一的专业辅导，也不能在健身方面做到尽善尽美。推广正规科学的广场舞的目的在于使全民体育健身和文化娱乐两不误，广场舞确有必要进行整合，并通过专家创编，达到统一和规范，这一举措不仅让广场舞更美、更易学易练易于推广，也更能丰富全民健身活动的内容，提升其质量和效果。

与此同时，我们也不能忽视另外一些问题，那就是伴随广场舞的兴起，一些与广场舞娱乐健身初衷相去甚远的问题也逐渐暴露，那就是广场舞自身给社会、给他人造成的负面影响：过高的伴奏音乐，过早的锻炼行为，频率过高的集体活动等，无不导致公共场所噪声污染及影响个体隐私权益的畸形。一边是广场舞大妈们的兴致高昂，一边却是小区住户居民的不堪其烦，甚至是让人难以忍受的噪声的狂轰滥炸，不少地方甚至出现了居民与广场舞大妈"对仗"的乱象，着实令人担忧。

因此，广场舞需要通过规范行为以凸显其价值并让其负面效应弱化以达到两全其美。由此观之，目前不仅需要推广"优秀广场舞"，同时也要倡导"健康舞文化"。

推广"优秀广场舞"离不开两个途径，即言传身教和现代传媒技术。将这两个途径与倡导"健康舞文化"相结合可以采取以下措施：首先，在编排广场舞教材、建立专业辅导员培训队伍时，宣传广场舞的积极意义、不良影响，以及如何凸显健康积极而消除负面影响、如何达到健身与呵护公共利益及个人权益兼

---

❶　慈鑫. 行政力量不会强行干涉广场舞［N］. 中国青年报，2015-03-25.

顾等内容，在普及"优秀广场舞"时，也对"健康舞文化"进行口授身教。其次，可以利用"优秀广场舞"的光盘教材、多媒体课件、影视科普作品等，因势利导地引导舞者采用既健康又积极的科学跳法，以及跳舞应注意的事项和法律法规治理噪声污染、保护公共权益的相关条文等，潜移默化地影响广场舞大妈们审视自身行为，规范广场舞跳法，达到既健康自己又不影响他人的目的。

此外，公园管理、环保、公安等职能部门也不妨通过公共场所行为治理，规范对广场舞健身行为的监管，采取设置警示栏、推行分时段健身、设置最高噪声监控门槛和监管举措、普及相关法律法规等，助力优秀的"广场舞文化"的宣传普及，进而提升"优秀广场舞"的健身效果和意义，宣传良好、健康的舞文化。

第二篇 文体改革

近年来，随着互联网、物联网、云计算等信息技术的高速发展，大数据及其挖掘利用问题，成了社会各界关注的热门话题，文化领域的大数据应用问题也随之逐步升温。我国在深入推进文化体制改革、探索文化事业全面繁荣和文化产业快速发展的过程中，也更加重视大数据资源和技术的应用。

关于对文化体制和文化体制改革的认识，学者胡惠林认为"文化体制是一个国家关于文化与政治、经济关系的制度性体现和反映，集中体现了一个国家执政主体关于这三者关系的理论主张，以及在这种理论主张下建立起来的国家文化体制和政策系统"。具体而言，文化体制内涵涉及文化生产组织、管理形式、管理制度、文化传播方式等内容，是对文化产业和文化事业的组织架构与制度安排。随着时代的进步，社会环境发生了巨大的改变，原有的文化体制已经不适应现实需求，为了克服旧有体制的弊端，加快推进社会主义全面改革，推动建设社会主义先进文化，改革我国的文化体制是必然选择。学者任剑乔认为，我国文化体制改革可以看作"一种革命"，其基本的逻辑结构为"根本改变原有文化体制—解放文化生产力—引起社会生活在广度和深度上的根本性变革"。

我国文化体制改革可以追溯到1978年的改革开放，至今已有30多年的发展历程，大体可以分为三个发展阶段，见表2-1。

表2-1 我国文体改革的三个发展阶段

阶段	第一个阶段	第二个阶段	第三个阶段
时间	1978—1992年	1992—2002年	2002年至今
特点	计划经济体制时期的改革	市场经济体制时期的改革探索	深化文化体制改革时期
主要进展	调整艺术部门和艺术团体的布局、在文化单位推行以承包经营责任制为主要内容的改革、实行"双轨制"改革等	深化文化单位的内部改革、培育社会主义文化市场、加大文化管理部门的自身改革、完善文化经济政策等	经营性文化单位转企改制、国有文艺院团改革、出版社转企改革、影视企业上市等

1978—1992 年是第一个阶段。1978 年党的十一届三中全会召开，我国进入了改革开放和社会主义现代化建设的新时期，社会各界也将其视为文化体制改革的起步期。这一时期文化体制改革在实践中主要进展有三点：一是调整艺术部门和艺术团体的布局，二是在文化单位推行以承包经营责任制为主要内容的改革，三是实行"双轨制"改革。

1992—2002 年是第二个阶段。1992 年"建立社会主义市场经济体制"的经济体制改革目标的提出也带动了文化体制的深化改革。深化文化单位的内部改革、培育社会主义文化市场、加大文化管理部门的自身改革以及完善文化经济政策等成为这一阶段文化体制改革实践的重点，尤其是组建文化集团更成为改革的突破口。

2002 年至今是第三个阶段。2002 年召开的党的十六大第一次将文化分成文化事业和文化产业，明确了文化体制改革的方向和目标，从此以后国家对文化体制改革高度重视，进入了全面改革时期。2005 年出台了深化文化体制改革的纲领性文件——《关于深化文化体制改革的若干意见》，提出了深化我国文化体制改革的六大途径，包括改革文化事业单位、改革文化企业、调整文化领域结构、培育现代文化市场体系、加强和改进文化领域宏观管理以及切实加强对改革的组织领导。2011 年中共中央做出《关于深化文化体制改革推动社会主义文化大发展大繁荣若干重大问题的决定》，强调要"进一步深化改革开放，加快构建有利于文化繁荣发展的体制机制"。党的十六大以来我国文化体制改革取得重大进展和丰硕成果，如经营性文化单位转企改制、国有文艺院团改革、出版社转企改革、影视企业上市等。2012 年文化部的报告指出，全国承担改革任务的 580 多家出版社、3000 多家新华书店、850 家电影制作发行放映单位、57 家广电系统所属电视剧制作机构、38 家党报党刊发行单位等已全部完成转企改制；全国 3388 种应转企改制的非时政类报刊已有 3271 种完成改革任务，占总数的 96.5%。全国共注销经营性文化事业单位法人 6900 多家、核销事业编制 29 万多个。

近年来由于互联网和信息技术飞速发展，数据得到越来越多的互联与分享，大数据产业、大数据技术渗透到社会生活的方方面面，大数据市场成为价值度极高的新兴市场。2015 年 12 月 3 日证券日报发布的《2015 年中国大数据交易白皮书》2014 年全球大数据市场规模达到 285 亿美元，实现 53.23% 的增长；2015 年全球大数据产业总体加速发展趋势不变，预计大数据市场规模将达到 421 亿美元；到 2020 年，全球大数据市场规模将达到 1263.21 亿美元，同比增长 17.51%。详见图 2-1。

图 2-1 2014—2020 年全球大数据应用市场规模示意图

资料来源:《2015 年中国大数据交易白皮书》。

根据《大数据大文化:数据不断增长的力量及对文化经济的展望》研究报告的统计,2%~5%的大中型企业开始体验并使用大数据,17%~30%的规模企业也使用大数据,更有甚者,美国前500强企业中有90%使用大数据。不难预测,今后参与大数据产业的企业将不断增多。在文化体制改革过程中,文化产业和文化事业的发展是重要关注内容。而在大数据背景下,数据的收集、挖掘、分析、运用对文化产业的经营形态可以产生极大的影响:一是对客户消费喜好的数据分析,可以引导文化产品的生产,为文化市场推广提供参考和依据;二是利用文化发展数据,参与文化企业或文化事业单位自身的管理,数据本身就来源于平日的管理实践,实际运用时的数据筛选和信息挂接也就更加自然便捷。

正如《大数据时代》的作者维克托所云,"'大数据'越来越成为一个带有文化基因和营销理念的词汇,又同时反映出科技领域中正在发展的趋势,这种趋势为理解这个世界和做出决策的新方法开启了一扇大门",大数据的挖掘利用,可以为我国深入推进文化体制改革提供更多的信息支撑和创新思维。透过大数据,我们可以更加清晰地了解我国文化体制改革过程中文化事业的发展情况。根据文化部 2014 年文化发展统计公报数据显示(详见图 2-2、图 2-3),2006—2014 年全国文化单位机构数和从业人员基本呈增长趋势,文化单位机构最多时达 30.31 万个,从业人员最多时达 215.49 万人。然而在 2006—2014 年全国文化事业费占财政总支出比重并没有同步增长,在 2008—2011 年间甚至逐年递减。

图 2-2 2006—2014 年全国文化单位机构数及从业人员数

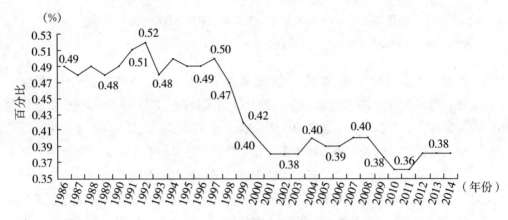

图 2-3 全国文化事业费占财政总支出比重

　　当前我国社会处于深化文化体制改革时期，文化企业的发展模式探索是一大关注点，在信息爆炸、数据海量增长的当下，如何利用大数据推动文化企业发展创新是我们需要不断探索的问题。国外一些公司在数据开发利用和创新发展上的经验十分值得借鉴，如美国 Pandora 对海量数据的开发，形成以注册客户为主的商业盈利模式。中国文化企业发展要结合数据产业的应用。可以从数据的挖掘、深度开发等方面着手，例如，学者林青指出"视频和音频产业在中国有很大的发展空间，关键是要在数据开发深度上下功夫，尤其是音频（音乐）市场，需要专业音乐人士和软件开发人员共同探索自动处理海量数据的方式"。

　　政府文化职能的转变也是文化体制改革的重要内容。赵红川指出，在对大数据的管理中，"政府的职能既面临数据管理终端数量增长、政府数据空间的变化和政府服务的管理模式创新的挑战，同时也面临政府信息化向信息化政府的转变和挑战"。可见，在大数据背景下，建设信息化政府是一个必然的趋势，不仅要做到运用浅层次的信息手段提高政府工作效率，更要尝试向深层次的建立大数据服务职能转变，实现对实体事件和虚拟数据的综合管理。

文化体制改革是一个与时俱进、不断完善的过程，要实现"深入文化体制改革，推动社会主义文化大发展大繁荣"的目标，今后仍需不断探索文化制度和文化管理的创新形式，探讨大数据在文化体制改革中的发展应用。

文化体制改革下新媒体硕果累累

引言

2015 年 11 月，北京鲁视领航文化传媒股份有限公司挂牌新三板，这是全国广播电视系统首家登陆"新三板"的企业。

领航传媒上市：文化体制改革和新媒体融合的新硕果

2015 年 11 月，北京鲁视领航文化传媒股份有限公司挂牌新三板，这是全国广播电视系统首家登陆"新三板"的企业，也是山东首家在资本市场挂牌的省属文化企业。这是山东广电发展史上具有里程碑意义的一天，"领航传媒"登陆"新三板"是山东广播电视台在文化体制改革和新媒体融合的最新硕果，为山东广电打开了一条通向资本市场的通道，也为全台其他产业进入资本市场积累了宝贵的经验。

领航传媒是山东电视台于 10 年前在北京注册成立的一家专注于儿童成长的文化企业。领航传媒锁定一个中心：专注儿童成长。坚持两大发展战略："内容+"战略和平台融合战略。依托"内容+"优势，借助"互联网+"，实施平台融合是领航传媒的发展思路，就是以内容为核心优势，整合打造国内最大的电视少儿节目平台和互联网整合营销平台。现已拥有北京、济南两个数字化节目制作中心，和面向新媒体的云服务平台，生产并汇集了大量的原创版权内容，为各种新兴媒体提供丰富的系列化数字内容产品，是目前我国拥有最多青少年和儿童教育类视频内容版权的企业之一。

（1）商业模式

①采购模式。主要包括：人员劳务采购，内容制作素材采购，道具、设备的

采购或租用，场地租用，后期制作服务采购等。

②生产模式。采用以销定产的生产模式，具体包括独立生产、外包生产和合作生产。对于内容制作的核心创意设计，采用独立生产的方式，以确保制作内容的质量；对于所需用工人员较多的后期处理，外包给专业团队，以降低视频内容制作成本。

③销售模式。内容制作的销售主要是通过一定媒介，使制作的内容为服务对象所消费。根据内容发布媒介的不同，可以分为公共媒介和终端产品两种。公司的内容制作主要是销售给电视台、电视或互联网点播平台等公共媒介，通过在公共媒介的播放使内容为青少年和儿童所消费。

领航传媒的内容制作还可通过终端产品实现销售。领航传媒开发了云平台支持下的智能终端，消费者可以通过智能终端，从云平台选择并购买符合自身需要的制作内容。公司以开发的云平台（领航智慧云）为依托，以针对青少年和儿童开发的智能终端为载体，实现内容、平台、服务、硬件的一体化销售。此外，公司也通过音像制品发行销售的方式，将制作内容转化为公司利润。

综合上述采购模式、生产模式和销售模式，公司依靠专业团队，致力于优质的青少儿娱乐教育内容的研发制作，再通过公共媒介或终端产品进行销售，可以实现稳定的营业收入、利润和现金流。

④青少儿娱乐教育用品研发销售。公司销售的青少年益智教育产品包括小动仔成长平板电脑和其他青少儿娱乐教育用品两大类。

（2）广告代理

①采购模式。领航传媒的广告代理业务依赖于媒体广告资源的采购。领航传媒媒体广告资源的采购主要是通过与山东广播电视台签署《广告经营合同》的方式，取得山东广播电视台青少频道广告经营的独家代理权（包括但不限于该频道24小时时段的广告、栏目、活动、晚会广告及与广告直接相关的业务），有效期限10年（自2012年1月1日至2021年12月31日），到期如双方无异议，可自动顺延。广告及管理费以2012年3500万元为基准，以后逐年递增350万元。

②生产模式。领航传媒广告代理的生产模式分为广告主制作与公司策划制作两种。前者是由广告主或其他广告经营者负责制作广告内容，领航传媒对广告内容与形式予以审查，对不符合国家法律法规规定的，有权要求广告制作人予以修改；后者是公司接受广告主委托，由公司负责组织、策划、编排、制作，经客户认可后予以发布。

③销售模式。领航传媒组建专业的营销团队，采用直接客户销售和渠道客户销售相结合的复合型销售模式，将采购的媒体广告资源销售给下游客户。直接客户销售，是指公司通过对广告主进行营销，从广告主直接获取广告订单；渠道客户销售，是指公司与其他广告经营者（主要是广告代理等渠道商）合作，获取广告订单。目前公司的销售以间接客户销售为主，以直接客户销售为辅。

综上所述，领航传媒以青少年娱乐教育内容制作为基础，以广告经营为衍生；在制作优质的青少儿娱乐教育内容的基础上，吸引更多、更广泛的观众群体，在广告经营中获取更为主动的议价能力。内容制作与广告代理是相辅相成的关系。领航传媒凭借掌握的媒体资源，通过青少年娱乐教育内容制作培养观众群体，再通过观众群体的数量、分类、分布等资源优势向广告主及广告经营者进行营销，从而取得广告订单，获得营业收入和利润。❶

十八大以来文化建设和文化体制改革综述

3 年多来，以习近平同志为总书记的党中央高度重视文化建设，对文化改革发展做出一系列重要论述，提出许多新思想、新观点、新要求。各地各有关部门认真贯彻中央部署，全面深化文化体制改革，始终坚持把社会效益放在首位，创新公共文化服务运行机制，为中国梦凝聚起强大的精神文化力量。

(1)"两个效益"统一，把牢社会主义先进文化前进方向

2015 年 9 月，中办、国办印发了《关于推动国有文化企业把社会效益放在首位、实现社会效益和经济效益相统一的指导意见》，把实现"双效统一"作为制度固化于企业发展过程中，为形成体现文化企业特点、符合现代企业制度要求的资产组织形式和经营管理模式奠定了坚实基础。"无形的文化产品，作用于人的精神，能激发正能量，形成社会和谐的红利。"北京大学教授厉以宁指出，"双效统一"就是强调社会效益、注重道德力量调节的具体表现，这是党的十八大以来文化改革发展的突出亮点，回答了文化企业怎样能活得好、行得正、走得远，怎样弘扬中国精神、传播中国价值、凝聚中国力量这一历史和时代课题。

(2)全面深化文化体制改革，激发全民族文化创造活力

伴随 2016 年的新年钟声，2015 年全国电影票房出炉：440.69 亿元，同比增幅高

---

❶ 徐凯华，廖亮，宋福来．领航传媒上市：文化体制改革和媒体融合新硕果［EB/OL］．齐鲁网，2015－11－03．

达 48.7%，是 2011 年以来票房涨幅最大的一年。电影市场繁荣的背后，是不断深化的文化体制改革，是文化市场活力的全面释放，是全民族文化创造力的持续高涨。

3 年多来，以习近平同志为总书记的党中央对文化体制改革的重视前所未有，文化体制改革的战略部署前所未有——

①开展以简政放权为最大特点的新一轮改革，加快转变文化行政部门职能，使市场在资源配置中起决定性作用和更好发挥政府作用；

②不断建立健全文化市场体系，鼓励各类市场主体公平竞争、优胜劣汰，促进文化资源在全国范围内流动；

③不断深化文化金融合作，文化企业跨地区、跨行业、跨所有制并购重组持续升温，文化产业迎来了资本市场的春天。

3 年多来，全民族的文化创造活力全面迸发——

①文化产业占 GDP 的比重从 2010 年的 2.75% 升至 2014 年的 3.76%，在成为国民经济支柱性产业道路上迈出坚实的步伐；

②体育、旅游、影视动漫等产业异军突起，2015 年旅游产业对 GDP 综合贡献超 10%；

③2015 年，文化企业并购 166 起，并购规模近 1500 亿元，同比增长 50%……

一个个数字浓缩着中国人日益丰富的精神文化生活。作为国民经济新的增长点，文化产业正为转方式、调结构增添亮色。

（3）创新公共文化服务，更广更好地惠及人民群众

党的十八大以来，以习近平同志为总书记的党中央对完善公共文化服务体系的部署紧锣密鼓——十八大提出要加快推进文化惠民工程，推动公共文化服务设施向社会免费开放；十八届三中全会提出"建立健全现代公共文化服务体系"；十八届四中全会提出，要制定公共文化服务保障法；2015 年年初，中办、国办印发《关于加快构建现代公共文化服务体系的意见》，对现代公共文化服务体系建设进行了顶层设计。

在这些精神指引下，各地以标准化、均等化为目标，坚持政府主导、重心下移、共建共享。3 年多来，"文化民生"风生水起，日益完善的公共文化服务体系正在更广更深地惠及人民群众。❶

---

❶ 李慧. 十八大以来文化建设和文化体制改革综述［N］. 光明日报，2016-01-05.

新媒体将带来六大变革

新媒体的发展作为人类科技史与文明史上的一次重要革命，将对人类经济社会发展产生前所未有的影响。之所以认为新媒体的发展是一次重要革命，是因为从现实情况看，新媒体不仅是一种具体的媒介形态，更是一种网络化的媒介环境、泛在的信息场域和多态的存在方式。随着新媒体技术进化周期越来越短，其作用于经济社会发展的力度也会越来越大。可以预见，未来新媒体发展极有可能引发整个社会出现六大变革。

①可计算的未来。人类发展进步的一个重要表现，就是对世界的认识程度越来越深，对风险的控制能力越来越强。随着移动社会化媒体的广泛应用、物联网的广泛覆盖，人与人、物与物、人与物之间的连接越来越多，世界变得越来越小。同时，随着大数据处理能力和云计算技术的日益成熟，人们对于海量数据的计算能力会越来越强，未来不再神秘和充满不确定性，一切都变得可以计算，基于大数据挖掘的预测应用会越来越广泛、越来越准确。对于未来，我们可以试想一下如下景象：智能决策系统在人们犹豫不决的时候，推荐最优的决策方案；智能健康设备将对人的身体数据进行实时收集，并与医院进行有效对接，对健康问题进行更实时的管理和更科学准确的预测；强大的社会计算能力使政府广泛有效地收集民意，准确把握国民经济、社会发展的现状，精确预测疾病疫情、灾害灾难、能源消耗等趋势，政府服务与管理将更加高效；企业能够通过对大数据的处理，准确预测公众所需所想，制订更加精准的生产、营销计划。

②虚拟与现实的融合。当前，智能手机等移动终端已经作为一种"带体温"的媒体极大地延伸了人的感官。不远的将来，随着各种高性能智能可穿戴设备快速发展，人的感官将进一步被延伸。新媒体不仅拓展了人们对于现实世界的认知和利用能力，也使现实世界得到延伸。虚拟现实技术的突破性进展将为人们创造更趋真实的感官世界，人们可以浸沉在高度仿真的虚拟空间中。网络虚拟空间与现实空间交织、重叠，形成一个跨域的多维空间。这是一个人类创造的前所未有的空间，这个空间镜像着人们熟悉的现实世界，也超越了人们熟悉的现实世界。在这个空间里，人们既能够获得现实世界的情境，也能够获得不受自然世界约束的速度与能力，实现在现实世界未能实现的愿望。随着虚拟空间对人们生活的影响越来越深入，更多现实世界中的商业活动、行为规则乃至亲情伦理等都有可能被复制到虚拟空间里，虚拟空间与现实世界的界限会越来越模糊。

③社会结构的变革。新媒体将改变人们长期沿袭的社会群集模式与互动方

式。围绕互联网和物联网展开的社会互动方式高度嵌入人们的工作和生活，传统社会组织与区隔单元的边界日益虚化，基于地域的社群会被打破，而基于利益、价值观、文化等所集结的社群会成为更为普遍的形式，进而形成一种与传统差序格局或团体格局迥然不同的、内部非等级化、弱中心化的社会结构形态——以圈群为基础的"趣缘格局"。这种新的社会结构在开放性、去中心化方面越来越深入地影响社会成员的价值观，并重塑着人们的行为选择。人们将更趋向于借助互联网这种多元化、平等化但又情绪化的"集体行为"进行社会参与。基于此，对信息和知识的占有可能取代过去对资源与资本的占有。

④商业即服务。新媒体发展所催生的科技革命，将颠覆传统的经济增长模式和商业模式。消费者需求将更加个性化、差异化与情感化，其需求不仅是有形商品，还包括由有形商品所带来的一种情绪上、体力上、智力上及精神上的体验。由此，企业的经营将发生重大转变，为消费者提供更加周到、个性化的服务将成为企业生存的基础与核心使命。3D 打印的普及将使个性化的私人定制成为制造业的主要业态形式；电子商务、移动支付的全面普及将使实体店转变为体验店、服务店，零售业的业态形式将发生巨大变化。与此同时，企业形态也将发生巨大变化，企业发展更加取决于其异质性、专业性的知识创造与服务创新能力，企业组织架构、生产运营能力通过云计算根据市场需求实时搭建起来，更加柔性化、专业化的企业组织结构将成为主流。

⑤知识与智能的社会化传播。新媒体的出现使知识传播的形式发生了巨大变化，在线教育、移动微型学习、游戏学习等新形式正在改变以学校课堂为主导的传统教育模式。知识不仅以学校课程等方式进行传播，还可以通过更容易让学习者接受的图文音像、游戏等多种新媒体形式，利用学习者的任何碎片化时间，融入学习者日常生活情境，以更广泛的社会化方式来传播。此外，随着语义网、智能协作工具、专家系统等人工智能技术的发展，全世界各个角落的智力资源被聚合在网络上，形成强大的"全球脑"。这种人工智能将独立于人类，作为一种资源被有形化存储、渐近式累积、社会化传播。这将实现知识与智能的全球化流动和利用，人类的文明与智慧形式将会有极大不同。

⑥促进人的变化。新媒体作为一种极具人格属性的技术，是沿着人的需求补偿这一路径演进的，其演进以模仿、复制、拓展人的某些功能为动力，包括人的感官、认知、行为模式。新媒体演化的最终目标可能是成为人体的一部分，在使用上、功能上与人完美结合。此外，未来新媒体的发展使人的行为、思想乃至生理功能都将发生巨大变革，这种变革使人类正面临着一次全方位的进化。高智能

的搜索引擎使人们能够便捷地开启广袤信息的大门，可视化的决策系统能够代替人脑进行更加精准有效的判断；各种网络表情、网络语言、网络符号的丰富与普及，使人的面部表情、肢体语言等沟通、社交、礼仪等方面的功能大为弱化；计算机键盘、语音识别技术等使人手的书写功能面临退化；便捷的各种线上服务、线上沟通，使人们的生活极大简化。以此为基础，人的行为能力将发生巨大变革。❶

数据分析

随着网络信息的发展和科技技术的进步，新媒体逐渐进入人们的视线。新媒体指数字杂志、数字报纸、数字广播、手机短信、网络等，不可否认，依托电脑、手机、平板电脑等新兴电子设备传播的新媒体，具有快捷、简易、传播面广等传统媒体不具备的优点，受到人们的欢迎。

新媒体在推动文化体制改革上的运用是一把"双刃剑"。以网络传播为例，网络的普及让每个人都能成为新闻的制造者和传播者，彻底改变了单方面接收传统媒体信息的局面，这让许多新闻事件得到了更全面、更准确的传播，同时也成为谣言的温床。大多数人并不具备分析消息真实性的能力，盲目传播虚假消息，造成了不好的影响。更何况，还有居心不良的人利用网络传播制造舆论事件，或"捧杀"或"抹黑"，利用不明真相的网民达到自己的目的。

那么，如何将新媒体由双刃剑变为披荆斩棘的宝剑，为文化体制改革做出贡献？首先，要正视新媒体对深化文化体制改革的巨大推动作用。如今有许多传统媒体都开始向新媒体转型升级，如建设官方网站、设计官方 App 等，在信息时代，传统媒体只有正视新媒体、尽快进行转型，才不会被时代抛弃。同时，新媒体的便携、快速、内容丰富、信息量大等特性，能够很好地弥补传统媒体内容受限、时效性差等方面的缺陷。

其次，要加强对新媒体的管理。《最高人民法院、最高人民检察院关于办理利用信息网络实施诽谤等刑事案件适用法律若干问题的解释》中如何惩治网络谣言有新依据，明确了利用信息网络实施诽谤行为的入罪标准。同时，实名制、网警等措施，也有利于净化网络环境。

最后，坚持正确的舆论导向。舆论导向可以握在网络推手手里，同样可以握

---

❶　谢新洲.新媒体将带来六大变革［EB/OL］.人民网，2015-04-15.

在学者、专家、政府发言人手里。网民也希望在纷杂的信息中找到正确的、剔除谬误的，这就需要有号召力、公信力的人员发布准确翔实的信息，正确引导舆论。只有谨慎对待每一次信息传播，才能赢得网民的信任，只有时刻把握住正确的舆论导向，才能履行好自己的责任。

党的十八大报告指出，"坚持以人民为中心的工作导向，坚持把社会效益放在首位、社会效益和经济效益相统一，以激发全民族文化创造活力为中心环节，进一步深化文化体制改革。"文化属于全人类，中国独有的文化需要由全体中国人民共同创造。在网络舆论日渐强大的今天，利用好新媒体，就握住了网络舆论这股力量，掌握好新媒体的发展方向，就能让它为文化体制改革做出贡献。

杭州市"文化精品工程"再结硕果

引言

近年来，杭州市注重发挥"五个一工程"的示范引领作用，精心创作生产出一大批思想性、艺术性、观赏性俱佳的优秀作品，连续三届在全国"五个一工程"评选中走在全国同类城市前列，推动了全市文化事业的蓬勃发展。

文化精品传递满满正能量

获奖作品彰显了中华民族伟大复兴的中国梦主题，展现了中国人的光荣与梦想、奋斗与成功，讲述了百姓大众通过辛勤劳动创造美好生活的感人故事。入选全国"五个一工程"的作品中，《听风者》是根据麦家小说《暗算》改编而成的谍战电影。《焦裕禄》除了讲述焦裕禄在兰考县任县委书记的 14 个月里治沙除害的贡献之外，还展现了焦裕禄在东北大山坑煤矿反抗日本侵略者；在尉氏县领导土改，清匪反霸等鲜为观众所知的工作、生活经历。通过全方位再现焦裕禄的人生历程，还原其作为一名优秀共产党员和党的好干部的光辉形象。《国家命运》这部革命史诗大片全景式地展现了我国"两弹一星"设计研制和试验成功的全过程，不仅创下电视收视纪录，更在网络点播中"拔得头筹"。总体而言，这些入选作品不仅市场反应良好，更体现导向性，彰显示范性。

2014 年 8 月 19 日，杭州市第十二届精神文明建设"五个一工程"奖也正式公布，获奖的 58 部作品，包括电影《五星红旗迎风飘扬 2》，舞台剧《永远的雷锋》《德清嫂》，动画片《郑成功》，歌曲《人民在心中》《中国大运河》，广播

剧《满天都是小星星》，图书《我们的价值观》《护航亚丁湾沉思录》等。❶

加大重大文化项目资金投入

浙江不断加大对重大文化项目的资金投入力度，每年仅省级层面的扶持资金就超过 3500 万元。

以 2014 年为例，在对 181 项申报项目经过严格的项目初审、专家评估和各工作委员会的审定之后，共有 51 项被列入文化精品工程首批扶持项目，包含了电视剧、电影、纪录片、戏剧、音乐、文学、广播剧、视觉艺术、微电影 9 个类别。其中，既有挖掘历史文化的纪录片《话说钱塘江》、图书《运河南端觅古迹》，也有反映当代城市精气神的诗歌《最美——进入杭州的 99 种途径》、微电影《"最美杭州人"系列》；既有反映时代主旋律的电影《梦想者》等，也有报告文学《浙江先驱者》、人物传记《丰子恺与杭州》等。

值得关注的是，这次民营文化企业获扶持项目占有相当比例，作品也非常接地气。市委宣传部负责人表示，市里将对入选项目予以相应扶持，并对项目进展实行追踪管理、跟踪服务。

以精品工程带领文化大市建设

早在 2012 年 1 月 5 日，杭州市委十届十二次全体（扩大）会议，通过了《中共杭州市委关于认真贯彻党的十七届六中全会精神深入推进文化名城文化强市建设的若干意见》（以下本文简称《若干意见》）。《若干意见》进一步明确了杭州今后的文化发展道路。着力增强先进文化凝聚力、公共文化服务力、文创产业竞争力、文化发展创新力和文化人才支撑力，全力把杭州打造成为全国文化创意中心，深入推进文化名城建设。

其中，文化精品工程的内容为："坚持正确创作方向，实施精品战略，提高文化产品质量；加大对文艺精品创作扶持力度，重点推动重大革命和历史题材、现实题材、青少年题材、新农村建设题材等作品的创作；加强地方特色优秀艺术品种和民间民俗文化的传承；健全重点文化创作题材的评审、扶持和绩效评估机制，构建有利于出精品、出人才、出效益的科学的文化产品评价体系。"2011年，《五星红旗迎风飘扬》《东方》两部重大革命历史题材电视剧相继登陆央视，并在全国产生了巨大影响；史上首部杭州电影《岁岁清明》获金鸡百花奖最佳

---

❶ 杭州日报. 文艺精品传递满满正能量［N］. 杭州日报，2014-10-04.

编剧奖；动画电影《梦回金沙城》获华表奖……2011 年，杭产影视剧引领杭州市文化作品大放异彩，取得了经济效益和社会效益双丰收。

文化精品工程是杭州文化名城、文化强市建设的标志性工程，也是解放思想和文化体制改革的标志性工程。

当前，世界正处于迅速变革之中。自媒体给传播竞争格局所带来的变化是颠覆性的，自媒体对社会正在产生深刻影响。进一步探索转变传播方式，除了大力促进媒体融合，打造有强大实力和传播力的新型媒体，更需要我们深入思考内容创新。

弘扬改革精神，增强创新意识，以高度文化自觉和文化自信讲好杭州故事、中国故事，传播最美声音，才能建设好文化都市。❶

数据分析

文化精品不仅是衡量一个国家、地区和城市文化发展程度、文化品位高低的标准，也能用来观察一个国家和地区，乃至一个城市经济活力和社会凝聚力，集中体现了这座城市的文化影响力和竞争力。杭州市响应国家的号召，实施精品战略，组织好"五个一工程"、重大革命和历史题材创作工程、重点文学艺术作品扶持工程、优秀少儿作品创作等工程项目，积极鼓励原创，不断推出文艺精品，在文化强省建设中发挥示范性的带头作用，始终保持走在全省和全国的前列。

在文化精品工程方面，杭州市按照经济发展模式，建立了"年初定规划、全年抓落实、年终有成果"的工作机制。一般在年底就会公布第二年文化精品工程申报评选工作的通知，让全市各文化企事业单位尽早开始准备文化精品的规划和创作。在对申报的文化精品项目进行严格审核后，会评定一批年度文化精品工程的创作项目，市委宣传部将根据项目的艺术门类和题材性质等给予一定的扶持。

杭州市还非常看重文化精品项目的创作主题和内容。在评定年度入选文化精品工程项目时，就对申报项目提出了明确的要求。首先，作品要必须坚持正确的文艺创作导向，即坚持社会主义先进文化前进方向，坚持"二为"方向、"双百"方针和"三贴近"原则。其次，项目选题既要立足本地、又要放眼全国。要重点策划重大革命历史题材的创作项目，结合新的时代条件，充分利用杭州丰厚的历史文化资源，重点策划传承和弘扬优秀传统文化的杭州历史题材创作项

---

❶ 涂建敏. 以精品工程带领文化大市建设 ［N］. 杭州日报，2014-09-04.

目，体现国家文化精品创作水平，具有良好市场前景的文艺创作项目。最后，更加重视现实题材项目。坚持把社会效益放在首位，弘扬主旋律、追求真善美、提倡多样化，围绕社会主义核心价值体系建设，重点策划弘扬当代浙江人共同价值观，刻画"最美杭州人"的创作项目，讴歌改革开放，反映现实生活、体现时代精神的杭州现实题材创作项目，反映工业、农村和青少年题材等有创新意义的创作项目。从杭州市入选 2014 年杭州市、浙江省和全国"五个一工程"的作品可以看出，这些作品讲述了百姓大众通过辛勤劳动创造美好生活的感人故事。它们不尚浮华、力戒奢华，以真情实意感染人、以清新朴实打动人。

文化精品工程是文化名城、文化强市建设的标志性工程，也是解放思想和文化体制改革的标志性工程。杭州市始终将文化精品工程建设和经济建设置于同等地位，以文化精品创作促进杭州文化繁荣发展，推进杭州文化名城、文化强市的建设。

解析渭南"文化品牌"创新，让百姓的文化生活流光溢彩

引言

从人民群众的文化需求出发，从创新的角度打造适合百姓的、丰富百姓文化生活的文化品牌项目活动。这些文化活动能让老百姓近距离地接触各种形式、各种类型的艺术，接受文化艺术的洗礼，同时也能通过参与这些活动，提高百姓艺术创作的兴趣和热情。

渭南："品牌创新"让百姓共享文化体制改革红利

为了增强秦腔的影响力，2007 年年底，中共渭南市委宣传部和渭南市文化局专门成立了一个课题组，商讨如何才能让剧团走出困境。最终，课题组提出了一个大胆的设想：从社会效益入手，通过低票价把观众想办法拉回到剧场来。为了取得效果，渭南市文化局局长华惠民一拍板，决定剑走偏锋，每张戏票只卖一元钱！"一元剧场"由此产生。

2009 年，渭南市秦腔剧团决定在保证每周一次"一元剧场"的同时，将其余部分的演出全面推向市场，大大调动了演员的积极性和自觉性。随着演出曲目的增多和演出水平的提高，渭南秦腔剧团的品牌也逐渐形成。作为起家根本的"一元剧场"，截至 2011 年 10 月已演出 100 多场，观众 20 多万人次，积累了可

观的人气和品牌效应。2010 年 9 月,渭南秦腔剧团在国家工商总局对"周末一元剧场"注册了商标,成为省内首家拥有自主知识产权的文艺团体。

"每个剧团都有自己的特色,我们鼓励县际进行交流演出。"渭南市文化广电新闻出版局艺术科副科长邵建华说,各剧团到各县进行交流演出能给群众带去新意,让群众乐在其中。如今,"一元剧场"的服务对象已由市区扩展到县(市、区)、乡镇及农村基层,演出团队涵盖了市县级演出体,演出内容包括秦腔、合阳提线木偶戏等。同时,为鼓励县际交流演出,渭南市文化广电新闻出版局还出台了相关的补贴办法:每场演出,各县给剧团补贴 3000 元,市里给剧团补贴 2000 元,为各县剧团走出去提供了坚实保障。❶

"四进零距"

2012 年年初,中共渭南市委、渭南市人民政府提出公共文化服务"四进零距"工程,即文化演出进广场公园、进街道社区、进园区企业、进乡村场院。这是继"一元剧场"之后,在大力推进全市图书馆、文化馆、乡(镇)文化站等向全社会免费开放的同时,突破公益文化服务活动场所、内容形式、活动经费限制"瓶颈","政府部门主导、社会各方参与、三级馆站服务、惠及城乡群众"的又一项公益性公共文化服务惠民工程。

为了加快推进创建国家级公共文化服务体系示范区建设,丰富群众文化生活,渭南开展了公共文化服务"四进零距·百姓之声"系列文艺精品"文豪之夏"展演月活动。文艺精品展演月活动的开展,以丰富多彩的文化服务造福了老百姓,积极推动群众文化活动蓬勃开展。

"四进零距"工程自开展以来,每年开展文化成果展示、综艺节目演出、文化政策宣传、文化艺术辅导培训等各类文化服务 500 余场次,受益群众达 100 万人次。2014 年,通过国家文化创新工程项目评审,渭南"四进零距"工程成为国家文化部确定的 2014 年度 13 个国家文化创新工程项目之一。该活动在 2014 年共演出 1079 场次,极大地丰富了城乡居民的文化生活。❷

---

❶ 陕西日报 . "三个创新"让百姓共享文化体制改革红利 [N]. 陕西日报,2015-01-27.

❷ 渭南日报 . 渭南市公共文化服务"四进"零距工程荣获奖项 [N]. 渭南日报,2013-11-28.

"青春之梦" 大型系列活动

在深化提升"一元剧场""四进零距"工程的基础上，渭南市策划打造了"青春之梦"系列群众文化活动。据渭南市文化广电新闻出版局副局长李光介绍，"青春之梦"大型系列活动用艺术的形式展现"中国梦"，讴歌"中国梦"，把渭南广大人民寻梦的理想展示出来、追梦的奋斗表现出来，激励每一个渭南人寻梦、追梦、筑梦、圆梦。

渭南始终坚持从群众的需求出发，让城乡热闹，让群众满意。渭南市不断创新，提升、打造"一元剧场""四进零距""青春之梦"活动的同时，各县市区也策划组织了"一县一品、一乡一品、一村一品"等具有地方特色的公共文化服务品牌，不断丰富公共文化服务供给，满足广大人民群众的文化需求。

渭南文化基础设施的建设也随之得到推动和促进。文化中心、基础网络建设都在推进，日益发挥着文化阵地的功能和作用。不论是日益完善的文化基础设施，还是丰富多彩的群众文化演出，渭南创建国家公共文化服务体系示范区，无不与老百姓的文化生活息息相关，无不体现着将文化融入城市的血液，用文化塑造着整个城市的灵魂，让文化成为城市的名片。❶

数据分析

渭南市在创建国家公共文化服务体系示范区的过程中，始终有着独到的见解。从"一元剧场"到"四进零距"，再到"青春之梦"，无一不体现出渭南市始终从群众的需求出发的本心和诚意。在创建加强城市文化建设的同时，也不忘加强城镇、城乡之间的文化传播与交流。

"一元剧场"的提出就是　个很大的创新。一元钱的票价十分优惠，使得秦腔剧团恢复建立之初的活力。可是对于剧团的演出人员和工作人员来说，却是喜忧参半：每张票一块钱，全场坐满所获的钱也不到1000，每演一场，剧团就得赔2000~4000元，更别提去提高演出水平、扩大剧场规模了。政府的补贴让"一元剧场"得以维持收支平衡，也激发了剧团自身的潜力和活力。曾经处于困境、长久不得解救的秦腔剧团如今已是渭南市秦腔有限责任公司，成为陕西省内第一家拥有自主知识产权的文艺团体。"周末一元剧场"这一注册商标拥有极好的口碑

---

❶ 渭南日报．"青春之梦"大型公共文化系列活动将起航［N］.渭南日报，2014-01-17.

和强大的市场号召力，"一元剧场"的演出还得到很多企业的冠名和赞助。

他们大胆创新地提出了将文化演出引进广场公园、街道社区、园区企业和乡村场院的公共文化服务新模式，直接把文化大舞台搭建到广场公园、街道社区、乡村场院等，为老百姓享受文化演出的洗礼提供了便利的条件。

"青春之梦"系列活动通过书法、绘画、电影、摄影等不同表现形式展现了"中国梦"，激励渭南人去寻梦、追梦、筑梦，并为了梦想的实现付诸努力、不断奋斗。"青春之梦"的十项活动成功地为广大人民群众提供了与艺术亲密接触的机会，使老百姓真真正正接受文化艺术的洗礼。同时，老百姓也能通过参加各类书法、绘画、摄影、舞蹈等比赛，直接参与到文化艺术的创作当中，这极大地激发了老百姓的参与积极性，提高了广大群众的热情。

渭南市不断创新提升上述三大品牌文化项目的同时，各县市区也积极策划并组织了如"一县一品、一乡一品、一村一品"等展现地方特色的公共文化服务品牌。这使得基层的老百姓也能欣赏到各种表演，扩大了公共文化服务的范围，满足了更广大人民群众对文化艺术的热情和需求。极大地调动了老百姓参与文化活动的热情，充分营造了"城乡热闹，百姓高兴"的良好文化氛围。

在创建国家公共文化服务体系示范区的过程中，渭南市始终把创新放在第一位，对文化事业管理、文化基础设施建设，文化品牌和文化精品的建设等都拥有独到精辟的见解，逐步实现政府由"办文化"向"管文化"的转变，以求为人民群众提供更优质便捷的公共文化服务。中共渭南市委、渭南市人民政府始终以强烈的紧迫感和高度的使命感，大胆创新、高瞻远瞩，为创建国家公共文化服务体系示范区坚持努力，也为让百姓真正共享文化体制改革红利不懈奋斗。

京剧要传承，也要创新

引言

第七届中国京剧艺术节于 2014 年 11 月 10 日晚在天津大剧院歌剧厅上演，京剧名家孟广禄、刘桂娟、石晓亮等倾情献艺，也拉开了第七届中国京剧艺术节的帷幕。其中既有精心整理和改编的传统剧，又有体现民族精神的新编历史剧，也有反映时代精神的现代剧，集中体现了京剧艺术工作者近年来的"创新"成果。

第七届中国京剧艺术节天津启幕，台北新剧团参演

天津市青年京剧团新编历史剧《钦差林则徐》2014 年 11 月 10 日晚在天津大剧院歌剧厅上演，京剧名家孟广禄、刘桂娟、石晓亮等倾情献艺，也拉开了第七届中国京剧艺术节的帷幕。

据了解，从 11 月 10 日至 22 日，将有来自中直、全国 22 个省市及台湾地区的 33 个京剧院团为观众献上 31 台剧目 57 场演出。❶

"时尚京剧"引争议，创新落脚在哪里

中国"国粹"京剧有可能正迎来其 200 多年历史上最大胆的"创新"——炫彩灯光、华美服饰、立体音效、3D 影像等现代科技手段和流行元素被大量搬上舞台，这在中国京剧界却引发争议。

本届京剧节上，由梅葆玖担任艺术指导的参演曲目《梅兰霓裳》，在保留梅兰芳大师经典唱段的基础上，运用三维虚拟影像等多媒体手段，将梅派名剧《太真外传》以创新形式再现。"三维影像技术的使用，虚实结合，很漂亮，但又不失传统。"梅葆玖说，从观众的反映来看，这个戏的创新是成功的。

但是，创新不能盲目。梅葆玖说，在创新的道路上，一切现代手段都是为正统京剧服务的，京剧的"根"不能变。国家京剧院导演高牧坤说，京剧创新是"老树开新花"。"京剧的叙事方法与歌剧、话剧不同，它有强有力的'技'和'艺'，一定要以'唱、念、做、打、武'为基础，这才是京剧的魅力所在。"❷

观众不是喜欢"老"而是喜欢"经典"

在此次京剧节的几场演出现场，记者都发现了这样一个问题，大多数观众为中老年群体，青年观众少之又少。受众群缺少新鲜血液补充，就意味着未来市场的萎缩。这一现状可以说是当今很多传统艺术都遇到的问题。

如今市场，很多观众喜欢听老段子，对创新剧目不感冒，但是京剧的发展又必须有新的内容进行充实，梅葆玖先生说：京剧如果没有老的基础就创不出新

---

❶ 中国新闻网. 第七届中国京剧艺术节天津启幕台北新剧团参演［EB/OL］. 中国新闻网, 2014-11-11.

❷ 新华每日电讯. "时尚京剧"引争议创新落脚在哪里［R］. 新华每日电讯, 2014-11-26.

来，现在面临的问题是要如何运用现代传播的手段，让老的东西被更多的人接受。我父亲一辈子都在创新，梅派到今天也还在发展。但是永远要记住，京剧姓"京"。

王平：有些创新剧为什么没市场，新戏要靠市场打磨精炼

近些年来，天津京剧院一直在创作剧目上下大功夫，打造了一批经典的新剧目，对于很多创新剧甚至是获奖剧难以赢得市场的尴尬现状，天津京剧院院长王平认为：一部新剧，从创作到成熟，是需要不断在演出中打磨的，不能应付了事。此外，由于经常外借演员，就减少了本院团演员的演出机会，这是一种资源浪费。

谈到一部创作剧目赢得市场的因素，王平总结了这样几个特点：第一，故事，大家是不是都知道这个故事，一说王小二，观众就会问"谁啊""我去不去看啊"。第二，再新的戏，也要有京剧独特的风格。第三，能通过故事，传达更多的思想。如果这几点剧目本身都具备，那就可以引起观众的兴趣，但是要想成功赢得市场，还要将剧目反复演，要经得起观众推敲，还要经得住市场"品尝"，从而成为一部能够流传的剧目。

有些观众不喜欢看新编京剧，是因为觉得太拖沓，不够精彩。对此，王平表示："京剧是国粹，究竟'粹'到什么程度？京剧应该是很精辟的、是精练的。创作要回归京剧的规律，找到京剧的精、气、神。"

马博敏：拓展市场需多与"黑头发"观众沟通，以年轻人的方式吸引年轻人

在采访中，很多不喜欢京剧的年轻人向记者反映了这样一个问题——京剧所表现的内容，很多都是以古代人的思维方式讲述的老故事，无论是表现形式还是思想感情，与当今青年快节奏的生活对接不上，难以产生共鸣。

对此，在观看完天津青年京剧团表演的《钦差林则徐》后，上海市京昆艺术发展咨询委员会主任马博敏表示：《钦差林则徐》这部戏非常接地气，从一个侧面表现了一个英雄形象，强化了演员的情感表达张力，我认为这些都是适合青年的一种表现方式。

近几年，从上海、浙江刮起了一股昆曲热潮，经过时尚包装的昆曲更容易被年轻人所接受，对此，马博敏分析：昆曲也是分两种，一种是很时尚的表达方式；另一种是很传统的，观众群不一样，各取所需。如今，京剧工作者需要引导

青年人懂得民族艺术的精粹是什么，应该让年轻人通过理解进而去珍爱它。此外，要赋予这些传统艺术新的内涵，要让年轻人知道，这些艺术是活生生的。

谈到一部创新京剧成功的因素，马博敏多次提到了"情感表达的外化"，因为现代的戏剧需要吸引更多的年轻人，就必须做到真情流露。此外，对于如何推广京剧艺术，我觉得还需要京剧工作者循序渐进，由浅入深。❶

数据分析

京剧和所有传统文化一样，既要继承，也要创新。继承是前提，创新是在继承基础上的创新。没有继承，创新就是无源之水；没有创新，艺术就没有生命力。二百多年来，京剧从雏形到成熟，始终是在继承与创新的交替运行中向前发展的。当年梅兰芳、周信芳等一大批京剧艺术家，在坚守传统的同时，为适应变化的时代，运用新的表现形式创作了时装戏、古装新戏等新的表现形式，极大丰富了自己的艺术风格，得到了行内的认可，受到了广泛的认同。

京剧是一门有着规范体系的精美艺术。"一抬脚跨过几丛山，一挥手引来百万兵"。虚拟、写意、程式化，让京剧"数尺舞台，气象万千"。一代代绵延相传的技艺"四功五法"：唱念做打，手眼身法步，构成京剧的精魂，成为京剧区别于其他艺术的鲜明特征，是京剧自立于世界民族艺术之林的独特审美优势。

京剧要发展，必须在继承传统的基础上不断创新。继承，就是要充分认识传统、尊重传统，保留和展演传统的经典剧目，保持和继承传统的艺术神韵和美学特质。创新，就是在尊重艺术本体的前提下，用崭新的视角来展示传统艺术之美，积极吸纳融汇其他艺术之长，为我所用，赋予京剧鲜明的时代特色，创造能够体现当代美的表现手法，让京剧姓"京"也姓"今"。

真正的京剧发展，应在发扬以表演艺术为中心的独创精神时，推出具有艺术创造力的新风格、新大师、新作品。京剧以表演艺术为看点，是一种以表演艺术家为创造中心的戏剧形式，追求独特的表演风格，突出主要人物的表现方式；同时它所具有的主演功力与才力必然成为塑造人物、形成看点、吸引观众的核心的不可违抗的基本规律。它必须要以表演手段的精彩、表演风格的特点，以及具有影响力的艺术家独特表演魅力作为创造的基础。

随着科技的飞速发展和物质条件的不断提高，京剧舞台开始"花样翻新"，

---

❶ 中国经济网．京剧名家谈京剧创新如何闯过市场关［EB/OL］．中国经济网，2014-11-19.

有了实景，增加了交响乐、灯光；不同艺术手段的融合运用，如电动化、影视化的元素开始出现于舞台。与时俱进的京剧兼收并蓄，为舞台带来了新气象，吸引了许多年轻观众，这是好事。但也有一些新剧目远离了京剧本体：只是追求场面的宏大和灯光、布景的豪华气派；剧目不论题材大小，都用交响乐伴奏，乐队音响淹没了演员的演唱；灯光的使用与演员的表演本末倒置，表演受到灯光控制，能动性大打折扣；舞台光线暗淡，观众难以看清优美精细的表演。这些都是创新的歧路。真正意义上的创新，应有益于烘托表演而不是限制之，是强化"四功五法"而不是削弱之。

京剧创新发展是一项历史赋予今人的光荣任务，也是今人对京剧文化光大延续理应做出的奉献。充分尊重京剧规律，科学地加以传承创新，京剧艺术的积累才会不断丰富。

丰富文化生活发展民营剧团

引言

21 世纪以来，民营剧团从新生事物到蓬勃发展，在数量和辐射影响力方面呈赶超国有剧团之势，成为构成当前戏剧艺术多彩局面、影响当代戏剧发展与观众审美趣味的重要因素。

论民营剧团的科学管理和有效指导

随着文化体制改革的成功推进，我国的戏剧事业得到全面发展。不但优秀作品和人才不断涌现，演出市场充满生机活力，而且在创作、演出的体制机制上也呈现出前所未有的繁荣面貌，其中，民营剧团的异军突起，成为影响当代戏剧发展与观众审美趣味的重要因素。

相关数据显示，北京市 2011 年年底注册的营业性文艺表演团体就有 504 家，其中民营团体 452 家，占总数的 89%。尽管电视台和报刊等传统媒体上他们演出的广告并不多，但青年人喜爱的网络、广播和地铁、车身等载体和形式上，民营剧团演出的宣传势头和传播效果不可小觑，而且民营剧团的创作演出在思想和艺术方面对青年文艺欣赏者群落的影响越来越大。

民营剧团作为文化体制改革后出现的新事物和繁荣社会主义文化的新力量，不仅应得到全社会各方面的大力支持，其作为精神文明和社会文化的创造与传播者，更应自觉地承担起用先进文化陶冶人、鼓舞人、净化人的作用，应引导其健康发展、迸发活力，贴近实际，贴近生活，贴近群众。

根据当前民营剧团的发展现状和存在的问题，建议文化主管部门应采取有效措施，更加亲和与人性化地帮助扶持这支文化新生力量。第一，有关部门应尽快设立民营剧团艺术发展基金和建立民营剧团评价体系，支持资助优秀剧本搬上舞台。第二，要从民营剧团剧本创作这个基础环节同时又是薄弱环节抓起，鼓励那些职业剧作家为民营剧团创作优秀作品。第三，以简朴灵活的方式创办民营剧团艺术展演周等展示平台。第四，各地文化部门应将特别优秀的民营剧团作品纳入文化惠民项目。第五，切实加强文艺评论的导向、批评作用，重点培养并鼓励年轻一代的戏剧评论家多多关注民营剧团。第六，有关文化部门可举办多样而灵活的讲习班，尽快打造一支有社会责任感和艺术创造力的生力军，用人民群众喜闻乐见的戏剧艺术感染观众。❶

文化市场发展与剧团体制改革

在具体实施剧团体制改革之前，政府及社会保险机构承担监管责任，为剧团改革创造一个良好的外部环境。在此基础上，逐渐把对剧团的直接管理，转变为监督与服务并重的宏观调控，主要应从以下三个重要方面入手。

第一，政府应有意识地提倡与鼓励，在保护传统文化遗产中扮演重要角色。一方面，政府可以通过对保留的少量国家戏剧院团采取一定的政策倾斜，实施指导性的行政措施，促使国家剧团将继承与传播民族优秀文化遗产作为主要任务；另一方面，政府也应该鼓励各地有条件的民营剧团在能获得政府适度回报的前提下，与国营剧团一起实施保护传统戏剧文化遗产的历史重任。

第二，剧团体制改革应该让政府部门摆脱具体的事务性工作，让剧团自行负责剧目的创作与演出。政府举办各种各样的调演、会演，通过具有权威性的评奖，鼓励剧团创作符合国家利益的作品，同时引导剧团不断探索提高艺术水平的途径，将成为文化主管部门最重要的工作之一。值得特别指出的是，近年来，出现了许多仅为评奖而创作的作品，这是不值得提倡的，而体制改革将会使这种违反艺术规律和经济规律的现象减少到最低限度。

第三，政府对文化演出市场的宏观管理与调节，主要表现在市场准入、制定规范、调解纠纷、提供信息等方面。政府部门所能够做的工作，正是在市场条件

---

❶ 人民日报. 论民营剧团的科学管理和有效指导［N］. 人民日报，2014-02-25.

成熟时，促使剧团与个体演艺人员自觉遵守这些规范，并且用行政手段解决这些规范运行过程中出现的问题和争端，促进文化市场的繁荣发展。❶

数据分析

日渐红火的民营剧团是我国文化体制改革的重要表征，它与转企改制的文化事业单位共同构成有竞争力的市场主体。具有草根性的民营剧团往往以地域文化、传统文化、农村文化为核心资源，不仅完善着公共文化事业体系，还提升了民族凝聚力。

在中国农村的舞台上，人们经常可以看到这样的场景："庄户剧团"的演员们在露天广场演戏，演的是与农民们血肉相连的剧目，台上台下互动热烈、两相应和。远远望去，露天舞台上的色调与浑然的天穹、苍茫的大地相融合，不禁使人联想到古老洪荒中戏剧尚在大众之手的时代。所谓"庄户剧团"往往就是农民兄弟在当地文化站的帮助下自发组成的，比如江苏省涟水县常年活跃着十几个庄户剧团，他们有的演淮剧，有的演淮海戏，颇有些百戏杂陈的味道，却都受到当地人的由衷喜爱，其奥秘何在，无非"庄稼汉编演身边事"。这些被他们自谦为"农村小戏"的戏剧往往拙朴却真实，稚嫩却勇敢，如反映计划生育政策的《凤回还》，记录农田灌溉新事的《让水》，聚焦农村土地纠纷的《还土》等，通过戏剧的形式直面了当代农村的焦点话题。这些田野里走出来的"梨园子弟"编戏时没有那么多条条框框，他们本是演给自己看的，也不需要用戏剧冲突去掩盖真实的生活困境，戏里充盈的只是对这片土地的真实体验与最想表达的微妙情感。

当然，文化体制改革中的民营剧团面临如何进行品牌优势完善的挑战，面临如何把核心资源转化为文化象征资本、进一步"走出去"的考验。但是，毫无疑问的是，民营剧团承载着一份属于自身的文化书写与价值建构，对于由强势文化引起的文化殖民、语言殖民与文化自卑主义是一种过滤与对抗，在文化竞争中贡献他们的一份力量。

---

❶ 傅谨．文化市场发展与剧团体制改革［M］．人文与社会，2010-11-08.

画院改制：双赢共发展

引言

近几年，随着民营美术馆在全国各地不断兴起，一种新的现象悄然而生。那便是省、市级画院与美术馆的"合二为一"。

画院改制观察：并入美术馆地方画院在逐渐消失吗？

近几年，随着民营美术馆在全国各地不断兴起，一种新的现象悄然而生。那便是省、市级画院与美术馆的"合二为一"。目前来看，这种合并可以分成两种情况：一种是在原来没有美术馆的省、市地区由画院统筹，来建设美术馆，其存在的形式为：一套班子，两块牌子，即美术馆与画院是属于同一个单位，但彼此还是用原来的名字。另一种情况是美术馆作为画院的一个部分，比起美术馆本身的功能，其主要目的更加侧重于配合画院的研究、展览，与学术品牌的树立。

（1）画院：并入美术馆系统中的创作部

2013 年，重庆美术馆在重庆画院的基础上开始组建，并于当年 10 月正式对公众开放。组建之后的重庆画院，成为重庆美术馆的创作部。每天，当他们以"员工"的身份走进这个由"筷子"组成的巨大建筑时，内心充满的则是某种异样的感受。

从当下各省市的情况来看，这一模式几乎是"一套班子，两块牌子"的典型代表：保留了两个机构各自的牌子，同时合并成了一个单位，将原先完全不同的两班人马纳入一个系统，国家按照一个机构统一拨给经费。

（2）美术馆：作为画院新生力量的一种尝试

大约在 5 年前，成都画院将自己原来内部的一个美术馆转变成了现在的成都市美术馆。从对内到对外，院长王民平感受到了一个公共美术馆平台为画院的发展带来的积极作用。

事实上，从成都画院建设成都市美术馆的做法，可以看到一些北京画院发展的影子。说起北京画院美术馆，院长王明明谈道："北京画院美术馆建立的几年时间里，给予社会公众的印象，更多的是依托于画院丰富的收藏和业务来开展工

作，免费向公众开放，力求活动办得有特色，为公众带来良好的精神食粮。"❶

美术馆与画院合并"文化体制改革"下的中国特色

对于上述两种现象，国家博物馆副馆长陈履生在接受雅昌艺术网采访时将之概括为"美术馆办画院，画院办美术馆"的模式。

由于自身发展的局限，以及市场经济环境下艺术创作不断多元化局面的形成，画院在新时期的功能也需要调整。而当下各个地方出现的美术馆与画院合并的现象，则可以看作调整的一种手段。"但与此同时，问题也突显出现。优秀的人才进不来，文化事业的发展便会遭遇最重要的障碍。"

不过，合并的另外一个优点在王国明看来是非常重要的：那就是有利于统筹两者的资源来进行一些重要艺术题材的创作及展览。目前来看，虽然在合并之后难免造成机构臃肿的情况，但这似乎不会激发非常直接的矛盾。

画院：能否发挥其社会作用才是核心问题

对于当下地方画院与美术馆合并的现象，陈履生在接受雅昌艺术网采访时谈道："我认为无论是画院办美术馆，还是美术馆办画院，都是在目前中国特色体制下的不同方式而已，在全国可以有多种的尝试。"

而对于画院与美术馆合并可能导致的问题，陈履生非常直接地指出："目前来看，许多的画院办美术馆，并不是要办一个公益性的美术馆，而是办一个服务画院的美术馆，使画院的画家有展示的场所，展览的机会，甚至做成像画廊一样。而美术馆办画院，一方面是养画家，另一方面为了更方便联系画家，所以服务于画家办一些展览也是可以理解的，这也是中国特色。"

"随着改革的升华，画院问题、美术馆问题，还有其他公益性的文化事业单位，它们是否能够承担公益型机构的社会责任，这些问题也是要通过实践去研究的。因为每个省份的经济发展水平不一样，公众对于这些文化事业单位的需求也不同，所以我认为现在属于一个过渡时期。至于画院与美术馆的合并，我认为谁依附于谁并不重要，重要的是公益型的文化事业单位能否发挥它在社会中的作用和影响，这才是一个核心的问题。"

在陈履生看来，只有认清了这个核心问题，我们才能搞清楚为什么要办美术

---

❶ 罗书银. 画院改制观察：并入美术馆地方画院在逐渐消失吗？［EB/OL］. 雅昌艺术网，2015-07-28.

馆,为什么办画院,以及如何办美术馆,如何办画院的疑问。

用陈履生的话来说,"中国地大物博,各有各存在的理由和价值"。就当下地方出现的画院与美术馆结合的现象来看,由于国家在体制上的缩编,画院人才只退不进,是否会导致部分地方画院的消失目前还不得而知;而画院办美术馆的方式是否能够为画院的改革找到一条新的道路,似乎也有待时间的考证。❶

数据分析

中国的画院建设从"打造美术国家形象"出发,在人事、管理、服务等方面进行了一系列改革和探索,全国初步形成"一部、八院、五个中心、十个基地"的全新格局,成为一个以创作、研究为中心,集展览交流、收藏陈列、教学培训、宣传出版等多种功能为一体,专业齐全、设置完备的新型画院。各省的地方画院是否也应该走这样一条"大而全"的发展之路呢?

近年来,国有画院一直在人才管理、运行机制、社会责任等方面进行着改革和实践。一方面,画院的艺术家所创作的艺术作品是"体现国家意志""完成国家任务"不可替代的主力军;另一方面,它的定位、职能、体制和机制等也不断受到诘问和考验。国有画院还存在队伍老化、体制僵化、管理弱化、影响力减弱等现实问题,如何在新的历史条件下适应新时期的新要求,发挥画院在国家和城市文化建设中的地位,仍是摆在画院门前的一大难题。目前来看,我国省级以上的公办画院基本属于公益性事业单位,但随着文化体制改革的进一步深化,很多画院面临着由"一类公益性事业单位"转变为"二类公益性事业单位"的窘境,还有的画院面临着被迫取消的危险。

画院事业的发展前途不是简单地取消画院,也不是不加区别地推向市场,而是应该在深化改革的基础上转变机制,求得更好的发展。画院的文化积淀、艺术高度和社会贡献是其他艺术群体所不能替代的,如果没有中国的画院体制,国家文化意志的艺术表现力将难以完整呈现,优秀的民族文化难以得到系统传承。经过躁动和迷茫之后,画院的发展已有很大进步,也越来越明确自己的责任和义务,对于应该画什么、为谁画的问题,画家们也都安静下来,审视自己。

---

❶ 罗书银.美术馆与画院合并"文化体制改革"下的中国特色 [EB/OL].雅昌艺术网,2015-07-28.

中国出版业的数字化转型探析

引言

　　互联网公司以新的业务和交付模式对每个行业都带来了数字化颠覆，国内数字化发展实践证明了国内的传统出版机构数字化转型升级已有充分条件。无论是政策还是资金方面也都证明了国家对出版业数字化转型的支持，数字出版已成为出版业增长最快和潜力最大的板块。

中国出版业拥抱数字化变革机遇持续转型升级

　　新闻出版广电总局副局长吴尚之表示，当前互联网和数字技术的发展给全球出版业带来了深刻变革，中国出版业只有持续转型升级，才能满足日益多元的消费需求。

　　吴尚之在"中美出版传媒产业论坛"上指出，数字出版已经成为中国出版业增长最快和潜力最大的板块，2014年中国数字出版业营业收入约为3168.4亿元人民币（约合511.1亿美元），比2013年增长24.7%，占出版全行业总营业收入的16.2%。

　　以凤凰传媒为代表的中国出版商近年来在数字出版方面进行了诸多探索。据吴小平介绍，凤凰传媒将教育出版作为数字出版的突破口，对基础教育教材进行了基于多终端、多平台的多媒体数字化。目前，数字化教材的累积发行量已经超过5000万份。

　　美国书展于2015年5月27日至31日在美国纽约贾维茨中心举行，此次中国以美国书展"全球市场论坛"主宾国的身份参加书展。中国约150家出版集团、出版社及近万种图书亮相书展，20多位知名作家也随团赴纽约开展交流活动。此外，中国还举办包括出版高峰论坛、出版交流活动和文化艺术系列展览在内的约130场主宾国系列活动。❶

出版业数字化迷局

　　未来，数字出版成为出版传媒企业改制中必须逾越的一道坎。《上海市新闻

---

　　❶ 新华网.中国出版业拥抱数字化变革机遇持续转型升级［EB/OL］.新华网，2015-05-28.

出版业"十二五"规划纲要》就要求该市在未来 5 年内形成 3~5 家年产值超过 20 亿元的数字出版领军企业，确保数字出版产业产值达到 600 亿元。

（1）不情愿但必须上市

根据国家新闻出版广电总局的目标，未来 3~5 年内，国内要培育出六七家资产、销售双超百亿元的大型出版传媒企业。而要打造这样"双百亿"的出版集团，上市，无疑是重要手段之一。

此外，在改革的大环境中，上市已成为一种必需的手段。企业上市的目的，一是能够大规模地融资；二是能够帮助企业整合资源。通过上市可以推动资产的优化组合和现代企业制度的完善，提高公司的运行质量。

（2）数字转型优先

曾运作过多家出版传媒公司上市的中银国际投行部执行总经理陈杭表示，数字化是不可抗拒的潮流，国家政策的鼓励、数字版权保护趋势、3G 启动加快阅读习惯的改变推着企业往前走。

从更加长远的角度来讲，根本的解决办法是在图书制作的时候就生成一种通用的文件，既可以用于纸质的出版，同时又可以适应电子书和其他各种媒介的阅读。

中国出版集团则在 2008 年 5 月，投资 1000 万元组建了"中国出版集团数字传媒有限公司"。2009 年，完成了对"中国数字出版网——大佳中文网"的立项，去年中国出版集团更是推出了自己的阅读器。

（3）出版社能分几杯羹

据不完全数据显示，传统出版部门平均拥有数字版权只占图书出版的 20% 左右，有的高一点，比如，科技出版集团，高达 30% 左右，有的出版集团只有 10% 左右，甚至是 5%。

"与纸质图书相比，数字图书非常容易大规模地复制，我们从来不敢将我们大量的书放到 PC 上去，那样的话会很容易地全部被人家复制掉，所以数字图书的版权保护成为世界性的基础难题。"陈昕表示。❶

数据分析

21 世纪以来，我国的数字出版经历了从无到有、从小到大的发展过程。尤其"十二五"期间，数字出版产业每年的增长都在 30% 以上。我们现在的产业

---

❶ 陈汉辞. 出版业数字化迷局［N］. 第一财经日报，2011-03-21.

基础趋于成熟，已经具备了转型升级的条件。

当前的数字化转型路径包括：加快优质图书内容数字化，建成数字出版产业链，探索数字出版技术与发展趋势，联手移动运营商开展移动阅读服务，开发数字阅读终端。中国传统出版企业取得了不错的成绩和经验，但同时也存在着数字产品定位不明、盈利模式单一、参与国际化竞争不足、数字出版人才紧缺等问题。因此无论是转型示范企业也好，还是转型过程中的企业也好，以及目前还没有明显动作的企业，有这样几点需要特别注意：

首先，要切合自身实际，制定出有特色可持续可操作的发展规划。这个产业的发展不能盲人骑瞎马，一定要有自己的目标和步骤。出版产业发展就像原始森林一样，它跟人工林的区别在于它有生命力，因为它有大树、小草、灌木、乔木，每类都有自己的生长空间，不是清一色的，一定要形成特有的产业生态及因地制宜的目标和规划。

其次，进行资源整合。传统出版企业掌握了大量的优质产业资源，这是由国家的产业特点决定的。这部分资源不能沉睡，各个企业应该继续为社会和广大读者提供服务，所以一定要挖掘资源、整合资源。

再次，坚持"走出去"战略。目前国内企业总体的弱点是资源比较丰富，但技术意识相对比较欠缺，坚持倡导企业要走出去，不仅要走出国门，同时还要走出行业，开展行业之间的合作，比如与渠道商和终端商进行多方面的合作，形成合作共赢的局面。同时应避免走弯路，加快转型升级的进程。

最后，建立专业人才队伍。人才是一个企业得以生存和发展壮大的关键所在，新技术、新业态很大程度上都是由人才所决定的，在传统出版企业数字化转型过程中，人才至关重要。一方面，传统出版企业要积极与技术运营商、研究机构等开展合作，引进技术人才；另一方面，传统出版企业要转变原有的出版观念，了解数字阅读的具体内涵，以及数字阅读背景下读者的新的需要和心理，培养专业的数字出版人才。

告别"金牌至上"政绩观，回归体育精神

引言

2015 年 1 月 26 日，国家体育总局通报中央巡视组反馈意见整改落实情况称，将从评价指标方面引导全国体育界树立正确的体育政绩观，取消亚运会、奥运会

贡献奖奖项的评选，对全运会等全国综合性运动会只公布比赛成绩榜，不再分别公布各省区市的金牌、奖牌和总分排名。国家体育总局还表示，今后将从群众体育、竞技体育、体育产业、体育投入产出效益等多个角度研究设立体育事业发展的评价指标。

体育总局：取消亚运会、奥运会贡献奖奖项的评选

中央纪委监察部网站 2015 年 1 月 26 日发布《中共国家体育总局党组关于巡视整改情况的通报》（以下本文简称《通报》）。《通报》称，深刻认识金牌至上的政绩观扭曲体育精神的危害性。同时，体育总局取消了亚运会、奥运会贡献奖奖项的评选，对全运会等全国综合性运动会只公布比赛成绩榜，不再分别公布各省区市的金牌、奖牌和总分排名。

体育总局对巡视反馈意见中提出的金牌至上的政绩观扭曲了体育精神的问题高度重视，组织进行了深入研讨和深刻反思，并提出了整改措施。

一是深刻认识金牌至上的政绩观扭曲体育精神的危害性。体育是全面建成小康社会的重要内容，是中华民族伟大复兴的标志性事业。体育健儿在赛场上顽强拼搏、追求卓越，弘扬中华体育精神和奥林匹克精神，以优异成绩为国争光、为民族添彩，可以振奋民族精神、促进社会和谐、为青少年树立榜样、满足群众文化需求。

二是深挖产生金牌至上的政绩观扭曲了体育精神的根源。金牌至上的政绩观导致的种种问题表现在赛场上，但根源在人，在于少数领导干部。有些干部片面追求运动成绩、金牌数量，疏于对运动员、教练员的教育、引导和严格管理，甚至给予错误的政策导向，导致少数运动员、教练员在赛场上为取得好成绩不择手段，公然违背体育精神和体育道德，甚至铤而走险违反国家法律法规。

三是在深挖根源的基础上对症下药，采取有效措施。第一，各级领导干部要进一步深入学习习近平总书记关于体育工作系列重要讲话和批示精神，树立正确的体育价值观和政绩观。第二，采取切实措施防范和坚决纠正金牌至上的政绩观，进一步营造良好的体育竞争氛围。第三，要加强对运动员、教练员和广大体育从业人员的思想教育和体育道德教育。第四，要细化完善、严格执行各项规章制度，加大对扭曲体育精神、违反体育道德行为的预防和处罚力度。

四是从评价指标方面引导全国体育界树立正确的体育政绩观。体育总局研究下发了《体育总局关于加强和改进群众体育工作的意见》；今后将从群众体育、

竞技体育、体育产业等多个角度研究设立体育事业发展的评价指标。❶

"金牌至上"的政绩观是体育之殇

如果把体育事业比喻成一艘航船,那么,考核就是一座灯塔,是航船的引路者、领航灯。然而,当金牌指标被摊派到每个责任体头上,当金牌数量成为省与省之间炫耀的资本,本是激励大家奋勇争先的理念,却异化为非"金"不可的扭曲政绩观。更加令人扼腕的是,在这种金牌至上的政绩观的导引下,滋生了越来越多的体育腐败。

事实上,无论是用奥运金牌激发民族自豪感,还是在全运会上比拼奖牌数量,都是为了让全民运动成为一种习惯,让更多的人加入到体育运动中来。而当金牌成为唯一的追求,人们的目光往往只聚焦在了"一朵红花"上,而忽略了由各个运动员构筑的运动美景。这既是对其他参赛者的不公,也是对公众参与的一种抹杀。

毋庸置疑,对于竞技体育来说,考核是必要,而且也是必需的。但是考核必须科学合理,符合体育精神。一味地以得多少金牌为尊,实际上也是对体育的一种伤害,是体育之殇。从这个角度而言,体育总局的新举措,校准了考核的方向盘,对于体育回归理性,有着非常重要的引导作用,值得点赞。❷

淡化"金牌至上"为公共体育发展事业再加速

金牌至上的体育政绩观,以及由此衍生的一整套自上而下的体制激励,虽然迅速拉升了国内竞技体育的发展水平,也确实导致了一系列不容忽视的并发症。在此背景下,体育总局抛出有针对性的整改措施,无疑契合各方期待。有关职能部门将更尊重体育本身的价值,推动体育的纯粹化进程。

时至今日,体育事业战略重点由竞技体育向群众体育、体育产业的转向,可谓正当其时。随着竞技体育投入趋近饱和,继续向该领域大肆砸钱,或许已经不足以产生可观的"增量效益"。与之相比,发力弥补民间体育的历史欠账,加速推动体育市场的规模化、规范化,才真正大有可为。所有体制内的职能部门,理应具备足够的共识。

必须重申的是,"争金夺银"本该是全民体育发展到一定程度后自然而然的结果,如果我们从前一度颠倒了因果关系,那么,如今宣示"改变金牌至上的扭

---

❶ 人民网.体育总局:取消亚运会、奥运会贡献奖奖项的评选 [EB/OL].人民网,2015-01-26.

❷ 人民网.金牌至上的政绩观是体育之殇 [EB/OL].人民网,2015-01-27.

曲政绩观"，无疑彰显了公共体育启动新一轮纠偏的勇气。❶

体育场地人均数应作为新考核指标

2014 年 10 月 20 日，国务院发布了《关于加快发展体育产业促进体育消费的若干意见》，首次提出将全民健身上升为国家战略。这是站在国家高度，对群众体育的最高定位。当淡化了"奖牌数"考核后，官员的政绩考核需要相关体育部门以发展群众体育作为考核标准。

按照此前国务院要求，2025 年中国体育产业总规模要力争超过 5 万亿元，足球市场空间将达 2 万亿元。这期间，可借鉴德国在 20 世纪五六十年代的"黄金计划"，政府大力投资体育场地建设，并且与学校和社区挂钩，使体育成为老百姓的"身边生活"。同时，体育系统和政府相关部门问需于民，然后服务于民，则群众体育一定会让我们迈向体育强国，并全面带动整个体育产业的发展。❷

数据分析

在过去特定的年代里，举国培养体制、金牌至上的激励，曾促进中国体育水平迅速上升，世界排名不断靠前。但时至今日，当整个国家战略处于调结构、创新转型、可持续发展的时候，一只脚早已大步迈进市场机制的体育圈，在顶层设计与管理机制上，却依然保留着某些落后于时代的理念和政策，这或许是因为某些行为惯性，也或许存在私心与私利的混杂纠葛。

中国要建设体育强国，不是举全国之力去培养夺冠人才，而是不断追求每位公民、每个生命个体的积极、强健和自我实现，是让体育新苗由兴趣、热爱自发滋生并强壮起来，是要在蓬勃开展的群众体育活动中通过公平规范的良性循环，发现并培育高手、"国家队"。

与国家在竞技运动员身上的高投入相比，群众性体育健身设施、服务的投入方面明显薄弱。一个尴尬的现实是，人们想找到一块适宜运动的免费活动场地可能不那么容易。除了商业性运动场馆外，公共性体育空间和运动设施的配备，在很多地方都显得捉襟见肘，而中小学甚至长期存在体育课被占用的现象，群众基

---

❶ 新华每日电讯. 淡化"金牌至上"公共体育发展再加速 [R]. 新华每日电讯，2015-01-27.

❷ 新京报微博. 总局淡化"奖牌"考核体育场地人均数为新指标 [N]. 新京报，2015-01-27.

本的运动健身需求难以得到满足，明显不利于全民身体素质的增强。

归根结底，体育作为一项公共事业，应当培养全民健身意识，强健全民身体素质。体育观念的反思与转型，最终要回归到体育事业的国民性上来。追求竞技体育成绩的突破，更多是建立在提升全民运动参与度的基础之上，国家应当扮演好"普惠"的角色，从根本上转变体育投入的方向，让人民充分享受到体育事业发展的利好。

第三篇　公共文化

公共文化是一种面向大众、满足社会共同文化需求的文化形态，它具有公益性和普及性的特点。2004 年国家发改委在《推进 2004 年经济体制改革的意见》中提出了公共文化服务的建设要求，随后由国务院下发的《关于 2005 年深化经济体制改革的意见》又一次强调要加快公共文化服务体系建设。2006 年国家《"十一五"时期文化发展规划纲要》提出要以公共文化服务普遍均等为原则，具体包括完善博物馆、图书馆、文化馆等公益性文化设施网络建设；加强以广播电视村村通工程、农村电影放映工程、乡镇综合文化站和流动综合文化服务车等为主要内容的农村公共文化服务设施建设；普及文化知识、建立公共文化发展的援助机制、鼓励社会力量兴办公益性文化事业等。同年，《中共中央关于构建社会主义和谐社会若干重大问题的决定》提出："加强公益性文化设施建设，鼓励社会力量捐助和兴办公益性文化事业，加快建立覆盖全社会的公共文化服务体系。"2007 年 8 月，中共中央办公厅、国务院办公厅下发了《关于加强公共文化服务体系建设的若干意见》，明确了公共文化服务体系建设的指导思想和目标任务。2015 年 1 月中共中央办公厅、国务院办公厅印发了《关于加快构建现代公共文化服务体系的意见》指出在新的形势下，构建现代公共文化服务体系，是保障和改善民生的重要举措，是全面深化文化体制改革、促进文化事业繁荣发展的必然要求，是弘扬社会主义核心价值观、建设社会主义文化强国的重大任务。

在构建公共文化服务体系这一问题上，国外基本形成了三种发展模式，分别是政府主导型、市场调节型和分权型公共文化发展模式，详见表 3-1。

表 3-1　三种公共文化发展模式对比

	代表国家	特点
政府主导型	韩国	健全的文化行政体系、完善的法律保障体系、强有力的资金和政策支持
市场调节型	美国	不设立文化行政主管部门；中介机构提供资助、强调自主经营辅以法律手段规范文化市场、重视民间文化机构的作用
分权型	英国	建立社会中介机构，既接受政府委托，又负责向政府提供文化政策建议和咨询

我国的公共文化服务发展模式在本质上趋向于政府主导型，即通过健全的行政组织体制、完善的法律保障及有力的资金投入来实现公共文化服务体系的构建。当前我国公共文化服务体系较为健全的地区以上海市为代表，上海市的公共文化服务体系包括市、区、社区（街道）三级，主要由设施网络系统、产品生产供给系统、服务管理运行系统、综合保障系统、制度规则系统、考核与评估系统共六大系统组成。在综合保障系统中，上海市将公共文化服务纳入各级行政区划的党政工作中，并明确专项财政保障，纳入各级政府的财政预算中，同时加强人才发掘和培养，解决公共文化服务人才紧缺的问题。2010 年 4 月正式成立的"上海东方公共文化服务评估中心"是全国第一家公共文化服务的评估机构，这也标志着上海市公共文化服务体系中的考核与评估工作走在全国前列。

近年来，在全社会大力倡导构建公共文化服务体系的同时，广泛运用于科研学术领域和工商业领域的大数据技术开始走进人们的视野。大数据时代的到来，将变革公共文化服务方式，大数据分析技术的运用将直接提升文化服务的效率，提高文化服务需求的导向机制。2012 年 3 月，美国政府发布《大数据研究和发展倡议》，投资 2 亿美元发展大数据，用以强化国土安全、转变教育学习模式、加速科学和工程领域的创新速度和水平；2012 年 7 月，日本提出以电子政府、电子医疗、防灾等为中心制定新ICT（信息通信技术）战略，发布"新 ICT 计划"，重点关注大数据研究和应用；2013 年 1 月，英国政府宣布将在对地观测、医疗卫生等大数据和节能计算技术方面投资 1.89 亿英镑。而我国也开始在 2012 年启动了"国家公共文化数字支撑平台"项目，通过以文化共享工程和公共电子阅览室覆盖全国的六级服务网络设施设备为基础，运用云计算、大数据等新型技术模式和架构，通过发展中心和全国32 个省级分中心在硬件系统、基础软件系统、特色应用系统等方面的协同建设，为公共文化机构提供开放互动、共建共享的统一服务平台，详见图 3-1。

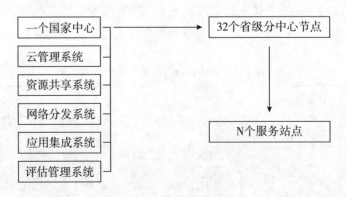

图 3-1　平台体系框架

　　2015 年，中共中央办公厅、国务院办公厅联合印发的《关于加快构建现代公共文化服务体系的意见》（以下本文简称《意见》）在如何推进公共文化服务与科技融合发展的问题上再次明确指出加快推进公共文化服务数字化建设，结合"宽带中国""智慧城市"等国家重大信息工程建设，通过国家网络建设、信息化建设战略的推进，促进数字图书馆、数字博物馆、数字艺术馆、数字文化馆、数字农家书屋等公共文化机构数字化建设。并强调"加强公共文化大数据采集、存储和分析处理。加快推进数字文化资源在智能社区中的应用，实现'一站式'服务"。在此背景下，各地纷纷开始了大数据时代背景下的公共文化服务平台建设。例如，贵州省在以"大数据时代下的数字文化建设与应用"为主题的研讨会上提出将依托大数据打造"文化云"，通过整合文化资源，展现贵州民族文化的多元化、多样性，同时为群众方便、快捷、高效地了解文化发展动态提供途径。上海、云南等地已经推出了基于大数据的"文化云"。

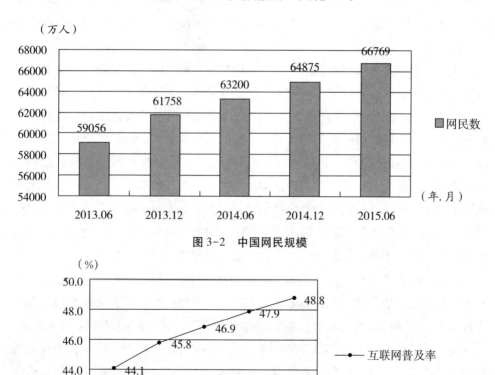

图 3-2　中国网民规模

图 3-3　中国互联网普及率

　　大数据时代的到来，使得数据和信息成为这个时代重要的构成元素，而数据和信息的传播开始更多地依赖互联网这一主流平台。如图 3-2、图 3-3 所示，根据 2015 年 7 月中国互联网信息中心发布的《中国互联网络发展状况统计报告》显示，截至 2015 年 6 月底，中国网民数已达 6.68 亿，手机网民数 5.94 亿，移动互联已经成为时代标签，也是满足群众文化生活的重要渠道，人们可以通过手机或其他移动设备借助移动互联网就可以实现公共文化的在线利用。在这种形势下，传统的公共文化服务方式已经不再适应时代的发展，不能及时满足人们日益增长的文化需求。传统的公共文化服务方式更多的呈现出一种被动服务的形式，文化机构或部门处于主动地位，忽视群众的文化需求，以文化生产为中心，将群众置于被动地位。相比较而言，在大数据环境下，利用大数据和新媒体技术，能够更加方便、快捷准确地了解群众需要什么、喜欢什么，以满足需求为中心，进而提供群众喜闻乐见的文化产品和文化服务，这必将有效地促进公共文化服务单位与广大人民群众之间的互动，缓解信息不对称的情况，改变"供方市场"的现状，推动公共文化服务提升效益。

　　当前，提供公共文化服务的主体包括博物馆、图书馆、文化馆等公益性文化机构，而在大数据技术背景下构建公共文化服务体系，这些文化机构必然充当着"主力军"的角色。以公共图书馆为例，用户在借阅图书的过程中会产生很多数据和信息，比如用户借阅图书的时间、借阅的频率和数量、所借图书的种类及对图书馆借阅服务的信息反馈等。通过对用户此类借阅记录和信息行为的数据分析，能够较为准确地判断用户的阅读偏好和图书馆服务的局限与不足，从而为图书馆改善服务方案、提高服务效率提供依据。当然，大数据在客观上要求公共图书馆不仅能够及时地根据用户需求提供相应的服务，同时也要求图书馆能够通过数据预测用户在未来一段时间内可能发生的信息行为。尽管大数据分析技术能提高文化机构的服务水平和服务效率，但是当前公共文化机构在数据处理技术、基础软硬件设施、信息技术人才等方面都制约了大数据技术在公共文化领域的深层次运用。因此，大数据技术给公共文化事业发展带来机遇的同时也带来了挑战，一方面大数据提高公共文化服务的效能，通过数据分析了解用户的文化需求并预测用户的未来信息行为；另一方面技术、设施、人才的缺失成为摆在我们面前的一道难题。

　　现在，大数据渗入社会生活的方方面面已是必然的趋势。2013 年，上海市科委发布的《上海推进大数据研究与发展三年行动计划（2013—2015 年）》提出，上海将着重改善食品药品、医疗健康、继续教育、智能交通、公共安全等领域，建设大数据基础平台，探索互动互利，实现交互联系，整合资源共享、采取一体化服务模式，完善大数据公共服务平台，提供大数据技术成果，推广惠及民众。医疗卫生、饮食、教育、交通等领域都与人民大众生活息息相关，也是公共文化事业重要的组成部分。公共文化事业的发展水平，是一个国家文明程度的象征，也是一个国家国力的体现，而公共文化服务体系的建立健全是促进公共文化事业发展的强有力举措。大数据无疑为公共文化服务体系的构建提供了一个很好的技术基础和发展平台，实现"以生产为中心"的传统文化服务形式向"以需求为中心"的公共文化服务形式转变，繁荣面向大众的喜闻乐见的社会主义文化。

基层文化阵地建设的发展之路——以各省文化广场建设为例

引言

基层文化设施建设对于丰富人民生活是非常重要、必不可少的，文化广场是最能发挥基层文化效能的文化活动场所。基层文化阵地建设，也应紧跟群众需求，由传统的室内转变为室内室外同步开展。而基层广场文化的繁荣需要政府更多地扶持，因地制宜地进行广场的建设，进行设施的提升和完善。各省积极努力把文化广场建成群众满意的工程，取得了实质的进展，呈现百花齐放的态势。

奈曼旗供电公司：倾心服务，助力乡村文化广场建设

随着十个全覆盖的逐步推进及各个村屯的文化广场的完善，广大村民的精神需求日益提高，当秋收逐步结束，奈曼旗兴隆镇广大村民晚饭后便在村屯文化广场开展跳舞、扭秧歌的文化活动。然而，文化广场的照明问题却成了不少村屯领导的"心头病"。

不少村屯领导或打电话或亲自来到奈曼旗供电公司兴隆供电所，请求帮忙安装广场照明灯，解决夜间照明问题。该所负责人高度重视此事，并亲自部署，根据包片电工属地原则，义务为各个村屯的文化广场安装夜间照明设备。并且强调一定要按规范标准进行安装，保证安全、可靠供电。为百姓业余文化生活助一臂之力。

内蒙古农村建设标准示范点村——舍利虎移民村，文化广场干净整洁、面积1000多平方米，广场上有篮球场、体育健身器材等一应俱全，四周绿化树成排，两盏照明灯整齐规范，非常漂亮。记者和正在广场上锻炼的老人们聊起文化广场建设的时候，其中一位近70多岁的老人说："我们做梦都没想到，如今能有这样

锻炼的好地方，特别是供电所帮我们安上灯后，白天能锻炼，晚上还能跳广场舞，非常感谢他们的帮忙。"说话间，三五成群的学生们抱着篮球来到球场，生龙活虎地玩起球来。

据悉，目前该所已经为 20 多个村屯义务安装（或拆除原来村屯自己安装但不规范重新安装）了文化广场夜间照明灯 30 余盏，义务出工十几人次，并且承诺日后进行义务维修。该所员工规范、标准的安装工艺和倾心周到的服务得到了村屯领导和广大村民的高度赞誉和认可。❶

郯城县花园乡凝心聚力打造文化广场，建设文明乡村

一是明确目标，真抓实干。根据县文化惠民工作的实施方案，明确文化广场建设目标，实现所有自然村文化广场全覆盖。现已建成文化广场 20 个，未建成的文化广场也在规划中。同时，形成专项督导小组，由分管领导带队对还未选址的村，现场勘查，落实文化广场建设情况。

二是突出特色、因村制宜。文化广场建设的目的是为老百姓提供休闲娱乐的场所，同时要突出文化氛围，因村制宜，因势利导，彰显本地特色。例如，圆形方孔钱币、多层石磨、丰收之篮、古时亭榭等都是突出当地特色的标志性建筑。此外，建设宣传墙借以宣传优秀传统文化和社会主义核心价值观，在群众生活中营造浓厚的文化氛围。

三是突出重点、兼顾全面。按照"突出重点、兼顾全面"的原则，加强文化阵地建设的整体规划，把文化广场建设作为新农村文化建设的契机，强化农村文化阵地，活跃农村文化活动。重点抓好文化广场建设，将广场文化建设纳入新农村建设的规划中，把图书室、阅览室、棋牌室、篮球场等文体活动场所也有效的规划起来。通过科学合理规划，节省资金投入，最大限度地利用文化阵地，改善农村环境，繁荣农村文化。❷

湖南娄底建成首个廉政文化广场，填补党风廉政文化宣传

近日，湖南娄底市首个廉政文化主题广场在娄星区大科街道投入使用，为娄

---

❶ 江占国. 奈曼旗供电公司：倾心服务　助力乡村文化广场建设［EB/OL］. 新华社网电力频道，2016-03-03.

❷ 佚名. 郯城县花园乡凝心聚力打造文化广场　建设文明乡村［EB/OL］. 齐鲁在线，2016-03-03.

底市民提供了一处休闲和接受廉政文化教育的场所。

娄底廉政文化广场是在娄底文化广场的基础上，投资 50 多万元建设的，占地面积 45497 平方米，由娄底市纪委和娄星区纪委具体指导、大科街道办事处承建，于 2015 年 11 月 18 日动工。添置了广场标志性石刻 1 处、宣传窗 35 个、文化长廊 68 米、小知识展示牌 12 个、景观石 22 个。整个广场以文化为载体，融合娄底独特文化，巧妙地将廉政文化元素植入其中，寓情于景，寓教于景，充分体现娄底廉政文化特色，使广大市民在休闲、健身和游览的同时，接受中国特色社会主义文化、湖南及娄底本土文化和廉政教育的熏陶。

该广场的建成，填补了娄底城区党风廉政文化宣传进公园、进广场、进社区的空白，是娄底市开展"倡廉、学廉、助廉、养廉"宣传的主要阵地。娄底市委常委、市纪委书记徐勇表示廉政文化的"三进"是一种好的宣传教育形式，要适应新形势，不断提升品位，及时更新宣传内容，紧密结合娄底实际和群众的需求不断创新，以板报、漫画、摄影和书法等多种群众喜闻乐见的形式展现，潜移默化，内化于心。❶

镇江文化广场标准化 建设成"全国样本"

一场场综艺文化演出在大市口广场如约上演；北固湾广场"东吴胜境"引来市民、游客纷纷合影留念；大型法治文化石、背景浮雕让古城公园广场成为名副其实的法治文化广场……一系列文化广场建设，不仅丰富了镇江城市景观的文化内涵，同时，作为全国首家开展文化广场标准化建设的地级市，镇江的文化广场建设已成"全国样本"。

（1）标准化，文化广场建设锦上添花

"家门口就有免费的文化大餐，太幸福了！"家住第一楼街的周阿姨前不久在大市口文化广场看完一场文艺演出后称赞道。这里经常有各种文化演出，让附近居民大饱眼福。

2011 年起，中共镇江市委、镇江市人民政府决定全面启动"省公共文化服务体系示范区"创建工作。经过 4 年多的努力，该市已初步建立文化管理服务标准化体系，建成遍布城乡的 570 个各类文化广场，每年开展各类广场文化活动 5000 多场次，惠及群众 270 万余人次，公共文化服务能力得到了显著提升，形成

---

❶ 李沛真．湖南娄底建成首个廉政文化广场 填补党风廉政文化宣传［EB/OL］．央广网．2016-03-04．

了"便捷化、个性化、常态化"的文化惠民网络体系。

2014年4月，由市文广新局起草编制的《文化广场创建评价规范》江苏省地方标准由省质监局公布，文化广场建设的"镇江标准"由此升格为"江苏省标准"，这也是国内首个发布的文化广场建设地方标准。按照标准，每个广场基本建设做到"六个一"：有一个场地、一支专兼职管理队伍、一个电子显示屏、一套音响系统、一个阅报栏、一个资源安排表；活动主体基本实行"1+X"模式，即每个文化广场有一批固定的文化志愿者、一支固定的社区文体团队、一个固定的结对驻地单位和若干支流动文化服务团队；文化广场活动频率为中心文化广场每周1次、基本型文化广场每月2~3次，文化娱乐广场每月1次；每个广场每月组织不同类别文化活动，群众可根据需求选择参与喜欢的活动，从而满足了群众对文化的个性差异需求。

（2）标准化，为公共文化带来新变化

公共文化建设的发展，给市民带来的变化可观可感。

2014年5月，镇江市"文化广场标准化建设及示范应用项目"被文化部评为2014年度国家文化创新工程3个重点项目之一；2015年5月，镇江市文化广场管理服务标准化项目被国家标准委确定为全国第二批社会管理和公共服务试点项目。

通过推进文化广场标准化建设，镇江市镇（街道）、村（社区）文化设施得到加强与完善，基层文化阵地由传统的室内转向室内室外同步开展，群众文化活动的空间进一步拓展，基层文化设施功能不断优化，对群众的吸引力和凝聚力明显增强。"现在，社区有文化活动室，家门口就有广场，经常开展各种活动，我们退休后的生活很精彩。"家住金山街道迎江路中心社区的居民万阿姨乐呵呵地说。

全市文化广场建设一盘棋，盘活了城乡各级各类文化资源，文化交流和互动明显增强，城市的优秀文艺节目到农村巡演，农村中优秀民间文化到城市广场展示，实现了全市广场文化资源共享的目标，城乡公共文化服务公益化、均等化程度明显提高，群众文化活动的层次和水平明显提升。同时，带动了群众文艺团队的长足发展：全市广场文艺团队已由2012年的500多个发展到目前的1000多个，基本上每村和社区都有1个以上广场文艺团队。❶

---

❶ 邓宇．镇江文化广场标准化 建设成"全国样本"［R］镇江新闻，2015-12-02.

数据分析

奈曼旗、郯城县、娄底市和镇江市等地方文化广场建设积极性高涨，文化广场建设脚步慢的地区可以学习借鉴这些地方的先进经验，积极行动，因地制宜推进文化广场建设。

文化广场活动社会化运行机制

文化广场建设在坚持政府主导的基础上，引入市场机制和市场营销理念，引导社会力量多元投入文化广场建设活动，利用广场冠名、社会力量赞助、公共文化与企事业单位内部文化建设相结合等方式，引导社会力量举办广场文化活动，形成政府主导、社会参与的多元投入格局，建立持续良性运转的广场文化活动社会化运行机制。

内蒙古自治区奈曼旗在这方面做法值得借鉴，村屯领导亲自寻求奈曼旗供电公司兴隆供电所帮忙安装广场照明灯，解决夜间照明问题，并且安装效果显著，表明企事业单位及各种社会力量有为百姓业余文化生活助一臂之力的意愿。因此，政府方面应该鼓励与支持文化广场建设的社会化运行机制，出台相关的利好政策，为文化广场建设营造良好社会环境。

建立以试点带面广场建设路径

在区县建立文化广场试点、以点带面层层推进，有助于进一步示范带动全省市广场建设。一直以来，镇江市的文化广场建设走在前列，在广场建设探索创新方面积累了丰富的经验，成为全市甚至全国文化广场建设的样本。

截至 2015 年年底，镇江市已建有 18 个文化广场，市政府已确定的文化广场示范点有 13 个。其中梦溪广场、古城公园广场、北固湾广场、润州广场和中山广场示范点建设完备，不仅达到文化广场"六个一"基本建设标准外，还进行了广场景观建设，突出文化主题，营造了优美的文化氛围，给群众营造了绝佳的文化活动环境。

丰富广场文化活动，调动群众参与积极性

文化广场建设应当因地制宜，同时突出不同地域文化特色。在此基础上，丰富广场文化活动的形式，以满足不同年龄、不同性别和不同文化层次群众的室外文化活动需求。湖南娄底廉政文化广场，以板报、漫画、摄影和书法等多种群众喜闻乐见的形式展现廉政文化，起到了潜移默化在群众中进行廉政宣传教育的作用。

各区县文化广场上文化活动形式丰富，包括篮球场、健身器材、摄影书法等艺术展、文化长廊及各种综艺文化演出活动……老人们可以跳广场舞，学生可以进行体育健身活动，还可以在家门口观看各种文艺演出，群众参与各种文化活动的积极性显著提高，文化活动的水平和层次也明显提升。

从"政府向社会力量购买公共文化服务"
看公共文化服务的发展

引言

《国务院办公厅关于政府向社会力量购买服务的指导意见》是深入推进依法行政、转变政府职能、建设服务型政府的重要环节，也是规范和引导社会组织健康发展、推动公共文化服务社会化发展的重要途径，在丰富公共文化服务供给，提高公共文化服务效能，满足人民群众精神文化和体育健身需求上具有重要意义，因此其引起了社会各界的广泛关注。

国务院办公厅转发《关于做好政府向社会力量购买公共文化服务工作的意见》

2015 年 5 月 11 日，国务院办公厅转发文化部、财政部、新闻出版广电总局、体育总局《关于做好政府向社会力量购买公共文化服务工作的意见》（以下本文简称《意见》），对建立健全政府向社会力量购买公共文化服务机制，完善公共文化服务供给体系，提高公共文化服务效能做出重要部署。

《意见》对政府向社会力量购买公共文化服务的购买主体、承接主体、购买内容、购买机制、资金保障、监管机制、绩效评价等内容做出了规定，并明确提出了目标：到 2020 年，在全国基本建立比较完善的政府向社会力量购买公共文化服务体系，形成与经济社会发展水平相适应、与人民群众精神文化和体育健身需求相符合的公共文化资源配置机制和供给机制，社会力量参与和提供公共文化服务的氛围更加浓厚，公共文化服务内容日益丰富，公共文化服务质量和效率显著提高。

《意见》强调，要按照深入推进依法行政、深化文化体制改革和构建现代公共文化服务体系的目标和要求，转变政府职能，推动公共文化服务社会化发展，逐步建立起适应社会主义市场经济的公共文化服务供给机制。要坚持正确导向、发挥文化引领作用，明确政府主导、完善政策体系，培育市场主体、丰富服务供给，立足群众需求、创新购买方式，规范管理程序、注重服务实效，为人民群众提供更加方便、快捷、优质、高效的公共文化服务。❶

财政部：政府购买公共文化服务钱怎么花？

政府购买公共文化服务，钱怎么花？是大家最关心的问题之一。2015 年 5 月 12 日，在文化部、财政部、新闻出版广电总局、体育总局举行的新闻通气会上，财政部有关部门负责人对意见有关预算管理的内容从以下四个方面进行了解读。

（1）资金保障：所需资金从既有预算中统筹安排

关于政府向社会力量购买公共文化服务的保障问题，意见明确了两点，一是所需资金列入财政预算，从既有预算中统筹安排。具体地说，对预算已安排资金且明确通过购买方式提供的公共文化服务项目，按相关规定执行；对预算已安排资金但尚未明确通过购买方式提供的公共文化服务，可根据实际情况，调整通过政府购买服务的方式交由社会力量承办。二是逐步加大现有财政资金向社会力量购买公共文化服务的投入力度，也就是说，购买主体应当在现有财政资金安排的基础上，按规定逐步增加政府购买公共文化服务的比例。

（2）购买价格：合理确定价格，避免获取暴利

关于购买价格，建立购买价格或财政补贴的动态调整机制，根据承接主体服务内容和质量，合理确定价格，避免获取暴利。

（3）绩效评价：侧重服务对象对公共文化服务的满意度评价

意见做出具体要求：一是要健全由购买主体、公共文化服务对象及第三方共同参与的综合评价机制；加强对购买公共文化服务项目的绩效评价，建立长效跟踪机制。

二是在绩效评价体系中，要侧重服务对象对公共文化服务的满意度评价。这里特别强调了群众满意度指标在绩效评价指标体系中的重要性。

三是政府向社会力量购买公共文化服务的绩效评价结果要向社会公布，并作

---

❶ 新华社．国务院办公厅转发《关于做好政府向社会力量购买公共文化服务工作的意见》［EB/OL］．中国政府网，2015-05-11.

为以后年度编制预算和选择承接主体的重要参考依据。也就是说，绩效评价要坚持结果导向，加强评价结果的应用。

（4）监督管理：建立"信用档案"和"黑名单"

意见明确，加强对政府向社会力量购买公共文化服务的监督管理，完善事前、事中和事后监管体系，严格遵守相关财政财务管理规定，确保购买行为公开透明、规范有效，坚决遏制和预防腐败现象。同时也分别明确了财政部门，监察、审计部门，文化、新闻出版广电、体育部门，以及购买主体和承接主体的职责。❶

数据分析

政府向社会力量购买公共文化服务，既是转变政府职能的重要一步，也是激发市场活力让公共文化服务接地气的必然选择。在面对公共文化服务供给时，提高公共文化服务效能，满足群众的精神文化需求意义重大。

随着我国公共文化服务建设的持续加强和整体推进，公共文化服务体系逐步建立，并且城乡都被覆盖，形式多样的公共文化服务开展范围更加广泛。但是，仍然有一些脱离实际的做法让公共文化服务脱离了群众的实际需求。

公共文化服务没有能够贴近群众的原因是多方面的。一方面是因为一些地方文化机构的公共服务意识较弱，创新能力有限；另一方面更深层次的原因是政府大包大揽，难以避免供给上的盲点，容易演变为面子工程，导致效率低下和有限公共资源的浪费。这种由政府大包大揽公共文化服务由于缺乏有效监管，使得更为严重的问题不断出现，比如一些公共文化项目成为部分人发财的捷径、腐败的温床。

要有效地改变这种现状必须将市场供给引入公共文化服务，通过政府向社会购买服务的方式，让市场介入，不断丰富服务内容、提高服务效率。这种公共文化产品生产与供给方式，不仅有利于增加适销对路的产品，还有利于减少产品的流通环节，实现"以需定供"，推动公共文化服务供给与人民群众文化需求有效对接。

同时，采用公开招标、邀请招标、竞争性谈判、竞争性磋商、单一来源等方式确定承接主体，采取购买、委托、租赁、特许经营、战略合作等各种合同方

---

❶ 新华社. 财政部：政府购买公共文化服务钱怎么花？［EB/OL］. 中国政府网，2015-05-12.

式，建立以项目选定、信息发布、组织采购、项目监管、绩效评价为主要内容的规范化购买流程及购买价格或财政补贴的动态调整机制，能够根据承接主体服务内容和质量，合理确定价格，避免牟取暴利。建立健全政府购买的法律监督、行政监督、审计监督、纪检监督、社会监督、舆论监督制度，完善事前、事中和事后监管体系，严格遵守相关财政财务管理规定，确保购买行为公开透明、规范有效，坚决遏制和预防腐败现象，能够加强对政府向社会力量购买公共文化服务的监督管理，健全监督机制。

推行政府向社会力量购买服务是创新公共服务提供方式、加快服务业发展、引导有效需求的重要途径，对于深化文化体制改革，推动政府职能转变，整合利用社会资源，增强公众参与意识，激发经济文化活力，增加公共服务供给，提高公共文化服务水平和效率，都具有重要意义。因此无论是从服务体系、购买机制、监管机制还是绩效评价体系中都体现了我国的公共文化服务体系正逐渐向与经济社会发展水平相适应、与人民群众精神文化和体育健身需求相符合的社会化方向发展。

倡导"全民阅读"，让社会多闻"笔墨书香"

引言

在 2015 年的全国人大会上，李克强总理所做的政府工作报告中提出："提供更多优秀文艺作品，倡导全民阅读，建设书香社会。"在当下移动互联网时代，人们似乎都成了"网虫""拇指一族"，习惯了网络文化"快消品"……翻开纸质的报刊、书本，或许更加珍贵。让"书香"浸满社会，温馨的画面令人期待。

李克强："全民阅读"明年继续写入政府工作报告

十二届全国人大三次会议 2015 年 3 月 15 日上午在北京人民大会堂闭幕。大会闭幕后，中共中央政治局常委、国务院总理李克强与中外记者见面，就中国内政外交回答记者提问。

在回答"全民阅读"连续两年写入政府工作报告，为何总理如此重视"全民阅读"问题时，李克强表示，记得去年起草政府工作报告，我在听取各方意见时，不仅是文化界、出版界的人士，而且经济界和企业家都向我提出要支持全民阅读活动，报告要加上"全民阅读"的字样。而且还有人担忧，现在我们国家民众每年的阅读量还不到有些国家人均的 1/10。这些建议让我深思，说明人们不仅在追求物质财富的增加，而且希望有更丰富的精神生活。

李克强还分享了自己的读书感受："书籍和阅读可以说是人类文明传承的主要载体。就我个人的经历来说，用闲暇时间来阅读是一种享受，也是拥有一种财富，可以说终身受益。我希望全民阅读能够形成一种氛围，无处不在。我们国家全民的阅读量能够逐年增加，这也是我们社会进步、文明程度提高的十分重要的标志。而且把阅读作为一种生活方式，把它与工作方式相结合，不仅会增加发展的创新力量，而且会增强社会的道德力量。这也就是为什么我两次把'全民阅读'这几个字写入政府工作报告的原因，明年还会继续。"❶

"书香社会"入政府工作报告代表委员热议

"倡导全民阅读，建设书香社会。"这样的呼吁，在政府工作报告中首次出现。

对此，有专家分析说，这说明全民阅读已引起了党和国家的高度重视，也意味着国家将从顶层设计出发，加大财政预算和投入，让包括偏远山区、贫困地区的农村等地也和城市一样，享受应该享有的阅读公共资源，从而构建"人人爱读书，人人有书读"的"书香社会"。

此举不仅能提高全民的阅读水平、丰富人民美丽的精神家园，更能增加中华文化的厚重，凝聚民族的强大合力。

随着我国人民群众物质文化生活水平的提高，精神文化生活也随之变得重要。物质与精神的平衡，是一个社会文明进步的关键。精神对物质的引导，更是社会文明的标志。如果颠倒了，即使物质财富不断充裕，也不表明社会文明程度的提高。

代表评

①二月河：倡导全民阅读，举双手赞成建议：减免书籍征税，让书价降下来。

"'倡导全民阅读，建设书香社会'，作为一个作家，我举双手赞成。"全国

❶ 文宗. 李克强："全民阅读"明年继续写入政府工作报告［N］. 中国文化报，2015-03-16.

人大代表、著名作家二月河说，在他看来，整个国家的经济、社会、文化发展，都和全民的基本素质紧密相连。读书，就是为了使人民群众的道德水准、文化素养等得到潜移默化的提高。

如何建设"书香社会"？他建议：首先，要引导青年人从"以玩为主"转为"以读书为主"。其次，政府应加强图书馆的建设，现在一般县市的低档次的图书馆相对不足，市民想读书而没有书。再次，建议免征书籍方面的税，把省出来的钱补贴到书价中，让书价降下来。最后，建议加强社会引导，尤其是初、高中生，应多读一些有益的书。

②冯骥才：中国人是文化贵族，不能丢掉文化传统。

建议：要注重培养年轻人的阅读习惯。

全国政协委员、著名作家冯骥才认为，书香是一种气质，读书是为了使生活充满知识、修养和精神文化追求。中国人是文化贵族，不能丢掉自己的文化传统。

"随着移动媒体的发达，人们的阅读变得支离破碎，尤其是一些年轻人，有思想的文章读得少一些。"冯骥才说，建立书香社会，首先要重视年轻人阅读习惯的培养，社会各界应该给年轻人提供一些书目。

在选书方面，冯骥才认为，应该找适合孩子们看的。读书应该是很自然的，不能强迫。

③郑永扣：读经典好书，手泽犹存。

建议：单位、学校图书馆向社会开放，把书报亭加入城市规划。

"'倡导全民阅读，建设书香社会'第一次在政府工作报告中提出，意义重大。"全国人大代表、郑州大学党委书记郑永扣表示，郑州大学已经提倡除了要多看专业书籍外，还要大量涉猎经典著作，读书可以提升个人的品位和境界。

郑永扣还建议，把书报亭、图书馆写入城市规划，让路上随处都要看到，这不是点缀，而是构建和谐社会、提高国民素质的重要部分。

④廖华歌：读书越来越少，一个民族文化就会瘦身。

建议：开设流动书屋，给大家拉去书香。

全国人大代表、南阳躬耕杂志社副编审、作家廖华歌希望社区和农村都有流动书屋，"哪怕一台小巴车，都可以给大家拉来书香"。书香燎原，还得有星星之火先点起来，"南阳从2010年就开始设立读书会，现在已经发展了6000多人，一些知名人士、作家的加入更能吸引普通读者，社会团体、企业家共同操办，劲儿往一处使，红红火火的"。

她建议，书店、图书馆、博物馆等文化单位也应该依靠自己的宣传力量，激发大家一起来享受读书的乐趣。❶

数据分析

对于 2015 年政府报告中两次出现的"全民阅读"的倡议，李克强总理解释说："全民阅读是群众需要，而且不仅是文化界、出版界人士的需要，更是经济界、企业家的需要"。

总理在论述了"全民阅读"的必要性时，指出了群众需求和阅读量与发达国家相比存在的差距。从重要性来看，阅读量增加是一个国家社会进步、文明程度提高的重要标志，把阅读作为一种生活方式并与工作方式结合，既能增加创新力量又能增强道德力量。所有这些因素叠加起来，就是政府工作报告反复强调"全民阅读"的原因。

倡导"全民阅读"需要顶层设计的支撑。这两年的《政府工作报告》都提到了"全民阅读"，足以证明国家层面对提高全民阅读水平的重视程度，摆在当前的问题就是如何去落实"全民阅读"的具体工作。2015 年年初，中办、国办印发《关于加快构建现代公共文化服务体系的意见》，并制定了国家基本公共文化服务指导标准。文件中指出把公民的阅读纳入国家战略，同时要求各级图书馆（室）、文化馆（站）和村（社区）综合文化服务中心（含农家书屋）等要加大配备图书、报刊和电子书刊的力度，免费提供借阅服务，并且每个县都要配置用于图书借阅等文化活动的流动文化车，用于开展流动文化服务。这就从国家层面的法规性意见开始了"全民阅读"的顶层设计。

倡导"全民阅读"需要开展多样化的阅读形式。随着科技的发展和网络时代的到来，阅读的方式呈现出多样化的特点，尤其是数字化阅读、碎片化阅读占据了"主流"，越来越多的人开始追求网络阅读，使得网络阅读渐渐成为一种时尚。毫无疑问的是，网络阅读是一种与时俱进的阅读方式。无论是书面阅读还是网络阅读都是一种有效的阅读形式，都不能偏废，都需要坚持下去。从世界范围来看，随着数字化技术的发展，很多发达国家已经把数字化作为推动阅读更好的条件和工具在应用，数字化使得图书的阅览突破了时间和空间的限制，同一本期刊、同一本图书只要数字化以后，全世界的人都可以同时阅读。所以，数字化时

---

❶ 刘江浩 ."书香社会"入政府工作报告代表委员热议［N］. 大河报，2015-03-11.

代为我们提供的是更好掌握知识的利器。因此，我们需要做的就是培养成良好的阅读习惯，"全民阅读"应运而生。

浙江的公共文化服务之路

引言

浙江不仅率先制订了施行基层公共文化服务评价指标体系，也对现代公共文化服务体系建设划出 49 条"硬杠杠"，成为全国最全面标准，因此探讨浙江的公共文化服务之路，对国内公共文化体系建设具有重要意义。

浙江省五年内这一系列免费服务都能实现——享受免费 Wi-Fi，免费接受培训，免费看戏看展看书

2015 年 1 月，国务院办公厅印发了《关于加快构建现代公共文化服务体系的意见》（以下本文简称《意见》）及其附件《国家基本公共文化服务指导标准》（以下本文简称《指导标准》），希望各地区根据自身情况，出台相应的意见，推动公共文化服务体系的建设。

在经过了深入的调研之后，浙江省委办公厅、省政府办公厅正式印发了《实施意见》及附件《浙江省基本公共文化服务标准（2015—2020 年）》（以下本文简称《标准》）。

对照国家印发的 22 条《指导标准》，可发现，浙江省印发的《标准》多达 49 条，不仅条目多，其中还对大部分可量化的要求制定了一根"及格线"，这是《指导标准》里所没有的。而根据城乡差距，这根"及格线"还会进行相应的浮动。比如针对公共图书馆的开放时间，《标准》中要求"公共图书馆每周开放时间不少于 56 小时；乡镇公共电子阅览室开放时间不少于 28 小时；农家书屋每周开放时间不少于 40 小时。"又比如针对博物馆的面积，《标准》中要求"市、县（市）建有一座国有公共博物馆，其中市博物馆建筑面积 6000 平方米以上，县（市）博物馆建筑面积 4000 平方米以上。"

浙江省文化厅党组书记、厅长金兴盛表示，虽然是作为《实施意见》的附件，但《标准》的出台正是整个《实施意见》中最大的亮点。

《实施意见》中还明确提出目标，到 2020 年基本建成城乡一体、区域均衡、

人群均等的现代公共文化服务体系，整体水平保持全国前列。❶

让百姓享受"对口味"的文化服务——现代公共文化服务体系建设掠影

积极贯彻落实 2015 年 1 月中办、国办出台的关于加快构建现代公共文化服务体系的意见，各地以标准化、均等化为主线，以体制机制创新为抓手，因地制宜探索提升服务效能的新方法新途径，努力让百姓享受更"对口味"的公共文化服务。

打通"最后一公里"。

毋庸置疑，公共文化服务体系建设的重点和难点在基层。来自文化部的数据显示，截至 2014 年年底，全国仍有约 15 万个行政村没有文化设施，占总数的26%；同时还普遍存在基层公共文化条块分割、多头管理等问题。

如何整合资源提高效能，打通公共文化服务"最后一公里"？来看各地的实践。

江苏镇江的文化广场标准化建设是一大亮点。目前覆盖城乡的 570 个各类文化广场，包括法治文化广场、佛教文化广场、创意文化广场等，都是统一建设标准、规划布点，基本建设做到"六个一"：有一个场地、一支专兼职管理队伍、一个电子显示屏、一套音响系统、一个阅报栏、一张资源安排表。71 岁的赵春阳老人在润州区广场舞界颇有名气，他编舞跳舞全能，跟他一起跳舞的有 50 多人。

为群众参与和享受公共文化服务提供基本场地，安徽按照"一场（综合文体广场）两堂（讲堂、礼堂）三室（文化活动室、图书阅览室、共享工程室）四墙（村史村情、乡风民俗、崇德尚贤、美好家园）"的要求，在全省建设了百余个"农民文化乐园"。重庆打造文化共享工程农民工服务联盟，"农民工学历教育帮扶""农民工图书馆""农民工公寓"等特色服务很受欢迎。广西来宾实施村级公共文化"五个一"工程，统一建设灯光篮球场、文艺舞台、科技文化卫生综合活动室、农民文艺队伍和篮球队，节约成本、方便使用。

这些地方的先行先试，为在面上推开基层综合性文化服务中心建设积累了经验。文化部透露，一份相关指导意见正在起草中，今后在城乡社区街道，将有集宣传文化、党员教育、科技普及、普法教育、体育健身等功能于一体的综合性公

---

❶ 浙江省五年内这一系列免费服务都能实现你知道吗——享受免费 Wi-Fi，免费接受培训，免费看戏看展看书 [EB/OL]. 金华房产超市网，2015-07-24.

共文化设施和场所。❶

数据分析

着力增强浙江省公共文化服务能力，是以人为本、公正平等价值理念在公共文化领域的延伸和体现，也是矫正市场提供公共文化服务"失灵"的有效手段、建设服务型政府的内在要求，是提升公民文明素质、形成社会共同价值观、营造和谐友爱文化氛围和宽容社会风尚的重要途径。

浙江省委把"着力构建公共文化服务体系"，作为推进文化强省建设 6 个方面的主要任务之一，提出要"完善公共文化设施网络，增强公共文化服务能力，创新公共文化服务机制，加强现代传播能力建设，加强文化遗产传承和利用。"

他们从注重总体发展向注重均衡发展，从注重提高社会发展总体水平向更加注重实现社会发展公平性和均等化，从注重经济领域改革向更加注重公共服务领域改革转变的发展阶段。以全面改善"文化民生"、实现"文化惠民"为目标，完善公共文化服务设施网络，加强公共文化产品的有效供给，扩大基本公共文化服务的覆盖面，实现基本公共文化服务均等化。

目前，浙江初步建成了覆盖城乡的公共文化设施网络，全省公共博物馆、美术馆、图书馆、文化馆（站）全面实现免费开放，年均送戏下乡 2 万场次、送书 200 万册次、送电影 30 万场次、送讲座展览 4000 余场次、开展"文化走亲"活动 1000 余场次、培训基层文化队伍 10 万人次，在全国率先制订施行基层公共文化服务评价指标体系，涌现了衢州"文化加油站"、嘉兴"公共图书馆乡镇分馆"、舟山"淘文化"等一大批在国内有影响的文化品牌。2014 年，文化部将浙江省基本公共文化服务标准化建设、基层综合文化服务中心建设和公共文化机构法人治理结构三项工作列为全国试点。

创新城市发展方式以文化促发展

引言

据国家发展改革委网站消息，国家发展改革委 2015 年 7 月发布《关于推动

---

❶ 周玮.让百姓享受"对口味"的文化服务——现代公共文化服务体系建设掠影［EB/OL］.新华网，2015-07-28.

国家级新区深化重点领域体制机制创新的通知》。

国家发改委定西咸新区改革目标首提以文化促发展

据国家发展改革委网站消息，国家发展改革委 2015 年 7 月发布《关于推动国家级新区深化重点领域体制机制创新的通知》（本文以下简称《通知》）。《通知》要求，2015 年请各国家级新区（本文以下简称"新区"）结合各自特点和优势，围绕 1~2 个重点问题开展体制机制创新探索，力争形成可复制、可推广经验，为其他地区提供引领示范。

《通知》明确，新区是由国务院批准设立，承担国家重大发展和改革开放战略任务的国家级综合功能区。为切实发挥好新区在引领改革发展和创新体制机制等方面的试验示范作用，经与有关方面充分沟通衔接，2015 年，请各新区在全面抓好简政放权、行政管理体制改革、构建市场化营商环境等共性改革任务的同时，结合各自特点和优势，围绕 1~2 个重点问题开展体制机制创新探索，力争形成可复制、可推广经验，为其他地区提供引领示范。具体如下：

——上海浦东新区。

重点围绕深化自由贸易试验区制度创新，在金融、贸易、航运等方面加快构建开放型经济新体制开展探索。

——天津滨海新区。

重点围绕京津协同创新体系建设和港区协调联动开展探索。

——重庆两江新区。

重点围绕打造丝绸之路经济带和长江经济带重要交汇点，推动建立内陆通关和口岸监管新模式开展探索。

——浙江舟山群岛新区。

重点围绕打造江海联运中心，推动建立高效便捷的通关和口岸监管模式开展探索。

——甘肃兰州新区。

重点围绕深化政府服务创新，在建立促进产业集聚和科技创新新机制方面开展探索。

——广州南沙新区。

重点围绕推动自由贸易试验区制度创新，构建与国际投资贸易通行规则相衔接的基本制度框架开展探索。

——陕西西咸新区。

重点围绕推进"一带一路"建设，创新城市发展方式和以文化促发展的有效途径开展探索。

——贵州贵安新区。

重点围绕构建产城融合发展的新机制，以产业集聚促进新型城镇化发展开展探索。

——青岛西海岸新区。

重点围绕提升深远海资源开发能力，形成以海洋科技创新促进海洋产业发展的有效途径开展探索。

《通知》指出，各新区应着眼于服务全国改革开放大局，立足自身基础和特点，科学确定实施方案与重点举措，及时总结工作成效和问题，推动形成可推广可复制的经验，并于 2015 年年底将体制机制创新进展情况报送国家发展改革委。有关省（市）要加强工作指导，完善工作机制，切实加强对新区体制机制创新的支持。❶

以文化之道引领城市建设

文化城市是一种从外化的物质层面向内生的精神层面转移，从而实现人与资源、环境和谐共生的发展模式。从文化城市理论到实践的流动路径和需求出发，应解决以下三个层面的标准问题：

一是文化城市的理论边界。从目标、手段、表征等方面看，文化城市是享有文化积淀和文化资源、呈现稳定文化特色、充满文化活力、具备文化消费和文化参与自觉的城市理念与形态。

二是文化城市的构成要素和表达。整体思路应是从资源数量向资源可及性转移，从供给向消费和创造转移。如城市文化历史传承和特色锻造，市民文化消费习惯、规模、种类和价值，文化产品产出数量、质量、来源、种类，基层市民自主参与和产出文化活动的普遍性、规模和影响等。

三是从理论到实践的实施路径，即怎么做和如何控制、评估、修正的问题。这就需要研发文化城市建设标准体系，主要内容包括：①数据分析标准。对城市有关表征数据的定义、采集、统计处理和分析等进行标准化，保证方法的一致性、数据的可比性及分析结论的重现性。②建设规划标准。将系统的、先进的城

❶　李百荷. 国家发改委定西咸新区改革目标，首提以文化促发展 [EB/OL]. 中新网，2015-07-24.

市理论固化为确切、可操作的工具、方法、程序、要求等，使集约化和有质量的文化城市建设理性、有序与和谐地进行。③评估标准。包括评估指标体系、评估方法、评估程序，作为评估结果真实客观的保障和为后期决策提供可靠基础。④过程控制标准。规范过程管理、实施过程间控制，及时对城市发展进程偏离和延迟做出反应和调整，确保动态修正和优化。

信息化加上城市科学，才是智慧城市。过去的问题是技术和文化没有整合，只有技术没有文化引领，所以智慧城市建设出了很多问题，这是需要吸取的教训。现在，智慧城市很热，但缺乏总体规划，多处于零打碎敲状态，文化特色和创意也较为不足。智慧城市最重要的是顶层设计和战略规划，否则就没有灵魂。这个工作须由文化专家来承担。智慧城市建设的层级，是人文社科专家先做规划，接着是各管理部门协调配合，最后是技术团队来实现功能。具体来说，是先由城市科学研究专家从城市规划、发展战略、创意设计入手，首先进入城市规划的顶层设计，为各种产业技术的运用预留出充足的空间，其次才是在实际操作中的相互协作，在执行中加入技术。通过这种模式，可以形成一个完整的体系，使各种成熟的产业技术由此进入智慧城市建设领域，成为推进我国城市精明增长和提高发展质量的重要支持系统。❶

数据分析

文化是城市的名片，是城市的灵魂，是人生命深处的记忆，也是城市的魅力所在。

文化建设是推进城市发展的内在精神力量。城市文化充满凝聚力，能够激发人的内在力量、发挥人的主体精神和创造精神。具体表现在：一方面城市文化能够提高市民获得自身发展和为城市发展做贡献的积极性，有利于提高市民的文化素养；另一方面，城市文化之中包含着强大的精神力量，涵盖了多个方面，如道德观、价值观、理想信念、民族精神和奉献精神等。这种对于人们转变思想观念，追求人生梦想，潜心干事，创新立业具有重要意义。

文化建设为城市发展提供重要的经济支撑。经济和文化互相交融，文化在一定程度上受经济制约，而文化又是经济建设中不可或缺的部分。一方面，文化建设影响产业发展。具有地域特色的传统文化、节庆习俗、民族风情、生态环境等

❶ 曹继军. 以文化之道引领城市建设［N］. 光明日报，2014-04-26.

是一个城市重要的文化资源，充分利用这些地域文化有利于促进旅游、服务及地方相关产业的发展，更有利于树立城市品牌，提升城市人气，吸引外资和人才；另一方面，随着知识和信息时代的到来，文化产业已成为最具发展潜力的产业之一，将有力推进城市经济的增长。

文化建设是优化城市发展环境的重要推动力。城市建设离不开发展环境的构建，发展环境主要表现为城市形象和城市的文明程度。城市形象是人们从城市的居民素质、民风民俗、文化气息、服务态度、文明程度等的直接感受所形成的城市总体印象，是城市建筑符号和文化景观上的反映。而城市的文明程度则是城市的灵魂，它包含了市民素质、社会风气、民俗风情、新闻传播等各种文化现象和文化活动，以及与之相配套的城市文化设施，这些因素共同构成了城市的文化环境。良好的城市文化环境会使人觉得这座城市有种独特的意象和亲和力，使人在精神上产生共鸣。文明城市的真正魅力正在于此。因此，加强城市文化建设，有利于城市居民自身素质的提高和发展，有利于广大市民文明习惯的形成，有利于社会文明风气的巩固，有利于文明城市的建设，塑造美好的城市形象，以促进城市的可持续发展。

"彩云服务"让读者成为图书馆的"主人"

引言

三联韬奋书店尝试"通宵不打烊"，让很多人又开始关注传统纸质阅读。然而，数字阅读已成为很多人的日常阅读方式，正逐渐改变着阅读的原有格局。面对这种情况，实体书店、图书馆都在竭尽全力，应对阅读格局的新变化，内蒙古图书馆"全民阅读，我的阅读，我做主"理念的尝试就为图书馆的服务模式打开了一扇窗。

内蒙古图书馆推彩云服务：你看书，我买单

内蒙古图书馆推出的"彩云服务"——"我阅读，你买单，我的图书馆，我做主"。是图书馆的服务模式的创新。

2015年1月29日，记者来到呼和浩特市新华书店图书大厦实地暗访。短短十几分钟就有5位读者使用"彩云服务"借到了书，绝大多数图书都是2014年10月至12月刚刚出版的新书。内蒙古图书馆馆长李晓秋说，从2014年5月启动

"彩云服务"以来，全市共有 3 家国有书店和他们建立了合作关系。现在，读者在这三家书店只需拿读者证就可采购借阅。读者选好书后在书店柜台刷读者证、输入密码，就算为图书馆采购了图书。书店工作人员对所购图书盖上图书馆的章，贴上条码和防盗磁条，通过光笔扫描转换后，系统自动将图书编目信息上传到图书馆的书目数据库，完成图书的图书馆编目业务操作。读者即可将图书带走阅读。在所借图书到期之前，读者通过图书馆自助还书机即可还书。读者还书后系统会自动提示图书馆工作人员进行图书入馆编目并最终入藏流通。每个月，内蒙古图书馆会和书店结一次账。

"金点子"是这样诞生的

2014 年 4 月内蒙古图书馆在世界读书日前后举办了图书销售月活动，让十几家书店到图书馆里卖书。"读者觉得挺好，方便嘛，但书店不愿意，每次卖不完还得把书拉回去，运费也受不了啊。"一位书店经理说："李馆长，我来这儿卖书就是给您捧个场，我不能天天在图书馆卖书。"李晓秋咬咬牙，一狠心说："卖不完，图书馆就都买了。"

在花了 10 万元把剩书买下来后，李晓秋突然回过味儿了。"反正都是我掏钱，为什么不让读者自己挑书，我来买单呢？"

一番调研后发现技术上完全没问题。"关键是要实现书店销售数据和图书馆馆藏书目数据、读者信息数据对接。"内蒙古图书馆计算机网络部主任张树杰说，"互联网是一切的基础，特别是通过云平台和大数据技术，在书店就能知道图书馆有没有这本书，有几个副本。"张树杰带领几位年轻人自主研发了一套《公共文化服务体系中读者、书店、图书馆集"借、采、藏"一体化服务管理平台》，在给书店安装培训以后，效果立刻显现出来。

内蒙古新华书店成立于 20 世纪 50 年代初，中山西路的图书大厦至今仍是内蒙古地区规模最大的实体书店。但在网络书店的冲击下，近些年日子并不好过，书店经理高瑞梅对记者说，"彩云服务"对实体书店是个有力的支持，带来了一个稳定的客户群。从 2014 年 5 月至 12 月，图书大厦通过"彩云服务"共计销售图书 40 多万元。

而受益最大的是读者。内蒙古工业大学计算机专业大四学生李洋对记者说，计算机图书更新速度快、价格贵，如果想多学一些最新技术，就要自己去买书，挺大的一笔开销。2014 年苹果公司推出了最新编程语言 Swift，他去图书馆里查过，没找到，后来在新华书店通过"彩云服务"借到了。"那本《Swift 编程语言》要 90 多块钱，我就省下来了。"刘洋说。

高瑞梅说，"彩云服务"给书店带来了图书馆的读者，给图书馆带来了书店的顾客（指没证的顾客去图书馆办证），给读者创造了便利，为社会营造了全民阅读的条件，一举四赢。

奇迹：新书流通率 100%

读者想看爱看的书图书馆没有或太少，图书馆采购的书读者又往往不爱看。这样的供需不对称是中国各级各类图书馆普遍存在的矛盾。读者需求日趋呈现出个性化、多元化、随机化，而图书馆提供的图书多是依赖采购馆员主观判断，无法精准把握读者需求，造成资金浪费、空间占用。

记者从文化部获得的统计数据显示，2012 年全国公共图书馆图书流通率约为 40%。而内蒙古图书馆的图书流通率为 20% 多一点。也就是说，全国有近六成、内蒙古有近八成的图书一进入图书馆就变成了"死书"，没人借阅。

"彩云服务对图书馆的一个最大贡献就是大大提升了图书流通率，新书流通率甚至达到了 100%，这在世界图书馆界都算得上是个奇迹。"国家公共文化服务体系建设专家委员会副主任、北京大学教授李国新在实地考察后对记者说。

李国新说，全世界图书馆的服务模式都是依照"采、编、藏、借"的流程来的，一本新书从采购到最终被读者借阅至少要两个月时间；而"彩云服务"使处于最末端的读者一下子被提到了最前端，成为图书采购的决策者，这是颠覆性的创新。"我们这几年反复说公共文化服务的中国道路、中国模式、中国经验。这就是其中之一，是在效能上的创新。"李国新说。

不过，内蒙古图书馆每年的购书经费是 800 万元，目前还要拿其中的 40% 用于保证基本馆藏，只有 60% 即 480 万元能用于"彩云服务"，所以对于书店的合作申请，李晓秋只能抱歉地说"再等等"，"我也害怕一旦布点太多，读者把我买破产了。"

展望未来，张树杰非常有信心。他说，现在还只是第一期，今后还要开发彩云服务图书借阅的手机客户端，一个读者读完了，可以推荐给另一个读者，两个人只要用手机扫一下就完成了图书的转借，全过程图书馆都可以在后台监控。❶

---

❶ 张贺．内蒙古图书馆推彩云服务：你看书，我买单［EB/OL］．人民网，2015-02-05.

彩云服务平台让读者成为内蒙古图书馆的建设者和主人

内蒙古图书馆自 2014 年 9 月 24 日开始闭馆进行改造，在闭馆 103 天后，于 2015 年 1 月 5 日重新面向读者开放，不仅为读者创造了更加舒适的环境，还增加了很多自助服务。

1 月 12 日上午，记者来到内蒙古图书馆。看到二楼大厅西侧有三台自助办证机。工作人员称，自助办证机能够通过读入第二代身份证信息快速办理读者证，使用自助办证机需携带本人第二代身份证和面值 100 元（押金）的人民币方可办理。市民李女士说，"去年给女儿办理读者证时，详详细细地填了一张表，现在我想给自己再办一张，程序比去年简便多了，不到一分钟的时间就完成办理。"说话间李女士便完成了办证。

在拿到读者证后记者又来到读者书目公共查询系统，查询所借书籍的位置。工作人员称，以前图书馆没有这项服务，读者需要什么书籍只能自己走进阅览室来寻找，现在通过这个自助查询系统能清楚地查到所借书籍的具体位置。借还书也可以通过自助机自助完成。使用自助机在主界面点击"借书"，将读者证放置感应区，输入读者证密码，选择借阅数量，将借阅图书全部放置感应区核对数量，点击"确认借阅"，就可以借阅成功了。还书时，在主界面点击"还书"，所还图书全部放置感应区，核对数量并点击"确认归还"，归还成功便可打印凭条。工作人员表示，之所以能实现这种便捷的借书流程，是因为内蒙古图书馆使用了 RFID（无线射频技术）。

"这次内蒙古图书馆改造后最大的亮点就是有了彩云服务平台，'我阅读，你买单，我的图书馆，我做主'。就是指凡持有内蒙古图书馆读者证的读者，根据内蒙古图书馆藏书规则、购书范围、借阅制度等标准，可在内蒙古新华书店任意挑选所需图书，选定图书在书店直接办理借阅手续，在借阅期内将图书归还到内蒙古图书馆，所购（借）图书直接成为内蒙古图书馆藏书。"内蒙古图书馆副馆长贾凡告诉记者，彩云服务平台实现了读者第一时间借到新书，图书馆藏书建设由读者做主，解决了读者借阅新书难的问题，真正让读者成为图书馆的建设者和主人。❶

---

❶ 张臻．彩云服务平台让读者成为内蒙古图书馆的建设者和主人［N］．呼和浩特晚报，2015-01-13．

数据分析

　　内蒙古图书馆基于充分满足广大读者的借阅需求，贯彻"读者第一，服务至上"的宗旨和公益服务的原则，推出了"彩云服务——我阅读你买单，我的图书馆我做主"项目，这个项目被国家公共文化服务体系建设专家委员会专家认为是在国内外公共图书馆服务领域首创的重大创新项目，它首创公共通常的概念里，书店以卖书为主，图书馆以借阅为主，而将二者相结合，把书店作为图书馆外借服务的延伸，在图书馆领域还是首次，具有示范意义和推广价值。

　　"彩云服务"实际上是将云存储技术应用在图书馆服务领域，它通过与各出版发行机构搭建的云平台，让图书馆和各出版发行机构成为"云图书馆"的服务终端。"云图书馆"的构建使得读者的阅览需求突破了时空限制，不仅极大满足广大读者的需求，同时也促进了机构间的互惠互利和资源的共建共享。而且，图书馆引导读者将家里闲置的书捐赠到图书馆，使得社会闲置的图书资源也得到充分利用。

　　"彩云服务计划"模式颠覆了过去图书馆传统的资源建设与服务流程，把读者从传统服务模式末位前置到最前位，更让读者直接参与图书馆的文献资源建设，克服了传统荐书受限于少数采购馆员个人观点的弊端，节约了图书馆的成本，缩短了读者的等待时间。

　　人民群众既是公共文化服务的对象也是公共文化服务的主人。在实际工作中，如何把人民的这一主人翁地位落到实处却在考验着主政者的智慧。"彩云服务"以读者的需求为中心，把读者的自主权、选择权通过技术手段落实到具体的工作中，一个小小的创新和改变，往往可以带动图书馆服务效能的巨大提升。群众的事再小也是大事，把小事做到家就能成就大事业。

"双花"怒放的"潜江文化"

引言

　　2015年8月9日，《湖北日报》刊发头版头条《咂摸潜江文化味》，翔实报道了潜江高雅艺术与乡土文化"双花"怒放、独具特色的潜江文化现象。

聚焦"潜江文化现象"：从文化自觉走向文化自信、自强

从"文化自觉"走向"文化自信""文化自强"，政府的持续支持与投入起着至关重要的作用。

说起对文化的投入，花鼓戏艺术研究院院长吴培义感触颇深。20世纪90年代，国内许多剧团经历了差额拨款、自谋出路的变革，潜江花鼓戏团却因曾获"文华奖""梅花奖"而升格为湖北省实验花鼓戏剧团，正处级建制得以保留延续。在新一轮改革中，潜江又支持其挂上了湖北省花鼓戏艺术研究院的牌子，财政不仅不断奶，还全额拨款。为培养花鼓新秀，政府出资，与华中师范大学合办荆州花鼓戏大专班，20多名后备人才脱颖而出。支持出戏出精品，《家庭公案》《原野情仇》《生命童话》《情缘》《五女拜寿》等一批又一批花鼓戏精品不断涌现，获得一项项殊荣……

近年来，中共潜江市委和潜江市人民政府先后出台了《关于加快发展文化事业的意见》《关于进一步加强农村文化建设的实施意见》《关于加快发展文化旅游产业发展的实施意见》等一系列政策文件，举办文化旅游发展高端论坛，明确了潜江文化发展定位、发展模式、发展目标等核心问题。潜江组建了以国务院参事为团长的"潜江市文化旅游产业发展专家顾问团"，定期为潜江文化旅游产业发展建言献策。潜江将600万元文化发展专项资金纳入年度财政预算，用于精品文艺创作、曹禺文化品牌打造和群众文化活动开展，为文化发展提供了强有力的政策扶持和财力支撑。

文化花开，潜江先后荣膺"全国文化先进市""中国民间文化艺术之乡""全国文化体制改革先进地区""中华诗词之市""中国民间文化（荆州花鼓戏）艺术之乡"，2013年入选第一批创建湖北省公共文化服务体系示范区名单，2014年再次被评为湖北省公共文化服务体系示范区试点城市。

"江旷春潮白，山长晓岫青。"在潜江不断的探索、投入与开拓下，一幅由"文化自觉"走向"文化自信""文化自强"的动人图卷正徐徐铺开。❶

潜江文化"火"在贴近群众

当今时代，文化底蕴已逐步成为各个城市的名片，而有些文化能名声大噪，

---

❶ 李如胜，刘大琼，刘望舒. 聚焦"潜江文化现象"：从文化自觉走向文化自信、自强[EB/OL]. 人民网. 2015-07-28.

持续"红火",有些文化却稍显"冷清",无人问津。相关实例不禁引起了笔者深思:同样是文化,为何有如此大的差别?因此,笔者带着问题四处探寻,终于,从潜江文化现象中找到了答案——"贴近群众"。

坚持文化"从群众中来"。纵观潜江文化如火如荼的发展进程,一个很重要的因素就是"深挖群众智慧"。我们所说的文化,通俗地来讲,就是"以人为本"的文化,人既是文化的学习传承者,还是文化的传播推广者,因此,人的主观想法,创新思维,都大大影响着文化传播与发展。潜江文化,就很好地根据当地群众文化需求,将高雅艺术与乡土文化相结合,既满足当地居民"乡土情结"释怀倾诉,又引入高雅经典,让百姓领略名家风采,彰显着"近者悦,远者来"的文化氛围。另一方面,近年来,潜江市通过组建多个文体协会、民间演艺团体,网罗大量群众资源,让群众通过自发学习、参与、编排节目,成为各个舞台中的主角,实实在在让"文化源于群众"落地生根。因此,相较其他地区,潜江文化中更饱含"自由化"和"人性化",群众享有选择文化、传承文化的自主权。

保障文化"到群众中去"。潜江市不仅将群众作为文化建设的出发点,还作为文化建设的落脚点,让群众广泛支持、参与独具魅力的曹禺文化、戏剧文化、水乡园林文化及龙虾节等为代表的旅游文化等,多措并举推动文化事业发展。一是敢于筹资"推"文化,将文化发展专项资金纳入年度财政预算,为当地群众开展多场次送戏、送电影、送图书活动,更是筹建了"博物馆群",盘活了企业市场,提供了文化平台。二是勇于放手"管"文化,当地相关部门不再"一手操办"文化建设,而是将文化交给市场,群众喜好什么样的文化,就侧重推广什么样的文化,既刺激了市场消费,又带动了相关的产业链发展。三是深度打通惠民渠道。所谓"惠民",表层次之"惠",是物质方面的便利;深层次之"惠",是精神上的快乐与富足。潜江文化针对不同人群,打造出不同文化品牌,合上了群众节拍,充分发挥不同年龄段群众的能动性,深聚"地气",汇集"人气",让广大群众从活动参与中尽享文化魅力与身心快乐。

潜江文化之"火",体现在方方面面,汇聚成一点来说,那就是"贴近群众"。就当地文化发展初衷而言,也并不是为了"红火",也仅是为了"贴近群众"。由此可见,这种接"地气"、人性化的文化思维,是不是更值得借鉴和推崇呢?❶

---

❶　李炳翰. 潜江文化"火"在贴近群众［N］. 中国日报,2015-08-13.

数据分析

文化源于生活，真正接地气、与人民相联系的文化才会成为老百姓喜闻乐见的文化。潜江文化现象告诉我们，衡量一个地方文化发展水平的高低，不仅要看文化基础设施建设是否到位，更要看它是否贴近老百姓的生活。文化接上地气，对上老百姓的脾气，才能有人气，也才能产生共鸣。唱响潜江、舞动潜江、戏迷潜江……在这些舞台上，虽没有明星大腕，没有华丽的灯光音响，只有平凡的普通群众，但观众从舞台上看到的，却是贴近人民群众生活的，充满生活激情和富有魅力的城市文化。只有弘扬发展这种文化，才能彻底激活当地百姓参与文化的热情，更为当地文化的繁荣提供强大的发展动力。

城市文化活动根源于群众，还需要回归到群众之中。在提升城市文化"软实力"、推动文化惠民项目实施的过程中，文化活动只有扎根基层、广接地气，才能获得广大群众的真心赞赏和积极参与，才是真正实现文化大发展、大繁荣的有力举措。同时，我们也期待多一些家常味，多一些"乡土气息"、为人民所喜闻乐见的文化产品和接地气的文化设施。因为，文化活动只有与群众的"心理距离"近了，才能保护好、引导好、发展好，文化的温度才能深扎到百姓的心里。

文化是一个城市的灵魂，每个城市都有自己独具特色的文化。潜江文化底蕴深厚，既有传统的楚文化，又有独具魅力的曹禺文化、戏剧文化、水乡园林文化，以及以龙虾节、章华台、兴隆水利枢纽为代表的旅游文化。潜江巧打文化牌，举办"曹禺文化周"与"龙虾节"等活动，将高雅艺术与以花鼓戏等为代表的群众文化等有机融合，深受群众喜爱，受到市民的广泛赞誉。

文化提升了城市的知名度。曹禺文化周、龙虾节等文化金字招牌，吸引了世人关注的目光。不仅拉动了潜江经济的发展，而且大大提升了潜江的知名度和美誉度，充分显示了文化对一个城市形象的塑造及对城市经济发展的影响。

多种文化活动吸引了众多市民的积极参与，市民也在文化熏陶中潜移默化提高了自身素质，逐渐形成人人讲文明礼貌，个个重品德修养的良好风貌，成为城市无形的精神财富。丰富多彩的文化活动让热爱文化的市民受到文化艺术的滋养，在陶冶情操、愉悦身心，得到精神享受的同时，也提高了生活质量。从而达到"让广大人民共享改革发展成果"的目的。

报刊亭，城市文化窗口

引言

社会的进步离不开文化的支撑，遍布街头巷尾的报刊亭是服务百姓生活、满足群众文化需求的宣传阵地和邮政窗口。全国政协委员、央视主持人白岩松提交了《关于尽快将城市邮政报刊亭升级为城市报刊文化亭的提案》，建议国家相关部门大力扶持报刊亭，拓宽其经营范围，将其打造成城市文化地标。

报刊亭应打造为城市文化地标

全国政协委员、央视主持人白岩松提交了有关提案，建议国家相关部门应该大力扶持报刊亭，他认为，报刊亭不该消失，反而应该升级发展。

对于报刊亭日渐消失的原因，白岩松认为，互联网的快速发展，挤压了报纸、杂志的生存空间，销售量下降，经营者收入降低。据他的调研数据，广州多家报刊亭日均收入不到 100 元，月收入 3000 元，同期广州市最低工资标准为每月 1550 元。而即便如此低的收入，也是靠不被允许售卖的饮料等附属产品支撑，因此，经营者不再有经营热情。此外，出于安全、城市规划等多种想法考虑，在很多城市，政府对报刊亭采取关停迁挪。

因此，他在提案中建议，报纸杂志仍需要报刊零售网点的销售，减少报刊亭是在人为加快传媒产品远离群众的进程。同时，应放宽经营范围，除去报刊，有限度的饮料、电话充值卡、文化演出门票、城市文化旅游纪念品等都可考虑进入经营范围。可以通过互联网方式，让每一个文化亭都可以查阅演出信息，同时可以购票，文化亭也可以成为一个 Wi-Fi 站点。

对于报刊亭拆除、移改的一个争议在其所处的位置。北京市市政市容委相关人士表示，现在报刊亭主要设定在便道上，在比较窄的地方会影响通行，建议占道的报刊亭可以进社区、商场，会更好一些。市政市容委景观处处长韩建平此前表示，报刊亭的设置需要符合《城市道路公共服务设施设置规范》，对于不符合《规范》的，要进行移改。根据北京市邮政部门 2005 年出台的《北京市文明示范报刊亭标准》规定，报刊亭不得出售烟酒、饮料、胶卷、电池、食品等。相关业务单位人士表示，报刊亭能否卖水也是"一念之间"，取决于看待这个问题的角度。事实上，报刊亭卖水既不会影响卖报，也不会影响市容，在很多国家的街

头，报刊亭都是可以卖水的。❶

报刊亭如何承载城市文脉？

在报刊亭买一份报纸、购一本杂志，是很多人的生活习惯。但近几年来，一些城市的报刊亭数量不断回落。"退路进店、还路于民""影响市容、亟须整治"，一些城市的粗放式管理让报刊亭日显尴尬。而数字时代，人们阅读习惯、消费方式的转变，也对报刊亭的经营产生了巨大冲击。数据显示，2008 年至2012 年，全国仅邮政报刊亭就拆除了 1 万多个。

而对于报刊亭经营者而言，很多也只是在勉强维持。"报刊亭工作辛苦，离不开人，一个人还守不过来。如果天天守着这个亭子，每月挣个 2000 多元，很少有人愿意干。"《人民日报》半年前刊登的上海一位报摊主的困惑，是当下许多报刊亭经营者的共同烦恼。考虑到家庭的未来，即便没有拆迁等外部因素，他们也可能会另谋生路。

其实，在很多城市，报刊亭的功能已不局限于单一的报刊售卖。它们更像是区域性的综合便民服务站，售卖文化产品之余，还经营着自行车打气、代缴水电费、免费代收快件、义务指路等多项便民服务。点缀在大街小巷的各种报刊亭，仿佛文化生活的"神经末梢"、社会生活的"情感驿站"，折射出社会的表情，传递着城市的温度。这样的功能，无疑也正是报刊亭"转型升级"，在城市生活中重新寻找自己定位的关键。

城市之美，美在细节。小小报刊亭，要想办出文化味道、增加便民内涵，绝非清理摊位"多余"摆设、"改造"不合规外貌那么简单。便利市民生活需求、满足公众文化需求、促进报刊亭经营者收入提高、繁荣城市文化消费市场，都是民生问题，社会管理者理应多加考虑。❷

数据分析

对一个城市来说，报刊亭能够得到多少尊重，这座城市就有多大的发展潜力和发展底气。从另一个视角来看，报刊亭就像是一座桥梁，一边连着群众，一边连着知识分子。知识分子通过报刊发出社会正能量，并通过报刊亭传递给每个

---

❶ 新京报综合. 白岩松：报刊亭应打造成城市文化地标［N/OL］. 新京报电子报，2015-03-13.

❷ 环球网综合. 300 多邮政报刊亭加速触网［EB/OL］. 环球网，2015-05-14.

人。中国有着五千年厚重的文化，很多知识分子都有深深的爱国情怀，尤其今天社会上对方向感的迷失和不同价值观强烈的冲突，知识分子的声音显得尤为重要。报刊亭与知识分子和受众仿佛也有着某种契约关系，知识分子发出对社会有利的声音，报刊亭便义无反顾地传播出来。

不可否认，时代和群众生活方式的变迁使得报刊亭逐渐消失在群众的视线里，但是这也折射出人们在共享各种进步成果的同时，也在丢失以往一些优良的传统和美好的东西，比如静下心来读纸质的书、看纸质的报刊。这种对于传统阅读方式的抛弃，其实也意味着一种阅读方式的退化。

不管走到哪里，我们都不要忘记为什么出发。当初报刊亭出现的一个重要原因，就是其自身具有的文化功能，可以满足人民群众不断增长的精神文化需求。而在新的时代背景下，精神文化需求仍然存在，只是报刊亭的文化功能被削弱了。

下水道代表着一座城市的良心，报刊亭是一座城市的文化驿站。以法国巴黎香榭丽舍大街为例，在这个城市的黄金地段都有很多综合性的文化亭，这些文化亭也成了香榭丽舍大街的文化地标，成为城市的骄傲。报刊亭是城市的形象，报刊亭连着民心，如何对报刊亭的文化功能进行不断发掘，更好地发挥报刊亭的文化功能是值得每一位城市决策者思考的一个重要问题。

史家胡同声音博物馆：再现老北京的声音

引言

2013 年 10 月北京史家胡同博物馆作为第一家胡同博物馆正式开放，2015 年 3 月，英国威廉王子的到来使得该博物馆受到瞩目，特别是该博物馆所设置的声音博物馆更是向人们展示了老北京风貌，是当前我国将多媒体技术应用于博物馆展览的杰出案例，声音博物馆通过声音与展品相配合的方式，利用个性化的服务为公众多方位提供展览，得到了各地博物馆学习与借鉴。

北京第一家声音博物馆用声音记录北京的历史

闭上眼睛，听：胡同里，知了在低鸣，树叶沙沙地响，"丁零零"，清脆的，是人力黄包车的脚铃……再听，盘旋在头顶的鸽哨，院门口的叫卖声……仿佛时光穿梭，置身于老北京的胡同中。这儿，就是位于东城区朝阳门街道史家胡同博物馆里的"馆中馆"：北京声音博物馆。

作为北京第一家声音博物馆，创始人秦思源希望可以用声音记录北京的历史，"声音是文化的一部分，里面有这座城市的历史和记忆，但已经消失，或正在消失，我们要记录下这种独特的历史。"目前，馆中已有老北京声音200余种，五年内将超过千种声音，还将开设专门的"网上声音博物馆"，记录北京的昨天和今天。

缘起——外国音乐家：北京声音最丰富。

秦思源和史家胡同博物馆，颇有渊源。博物馆所在的史家胡同24号院，其旧时主人就是秦思源的外祖母——凌叔华。后来，凌叔华的女儿陈小滢女士将这所宅院的产权转让给街道，用于公益，建立了这座胡同博物馆。

建馆之初，街道办事处的负责人找到秦思源，希望作为知名策展人的他提出建议，秦思源问道：愿不愿意开辟专区，展示老北京的声音。

"其实这个想法，我在10年前就有了。"在胡同博物馆，秦思源对记者说。10年前，他策划了一个叫作《都市发声》的展览，请来了国际顶尖的音乐家、声音艺术家到北京来，体验北京的声音。

这群艺术家在电台做节目，向听众们征集他们最喜欢的北京声音，"很多听众说，他们喜欢那些老的叫卖声，老的响器，还有鸟叫、鸽哨，但我们发现这些声音，已经消失了，或者正在消失。"

在北京的这段时间，这些知名音乐家、声音艺术家曾几次激动地对秦思源说：转遍了全世界，北京的声音最丰富！

"我意识到，正在逐渐消失的老北京声音，在外国人眼中依旧是最丰富的。而北京声音，就是北京的历史。如果现在不记录下来，那么这种历史在今后就将更难复原。"

机遇——建胡同博物馆，辟声音专区，胡同博物馆的创办，为秦思源提供了一次契机。

"2012年，朝阳门街道办事处找到我，说利用我外祖母的院子兴建胡同博物馆，问问我有没有好的建议，我就想到了，开办一个声音专区。"秦思源说。当时秦思源提出的这个建议，立即得到了街道办事处副主任李哲的赞同，"眼前一亮，这种方式我们过去没有想到。"

一拍即合，在博物馆的兴建过程中，街道特意拿出了院子中的一个小房间，装修成了一个特别的多媒体室。

在这间仅有几平方米的小房间里，装修时特意加装了隔音的设施，站在房间里，几乎与外界声音完全"绝缘"。里面播放出来的声音，可以实现环绕立体声的音质。还有一台触摸屏幕的电脑，游客可以在这里点播不同声音。这些设备，都是由朝阳门街道办事处出资置办的。

"我们最开始的设想，就是一个展室，通过录音、后期制作的方式，重现20世纪30年代左右的一些老北京声音。"秦思源说。

对于北京声音的追寻，秦思源从未放慢脚步。

"我们一直在不断地增加声音内容，"他告诉记者，"计划是在5年之内，数据库中的声音达到上千个。"

"以这个音频小房间为基础，成立首座声音博物馆，并通过与院校的合作，让声音博物馆更加学术、更加有影响力。"他说。

"我们除了在录制和后期制作的环节将更加严谨，还将通过定期的北京声音论坛的举办，召集相关领域的专家学者，为声音进行鉴定，"秦思源说，"在学术上更加严谨，这样我们的成果将不仅是为游客的展示，更加成为北京历史、文化的科学记录。"

而目前仅有一个展室的展示空间，在未来也将进一步改善。"计划未来会做成网站的形式，用户不用亲身到博物馆来，只需通过网站点击就可以欣赏这些北京声音。"秦思源说。

同时，秦思源和他的团队还将加大对"今天的北京声音"的记录。

"其实现在有些北京声音也很有代表性，我们正在记录。"秦思源说。近期，他们将分门别类地记录北京的鸟鸣。"北京人爱养鸟，但每个时代养的鸟也有不同，场所也不同，我们这次计划除了录制不同品种的鸟，也将记录比如小区里的鸟叫是什么样的，环路边的鸟叫是什么样的，成为今天北京的声音。"每个声音都有指向性，每个声音都在记录一个时间、一个地域的特征，北京声音博物馆在创新和尝试的进程中，用声音记录北京历史和今天，用声音传播北京的文化。❶

数据分析

2013年11月18日史家胡同博物馆正式成立，这是北京市首家胡同博物馆。史家胡同博物馆最特别的是它设置了一个声音博物馆，并成为中外媒体关注的焦点。在这个博物馆里有一间录音棚一样的小工作间，将胡同的原貌用声音记录了下来。房间里布置了专业的音响设备，通过点击触摸屏，就能够听到不同的胡同

---

❶　祁梦竹．北京第一家声音博物馆用声音记录北京的历史［EB/OL］．中国新闻网．2015-3-27.

声音。这些声音可以分为 20 世纪五十年代前、五六十年代和七八十年代 3 个时间段，分春夏秋冬、风雨雪晴共 70 多种声音，生动地展现老北京风貌。

随着科学技术的不断提高，声像技术凭借着其展示形式和内容不受空间大小的限制而进入博物馆陈列范畴，并逐渐成为不可或缺的一部分。声像技术突出的优势在于它不但能配合展品真实地再现陈列内容的历史背景，而且能根据展品的内在含义，展示出其板面无法呈现出的展示面，更加直观地让观众接收丰富的观感知识。

随着社会的发展，人们的物质需求得到了极大满足，开始更多地关注精神需求，越来越多的人追求个性化的服务。对于博物馆展览而言，使观众切身参与到互动中，给观众自我享受的机会，鼓励观众积极参与，让观众亲身体验，才能更好地满足观众获取知识和信息的需求。观众参与互动也是如今博物馆开展的最个性化的服务，为观众安排一系列的参与互动设计，运用各种方式为其提供一个生动活泼、参与性强的学习环境。声音博物馆的成立不仅有利于观众产生对博物馆的亲切感，更有利于激发观众的学习兴趣，使得观众对知识的获取更加直接方便，观众在体验自然、人文、传统技艺、科学及传统生活状态等各方面的同时，激发其想象和创作的潜力。

科技在文博领域的应用已经成为博物馆开展教育的一个有力工具，给博物馆及观众带来了诸多的便利，不仅很好地满足了观众对知识渴求的愿望，又有利于展品的文化内涵得以全面的展示。史家胡同声音博物馆的例子说明了通过正确音像技术的应用，能让博物馆得到观众的认可，也有助于博物馆展览水平的提高。

非公博物馆发展路径探析

引言

官方数据显示，截止到 2013 年，我国博物馆共有 4165 家，其中非国有博物馆达 811 家，占总数的 19.4%。非国有博物馆蓬勃发展，成为博物馆体系的重要组成部分，但在法律地位和政策支持等方面，却略显尴尬。

我国博物馆热背后的经济账

平均每天新开一家博物馆。

近年来，我国博物馆建设是"大干快上"式的，其速度之快，在世界范围内也属罕见。

2006年，"十一五"规划出台，提出加强文化产业发展，各地博物馆兴建开始提速。文化部提供的数据显示，从2002—2006年，每年新增博物馆4~36家不等。到了2007年和2008年，每年新建博物馆的数量分别陡增至105家和171家。

特别是2009年，国务院将发展文化产业列为重要战略发展目标，"十二五"规划中，文化成为支柱型产业，博物馆兴建开始"井喷"。仅2009年一年，全国博物馆数量就比前一年增加359家，随后的2010—2011年，每年新增数量也保持在200家左右，2012年和2013年，新建博物馆数量达到了新高潮，分别比前一年增加419家和407家。这意味着，过去5年，平均每一天，大陆都有至少一家新博物馆开门迎客。

根据"十二五"规划预计，到2015年，大陆将拥有3500家博物馆。但现在看来，这一数量早已超额完成。截至2013年，已有4165家博物馆在文物行政部门备案。

除了数量，各地博物馆在建设规模上也较起了劲，据复旦大学文物与博物馆系教授陆建松调研并向媒体透露，在江浙一带，温州建了一个2万多平方米的博物馆，宁波建了一个3万多平方米的博物馆，无锡现在又建了一个7万多平方米的，比很多省馆都大，而且都是上亿元的巨额投资。

主题重复也是各地博物馆的问题。2014年10月21日，位于北京市区、投资3亿元建成的中国华侨历史博物馆开放。这已是目前我国除广州、厦门、泉州、哈尔滨、南通等市以外的至少第六家以华侨为主题的博物馆。至于茶、酒、中医药、戏曲、传统物件等博物馆，更是很多城市都有。

2013年7月，作家马伯庸在参观河北省衡水市冀宝斋博物馆后，在互联网上发表图文描述馆内各种古怪而低劣的"文物"，令全国网友大跌眼镜。

对于私人博物馆，政府较少直接划拨资金补贴，而是实行减免租金、税收等优惠政策。

2010年2月，国家文物局、财政部等七部委共同出台了《关于促进民办博物馆发展的意见》称，各地可利用闲置房产，支持民办博物馆发展。为民办博物馆提供馆舍和基础设施运行保障。民办博物馆在接受捐赠、门票收入、非营利性收入等方面，可按照现行税法规定享受有关优惠政策，等等。

开办老北京民俗博物馆"京城老物件陈列室"的合伙人之一王金铭告诉《凤凰周刊》记者，位于北京市安定门附近的陈列室虽然仅40平方米，但是已被政府相关部门免去租金，而他们的另一处博物馆——中华小吃博物馆，则位于丰台区万丰小吃城里，由小吃城免费提供场地。

纵使如此，博物馆的收入仍无法维持开支。"京城老物件陈列室"由于参观者太少，已改为不定期开放了，若要参观，需提前预约，否则可能要吃闭门羹。

事实上，很多私人博物馆都处于类似的惨淡境地，有的博物馆屈身于小区单元房内，前面展厅，后面住人；有的博物馆则由于人少，长期处于半关闭状态。

1996 年建立的全国首家民间博物馆——观复博物馆可能是近些年来非常罕有的财务状况良好的民间博物馆之一了。目前为止，馆长马未都已在北京、上海、杭州、深圳、厦门等 6 个城市建立起或正在建立分馆，全部展品都是马未都在超过 30 年的时间内收集而来的，几个展馆的年参观人数过百万。

"参观门票 50 元一位，但是每一位参观者的参观成本是 200 元，剩下的 150元需要博物馆通过其他途径补充。"马未都说，观复博物馆的其他收入来自提供讲解及展览场地等服务性收入，以及观复博物馆和他本人的品牌效应，比如参加电视台节目、开办讲座等。正是这三方面加在一起，才令观复博物馆的财务运营实现了良性循环。❶

数据分析

由于缺乏法律制度的规范，加上利益驱动，博物馆在发展过程中产生许多问题，比如以博物馆名义违法买卖土地、集资诈骗、非法交易文物等，这些乱象严重阻碍了博物馆业的健康发展。还有，我国居民文化消费不断提高。文化消费需求的提高是建立在物质消费提高的基础之上的，是居民在教育学习、享受艺术、休闲娱乐等活动中为获得知识、艺术熏陶、精神享受与满足而实施的消费行为。文化消费作为文化产业链上的终端环节，它既是文化产业发展的现实基础和动力，也是文化事业、文化产业发展的目的。而博物馆在居民的文化消费中就扮演着重要的角色，它既是传承人类文明的重要场所，也是重要的公共文化服务机构。

我国当前非公博物馆发展过程中存在的问题主要有部分机构的常设陈列不够丰富、有些陈列长期得不到更新，或未充分面向观众开放，内容单调、贫乏；临时展览相对数量少，尤其是基层机构，较少举办临时展览或有机会引进交流展览；展览形式单一，缺乏吸引力，不能激发不同层面观众的参观兴趣；教育活动

---

❶ 孙杨. 大陆博物馆热背后的经济账［J］. 凤凰周刊，2015-01-02.

较少，范围较窄，教育服务功能仍有待进一步强化。

非公博物馆在运营过程中或多或少的存在着缺乏专业指导、政策支持和运营资金等问题，我国的法律、法规对于非国有博物馆的准入和保障机制尚有待健全和完善。这些都是非国有博物馆的现状。上海大学历史系博物馆学教授吕建昌甚至称非国有博物馆现状"混乱无序、野蛮生长"。所谓"混乱无序、野蛮生长"的隐患是管理非正轨，在吸纳藏品方面还有可能触碰那些接近法律禁区的灰色地带。

如何让非国有博物馆健康良性发展？主要取决于三个方面，一是非国有博物馆的自我管理程度；二是国家在《博物馆条例》的执行层面，尤其是财税扶持政策；三是广大民众对于博物馆工作的监督。其实，不管是《博物馆条例》，还是民众的监督，都是希望非国有博物馆能够更加规范，更好地为大众服务，提高博物馆的公共文化服务水平，更加有效地传播优秀的传统文化。

第四篇　文化产业

"十三五"时期是国家文化发展的重要时期,在经济发展进入"新常态"、"一带一路"战略全面实施、"互联网+"日益兴起的大背景下,文化产业应在经济发展的基础上积极探索"新常态",通过科技和文化的高度融合,将互联网和文化产业有机地联系起来,再加上中国 6.32 亿庞大的网民数量和大数据技术的应用,为文化产业的转型提供良好的契机,主动"引进来"和"走出去",带动经济交流和文化交流,共同推动传统文化和现代文化产业蓬勃发展。❶ 将大数据应用于文化产业领域,不仅能有效缓解文化产品供需不平衡的矛盾,针对性地满足用户需求,而且可以在市场评估定位准确的情况下制定差异性的发展战略,根据用户兴趣点灵活创新地开发新产品和新模式,延长产业链和经营周期,提升文化产品的消费体验满意度,一定程度上促进经济发展和社会进步。近年来,文化产业发展势头迅猛,中央相关部门连续推出多项扶持优惠政策,不断优化文化产业宽松良好的发展环境,文化产业关注度逐年提高,重点行业的文化企业受到大力扶持,新兴文化创意产业的发展已成大势所趋。

近几年,文化产业相关国家政策密集出台,利好不断,如表 4-1 所示。

表 4-1　文化产业相关国家政策

政策	时间	部门	主要内容	影响
关于推进文化创意和设计服务与相关产业融合发展的若干意见	2014 年 3 月 14 日	国务院	要求增强创新原动力,强化人才培养等,打造特有品牌	从根本上保证文化产业的改造升级,为文化建设注入了新活力

---

❶ 范建华.带状发展:"十三五"中国文化产业发展新趋势 [J].云南师范大学学报(哲学社会科学版),2015,47(3):84-93.

政策	时间	部门	主要内容	影响
关于继续实施支持文化企业发展若干税收政策的通知	2014 年 11 月 27 日	财政部、海关总署、国家税务总局	详细说明对各类文化产业所缴税额的详细规定	为创意产业提供财政支持，鼓励技术创新和文化创造
关于大力支持小微文化企业发展的实施意见	2014 年 8 月 19 日	文化部、工业和信息化部、财政部	具体阐释小微企业发展现状，提出目标要求	加强对小微文化企业创新发展能力的培育，支持各种类型的小微文化企业创业载体建设，促进小微企业生存发展
藏羌彝文化产业走廊总体规划	2014 年 3 月 5 日	文化部、财政部	从文化旅游、演艺娱乐、工艺美术、文化创意等新兴业态加强资金、人才和基础设施建设投入力度	通过西部倾斜政策，以文化建设拉动经济增长，加快西部区域协调发展
"十二五"时期文化产业倍增计划	2012 年	文化部	鼓励原创性作品，推动文化产业成为国民经济支柱性产业	实施重大文化产业项目带动战略，全面提升文化产业创新力和核心竞争力

全国各地也纷纷制定了促进文化产业发展的惠民政策。例如，北京市立足自身需求，大力发展文化创意产业，制定了包括"十一五"时期文化创意产业发展规划、文化创意产业担保资金管理办法（试行）在内的 60 多条政策规定，为文化产业发展奠定坚实基础；上海市设立专项资金或执行财政税收优惠政策等方式鼓励拥有自主知识产权的文化创意人才，促进特色文化发展，依托便利的地理位置，扩宽对外贸易领域和渠道；深圳市政府印发了《关于加快文化产业发展若干经济政策》《关于建设文化产业基地的实施意见》等通知，加强监督，指引文化产业发展迈向正轨，以适应经济转型升级和建设新型城镇化的要求。地方文化产业的发展，应遵循因地制宜的原则，明确各自的特色，打造独树一帜的品牌，只有坚持将传统和创新结合起来，才能充分营造文化氛围，带动区域联动发展，提升居民生活品质，进而推动区域良性循环，实现文化产业高效率、高质量、专业化发展。

从国外来看，美国的文化创意产业比较发达，特别是影视业和软件业发展迅猛，好莱坞电影公司制作的影片已在世界各地的 160 多个国家和地区，通过 50

多种语言放映，其国外收入是国内收入的 3~4 倍。"硅谷"成为软件产业集聚群示范区，占据了全球几乎 2/3 操作系统和数据库市场。通过多元化投资主体和金融资本的有效融合为美国文化产业长久发展提供有力支撑。英国是全球最早提出"创意产业"的国家，早在 1997 年英国将文化创意产业提升至国家战略重点扶持，并出台相关政策，以"政府陪同资助"模式积极鼓励企业投资文化产业，不直接干预市场或企业行为，只是适当地进行监督和指导。❶ 英国通过发展文化创意产业，提高社会就业率，促进经济持续健康发展，树立了良好的国际形象。

从国内来看，随着经济改革的逐步深入，我国文化产业的发展正全面展开，经济繁荣发展推动了文化产业各细分行业保持稳步增长态势，各级政府部门对文化产业投入力度增加，及时关注文化产业最新动态，把握发展方向。

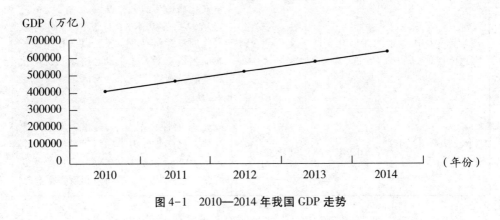

图 4-1　2010—2014 年我国 GDP 走势

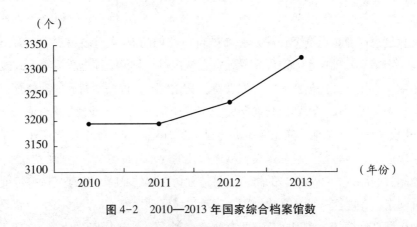

图 4-2　2010—2013 年国家综合档案馆数

---

❶ 邹升平. 国外文化产业发展经验对我国的启示［J］. 经济研究导刊，2008（4）：170-172.

　　图 4-1、图 4-2 说明文化产业的发展与经济建设呈现正相关的关系，综合档案馆数量的增多标志着文化建设的关注度越来越高。经济建设增幅虽有所减缓，但依旧保持稳定增长，在此前提下，加快发展文化产业是增强综合国力的必然要求。

　　我国文化产业门类齐全、内容多样，分为文化内容生产、文化传播渠道、文化生产服务、文化装备制造业、文化消费终端制造业、生产性文化服务 6 大类别。❶ 文化产业盈利空间大，总体上发展迅速，但仍存在以下问题：区域差异明显，东、中、西部文化产业发展不均衡；投资渠道不畅通，市场准入条件较高，融资率低；法律保障机制不完善，缺乏系统的法律条文保护民间和外来资本的安全；文化效益投资比低，文化产业发展模式依赖于创意和投资的合理搭配，直接决定本地文化产业发展方向。结合国外文化产业发展的先进经验和我国国情，政府部门和企事业单位应主动指引民间资本的投入，通过政策引导，改革文化产业融资办法，放宽民间资本进入限制，全面拓宽融资渠道，加快金融机构和文化集团的联手合作。同时加大财政投入力度，以减免企业税收、设立多层级专项基金等多途径鼓励小微企业的壮大，应当注意监管工作随时紧密配合。此外，改革管理体制，做好全程管理，无论是实际生活还是虚拟环境都要努力营造文化发展的健康环境，健全行政和法律双面保障。最后，着重引进和培养文化创意人才，宏观上政府有关部门出台优惠政策吸引创新人才的加入，微观上各地根据自身发展情况，整合现有优势资源，开设创意教育课程激发学生创新潜能，对文化创意产业人员加强培训，提升业务水平，为企业发展增添新动力，更好地为社会主义建设服务。

　　在"一带一路"战略格局下，创新实现文化产业的快速发展必须依靠大数据，大数据丰富了文化资源内容，改变了文化传播方式，促进了文化多样性交流，使得文化产业的生产、交换、消费都更加国际化和市场化。以国际化视野将发展空间布局与产业发展国际化有机结合起来，充分把握大数据给文化产业业态带来的变化，适应现代化的消费观念和消费习惯，以准确定位和创新思维掌握国内国际两大市场，打造国际化产品，提升特色旅游、影视动漫等创意产业，加快发展数字出版、网络电视、移动多媒体等新兴文化产业，以获取最大化的效益，提升文化核心竞争力，早日实现文化强国的目标。

---

　　❶　高书生. 我国文化产业发展的总体状况和主要特征［J］. 经济与管理，2015，29（3）：5-16.

新时期文创园该如何发展

引言

随着文化与实体经济的广泛融合，文化产业园区日益成为产业发展的重要载体。

泉城国际文创园：从工业"变身"文化创意

2015年7月12日，泉城国际文化创业产业园主任黄春国在第十二届中国企业发展论坛暨首届"一带一路"园区建设国际合作峰会上接受《中国企业报》记者采访时表示，转型升级不仅仅是企业的事情，园区也需要转型升级。

①从工业到文化。"我们的泉城国际文化创业产业园就是由之前的工业园区转型而来。"黄春国表示，"这种转型升级不是因为之前的工业项目做不下去才进行的，是为了适应经济而做的新增长点和新规划。"

黄国春所说的工业园区名为济南腊山工业基地，"说实话之前的工业园区做的还是不错，效益也挺好。截止到2013年已经有33家企业入驻，并且从中我们还孵化出了一家上市公司。"黄国春表示，"但我们不能守着这些不动，发展如逆水行舟，不进则退，同时国家在2014年和2015年陆续对《环保法》《安全生产管理法》都进行了局部调整，所以我们决定转型升级。经过深思熟虑、多方考察和反复研究，我们决定把未来的发展方向主要放在文化创意类产业上。"

②环境比政策更吸引企业。产业园依山傍水，空气清新，自然环境优雅，地理位置优越，交通便利。黄春国说，"文化创意类产业也要搞产业集群，这样才能形成规模，就像北京的秀水那样，一家卖衣服的那是小商小贩，一条街都是卖衣服的则能成为连外国政要都能吸引的产业集群。我们很高兴地看到一些文化企业来到我们这里还能搞企业间的招商。"

③文化也要落到市场上。黄国春告诉记者，文化创意类产业有很多种，不能眉毛胡子一把抓，要择优而录。

黄国春表示，泉城国际文化创意产业园将遵循政府主导、市场运作、多元发展的运行机制，以文化创意产业为主，发展知识密集型、高附加值的现代文化创意产业和设计服务项目，为文化创意企业、创意人才提供优良的创意空间和创业环境。园区本着互惠互利、"一事一议"的原则，为园区文化企业提供有关优惠。

④2015 年中国产业园区创新力百强。原名济南腊山工业基地的泉城国际文化创意产业园从名字就能看出之前依托的是工业，园区旧有的企业中孵化出上市公司说明着其作为工业基地时的成功。不是因为工业做不下去倒逼管理者转型，管理者自身意识到转型更有利于发展而有意为之。目前该园区正处在转型提升的关键时期，这是一个新的转折点，更是一个新的起点。❶

文创园重在营建个性化商业模式

当前，大多数文化产业园区没有成型的商业模式，还处于依靠房租存活的尴尬境地。园区内部尚未形成产业，更无产业链可谈。倘若没有产业链作为园区支撑，园区沦为文化地产的可能性就大大增加，最终造成文化产业园区失败运营模式的滋生——依靠房地产拉动盈利。

可见，文化产业园区的发展必须探索自身的商业模式，探索其个性化定位、盈利渠道，以及实现可持续发展的方式。

首先，个性化定位的核心在于文化产业园区要有特色主题。文化产业是个比较宽泛的概念。发展园区需要确定自身的核心资源，也就是园区自身的发展主题，形成具体可行的发展方向，有效实现企业入驻。以动漫产业为例，在我国动画属于广电行业，漫画归属新闻出版行业。动漫产业园区在发展中的侧重点究竟处于哪个环节？作为行业类园区，必须明确自身的产业归属，有针对性地选择入驻企业，为其提供有针对性的服务。

其次，发展园区需要助力企业，服务区域经济，也需要形成一定的利润点。这个利润点是园区作为市场主体的经营所得。目前，很多园区运营者都以房屋买卖或者租售为目的，没有考虑文化园区的长久利益，以及打造品牌的持久效应。园区内可安排适当的房地产作为商业配套设施，并不能作为主业经营。房地产盈利资金可作为园区运营的现金流及启动资金使用，一定要区分文化产业与地产的收入方式。

最后，园区可持续发展是商业模式稳定发展的重要保障。关键在于建立园区内部的"文化共生系统"，即处理好园区与企业的关系。为保证园区长久运营，当地政府、园区运营商和入园企业利益要方向一致。作为园区方，要对入园企业设置门槛，与产业链有关的企业方可入驻，无关企业不能通融，以此避免同质化企业过多造成有限资源的激烈竞争。园区也要帮助入驻企业成长。

---

❶　郝帅. 泉城国际文创园：从工业"变身"文化创意［N］. 中国企业报，2015-07-28.

根据"十二五"时期我国文化产业园区的相关统计，仅有 10% 的园区运转良好，大部分园区在依靠房租勉强度日。因此，"十三五"时期，文化产业园区发展不能仅仅停留在园区软硬件升级上，而应该将关注点更多地放在商业模式探索方面。"十三五"时期的文化产业园区是文化企业集聚的空间形式，更是现代文化产业市场体系中的重要一员，需要不断地创新探索寻找盈利渠道，实现园区的造血功能。❶

数据分析

在经济新常态下，随着"一带一路"战略实施和"互联网+"的提出，加上国家对文化产业发展的高度重视，文化产业发展将释放出新的发展活力、迎来新的发展契机。作为文化产业发展的重要载体，文化产业园区的发展应在产业转型、城市转型、社会转型等方面激发出全新的发展动力。大众创业、万众创新，是主动适应新常态的重要体现，也是实现文化产业持续健康发展的重要社会和人才基础。新常态下，文化创意产业已经成为地方经济的促进重点。无论是"北上广"等重要城市，还是从东到西、自南往北的各大中小城市，都纷纷地研究制订相应的文化产业发展计划。在此背景下，文化产业园区需要转型创新。

一是要创新平台内容。搭建"众创空间"，开启"创客"新时代，文化创意产业是草根创业者们为梦想奋斗的理想选择，也是一个重要的创新业态。文化产业园区要加强载体创新建设，积极联络国内外一些重要平台，做好文创产业的对接、引资工作。

二是积极探索文创人才培育平台和方式。文化创意人才不仅需要专业技术人才，还需要文化艺术服务、企业及园区运营管理人才。目前，各地的文化产业园区往往缺乏差异性，定位区分不明确，入园企业间关联性不强，实质上是一种短视行为，不利于文化产业人才成长。文化产业园区要创新培育人才的机制方式，创造园区发展环境、氛围，搭建人才交流平台，做好人才孵化，从而增强园区平台功能和竞争力。

三是强化文化产业集聚能力。文创为地产"暖被窝"，是部分城市文创产业发展的怪胎。文化产业绝不能圈一片地，挂文创牌，躺着享受各种优惠政策。今后，文化产业园区应根据政策方向、地方实际，科学规划、创新发展方式，构架

---

❶ 范周. 文创园重在营建个性化商业模式 [N]. 经济日报，2015-07-08.

园区内企业价值链、供应链和产业链，增强产业集聚能力，方能突出特点、增强竞争力。

从海峡两岸文创现状，看文化创业园发展潜力无限

引言

创意产业作为中国社会从劳动密集型社会向知识密集型社会转化过程中的新生事物，正活跃在我国（包括港澳台地区）部分发达城市的经济体系中。

汉阳造被摄影机构占领，武汉文创园如何突围

2015 年 7 月 20 日，武汉市出台一揽子政策推动创新创业，提出建设国家创新型城市，建设创新城市离不开创新型产业，文化创意产业作为其中的重要一环当然也备受期待。

（1）"工业遗产"——武汉文化创意产业园的发端地

作为一个新兴产业，创意产业在我国已经引起了高度重视。特别是在发展较快、国际化程度较高的大都市，创意产业的发展已经初具规模，并形成了各具特色的创意产业园区。

2012 年 9 月，《武汉市文化产业振兴计划（2012—2016 年）》出台，确立文化产业超倍增发展目标，明确重点发展创意设计、传媒出版、文化旅游、网络文化、动漫游戏、艺术品等八大文化产业门类。

而在此之前，武汉的文化创意产业园已经在"工业遗址"中萌芽，并迅速发展起来。武汉江城壹号、汉阳造、楚天 181 等文化创意产业园，传承城市文脉，变奏现代创思，成功走出了一条让"工业遗产"焕发第二次生命的路子。

2009 年，上海致盛实业集团有限公司操盘，对原航天科工武汉磁电公司原28 幢老式厂房，依照创意办公、创意展示、创意体验及文化休闲、时尚购物、美食娱乐等多维功能进行合理规划布局，打造出汉阳造文化创意产业园。

2012 年，上海圣博华康文化创意投资股份有限公司对武汉轻型汽车厂进行修旧如旧改造，修整后的武汉轻型汽车厂命名为江城壹号文化创意园。它很好地传承和发扬了汽车文化。此外，目前在武汉成功实现工业遗产再利用的还有花园道、东创研发设计创意园等园区。

（2）文化创意产业园商业化背后的妥协

据统计，在武汉，大大小小的文化创意产业园有近 30 家，不经意间，或许你就踏进文化创意产业园的园区。这些产业园涵盖范围广泛，正以迅雷不及掩耳之势，漫及江城三镇。

高速发展的背后，真的如表象这般繁华？武汉大学城市设计学院的副院长、国家文化创新研究中心兼职研究员詹庆明表示，武汉文化创意产业园总体数量虽多，但分布散而杂，缺少鲜明的地方特色文化。此外，各地的文化创意产业园呈现出一种同质化形态，武汉也不例外。近年，一些文化产业园抗不住经营和盈利的压力，纷纷向商业利益妥协，在众多打着文化旗号的产业园背后，上演的是真实的商业故事。

当前汉阳造文化创意产业园园区内，酒吧、影楼、餐厅所占比例日益上升，聚集人气本是产业园的目标，但矛盾的是，商业机会也跟着人气一起涌入，转而挤走了真正的文化艺术企业。其实文化产业园商业化的深层原因在于规划设计之初思路的偏差。❶

台湾文创园区拥有五大特色

台湾的文化创意产业中，比例最高的是广告产业、设计产业（含建设设计、产品设计、视觉传达设计、设计品牌时尚产业）、广播电视业、出版产业、工艺产业和数字内容业，这六大业态占文化创意产业产值比例超过 90%。而流行音乐、电影业、音乐及表演艺术业、视觉艺术产业四大门类占比都不超过 3%。因此作为文化创意产业发展载体的园区，其大部分定位或者核心业态也是围绕前六大业态展开，而以后四个业态为辅。然而尽管台湾的文创园区起步较晚，但是在策划、产业聚集、运营模式等方面都有自己的优势，形成了自己的特色。

①差异化定位，寻找独特风格。对园区进行策划定位。找准定位才能明确发展方向，从而在市场竞争中找到位置。一个文创园区就是一个创意人才和文创企业的聚集平台，因此所在城市的相关文创人才和企业数量就成为决定园区成败的重要因素。

②原生性生长，匹配生活方式。地里自然生长出来的草是最适合这块土地的植物，同理，根植于当地城市文化资源特色的文创园区才能健康发展，持续经

---

❶ 邱伟. 汉阳造被摄影机构占领，武汉文创园如何突围［EB/OL］. 新浪乐居网，2015-07-23.

营。一个文创园区就是一种生活样式。

③活动聚人气，共生扩大效益。影响文创园区的成功因素有很多，坚持"活动"是最重要的因素，毋庸置疑。因为文创园区要成功，首先必须聚集人气，吸引人才，而活动是吸引人气、聚集人才最好的方式。

④场域化运营，培育产业生态。一个文创园区就是一个场域，文创园区运营的关键是空间的运营，是围绕着园区定位形成产业生态。台湾文创园区在空间的布局上非常合理，体现在业态构成、参观路线、公共空间的设置、公共空间与租售空间的比例等方面。

⑤社区化融合，勇担社会责任。台湾文创园区与社区融合得非常好。这些园区都是一个开放的空间，没有围栏的阻隔。也正因为此，园区成为市民和游客的好去处，成为市民综合场域的空间，这是社区化融合的第二个特点。

纵观台湾文创园区的发展，可以看到除了在上文提到的教育责任之外，它对于传承历史文化，活化闲置资产，打造城市意象，促进产业转型升级，培育创新环境氛围，倡导生活方式和社会风尚等方面都起到了重要作用，成了观察台湾生活、洞察社会发展趋势的窗口。❶

台湾文创商业火爆流行的三要素：情怀、用心和生活美学

学习台湾的文创创业，不仅是观察文创业的表面繁华，更重要的是理解台湾是怎样创造整个文创产业的价值链。只有理解透这里的人文地理、政策举措、产品研发、生产制作、消费市场特征等全价值链后，我们才能在本地因地制宜地打造出最适合本地化的文创商业项目。

因此，我们将台湾的文创商业代表作品从文创产业园、文创零售、特色民宿、书店、跨界美食、动漫展示设施等多个品类，进行梳理。其实，每个细分的业态聚集在一起，形成了产业升级和聚变，一个个精彩的文创项目也就因此呈现出来。

①文化创意产业园——台湾文创的孵化器。以华山文创园和松山文创园为代表的特色园区，集合台湾多种文创业态为一体，成为台湾目前最重要的文创产业孵化器。

②生活美术商品零售——台湾创客的大本营。崇尚"生活美学"，进行"台湾生活工艺运动"，是台湾重新塑造新零售业的根本动机。在内地进入万众创新

---

❶　刘结成. 台湾文创园区拥有五大特色 ［EB/OL］. 中国经济网，2015−07−16.

的时代，我们更要学习台湾将文创产业做强的根本动力。

③台湾美食——缔造真正的生活家。民以食为天。台湾这样一个传统文化浓郁的地方，自然少不了对美食的尊重。从李安拍的著名台湾电影《饮食男女》，再到台北著名的士林夜市，台湾美食早已风靡大陆。每一个特色餐饮店铺都能构成客流的发动机和引爆点。

④台湾咖啡馆，都市青年的心灵栖息地。咖啡馆在台湾，与其说是一个休闲平台，更不如说是一种青年群体的心灵栖息地。许多台北青年最大的梦想，就是开一个特色咖啡馆。在一个有书店、有美味咖啡、精品美食的咖啡馆里体验现代时尚生活的乐趣，会客访友，孕育出独有的精致脱俗的咖啡馆文化。

⑤动漫与场所营造结合——励志、走心。动漫文化是台湾文创产业里最有特色的组成部分。各个商业角落里都流淌着动漫的基因。

⑥台湾农业及民宿——带我们体会时尚、创意与乡愁。精品农业是台湾具备世界水平的产业门类。台大的农业系与其医学系一样，都是台湾傲视世界的头牌学科。不同于传统酒店，台湾的民宿因亲民、平价，获得大众市场的喜爱。在旺季，几千家民宿酒店全部爆满。因此，民宿产业的发达也是台湾文创产业的一个重要特色。

⑦诚品书店——台湾一代文创人的领头羊。诚品书店之于台湾，已经是一种生活方式的代表。这里有大量的书籍、有生活零售产品、有餐厅、有咖啡馆，文化生活的一切都是诚品的。如今以书店为核心的全新一代文创商业购物中心已经成为其他地区频繁效仿的经典模式。

⑧表演类文创——将传统人文艺术融入现代时尚。文化的最高形式是艺术。大众的生活中，还需要艺术的点缀。台湾的艺术表演市场同样发达。我们可以看到台湾知名作家白先勇制作的昆曲青春版《牡丹亭》，让昆曲这个走进博物馆的传统艺术吸引了大批时尚青年；林怀民的云门舞集以西方现代舞蹈为基础，融合了中国文化的精髓，如书法、写意等形式，开创了一个世界舞蹈新美学。

台湾的文创产业覆盖了吃、住、游、购、休闲体验等多个门类，已经构建了完整的产业体系，从而具备了丰饶的创新创意的土壤。❶

加快文化创意产业发展的思考

文化创意是在经济全球化背景下产生的以创造力为核心的新兴业态。文化创

---

❶ 邹毅. 台湾文创商业火爆流行的三要素：情怀、用心和生活美学［EB/OL］. 房地产观察家，2015-05-11.

意产业的发展和繁荣直接促进了第三产业快速发展，是转变经济发展方式、促进产业转型升级的必然趋势，对于提升城市文化软实力、增强综合竞争力具有十分重要的意义。

（1）关于加快文化创意产业发展的思路

发展文化创意产业没有固定的发展模式，这就需要我们不断创新理念、拓宽思路，在顺应产业趋势、把握发展规律的基础上，突出自身特色和优势，以科技和创新为引领，实现融合发展、多元发展。

①注重以人为本，需求导向。发展文化创意产业要加强人文关怀，注重人性化设计，以满足人民群众日益增长的精神和文化需求为导向，深入挖掘历史、地理、人文等资源要素，精心策划，将时尚创意理念打造成具体项目，把资源优势转变为经济优势，带动消费，实现经济效益与社会效益的统一。

②注重特色制胜，推陈出新。强化"蓝海战略"发展理念，按照"人无我有、人有我优、人优我精"的思路，立足地方文化特色与优势，推陈出新，做强文化创意品牌，把资源优势转化为产业优势，形成产品特色鲜明、市场错位竞争、产业差异发展的良好局面。

③注重科技引领，创新创造。以科技引领创意、以创意打造文化，充分运用信息产业最新发展成果，提高文化产品与服务的科技含量，着力发展体验经济，强力激发文化创意的产生和应用，丰富文化项目和产品的艺术表现手法，完善各类文化衍生品的设计、生产和包装，带动文化创意产业转型升级。提升自主创新能力，抢占科学发展战略制高点。

④注重多元开发，融合发展。改变过去单一产业发展思路，把文化创意元素融入科技创新、"四化"建设、旅游文化等各个方面，促进文化创意产业与第一、第二、第三产业及其各领域企业的深度融合、协同发展、联动共振，以融合促发展、以融合促转型、以融合促超越，实现文化创意产业的大繁荣大发展。

（2）加快文化创意产业发展的机制保障

文化创意产业发展不仅要有合理的规划理念、明确的发展思路，也需要不断完善机制建设、加强政策扶持，打造文化创意产业发展的良好环境。

①完善机制建设。良好的机制是文化创意产业发展的关键。一是建立和完善目标责任考核机制；二是建立多方协作机制；三是建立媒体合作宣传推介机制。

②加强政策扶持。完善的政策是推动文化创意产业发展的保证。一是构建良好政策环境；二是整合文化创意产业资源；三是改革行政审批制度。

（3）加快文化创意产业发展的要素保障

土地、资金、人才等要素是保障文化创意产业发展的基础。发展文化创意产业要加强土地、资金、人才等要素保障，确保文化创意产业高速增长的发展态势。

①土地保障。将文化创意产业用地纳入土地利用总体规划。在符合规划的前提下，加大对低效利用土地的盘活利用和闲置土地的清理处置，鼓励企业利用存量土地发展文化创意产业，保障重大文化创意产业项目用地的供应。

②资金保障。创新文化创意产业投融资机制，采取灵活措施和优惠政策，营造适当宽松的投融资环境。建立国有资本、民间资本和外来资本共同投入文化创意产业的多元化投入机制。

③人才队伍建设。树立"筑巢引凤"、内外部培养相结合的人才开发理念，建立和完善文化创意人才培养、引进、使用和激励机制，不断优化人才发展环境，增强其投身文化创意、打造文化创意品牌的主动性、积极性和创造性。引进优秀人才，培养创新人才，支持文化创意创业团队发展，形成全社会共同支持、参与文化产业发展的良好局面。❶

数据分析

"市场化"是大陆文化创意产业面临的最大挑战，而"产业化"是台湾面临的最大挑战，海峡两岸具有优势互补的先决条件。台湾具有先驱市场的条件，本土市场小，但文化创意产业非常发达。由于市场饱和，所以从业者必须"武功高强"才能存活；同时，消费者长期面对世界各地的文创产品，具有高度成熟的品位及分辨力，是华文世界理想的测试场（test market）。此外，台湾影视产业的结构原来亦为"公营商办"，但已经有超过40年的转型经验，且政府管理机制也逐步完备，可供借鉴。

大陆在文化创意产业领域具有规模市场的优势。但要想在文化创意产业市场立足并建立以市场经济为核心的稳定的产业秩序，势必同时面临"结构转型"和"创新研发"两大挑战。例如，目前大陆影视产业依旧难以摆脱"公营商办"的结构。一方面市场时常会因突发的非经济因素而冲击新建立的市场秩序；另一方面，投融资所拉动的产业调整和发展具有向成功个例高度集中的特性，因此跟

---

❶ 李芳．关于加快文化创意产业发展的几点思考［EB/OL］．大河网，2013-12-25.

风盛行。更有甚者，两者的交互使大量的资金投入变成资源浪费。

一般来说，人的创意思维的发挥推动文创产业的发展，环境和平台推动创意思维转化为创意产品。从这两方面来看，海峡两岸文创产业的合作，首先可以通过培养创意人才，打造文创高技能人才，为海峡两岸文创产业提供人才力量；其次，海峡两岸可以建立创意人才流动机制，从而取长补短，相互促进；再次，在文创产业的合作平台上，海峡两岸可以建立文创产业园区，发挥产业的立体效应和规模效应；最后，在文创产业合作的具体政策制定和实施上，海峡两岸可以建立规范行业的技术标准、产权转化机制等来保障文创产业的顺利发展。只有在产业领域，海峡两岸文创产业合作才能形成科学的通路，从而发挥产业协同共享效应。

目前海峡两岸已经有很多在合作方面的成功案例，例如，以"欢乐春节"为主题的"北京地坛文化庙会台北之旅"去年在台北花博公园登场，让台湾人民体验了不一样的新年。本项目为地坛庙会作为文化模式或品牌的市场测试，未来可以继续向中国香港、东京、纽约、伦敦等城市推广。

创意产业之父约翰·霍金斯曾提到，我国目前面临的最大问题是：如何从以成本为主要竞争优势的制成品出口经济向以创新为主要竞争优势的创意经济转型。解决我国经济可持续发展问题的关键是科技创新。目前，我国创意产业刚刚起步，发展欠缺，与发达国家之间存在很大差距，应充分借鉴发达国家文化创意产业的发展经验。

①重视文化创意产业发展，纳入国家发展战略。就目前来讲，发展创意产业，形成创意产业意识，是实现从"中国制造"向"中国创造"转型的关键。随着国际合作逐渐增强，创意和文化在经济发展、社会合作中起着越来越关键的作用。发展创意产业，形成创意产业意识，将极大增强我国的创造能力。我国应当顺应时代发展潮流，把文化创意产业上升到国家战略产业的高度，制定相关针对性的产业政策，实施促进文化创意产业发展的战略规划和行动方案，引导文化创意产业快速、健康、蓬勃发展。

②完善政策法规，积极发展文化创意产业。政府要想推动文化创意产业的发展，必须为文化创意产业营造一个适合健康发展的内外部环境。从国外文化创意产业的发展经验和发展成果来看，应充分发挥政府主导作用，加强对知识产权的立法保护，资金支持、政策扶持、减免税、人才培养也是各国政府产业政策的必然选择。

③以人力资本为核心，大力培养创意人才。完善产业链是发展创意产业的关键，而创意人才的培养是完善产业链的关键。培养创意人才的关键是，针对产业链上不同人才的特点而采取不同的方式。因此，要调整人才培养方案和教育结

构，加强对创意产业人才特别是复合型人才、高端人才的培养；通过设立创意产业高等教育研讨会或论坛，制定连接学校与文化机构的创意伙伴目标，在各大院校开设文化创意方面的课程，同时，加大基金扶持力度，通过物质奖励和精神奖励的方式激励创意产业创业者，加快创意人才的培养。

上海文化产业园发展模式探析

引言

自 2005 年 4 月起，由当时的上海市经委即现在的上海市经信委共授予了 87 家市级创意产业集聚区的牌子；2009 年 4 月起，由上海市委宣传部分两批共授予 52 家文化产业园区的牌子。

上海 3.0 版创意产业"园区"变"社区"

上海的创意产业园区大都藏身于中心城区的老厂房、老仓库和历史建筑，历经十多年发展，市区已少有空间可供大规模开发。

中成智谷的定位是"一谷三汇"，"一谷"是打造商务办公的智慧谷，"三汇"是家装家居的"乐居汇"、婚庆喜典的"乐喜汇"和儿童体验的"乐童汇"。四大板块中的两大板块和这里的一切密不可分。

中成智谷董事长何增强说，我们要在这个远离市中心的区域，以园区功能替代部分缺失的城市功能，建一个集商业、文化、旅游、生活、休闲、健身等为一体的大型生活社区。互联网时代，电子商务的发达，推动着创意产业园区的发展日益倾向于体验型生活社区。当越来越多的消费需求可以在线上得到轻松满足时，人们对线下的消费需求就会是"更有趣、更丰富的体验"，中成智谷就想走出一条能够让人一见倾心的新的创意产业园区发展之路。

何增强说，我们欢迎大企业入驻，也欢迎中小微企业与创业公司，我们乐于充当他们的天使。我们将联手知名工业产品设计公司合作开设"创新工业设计"课程，聘请最前沿的国内外设计师，通过实际操作案例，结合个人实战体验，提供最佳设计实训场所，从而真正助力毕业生所学即能所用、毕业即实现就业。不仅如此，我们还设立了 1000 万元人民币的"创客基金"，拿出 3000 平方米空间作为"创客空间"，携手来自名校名企的设计界精英，为有志于创业的大学生提

供最具操作性的创业平台。❶

上海创意产业发展的三种模式

文化创意产业是文化产业与创意产业融合发展的结果，是综合文化、创意、科技、资本、制造等要素的一种新业态。文化创意产业以人的创造力为核心，以文化为元素，以创意为驱动，以科技为支撑，以市场为导向，以产品为载体，以品牌为抓手，形成融合型的产业链，通过知识产权的开发和价值增值的交易产生巨大经济效益，并通过产业发展进一步满足人民群众多样化、多层次、多方面需求，实现经济效益与社会效益的有机统一。

推动上海文化创意产业发展，是贯彻落实科学发展观、服从国家战略的重要举措，是加快"四个中心"建设和提升城市软实力的内在要求，是积极落实创新驱动，转型发展的重要推力，也是加快建设国际文化大都市和"设计之都"的重要保障，有利于转变经济发展方式和促进经济结构调整升级，加快形成服务经济为主的产业结构。

上海创意产业除了要看到科技、消费两个空间带来的机遇和挑战外，还要科学地面对发展模式问题。我认为上海创意产业发展有三种模式。

第一种模式，以"老厂房+艺术家"为主的创意产业园区，现在上海已经有了很多。第二种模式，挖掘文化资源特色，建立创意产业集聚区，在文化创意产业领域、设计创意产业领域、网络创意产业领域和时尚类创意产业领域四个领域进行重点突破。第三种模式，立足创意产业链，着眼跨行业培育创意产业大项目、大企业。这三种创意产业的模式都有一个发展过程，都是一步步发展成熟起来的。

以第一种模式来说，到 2006 年年底上海已经有了 75 个创意产业园区，为上海创意产业造势起到了重要作用，是上海发展创意产业的必由阶段。现在要通过调查研究制订出园区标准，分类分层，导向性就体现出来了。

当下正在努力建设的具有行业特色的创意产业集聚区，就是第二种模式。例如，上海的戏剧大道，在这个 1.5 平方公里中，集中了戏剧艺术的生产单位、艺术教育学府和十多个剧场，还有很多名人故居，如周旋、白杨的故居，等等。可以说，上海喜剧生产的主要要素通过近百年的历史沉淀在这里形成，生产者、产品、观众、剧场、营销能力、戏剧人才培养及学术研究的软实力在这里逐渐汇

---

❶ 沈则瑾. 上海 3.0 版创意产业"园区"变"社区"［EB/OL］. 中国经济网，2015-08-31.

聚。戏剧大道,就应该按照这些要素规律来继承、推进和发展。

第三种模式更多体现在文化、科技、经济的结合项目上,比如上海大型活动和演绎虚拟实验室,是上海市科委和市教委共同支持建立的第一个文化和科技相结合的科研项目。多媒体和 CAD 技术已经应用于很多领域,但是多年来,表演艺术领域仍处在手工生产阶段。该系统的集成和自主开发,形成了具有自主知识产权的应用软件系列,使艺术表演和大型活动的生产流程发生了革命性的变化。

上海要重点发展现代服务业,创意产业是现代服务业的重要组成部分。现代服务业的核心竞争力体现在创意能力和把好的创意变成创意产品上,体现在产业链的构建上。产业链越长,行业跨度越宽,文化、科技、经济要素融合越深,就越有竞争力。我们应该沿着这个思路发展上海创意产业,创造具有中国价值观念的产业。❶

数据分析

我国文化创意产业发展有巨大的市场空间。加深对发展文化创意产业重要性和迫切性的认识,加大发展规划和管理、营造良好文化氛围、培育创意人才力度,有利于加快文化创意产业的顺利发展。在全面建设小康社会的过程中,文化创意产业有着巨大的发展空间和市场空间。此外,其他文化创意产业的潜在发展空间和市场空间也非常巨大。比如,企业转型需要设计产品和拓展市场,对创意设计和策划也有很大需求。

从我国目前的情况来看,全国有不少城市都在结合当地产业特色积极发展文化创意产业。但是,由于我国创意产业发展受各种因素制约,其发展面临不少困难,比如,严重缺乏创意人才,落后于创意产业发展的需要等。而且,文化创意产业除了在一些发达城市发展得较好外,总体来说,它的比重还不是很大。加快文化创意产业顺利发展,推动发展理念转变,结合上海的经验,应从以下五个方面着手:一是要加深对文化创意产业发展的重要性和迫切性的认识。二是要做好文化创意产业发展统筹和规划。地方在发展自身文化创意产业时,应结合本地地域特色、文化特色,同时还要结合自身产业基础来制定发展纲要,特别关注重点产业。三是要营造良好的文化环境和氛围,促进创新发展。四是要大力培养创意人才。发展文化创意产业离不开创意人才,人才缺乏阻碍文化创意产业的发展。

---

❶ 创意中原网产业聚焦. 上海创意产业发展的三种模式［EB/OL］. 创意中原网, 2009-02-11.

五是要借鉴发达国家的发展经验，制定长远规划，加大政策扶持。目前，文化创意产业成为不少发达国家和地区新兴的战略性支柱产业，确立了文化创意产业发展规划和目标，并以此来积极推动创意产业的协调发展，提高本国或本地区竞争力。我国也已出台了《文化产业振兴规划》，将在投融资、税收等方面对文化创意产业的发展予以适当的扶持。

实践证明，加大文化创意产业发展力度，能够有效推进文化创新，将文化资源优势转化为文化产业优势。

从《超能陆战队》探析中国动漫产业发展趋势

引言

2015 年，奥斯卡最佳动画长片得主《超能陆战队》（Big Hero 6）全国热映，影片自 2 月 28 日上映以来票房火爆，创下迪士尼动画在中国的票房首映纪录！片中呆萌"大白"等诸多看点也获观众盛赞，获评近期口碑最佳新片。很难想象，成功出品《超能陆战队》的迪士尼动画曾一度濒临倒闭。但是《超能陆战队》的爆红，又有其充分合理的理由，同时也给我国动漫产业从业人员好好地上了难得的一课。

国产动画衍生品何时不再冷清？

《超能陆战队》中最受欢迎的莫过于机器人"大白"，这个圆圆胖胖、看起来像白色充气玩偶的机器人，在主角小宏心情不好时总会给他一个大大的拥抱，被众多网友称作堪比哆啦 A 梦的"治愈系神宠"。不少看过影片的观众都会来一句"好想抱一个大白回家"。

"大白"衍生品热销，在一些动画从业人员看来是个必然的结果。根据《超能陆战队》片方提供的资料，"大白"的角色设计用时超过 1200 天。设计过程中，大白曾拥有多个表情，还有一张可爱的小嘴，但随着动画制作不断推进，设计人员勾掉了大白的嘴，让它用眨眼、闭眼和肢体动作表达情绪。业内人士分析称，这种设计不仅贴合"大白"呆萌无害、温暖贴心的形象，还因为简单而有了更高的辨识度，适合网络传播，是理想的动漫衍生品原型。

好莱坞的动漫衍生品市场，在电影还没有"火"起来之前，就开始通过各种营销手段推广衍生品。《超能陆战队》还未在国内上映，片方就在上海做了一个高达 12 米的"大白"做宣传。有了这些前期准备,"小黄人""功夫熊猫"等好莱坞卖座动画不再只靠票房赚钱,其衍生品收入甚至能达到总收入的 70%。

作为动漫产业最赚钱的一环,国内动漫行业对衍生品的重要性早有共识,但在实际运作过程中,并没有多少片方愿意花钱设计层次较高的衍生产品,伴随影片上映推出的廉价衍生品多为宣传用途,真正上市销售的产品少之又少。

"目前,除了《喜羊羊》《熊出没》等动画电影有较多品种的衍生产品外,大部分国产动画片还停留在把角色设计逼真和把故事讲清楚的阶段,至于这些角色是否符合衍生品的设计,设计人员还没有想到那么远。"南京动漫产业协会主任邹波告诉记者。

由于缺少前期的规划设计,许多国产动画片常常是等到上映前才去找礼品公司定制一些产品小样,这些"临时抱佛脚"的产品多用于票务促销或首映宣传时使用,上市销售的非常少。加上这些衍生产品成本很低,制作也不够精良,很难引起观众的购买兴趣。

市场需培育,国产动画不能只想着捞票房

南京不少影院都开辟了专门售卖衍生品的区域,但除非遇到小黄人、变形金刚等票房火爆的好莱坞电影,多数衍生品根本卖不出去。寒假期间公映的国产动画《熊出没 2》在上映前期也推出了熊二和大白熊的公仔,设计和质量都不错,但这些产品不用于售卖,只供影院做活动使用。

国产动画衍生品卖不出去,与国内观众缺乏衍生品消费观念有一定关系,而片方也缺少培育市场的意识,懒得花力气去开发动漫衍生品。

"国产动画制作公司明知道衍生品更赚钱,但问题在于要赚这笔钱需要长期投入来培育市场,可大家还只是想着赚票房这一锤子买卖。"近些年开始涉足电影衍生品制作的腾讯视频副总裁孙怀忠此前接受记者采访时曾表示,文化产业是需要长期培育的,一家公司也需要多年的发展积累,才能打造出自己的品牌和衍生品。如果只想着靠票房挣钱,国内动漫衍生品市场依然还会是好莱坞的天下。❶

---

❶ 罗薇薇. 国产动画衍生品何时不再冷清?〔N〕. 南京日报, 2015-03-02.

数据分析

善良温暖的性格，是大白形象塑造的成功设定。"大白"的芯片里储存着上万个医疗方案，可以即时扫描主人的健康情况、喷洒药水，手掌上还安装了心脏除颤器。除了治疗身体外，"大白"也会治疗人类的情绪忧郁。如此贴心温暖的"暖男"，自然惹来很多女性影迷的"痴爱"，纷纷表示"有了大白就不需要男友了"！

从电影产业流程来看，好莱坞动画电影的成功，不在于贡献了多么深刻的剧情，而在于每每通过创意不断推出让观众过目不忘的经典形象，比如《驯龙高手》里的龙"没牙仔"，《冰雪奇缘》中的雪人"雪宝"。机器人"大白"的走红，也是抓准了当代观众对于温暖、治愈系形象的追捧心理。

同时，好莱坞电影的文化衍生品也是一项重要商机。反观我国，近几年来由于国产动漫的繁荣，以及企业主动与国际接轨，动漫衍生品呈现出前所未有的高速发展的趋势。有业内专家表示，面对我国动漫产业缺乏完整产业链、原创形象开发缺失及后期衍生产品的制作销售难以形成完整链条的现状，即使我们拥有优秀动漫形象也无法进行对其周边产品的开发。

不得不说，《超能陆战队》的走红以及"大白"形象的成功，给中国动漫电影产业带来有益启示，电影应该是技术与艺术的完美结合，无论技术多么炫酷，艺术多么唯美，朴素的爱、真挚的情感才是最能感动心弦的，所以，学会讲故事，学会在故事中讲道理，中国动漫才能得以长久发展。同时，面对国内动漫周边市场开发尚不成熟的状态，在衍生产品的开发层面上，如何更好地服务于消费者，抓准消费者的胃口和爱好，如何进一步打造我国产业链的盈利模式，好莱坞电影也给我们带来了深远思考。

发展文化创意产业，太阳马戏团成功的启示

引言

据 FT 中文网报道，中国的复星集团和德州太平洋集团（TPG Capital）已将加拿大的太阳马戏团收至麾下，这笔交易的估值约为 15 亿美元。为什么太阳马戏团值 15 亿美元，为什么 TPG 资本和复星会愿意收购它。其曾经创造出的成功经验或许可以为我们的演艺产业走向国际市场提供启示。

揭秘：被复星集团收购的太阳马戏团为何能值 15 亿美元？

我们试着揭开太阳马戏团的故事，看看它为什么曾经如此成功，又遭遇过哪些困境，为什么太阳马戏团值 15 亿美元，为什么 TPG 资本和复星会愿意收购它。

马戏这种娱乐形式第一次出现是在 1768 年的英国，19 世纪后逐渐成为人们最主要的娱乐方式之一。到了 20 世纪，马戏这种娱乐方式遭遇危机。随着动物保护主义的流行，马戏团的动物表演受到抵制。马戏团自身也缺乏创新能力，快速兴起的电视电影等娱乐方式很快取代了马戏团。应对这样的危机，20 世纪 60 年代，一部分人开始了"新马戏"运动，他们把故事情节、声效及人物角色加入马戏表演中，取代传统的动物表演。再加上来自政府的资助，马戏团开始恢复元气。

"我们重新创造马戏（We Reinvent the Circus）"，是太阳马戏团 1987 年一场表演的名称，而这句话也成为他们之所以获得巨大成功的最佳解释。太阳马戏团的核心竞争力来自它对马戏这一传统娱乐形式的创新，使观众获得与过去全然不同的现场体验。

传统马戏业将目标受众定位在低龄群体，整台马戏的出彩更多依靠动物表演、明星的演出及其个人魅力；追求强烈的刺激感、滑稽感，却无太多实质内涵。而太阳马戏团没有囿于这一窠臼。成立之初，创始人拉利伯特就改革原有马戏形式，砍去成本高昂又不人道的动物马戏表演，仅保留帐篷、小丑和杂技这三个关键元素，同时又让这些元素摆脱原有的形象，把帐篷打造得更加华美，让小丑不再是马戏团中的丑角，使杂技看上去更精致。演员在表演中使用大胆夸张的妆容、道具、戏服，辅以魔幻风格的灯光和舞台效果。

但最根本的是，太阳马戏团打破了原有马戏表演的界限，让马戏带有戏剧性。每场戏就像世界各地马戏艺术与街头娱乐艺术的综合体，但又都带有明确而统一的主题和故事线索。他们让马戏不再依靠动物与驯兽师的惊险互动或小丑的闹剧式幽默来吸引眼球，变成一场高质量的艺术表演，从而将受众扩大到各个年龄层次的人群。这也让太阳马戏摆脱了传统马戏的陈旧、落伍的形象，并且成功地把自己定位成一种高端的新型娱乐方式。这种高端，从太阳马戏的票价也可直观地看出来。它所推出的最贵的秀是《Michael Jackson One》秀，平均票价高达259.7 美元，最低的《Quidam》秀，平均票价也达到 90.85 美元。这是太阳马戏团成功的秘诀之一。

太阳马戏团成功的秘诀之二，在于它摆脱了传统的巡回演出的模式。而太阳马戏团则不同，他们会固定地在一些合作伙伴提供的场地演出，因为这种驻场演出的模式成本较低。根据英国《每日电讯报》的计算，太阳马戏团在欧洲巡演的 287 名雇员的住宿开销就高达 620 万美元，而演出设备的运输费用也高达 550 万美元。相比之下，驻场演出不需要为雇员支付高昂的酒店开销，也不用支付设备的运输费用，这将大大提升演出的利润。

低成本自然带来了丰厚的利润，按照《每日电讯报》的计算，每一场驻场演出能够给太阳马戏团带来 7000 万美元的年收入。10 场驻场剧目带来的 7 亿美元的收入能够占到 2013 年 8.5 亿美元总收入的八成以上。而相比之下，巡回演出的利润就少得多。2013 年在欧洲的 5 场巡回演出总共只带来 6000 万美元的收入。

对于马戏行业而言，平均一台马戏剧目的生命力只能维持 3~5 年，在这个时间之后，这台剧目就对观众失去了吸引力。而大部分的马戏团并没有能力不断更新自己的剧目，但太阳马戏团完全不同。拉利伯特曾宣布，每年将所有利润的 70% 用于第二年的创新产品，这让太阳马戏团能够每年都推出至少一部新的剧目。

此外，太阳马戏团内部建立了强大的数据库和资料库，内容涵盖图书、录像、图片等，并有专门的学者和研究员负责调查与研究行业发展现状和未来的发展趋势。而研究员需要及时与创意总监沟通，告知其最新的研究成果与发现，以让最新的剧目既保持独特又能与当下潮流相一致。

这样强大的人力、物力投入造就了太阳马戏团超强的研发能力。2009 年，太阳马戏团一口气推出了 3 部剧目，《Ovo》《Banana Shpeel》《Viva Elvis》；2010 年，太阳马戏团推出《Totem》；2011 年，又是 3 部，《Zarkana》《Iris》《Michael Jackson：The Immortal World Tour》；2012 年和 2013 年，各推出一部新剧；2014 年，又有两部新剧上演。这样不断推陈出新的剧目让太阳马戏能够一直保持观众的新鲜感，吸引观众的目光，从而维持自身的发展。❶

数据分析

对于太阳马戏团来说，传统的市场空间、盈利和成长的空间越来越小，因此必须开辟新的领域即新的市场空间。太阳马戏团，在传统马戏团受制而萎缩的马

---

❶ 韩方航，谢舒敏 . 那个叫太阳马戏团的传奇生意，现在如何能值 15 亿美元？［N］. 好奇心日报，2015-04-27.

戏业中，受众群体从儿童观众转向成年人和商界人士，以马戏的形式来表达戏剧的情节，吸引人们来享受这项前所未见的娱乐。

不得不说，太阳马戏团的成功原因在于它在创意上找到了出路，把马戏变成了一个集合音乐、舞蹈、服装、灯光于一体的高雅艺术。从这一点上来说，太阳马戏团抓住了行业的本质：人们通常对新奇的、没见过甚至没有想象过的东西感兴趣。在表演行业里，没有令人叹为观止的节目，就不能给人带来惊喜，就不会有生意。此外，太阳马戏团的成功原因还在于金融战略领域的开拓，它改变了整个行业领域的竞争规则，将一个劳动密集型的产业成功转变为一个资本密集型的行业。

在太阳马戏团的成功道路上，我们处处看到资本与金融的力量：首先，上亿美元的创意投资其意义不仅表现在提高了演出本身的水平，而且打造了一个其他演出团体难以超越的资本门槛；其次，太阳马戏团与传统的作坊式马戏团体不同，它是一家具有高度资源整合能力的"公司"，从演员到设计师、工匠等依靠制度约束在协同运行，太阳马戏团不会因为任何一个个体的离开而受到重大影响，而这种强大的资源整合能力又是其他竞争对手难以超越的，它是经验、品牌与资本三者的有机结合；最后，太阳马戏团在其发展过程中，采用多种渠道进行项目融资，以减轻自身的资金负担，这其中既包括与赌场资本、私人资本的合作，也包括与奔驰、宝马、奥迪、荷兰银行以及多普达等赞助商的合作，实际上，每到一个地方，除了国际赞助商，太阳马戏团还会寻找当地的合作伙伴，以保证在当地演出期间的持续资源供给。

近年来，中国的演艺产品不断与国际市场接轨，取得了令人鼓舞的成绩，但我国任何一个文艺演出团体一年的总收入却无法超过太阳马戏团。中国的演艺资源在杂技、舞蹈、音乐、艺术人才上早已进入世界一流水平，已经完全具备了进军主流国际演艺市场的实力。但我们缺乏的是对资源的有效整合，如何借助政府的扶持及资金的力量，整合中国最优秀的演艺资源，做出代表中国最高水准的品牌演艺产品，是我们中国演艺产业走向国际市场、迈向全球的关键。他山之石，可以攻玉，太阳马戏团的成功经验或许可以为我们的演艺产业走向国际市场、迈向全球提供启示。

探析传媒产业如何借力资本市场

引言

　　近年来，随着信息技术的重大变革特别是新媒体的快速发展，国内传媒格局发生了重大变化，借力资本平台，为企业在高度竞争的互联网和市场竞争领域争取到资源整合的主动权至关重要。

传媒控制资本，资本壮大传媒：浙报传媒上市三年的实践与探索

　　浙报传媒于 2011 年 9 月 29 日成功在上海证券交易所上市，成为全国第一家媒体经营性资产整体上市的报业集团，也是浙江省第一家上市的国有文化集团。

　　上市三年来，浙报传媒紧紧抓住并利用好上市这一重要机遇，严格按照资本市场的法律法规要求，秉承"传媒控制资本，资本壮大传媒"的发展理念，加快推进从传统媒体向现代传媒集团的战略转型。围绕以用户为核心的"构建互联网枢纽型传媒集团"的战略目标，不断深化体制机制改革，激发内部创新活力，以资本的力量壮大传媒实力，抢占互联网主阵地，努力构建新闻传媒、数字娱乐、智慧服务和文化产业投资"3+1"平台大传媒产业格局，努力使浙报传媒成为中国最优秀的传媒上市公司。

抢抓机遇搭建资本平台，推动传媒产业创新转型

　　近年来，随着信息技术的重大变革特别是新媒体的快速发展，国内传媒格局发生了重大变化，传统报业生态环境所遭遇的竞争之激烈、挑战之严峻前所未有。作为一家省级党报集团，如何巩固壮大主流舆论阵地，抢占互联网舆论新兴阵地，全面提升舆论引导能力和科学发展能力，是浙江日报报业集团面临的首要课题。在此背景下，积极推动媒体经营性资产上市，成为浙江日报报业集团贯彻中央和省委关于深化文化体制改革的决策部署、应对传媒格局变化、建设国内一流党报集团的必然选择。

　　2010 年 3 月 19 日，中国人民银行会同中宣部、财政部、文化部等 9 部委联合发布《关于金融支持文化产业振兴和发展繁荣的指导意见》，旨在推动符合条件的传媒文化企业上市。浙江日报报业集团抓住机遇启动借壳上市计划，通过浙报传媒控股集团有限公司将下属报刊传媒类经营性资产整体置入上市公司白猫股

份，借力资本平台，为企业在高度竞争的互联网和市场竞争领域争取到了资源整合的主动权。

自 2010 年 10 月借壳计划正式启动，到 2011 年 5 月获证监会重组委有条件通过，至 2011 年 9 月成功登陆上海证券交易所挂牌上市，历时仅仅一年时间。浙报传媒之所以能够在短时间内完成所有上市工作，创造了令业内和中介机构惊叹的资本市场的"浙报速度"，得益于浙江日报报业集团良好的体制基础、经营基础、财务基础、团队基础，得益于浙江日报报业集团上下一心的高度共识和全力投入；更重要的是，得到了来自中央及浙江省委、省政府和省级有关部门的高度重视和关心指导，得到了来自证监会、浙江证监局及上海证券交易所的有力指导和大力支持，确保了上市各项工作环环相扣、顺利推进。

浙报传媒的成功上市，不仅有利于浙江日报报业集团进一步提高国有资本在意识形态领域的影响力、控制力，也为我们提供了极为难得的体制机制和发展平台优势。上市后，浙报传媒以打造中国资本市场最优秀的传媒公司为目标，以上市形成的倒逼机制进一步加快推进公司体制机制改革，加大新闻传媒平台内部资源整合力度，加快经营理念、模式和方法创新；进一步依托和提升主流媒体品牌影响力，深耕本土市场，挖掘价值链，延伸产业链，积极开辟媒体经营新增长点。传媒各业务板块克服全行业滑坡的巨大挑战和困难，营业收入和利润实现逆势增长。2011—2013 年，重组置入资产净利润分别达到 2.1 亿元、2.4 亿元和 2.6 亿元，三年承诺利润实现率分别达到 109.04%、111.80% 和 107.83%。这三年传媒主业经营的稳定和增长，难能可贵，不仅为资本市场交出一份满意的答卷，更为公司和集团转型发展赢得了时间和空间。

同时，充分利用上市公司良好的发展平台，加快产业并购拓展和传媒文化产业投资，取得良好收益和市场反应。经过三年努力，浙报传媒现拥有 23 家一级子公司，负责运营超过 35 家媒体，拥有 600 万读者用户和 4000 多万的互联网活跃用户。浙报传媒整体经营业绩也实现了大幅度提升，2013 年，浙报传媒营业总收入 23.56 亿元，净利润 4.12 亿元，分别比 2011 年上市当年增长 70.60%、85.59%，相当于再造了一个浙报传媒。通过非公发行和转增，浙报传媒总股本从 4.3 亿股扩展到 11.88 亿股，公司市值从重大资产重组完成后恢复上市首日的 52 亿元，提升到目前的 200 亿元市值，在 2013 年 9 月 25 日，一度突破 300 亿元，位居上海、深圳两市传媒板块前列。

在实现跨越式发展的同时，浙报传媒坚持回报股东，与投资者共享公司发展成果。上市首年即将现金分红每年不低于年度可分配利润20%的条款写入公司章程，2011—2013 年，三年连续现金分红，每 10 股派发现金红利（含税）分别达到 2 元、2.5 元和 3.5 元，占归属上市公司股东净利润比例分别达到 39%、67%、51%，累计分红达 4.42 亿元。

加快大传媒产业布局，推动传统媒体和新兴媒体融合发展

三年来，浙报传媒坚持"传媒控制资本，资本壮大传媒"的发展理念，确立互联网枢纽型传媒集团的战略目标，正确把握资本市场和互联网发展规律，充分运用资本平台，加快构建新闻传媒、数字娱乐、智慧服务和文化产业投资"3+1"平台大传媒产业格局。

2012 年 3 月，上市后不到半年，浙报传媒即启动了非公开发行收购杭州边锋和上海浩方网络平台项目。经过一年的努力，2013 年 4 月 27 日，并购工作顺利完成，浙报传媒通过非公开发行 A 股股票和自筹资金共计 31.9 亿元收购盛大网络旗下的杭州边锋、上海浩方公司 100% 股权，借助资本力量获得了一个拥有 3 亿注册用户、超过 2000 万活跃用户、1000 万移动用户的成熟网络平台，拥有了国内首个国有资本控制的大型的自主性网络用户平台。

借助此次收购，以边锋为核心，公司初步搭建起大传媒产业"3+1"平台中的数字娱乐平台。一方面整合各方资源，全力推动边锋网络平台的媒体化、竞技化、本土化和移动化发展，使边锋网络用户数和经营业绩持续快速增长，超额完成并购承诺利润；另一方面，加快布局影视、互联网视频和动漫产业，突破数字娱乐产业链两端的网络阅读和网络视频两大短板，加快建设完整的数字娱乐产业链，实现数字文化产品的滚动开发和用户互动。

从 2015 年开始，浙报传媒又加快构建以互联网用户为基础的智慧服务产业平台，重点推进"钱报有礼"社区电商、网络医院、养老服务产业和县市区域门户集群等创新项目建设。

与此同时，浙报传媒还积极拓展传媒和文化产业投资，以东方星空创投公司为主要投资平台，积极整合资源，构建有利于浙报传媒转型升级的传媒生态链。东方星空运行以来，累计对外投资 6.07 亿元，投资市值达 19.1 亿元，还发起、参与新媒体基金、新线影视基金、艺术品基金、游戏产业基金及游戏专项基金。2012 年至今，浙报传媒累计对外投资 4.42 亿元，先后投资华奥星空、起凡游戏和唐人影视等。

通过资本运作和产业拓展，不仅使浙报传媒主营业务结构转换，产业格局发生根本性变化，今年公司互联网业务利润贡献将首次超过传媒主业。更重要的

是，使公司快速形成了一个成熟、良好的互联网用户集聚平台和技术研发平台，集聚了 600 多人的互联网专业技术人才，为公司和集团推动传统媒体和新兴媒体融合发展创造了条件、奠定了基础。

浙报传媒确立以用户为中心的理念，在传媒公司中率先建立了数据库业务部。从阿里巴巴、盛大、华为等互联网公司引进 50 多名专业人才，近两年已投入 5000 多万元，建设用户数据库，互联网用户规模快速扩大，目前已达 5 亿多注册用户、4000 万活跃用户。今年又积极配合集团全力打造"三圈环流"新媒体矩阵，形成以"浙江新闻"移动客户端、浙江手机报、浙江在线新闻网站及视频新闻四大媒体构成的"核心圈"，以边锋网络平台、云端悦读 Pad 客户端、边锋互联网电视盒子、钱报网、腾讯大浙网新闻板块及各县市区域门户构成的"紧密圈"，以微博、微信等第三方网络应用和专业 App 构成的"协同圈"。三圈协同，构建媒体融合新格局，推动主流新闻传播占领互联网舆论阵地制高点。

切实履行社会责任，着力打造合格的市场主体

作为国内第一家媒体经营性资产整体上市的报业集团，始终不忘作为一家党报集团和传媒上市公司的政治使命，坚定不移地坚持正确的政治方向和舆论导向，切实履行社会责任。

浙报传媒上市之初，就按照现代企业制度要求，进一步完善公司法人治理结构，建立规范有效的公司治理机制。通过规范公司股东大会、董事会、监事会和经营管理者的权责，形成权力机构、决策机构、监督机构和经营管理层之间的制衡机制，保证公司的良性运行，夯实竞争力，取信投资者。

公司严格按照《公司章程》及"三会"议事规则，召集、召开股东大会、董事会和监事会。重大事项股东大会均开放网络投票，充分保障中小股东权益。公司严格执行独立董事制度，9 名董事中有独立董事 4 名，对于重大决策独立董事均事前审核并发表明确独立意见。公司董事会下设战略与投资委员会、薪酬与考核委员会、提名委员会、审计委员会及关联交易控制委员会五个专门委员会，其中关联交易控制委员会全部由独立董事担任，对关联交易进行重点管控，确保决策的独立合法。公司监事会积极参与营运，发挥监管职能，通过选派职工代表进入监事会，使职工以法定的形式参与公司的决策和监督，在涉及职工经济利益的决策中维护职工合法权益。上市以来，公司共召开股东大会 10 次，召开董事会 25 次、监事会 20 次。

同时，按照上市公司的规范要求，公司切实加强内部控制建设。至今已修订

30 余项内部控制制度和 40 多个有关规范子公司运营、财务管理、人力资源管理等方面的文件。2012 年年初，浙报传媒成立了以董事长为主任委员的内控委员会，抽调专人成立内控工作小组，组织编制了涵盖公司管理、业务运营各个方面的简明、实用、具有浙报传媒特色的 6 万字的《内部控制手册》，对各公司内部控制现状进行了梳理，把合规经营、规范运作的理念传递给各公司和每个员工。

2011 年 12 月，公司荣获上交所评选的"2011 年度典型并购重组案例奖提名"；2012 年 5 月，"浙报传媒成功上市"项目荣获中国报业协会颁发的唯一的"创新成果特等奖"；在中国证监会 2012 年开展的上市公司年报工作现场检查中，浙报传媒的规范治理得到了监管部门的肯定；2013 年 6 月，公司入选上证公司治理指数样本股；2013 年 12 月，入选上证 180 指数样本股。2013 年，公司董事会秘书荣获浙江证监局评选的"优秀董秘"；2014 年 6 月，公司入选沪深 300 指数样本股。这些荣誉的取得，也充分体现了监管机构与资本市场对公司治理工作的肯定。

浙报传媒上市三年的成功实践和探索，进一步坚定了其发展信心和发展方向。特别是中央提出了推动传统媒体和新兴媒体融合发展的重大战略部署，这是自国家提出建设文化强国战略目标以来，报业迎来的最直接、也是最好的战略机遇，蕴涵着巨大的政策、行业和产业机会，极大地增强了公司的改革自信、融合自信和发展自信。

浙报传媒将总结经验、乘势而上，进一步顺应互联网和传媒格局新变化，继续借力资本平台，加快推动传统媒体和新兴媒体的融合发展，努力完成三个转变，即由读者向用户转变、由大众化传播向分众化传播的转变、由提供单一的新闻资讯向以提供新闻资讯为核心的综合文化服务转变。到 2015 年，实现固定活跃用户 5000 万，全面构建新闻传媒、数字娱乐、智慧服务和文化产业投资"3+1"平台大传媒产业格局，初步实现互联网枢纽型传媒集团的基本架构，以服务集聚用户，以新闻传播价值，积极探索和实践融媒体时代"新闻+服务"的新商业模式。

（本文作者系浙报传媒集团股份有限公司董事、总经理。）❶

数据分析

中国媒体自信增强与优势企业公共性增强几乎同时发生的"双向增强"是中国传统媒体行业一项大事件。这种资本与传媒融合，促进并加快了传统媒体向

---

❶ 张雪南．浙报传媒上市三年的实践与探索［EB/OL］人民网，2015-01-04.

新媒体发展转型的速度，是国家传媒软实力探索全新的表达载体与表达方式。所有的跨越都向"新主流"靠近，"新主流"不仅是媒体融合发展的最高成就，也是媒体多元投资的最佳标杆。

毋庸讳言，在观念发展、政策引导等方面，中国传统媒体借力资本市场，全面转型升级，还有诸多门槛需要跨越。目前的所有投入都是试错过程，是勇敢者"吃螃蟹"的尝试。

①传媒行业本身的门槛。这个门槛之所以跨越困难是因为行业本身还在重组之中，缺乏相应的投资标准和规范。一是网络技术推动媒体行业快速发展，网络技术恰好也是变化最为迅速、敏捷的技术；二是传统媒体和新兴媒体依然处在散离状态，按照各自不同的发展规则、评价体系分头运行，行业鸿沟较难跨越，融合发展依旧处在探索阶段，缺乏清晰的投资标准、投资方向和稳定的盈利预期。

②盈利模式的门槛。关系为王、内容为王、渠道为王、产品为王，各种说法各执一词，各自都能找出一堆颇具说服力、影响力的理由。传统媒体的版面陷入价值衰减的局面，多年积淀的品牌价值、文化价值尚待创新发现，新兴媒体究竟是靠付费提升增值服务，还是靠流量加广告获得投资回报，它的答案依旧未知。

仅就报业而言，世界报业协会 2014 年 6 月 9 日发布的《世界报业趋势》报告显示，全球范围内报纸印刷版广告 2013 年同比下降 6%，在 5 年内下降了13%。而报纸的数字广告在 2013 年增加 11%，在 5 年内上升了 47%。尽管数字广告在持续增长，但它仍然只占报纸整体收入很小一部分，2013 年全球范围内93% 的报纸收入依旧来自印刷版。

由此可见，全球报业的数字发行付费趋势正在加速，越来越多的公众逐渐了解并开始为数字平台上的报纸内容付费。与前一年相比，数字付费发行量增加了60%，在过去 5 年里上涨了 20 倍。

③发展方式的门槛也与盈利模式相关。国际传媒可分为官办媒体、财团办媒体、公共资金办媒体、民办公助办媒体等几种类型，其中前二种为主流方式。按照总体实力评比，财团办媒体占绝对优势，并以欧美媒体最为突出。新中国媒体大多来自于国有资本，民间资本进入是改革开放之后出现的新生事物。在媒体融合发展时代，财团的姿态若隐若现，但从媒体意识形态管理上来看，这种发展方式还是难以完全地释放其张力。

④意识形态管理的门槛。意识形态管理的门槛仍然是最大的门槛。究竟如何区分媒体的产业属性与媒体的意识形态属性，意识形态管理、产权明晰的现代企业制度、新闻文化企业的社会责任，三者之间究竟怎样有机融合，依旧是一个尚

待回答的问题。媒体市场化是否有害新闻公正，媒体是否顺应投资商，资本本性会不会歪曲新闻的公共价值，都是不可回避的难题。

一些新锐的媒体集团已经开始尝试破冰之道，例如，有媒体在探索利用"特殊管理股"股权来捍卫媒体话语权，研究建立"混合所有制下的黄金股"制度来捍卫和主导传媒的主流价值。这就犹如美国资本市场上的 AB 股制度，B 股的分红权利与 A 股相当，但投票权数倍于 A 股。这些尝试有可能符合国有媒体国有控制的前提，不管是否成功，都将为传媒业投资行业发展积累经验。

从景德镇看中国陶瓷文化产业的发展趋势

引言

景德镇制瓷始于汉，至宋代便已跻身天下名窑行列。在漫长的陶瓷发展历程中，景德镇承载和累积了许多独特的文化习俗和制瓷技艺，以集大成者的英姿和开放兼容的胸怀，发展成为享誉全球的瓷都。近年来，随着竞争的加剧和资源衰退等问题的日益严重，景德镇开始了陶瓷文化创意产业的建设并将其发展为区域经济的重要支柱，开创了具有产业特色的创新之路。

景德镇市陶瓷文化创意产业成为经济发展新引擎

2011 年 11 月，景德镇市建国陶瓷文化创意园建成开馆，这是景德镇市坚持文化发展道路，以陶瓷文化优先发展为主战略，强力打造陶瓷文化创意产业的又一成功力作。据统计，2015 年 1—10 月，该市陶瓷文化创意产业总产值达 60 亿元，陶瓷文化创意产业已成为该市经济发展的新引擎。

在传承中保护，在发展中创新，大力发展陶瓷文化创意产业。在深化国有陶瓷企业改革过程中，该市大力保护工业遗产，使之成为陶瓷文化创意产业发展的新载体。此外，景德镇陶瓷文化创意产业基地、景德镇传统制瓷工艺国际奖品瓷研制基地等，已被列入省十大战略性新兴产业发展规划的重大工程项目，正在陆续开工建设。

该市还依托陶瓷文化创意产业的蓬勃发展，将文化产业与会展业紧密结合，把该市打造成为世界陶瓷会展中心和展示陶瓷文化的窗口。会展业在推动该市陶瓷产业发展、提高贸易成交水平、扩大招商引资规模和增进文化交流等方面发挥了越来越大的作用和影响。

以陶瓷文化创意产业的迅猛发展推动旅游业发展。该市把保护开发陶瓷文化资源作为壮大旅游业的突破口，突出文化观光、休闲度假、陶瓷创意等特色，打造"世界瓷都、艺术之城、千年名镇、生态家园"的旅游城市新形象。并通过抓好旅游项目招商，推进旅游产业发展壮大；加强旅游线路对接，推出面向国际国内精品线路，促进旅游区域合作，着力打造以景德镇为内核的精品旅游圈。陶瓷特色旅游已成为景德镇经济发展的主要特色。❶

创新之路：景德镇市陶瓷文化创意产业调查

2014 年年底，景德镇入选联合国教科文组织"全球创意城市网络"成员，并被授予世界"手工艺与民间艺术之都"称号。

回顾历史，景德镇陶瓷发展基本上都凸显出创意沿革的轨迹：唐宋时期，在"南青北白"瓷系的大格局下，景德镇创烧出介于青瓷与白瓷之间的影青瓷；在宋元时期，创制出"二元配方"的硬质瓷，成熟了青花装饰；清代在珐琅彩盛行之时，在五彩的基础上又研制出粉彩装饰……这就是景德镇窑火生生不息的奥秘所在，也是至今仍雄称瓷都的生命所在。可见，陶瓷产业在某种意义上说，也包含了文化创意产业。

进入新世纪后，景德镇在多年的实践、摸索和转型中找到了一条创新之路，那就是始终立足于瓷业发展，把文化、艺术和生活融入陶瓷实现创意转型，建设一座创意之城、文化之城。

景德镇发展陶瓷文化创意产业的优势名声大表现在以下五点。

①基础深。景德镇虽然不是唯一生产陶瓷的城市，但其陶瓷文化是世界唯一的。

②有先例。20 世纪 90 年代中期，市雕塑瓷厂充分利用闲置的旧厂房和厂区、生产配套设施聚集人气，从事个性化的陶瓷艺术创作。

③底气足。景德镇陶瓷专业教授多、高级陶瓷工程师和高级工艺美术人才多、获得国家级省市级大师荣誉称号的多，加上景德镇的工业化历史世界罕见，可谓发展陶瓷文化创意产业的"天堂"。

④体系全。景德镇有完整的教育、科研体系，还有配套的产业服务网络，如原料、材料、颜料、花纸加工业，制瓷设备、工具制造业，包装、装潢、运输业等。

---

❶ 邱西颖，曾桂保，冯亮．景市陶瓷文化创意产业成经济发展新引擎［EB/OL］．大江网，2011-11-24.

⑤环境好。景德镇地理位置优越，位于昌九景金三角经济区，赣浙皖三省交界处，地处国家旅游热线庐山、黄山、龙虎山、九华山、三清山、鄱阳湖、千岛湖的中心区位，交通四通八达。

陶瓷文化创意产业可借力发挥"三大作用"。

①可以充分发挥国有、集体瓷厂工业遗存的作用。将原有瓷厂的老坯房、老窑房、老红店和老弄堂，因地制宜，精心规划，成为景德镇陶瓷文化地标式的旅游景点，其效益十分可观。

②可以发挥大多数瓷业职工的积极作用。我市原有瓷业职工包括退休人员在内共 10 万余人，其中有经营技术管理和生产经验的老职工近 2 万人，发展陶瓷文化创意产业，可调动其积极性。

③可以发挥分散在民间的技艺人员的作用。瓷业发展造就了无数身怀绝技的能工巧匠。招贤纳士，共同打造创意产业。❶

数据分析

景德镇作为我国历史上最为著名的制瓷中心，创造了丰富多彩的优秀陶瓷文化，留下了丰厚珍贵的民族文化遗产，为我们在新的历史条件下大力弘扬和发展陶瓷文化产业提供了雄厚的物质基础，开辟了广阔的发展空间。在景德镇建设文化产业的过程中，可以总结出以下五点经验。

①把建设文化基础设施作为发展陶瓷文化产业的重点。重新规划和建设"景德镇御窑遗址博物馆"、恢复建设"景德镇民窑遗址博物馆"、重现明清风格的里弄民居、商埠瓷坊等，把具有欧洲建筑风格的老汽车站改建为"景德镇陶瓷艺术研究院"，使之成为一个集陶瓷艺术创作、交流、共享、销售的基地，并不断完善文化商贸配套工程。

②把发展和壮大旅游业作为建设陶瓷文化产业的主要战略。建设融合历史文化与现代文明于一体的"江南旅游都市"，把开发和整合陶瓷文化资源作为发展和壮大旅游业的突破口。

③把培育和扩大市场主体作为发展陶瓷文化产业的主要途径。在深化国有陶瓷企业改革的过程中，加大保护工业遗产力度，使之成为发展陶瓷文化产业的新载体。此外，加大资金投入力度，催生一批主业突出、效益明显的骨干文化企业。

---

❶ 邵继梅. 创新之路：景德镇市陶瓷文化创意产业调查［EB/OL］. 大江网，2015-04-17.

④把会展和演艺作为发展和壮大陶瓷文化产业的主要平台。每年以"博览世界陶瓷精品、弘扬瓷都千年文明"为主题，承办"景德镇国际陶瓷博览会"。在将景德镇陶瓷文化传播国内外的同时，进一步开发和拓展产品市场，提高经济效益和社会效益。

⑤把发展教育与科研作为发展和壮大陶瓷文化产业的主要推动力。紧抓住科技部、江西省在景德镇共建国家陶瓷科技城的新机遇，形成集陶瓷教育、科研及成果于一体的、更新更高的发展格局。相继争取国家日用及建筑陶瓷工程研究中心、国际高技术陶瓷论坛、中国陶瓷知识产权信息中心落户景德镇，从根本上提高陶瓷研发和创新能力。

深圳依托文博会开启"文化+"的新思路

引言

经过 11 年的发展，文博会已成为"中国文化产业第一展"，依托文博会这一文化创新的平台、文化圆梦的舞台，深圳的文化创意产业实现了跨越发展，城市文化欣欣向荣，充满生机活力。

文化产业领跑创意活力无限：深圳拥抱"文化+"

一个 10 年前仅占 GDP 比重 2% 左右的产业，如今一跃成为深圳六大战略性新兴产业中发展最快的产业之一，深圳文化产业的发展交出了一份亮丽的成绩单：2014 年，深圳文化创意产业实现增加值 1553.64 亿元，比上年增长 15.6%，占 GDP 的比重达 9.7%。曾经一度被称作"文化沙漠"的移民城市，是如何凝聚文化产业发展所需的创意、创新和人文精神的呢？这种能量和活力又是如何持续下去的呢？

目前，深圳市文化产业企业已超过 4 万家。据不完全统计，深圳的文化创意企业中，境内外上市企业目前已达 35 家。这些企业如同"细胞"一样，通过业态升级获得"造血"能力，为文化产业的健步前行提供着源源不断的动能。"而不是物质消耗来推动经济发展，也因此成为经济转型中非常关键的节点。"

实施"文化立市"战略，深圳着力营造城市成熟而流动的文化氛围。"读书月"让爱读书成为这个城市的一大特色；"社科普及周"目前已连续举办 12 届，通过一系列知识性强、参与度高的活动，提升城市的文化品位、培育市民的人文素养；每年举办的"创意十二月"活动，10 年来累计也有近 600 万市民参加。

在不断的探索中，深圳找到了文化自信、文化自觉和文化自强，并让这种精神在整座城市激荡起来，形成了健康蓬勃的文化状态。如今，深圳的文化实践正在从自发走向自觉，并将在创新创造创业的大潮中发挥不可替代的重要作用。❶

深圳争当文化创意产业领头羊

事实上，文化创意产业已成为深圳战略性新兴产业，在"文化立市"战略和文化强市建设的推动下，深圳文化创意产业集聚起强大竞争力。伴随着文博会的发展，深圳本土文化创意产业力量也不断壮大。深圳，已然成为中国文化产业发展浪潮中的先锋城市。2011 年 10 月，深圳出台《深圳文化创意产业振兴发展规划》及其配套政策，设立了每年 5 亿元的文化创意产业发展专项资金，以空前力度推动产业发展，重点扶持十大文化产业发展。

深圳提出，支持文化产业做优做强，提升文化产业核心竞争力，把文博会办成我国文化产业走向世界的知名品牌。5 年来，凭借在发展的过程中集聚的强大竞争力，深圳正努力争当全国文化产业领头羊。

深圳推动文化产业发展，资本市场将是不可或缺的助推器。近年来，优秀文化企业纷纷迈开上市的步伐：迅雷网络于 2014 年 6 月在美国纳斯达克上市；易尚展示 2015 年 4 月在深交所上市。如今，深圳文博会已然成为名副其实的"中国文化产业第一展"，极大地促进了我国文化企业参与国际竞争的能力。作为亲历文博会从创立到成长全过程的见证人，深圳国际文化产业博览交易会有限公司董事总经理叶建强表示，文博会是伴随着改革开放和文化体制改革步伐发展起来的。文博会的成功举办，体现了敢闯敢干、开拓创新的深圳精神。未来，文博会将通过市场化专业化带动国际化，打造国际知名的品牌展会，推动中华文化走向世界。❷

看文化深圳的精彩崛起

2003 年，深圳在全国率先提出"文化立市"战略并坚定推行至今，而过去 5 年，是文化强市渐入佳境的 5 年，是文化深圳精彩崛起的 5 年——这座缺乏文化底蕴与文化根基的城市，展现出郁郁葱葱的"文化绿洲"气象，正跃升为文化

---

❶ 金晶，杨阳腾 . 文化产业领跑创意活力无限：深圳拥抱"文化+"［EB/OL］. 中国经济网，2015-05-18.

❷ 胡嘉莉 . 深圳争当文化创意产业领头羊［N］. 中华工商时报，2015-05-13.

创意勃发之城，伫立于中国文化发展的前沿，有着"国家立场、深圳表达"的雄心壮志，更有着先行先试、敢闯敢干的先锋姿态。

在依法治国的时代背景下，如何保障公民的文化权利？在十八届四中全会上，"保障公民经济、文化、社会等各方面权利得到落实"写进公报。在"文化"之后加上"权利"，而非多年使用的"权益"，明确用法治化形式保障公民的文化权利，这是一个令人欣喜的突破。

如何共享文化成果？深圳在全国率先实行美术馆、图书馆、博物馆、文化馆等公共文化场所向公众免费开放，推进了文化权利均等化。基层文化设施扎实推进，"十分钟文化圈"基本形成，市民在家门口即可享用各种文化设施与文化服务。"两城一都"建设为文化享受权利提供了便捷条件。

如何参与文化活动？文化活动不是让市民被动观看，而是鼓励市民全面参与，形成"我是主角"的公民意识。如今，全市每年开展的送戏、送电影、展览等文化活动近 2000 场，各类广场文化活动 1 万余场次，受益观众超过 600 万人次。25家博物馆、381 个文化广场、众多的书城书店绽放在城市文化地图上。深圳读书月、市民文化大讲堂、社科普及周等丰富多彩的公共文化服务花开四季。

如何开展文化创造？深圳不仅拥有文学工程、音乐工程、影视工程等产生精品力作的文化创造环境，还为不同层次的文化创造提供舞台。全市已有 2000 多个社区群众性文体社团，正式注册的民间文化社团有 200 多个，在全国名列前茅。

如何享受文化创造成果受保护的权利？2014 年，深圳 pct 国际专利申请量达到 11646 件，连续 11 年居全国各大中城市之首；每万人口发明专利拥有量达到66.7 件，居全国各大中城市首位。

对文化权利的保障有力还体现在资金投入中，近年来，除基本建设投资外，市、区两级财政逐年加大对公共文化服务日常经费的专项投入，年均超过 6 亿元。深圳宣传文化基金运行近 20 年来，"以项目为管理对象、以资产为管理核心、以绩效为管理手段"的创新模式，保证了各种公益文化项目的创意和品质。

强大的文化产业，是文化强国的应有之义。在推动中华文化"走出去"中，深圳勇当"排头兵"。第十届文博会迈上新台阶，总成交额、文化产品出口额分别达 2325 亿元、161 亿元；深圳文交所实现交易额数百亿元；中国文化产业投资基金投资 22 个项目逾 20 亿元；2014 年 1 月，随着深圳国家对外文化贸易基地揭牌，第四个国家级文化平台落户鹏城，深圳文化产业发展从"三驾马车"跃升为"四轮驱动"。近年来，腾讯、华强、华侨城、雅图等一批文化龙头企业，探索出"文化+科技""文化+创意""文化+旅游""文化+金融"等深圳模式，为中国文化产业发展走出一条成功之路，显示出强大的生命力、创新力和竞争力。

在文化路径的选择上，深圳积极为民族文化的发展探路，打造创新型、智慧型、包容型、力量型城市主流文化，正是在路径上、内涵上寻找一种有强大生命力和远大前途的文化，努力成为"文化强国"的生动实践。❶

数据分析

十年间，伴随着文博会的发展，深圳文化创意产业增加值增长了10倍，速度增长非常快，这主要得益于两个客观条件：一是得益于中央推动文化建设和发展的大背景，包括文化体制改革、文化产业和文化事业的协调全面发展，也包括推动中国文化走出去所采取和实施的一系列国策。二是深圳这座富有禀赋和气度的城市。深圳是一个最年轻、最有朝气、最赋予理想和梦想的移民城市，为创意提供了广泛的扩建和良好的土壤。

在当前文化建设和发展的大背景下，深圳作为移民城市，具有无限创意能力，为文化产业的快速发展提供了丰硕的土壤，这使深圳文化产业由弱变强，迅速腾飞，发展为支柱产业，成为全国文化产业领头羊，这主要得益于四个主观原因。

第一，得益于深圳提出的"文化立市"战略。一个经济特区，在十几年前提出"文化立市"战略，需要很大的胆识和气魄。文化立市，意味着把文化作为城市发展和壮大的重要基础、支撑点，把文化作为城市发展之魂和城市发展之脉去营造，在文化产业发展过程中起到了决定性作用。这个战略，迄今还影响着城市的发展，也暗示着这个城市更加光明远大的未来。

第二，得益于深圳在文化产业发展和壮大过程中找到了一种成功的发展模式，即"文化+"模式。深圳文化产业之所以能够迅速起飞，是因为一开始没有单就文化而论文化，没有在文化自身的窠臼之中发展文化产业，而是积极主动地将文化产业和其他业态有机主动进行嫁接和推广。比如说深圳是最早推出"文化+科技"概念的城市，后来又发展到"文化+旅游""文化+创意""文化+金融"，后来文体旅游局提出了"文化+体育""文化+休闲"等。

第三，得益于文博会的平台。文博会是推动国家文化走出去的最重要的战略

❶　翁惠娟. 文化深圳的精彩崛起［N］. 深证特区报，2015-05-13.

平台，也是中国文化在国内进行整合交融、交流共享、相互促进、相互提高的一个平台。文博会已经成了深圳文化产业总的动员机构、动员平台和展示平台，调动和提高了从市、区到街道的每个对文化产业有兴趣的人的积极性和参与度，最集中、最明显的一个表现就是文博会分会场的设立。深圳把文博会的主会场和分会场有机联合设置起来，之间的作用就是相互支撑。所以，文博会从第一届时只有大芬村一个分会场，发展到2015年第十一届里的61个分会场，这个过程生动形象地展现了文博会对深圳城市文化产业的极大拉动作用，同时反映了深圳文化产业对文博会的支撑作用，两者相得益彰。

第四，得益于一系列政策措施的保驾护航，保障了文化创意产业的发展。两个客观条件与四个主观条件共同推动深圳文化产业由弱变强，迅速腾飞发展成为支柱产业，也极大地推动深圳成为中国文化产业发展的领头羊。

九寨沟演艺产业发展：促进文旅融合

引言

四川九寨沟县建立完善演艺市场和旅游发展共生发展模式，目前，九寨沟县已有营业性演出团体10家，可同时接待游客1万余人，是目前藏区规模最大的演艺集群。

九寨沟演艺产业：宋城演艺如何搅动市场？

全新的舞台、炫丽的视觉效果、富有藏羌文化特色的歌舞，四川首部以高科技为主打的大型实景演出《九寨千古情》，自2014年5月1日起每晚都会在九寨沟县上演。每天三场，仍一票难求，折射出九寨沟演艺产业的繁荣。但是，发展并非一帆风顺，在20多年的时间里，作为国家文化产业示范基地之一的九寨沟演艺产业群经历了发展阵痛，正在积极地寻找蜕变之路。

演出同质化：是资金问题还是经营观念问题？

九寨沟具有发展旅游演艺产业的天然优势。自1994年九寨沟演艺产业开始起步，造就了容中尔甲、蒲巴甲、"高原红"女子乐队等一批全国知名歌手和组合。但是，随着演出市场的逐渐饱和，加上演出质量不高、同质化现象严重，行业发展遭遇瓶颈。

面对这种情况，政府部门最早采取"政府主导"的形式，但这同时也导致了演艺市场创新动力的减弱，以及节目同质化现象的加重。因此，当地政府及时调整了策略，变"主导"为"引导"，演艺团体可以根据市场的需要自行决定每天的演出票价和演出场次，每年开业前到物价部门进行价格申报备案即可。

2014 年，依托九寨旅游的热潮，九寨演艺市场迎来了前所未有的"旺季"。

宋城演艺：是吃小鱼的"大鱼"还是搅动市场的"鲇鱼"？

作为"演艺第一股"的宋城演艺发展股份有限公司（以下简称"宋城演艺"）也将目光投向了九寨沟旅游演艺市场。2014 年，宋城演艺投资 2.9 亿元设计打造的集休闲度假、商务旅游、特色街区等为一体的旅游文化品牌项目雏形初显。2014 年 5 月 1 日，大型实景演出《九寨千古情》开演，不仅填补了九寨演艺市场实景演出的空白，更为九寨带来了社会和经济的双重效益。

2015 年 4 月，资本雄厚的宋城演艺发布公告，拟出资 8700 万元以股权受让及现金增资的方式战略投资并控股《藏谜》制作方九寨沟县容中尔甲文化传播有限公司。

面对记者对于宋城演艺是否会在九寨演艺市场一家独大的疑问时，王毅表示，并购是市场行为，通过资本运作、资源整合后，九寨演艺市场最终可能只有 2~3 家演艺企业。宋城演艺作为上市公司，实力雄厚，管理规范，势必会给其他企业带来压力，但引入竞争也会为整个九寨演艺市场带来新的气象。

期待破局：是"靠天吃饭"还是积极应对？

虽然九寨演艺产业发展火热，但市场趋向饱和也是不争的事实。其次，"靠天吃饭"的状况亟须改变。此外，整个九寨沟的演艺产业发展面临着土地紧张的制约。因此，县委县政府准备在县城打造一个小众剧场，呈现一台以国家级非遗为主，深入挖掘藏羌文化，与《九寨千古情》不同的原生态演出。❶

"九寨沟演艺"：文化+旅游炼成产业

阿坝藏族羌族自治州位于四川省西北部，近年来，阿坝州把文化作为旅游的灵魂，提出了"旅游文化化，文化产业化"的文化产业发展思路。尤其是随着九寨沟旅游业的快速发展，整个阿坝州旅游文化产业获得了质的提升。2006 年 5 月，九寨沟演艺产业群被文化部命名为第二批国家文化产业示范基地。

---

❶ 张晶雪. 九寨沟演艺产业：宋城演艺如何搅动市场？［EB/OL］. 中国经济网，2015-08-24.

（1）文化与旅游相融互动

九寨沟演艺产业群是随着九寨沟旅游产业的兴旺而发展起来的。九寨沟演艺产业群始终坚持把社会效益放在第一位，做到了社会效益和经济效益两手抓，并积极推进演艺生产观念、经营观念、消费观念和管理观念等方面的创新，通过创新来促进艺术生产、繁荣演艺市场。

目前，九寨沟县演艺市场运行平稳，各演艺团体在遵守各项自律公约的基础上，经济效益十分看好。与此同时，演艺市场环境得到了进一步规范。此外，九寨沟县各演艺团体积极参与各级政府组织的各项社会公益性文化活动。

（2）着力市场管理优化产业环境

目前，九寨沟县演艺市场秩序较为规范，总体情况较好，但也存在着一些问题和困难，主要表现在演艺市场供大于求、利益分配机制不完善、演出门票价格不尽合理等方面。

为了规范市场，健全管理，整顿秩序，近年来，阿坝州先后重新修订《阿坝藏族羌族自治州旅游景区营业性演出管理办法》《阿坝州旅游景区营业性文艺表演团体级别评定细则》，并颁布实施。新修订的各项条例为九寨沟县演艺市场的进一步繁荣和可持续发展提供了有力的政策性保障，主要体现在严把演艺市场准入关、完善淘汰机制、建立合理的演出及经纪报酬机制、做大做强市场主体等几方面。

把文化嵌进旅游，走文化与旅游相结合的路子，建立适合市场需求并适宜当地文化旅游特点的多种形式文化产业类型，形成有区域特色和竞争优势的文化产业新格局，是"九寨沟演艺产业群"发展文化产业的战略选择和现实需要。这种做法值得借鉴，尤其是在充分利用重点景区游客集散优势，加强文化与旅游的结合，突出文化旅游业的"人文核心"作用，注重文化生态的保护与利用，实现文化资源配置效率的最大化等方面所取得的成功经验值得总结。❶

数据分析

演艺可分为三种形式，一是文艺演艺，目的是丰富和扩充人民群众的精神世界，鼓励和增强人民群众精神力量，满足人民群众精神需求；二是旅游演艺，属于旅游"六要素"之一的"娱"，是将旅游和演艺进行组合的新型产品，是把文化发展推向旅游市场的重要媒介，兼具旅游与文化的双重作用和魅力，主要借助

---

❶ 周志军．"九寨沟演艺"：文化+旅游炼成产业 ［EB/OL］．四川新闻网，2009-08-11．

于著名旅游景区景点，表现地域文化背景差异、注重体验性和参与度的形式丰富多样的主题商业表演活动；三是"演艺旅游"，主要是指充分发挥当地著名旅游演艺节目的文化影响力，从而来带动其发展的一种新型旅游业态，游客是"因演艺，而旅游"，演艺在旅游活动和旅游事项中占据主导地位。当前，全国旅游人数、演艺水平均已达到发展旅游演艺的基础条件。

大力弘扬和推进旅游演艺是满足游客日益增长的精神文化需求的客观需要。随着新生代游客的逐渐兴起，大众化、个性化、特色化旅游不断发展，休闲度假旅游趋势有所增强，高铁时代到来对旅游活动和旅游选择产生了深刻的变化，越来越多的游客不再仅仅局限于满足于旅游目的地的观光游览，对旅游的综合效用、体验效果、目的地的多业态发展同样提出了更高的要求，其中也包括对旅游演艺的巨大需求。

大力推进旅游演艺是旅游产业转型升级的客观需要。要真正推动和扩大旅游转型升级，改变依靠"门票经济"的传统发展老路是其中一项重要的战略任务，促进旅游收入由门票为主向综合收入为主转型，把增加旅游收入的重点切实转到休闲、购物和娱乐等要素的激活和经营上来。只有做大做强"娱"要素产业，丰富旅游产品，扩大产业体系，提升旅游产业的水准和层次，积极推进旅游演艺的发展，使旅游演艺成为旅游经济的重要增长点。

大力推进旅游演艺发展是旅游与文化相融合的客观需要。大力弘扬和发展旅游演艺，能够让经典记忆再现、让历史情景复活、让传统文化时尚可亲，传承优秀的文化基因，普及历史文化知识。同时，一项具有浓厚文化气息和古韵气息的旅游演艺节目，也增强了旅游业整体的吸引力、感染力、影响力和竞争力。

探析云南特色文化产业发展

引言

提到云南人们的联想会有很多，优美的景色、丰富的民俗、悠久的历史以及精美的旅游演出。云南的特色文化产业发展如何呢？

云南的一线调研和思考：特色文化产业融入"一带一路"

近年来，云南依托优越的自然条件、丰富的民族文化资源和深厚的历史文化积淀，探索了一条独具云南特色的文化发展之路。2014 年，云南制定印发了

《云南省民族民间工艺品产业发展规划（2014—2020 年）》，创造性地确立了"金、木、土、石、布"五位一体的云南民族民间工艺品产业发展体系，在全国率先制定实施特色文化产业发展战略。

在国家提出"一带一路"战略的大背景下，拥有十几个跨境民族的云南，在特色文化产业发展上迎来了新的发展机遇。在建设面向南亚东南亚人文交流中心的道路上，尤其要抓牢特色文化产业发展的机会。

（1）自然文化资源如何以产业促发展？

为推动特色文化产业快速发展，去年以来，云南省开展了建水紫陶传家宝设计大赛、华宁陶拉坯邀请赛、云南省特色文化产业知名品牌评选等活动，得到了社会普遍关注，也拓展了文化市场。

现在，华宁釉陶、乌铜走银、剑川木雕、红木木艺、黑陶、彩陶等特色产业百花齐放、异彩纷呈，逐渐形成规模化、产业化发展趋势，带动了云南经济社会和旅游发展，特色文化产业成为地区脱贫富民的重要途径。

（2）民族特色文化如何走向市场？

云南民族众多，服饰千姿百态。如何让民族特色文化在市场中获得生机，云南各地进行了广泛探索。

"园角刺绣"产品融合了民间传统刺绣、剪纸艺术、傣族、阿昌族等少数民族工艺，以及缅甸、泰国等东南亚国家的刺绣技术和图案造型等多种艺术，精致美观，独具特色。"园角刺绣"也从 8000 元的成本发展到如今产值达 3000 多万元，带动了当地农村上万人致富。

赵晓红认为，"云南十大刺绣名村"的评选在一定意义上可以激发和带动刺绣村寨的积极性，被评上的刺绣名村寨又在一定程度上能起到示范、带头作用，这对整个刺绣产业的发展意义深远。刺绣作为一项全民族的工艺，有着广泛的社会基础，是一项能够带动农户走上致富道路的产业，在提高农村妇女社会地位的同时，发展当地的特色产业经济。

（3）如何以文化产业为载体实现对外交流？

在对外文化交流方面，精心策划、成功举办"感知中国·美丽云南"日内瓦系列宣传展示活动、第十三届亚洲艺术节、"感知中国·缅甸行"系列活动，精心打造具有云南特色、中国气派、国际水准的系列对外文化交流品牌，增进了与有关国家的文化交流和友谊。

在对外文化传播方面，在国外主流媒体打造一系列《美丽云南》新闻专刊，用对象国语言办好泰文《湄公河》、缅文《吉祥》、老挝文《占芭》杂志等系列外宣刊物，推动广播节目和电视频道在周边国家落地，依托节庆活动、报纸和书社等载体开展文化传播，取得了良好效果。

云南大学文化产业研究院院长李炎表示，通过西南方向的"一带一路"，从昆明延续下去沿线连接对接的都是关系密切的村、站、城市和大型城市。每一条线延伸过去，不仅是物资和经济之间互相的交融，而且更多的是文化和人文之间的交流，文化的多样性及沿线沿边之间的跨境民族所构成的文化纽带，可以形成未来众多服务性经济的发展。❶

数据分析

随着社会的发展，在综合国力的竞争和较量中，文化的价值和影响显得越来越明显。有鉴于此，国家提出要以文化产业转型升级为突破口，推动文化产业转变为国民经济支柱性产业，完全符合发展规律。从另一个角度看，文化产业一旦成为国民经济支柱产业，不仅能够促进国民经济的发展，也让文化自信有了根基。

那么，如何推动文化产业成为国民经济支柱型产业呢？要做好"精"字。

引方向，思想要精深。文化产业的繁荣发展，离不开市场和经营，需要追求经济效益和社会效益。但文化产业依托精神属性，文化产品重要的是满足人的文化需求和精神需求，必然要涉及如何坚守道德底线、恪守价值导向的问题。

打品牌，艺术要精湛。文化产业的内涵是艺术，艺术精湛才能打造文化品牌，形成文化产品，促进文化产业兴盛。艺术精湛从"特色"来看，要弘扬地域文化"特色"之优。深入挖掘和共享地域文化特色，是打造文化产业的重要优势，充分挖掘当地的历史文化、民俗文化、饮食文化，以及具有地域特色的语言艺术、文学艺术、建筑艺术等地域文化亮点，将自然资源与现代文明相交汇，打造出具有浓郁地方特色、地方风情的文化品牌，此时就会凸显文化产业的"特色"优势。要善于扬己之长、侧己之重，凸显特色，扬优成势。

拓市场，融合要精良。文化产业是彰显效应非常显著的产业门类，通过与其他产业门类的交汇融合，推动整个国民经济的合理转型升级，并进而带动自身发展，这必然是文化产业下一个发展阶段的主方向和主旋律。以"文化"理念统

---

❶ 陈恒. 云南的一线调研和思考：特色文化产业融入"一带一路" [EB/OL]. 光明网，2015-08-20.

筹谋划发展文化产业，已成为共识。拓展和谋划发展文化产业，要以"文化"理念来统筹，并在推动改革和创新上下功夫。从市场主体来看，文化产业不仅与科技融合，而且与旅游嫁接，还与金融有所关联，尤其"双引擎"之下，文化产业的发展面临新挑战、新机遇。深化文化企业改革，鼓励民营文化企业发展，创新管理服务机制，用改革创新激发活力。同时，要落实政策措施，加强要素保障，大力营造推动文化产业发展的氛围。

文化产业是传统文化和现代技术的深度融合，是民族文化和国际文化的深度交流，这样发展起来的文化产业才真正有生机活力，建立真正有生命力基础上的文化产业，才会有新兴潜力优势，让新业态融合并相互促进，文化产业的更大优势才表现得更加明显。

文交所——艺术品发展的平台

引言

近年来，我国文化产业繁荣发展，文化产权交易也日趋活跃，正成为推动我国文化产业发展的重要因素之一。

探索多层面发挥文交所交易平台功能之路❶

文化产权交易所简称文交所，是从事文化产权交易及相关投融资服务工作，促进文化产业要素跨行业、跨地域、跨所有制流动，推动文化产权交易、企业改制、资产重组、融资并购、创意成果转化，促进文化与资本、文化与市场、文化与科技的紧密对接的综合服务平台。随着我国文化产业的发展，文交所或将成为中国文化产业链中不可或缺的重要一环。

事实上，文交所的最重要功能就是交易平台功能。只有定好位，才能鼓励广大文化企业在一切可能的方向上创新，激发文化市场的生机与活力。

从定位上看，文交所不应该扮演交易主体的角色，而应该扮演把关人的角色。只有这样，才可能做到公平、公正、公开。事实上，文交所交易模式的创新应该以是否降低了交易费用作为基本的判断标准。

---

❶ 马健．探索多层面发挥文交所交易平台功能之路［EB/OL］．中国经济网，2015-07-17.

从功能上看，文交所同时担负着（拍卖行不具备的）艺术发现功能和（画廊不具备的）价格发现功能。这是打破目前中国艺术品市场结构性困境的重要力量。

从角色上看，文交所是我国多层次文化资本市场建设的重要内容，扮演着文化企业股权交易平台的重要角色。在交易制度方面，推出文交所的做市商制度。在后续发展方面，打通挂牌企业的"转板"之路。

从政策上看，目前的文交所数量太多，而且缺乏能够有效满足市场需求的常规交易项目和创新性交易模式。为了更好地发挥文交所的交易平台功能，政府主管部门应该实施"可进可退"的准入政策：引入竞争机制和淘汰机制，一方面，关闭和停办一批声誉不佳、思路模糊、交易量小、创新性差的文交所；另一方面，鼓励和支持拥有新思路和新模式的机构并购现有的文交所，同时保护和扶持文交所具有原创性和可行性的交易模式，避免一有创新就被其他文交所简单模仿和盲目跟风的恶性竞争状况。

联盟化和专业化是文交所未来发展方向

2007 年深圳、上海和北京三地提出构建国家级的"文化产权交易所"，2009 年国务院核批上海、深圳两块牌照，2010 年年初，国家 9 大部委签发《关于金融支持文化产业振兴和发展繁荣的指导意见》，确立了文化产权交易所的产业地位和法律地位，自此文交所在全国遍地开花，霎时间文交所风头无两，但这一发展态势却未能持久，全国文交所扎堆成立不久就暴露出各种各样的问题，2015 年文交所是否能重新步入正轨，理性发展，回归后的文交所将面临什么样的挑战和机遇呢？文交所的出路又在何方？

①文交所在文化资源的产权化和证券化的发展中存在风险。中央财经大学文化经济研究院院长魏鹏举教授指出，未来文交所发展面临的挑战之一就是我们在文化产权、文化资源的产权化和证券化的发展过程中存在着各种各样的风险，一是存在制度和法律风险，二是存在价值评估的风险，三是存在社会和市场认知的风险。

②过多过滥是文交所发展面临的大问题。魏鹏举表示，文交所发展过程中存在的一大问题就是现在文交所总量太多，但却未形成一个规模化的平台。

③联盟化和专业化是文交所未来的发展方向。魏鹏举指出，一方面，文交所应向联盟化的方向发展，目前全国的文交所急需通过联盟的方式建立共同的文化产权交易平台和市场，大家应抱团取暖，谋求共同发展；另一方面，文交所需要

向专业化的方向发展。通过兼并重组和市场化的方式整合文交所，去粗取精，最后只保留若干个有代表性有特色的文交所。

④差异化是文交所发展面临的机遇。最近国务院出台了推进文化创意设计服务与相关产业融合发展的指导意见。这一指导性方针对于知识产权的保护、小微文创企业的发展和文化创意价值的认识都有着非常积极的作用，它对于整个产业的辐射带动将有积极的促进作用。

⑤文化产权交易所应将重点放在知识产权开发领域。对于文交所介入文化产权领域需要注意的问题，魏鹏举表示，第一，必须有足够的政策意识和法律意识；第二，要有足够的创新意识。

有鉴于此，魏鹏举建议，文化产权交易所可将重点放在知识产权开发这一领域。他表示，知识产权开发领域还有很多可以做的事情，目前大量的文化创意类知识产权的价值还未被充分的发现，而且这类知识产权的价值也还没有真正的通过与资本对接去实现。

魏鹏举介绍，在传统发展模式中大家都不注重知识产权，所以在自我发展的过程中也产生了一些困惑，目前许多非物质文化遗产项目都存在产权的意识上的苦恼。❶

数据分析

时至今日，文化产权交易所（以下简称"文交所"）发展过程中存在的问题已完整地呈现在世人面前：文交所如何生存？下一步该如何发展？面对这样一个现实问题，我们还是要从文交所的现实环境与其存在的本质谈起。

对于文交所来讲，当下最重要的是生存，其次是定位，最后是如何发展，但最根本的核心是如何立足文交所本质有所创新，这是文交所发展的战略问题。在文交所的社会定位与职能还未确立的前提下，探索还将经历一个较长的过程，再加上文化艺术资源特性的影响，创新的重要性在这一过程就体现出来。

也就是说，在文交所的常态化业务还不太稳定的情况下，我们更多的是鼓励其有所创新，并进行新的探索，特别是那些没有通过治理整顿的文交所，转型是其唯一的选择，而转型的核心是创新发展模式。以下两点是其基本方向：一是与通过治理整顿的文交所进行有机整合与融合；二是进行合理转型，成为交易中心

❶ 魏鹏举．联盟化和专业化是文交所未来发展方向［EB/OL］．中国文物网，2014-02-13.

或其他平台形式，创新产品形式，开展相应业务。

解决文化艺术资源与金融的整合、对接问题是文交所最基础的业务形态，核心是推动文化艺术资源的资产化、金融化进程。虽然文交所已成为一个专属名词，但在目前条件下，重要的不是如何解读这一概念，而是如何利用平台优势，用创新的力量来整合资源，完成文化艺术资源资产化、金融化的过程，从而推动文化艺术产业的发展。

文化产业有两个方面可以落实并大有作为：一是以版权为中心的创意产业，二是艺术品产业。因此，利用创新理念、创新思维打造具有公信力的平台，利用平台优势来整合和聚合资源，从而进一步完成资源资产化、金融化的进程，最终推动以版权为中心的创意产业与艺术品产业的发展。在这一过程中，无论是文交所还是交易中心，或者其他具有公信力的交易平台，都具有同等机会。共同的机会源于核心竞争力，而创新能力又是核心竞争力的关键。

由此来看，在目前阶段，未通过整顿的和已通过整顿的文交所，可以说是处在同一条起跑线上，关键在于其在法律框架下的业务与创新能力，发展重点在于创新与平台化的运作。只不过通过清理整顿的文交所占有先机与优势，而未通过清理整顿的文交所需要付出更多的努力。事实上，文化艺术资源资产化、金融化这种产权化的模式仅仅是一个通道，而不是一个优选的路径，但对于一个公信力尚未建立和发展起来的交易平台来说，当它承担全产业链的功能时，问题自然就会显现出来，因为这些问题都是一些难以依赖其自身的资源与优势来化解的问题。没有监管、无法建立起相应的公信力，仅仅依赖一个企业的市场行为来主导一个行业，难度与问题自然不言而喻，在这种情况下，文交所目前的发展也是一种不得已的选择。

随着文化艺术产业的不断进步、资产化环境的不断改善，文交所作为运营平台会不断创新发展，也一定会弥补产权化交易本身的一些制约与不足。在与金融体系对接、融合及资源资产化支撑体系的衔接支撑中，文交所会更加自如地融入文化艺术资源资产化、金融化的进程，而不至于在对现有的环境、体制、法规及支撑体系的妥协中纠结地前行。但这需要一个发展和转型的过程，文化艺术金融产业的发展需要经验的集聚与历练。

乡村旅游——让乡村文化走出田野

引言

　　乡村旅游是以旅游度假为宗旨，以村庄野外为空间，以人文无干扰、生态无破坏，以游居和野行为特色的村野旅游形式。以乡村文化为基础的乡村旅游业对推动乡村文化走出田野具有重要作用，近年来，越来越多的乡村开始把握机遇，迎来发展新气象。

宣城加快文化旅游产业发展，打造文化旅游产业八大工程

　　①敬亭山宛溪河诗山宛水品质提升工程。工程包括两个部分，一是敬亭山文化旅游度假区建设，度假区规划范围约 45 平方公里。按照"一心四区"布局，打造"天下诗山、国际慢城"，结合现代人们生态游憩、休闲养生、文化娱乐、旅游体验等方面的需求，完善敬亭山的旅游功能，提升敬亭山的文化品质。重点建设中华诗歌文化博览园、敬亭诗径、小谢慢城、茶香小镇、敬亭湿地，推进广教寺、敬亭山游客集散服务中心、敬亭山环山南北路、水阳江拦水坝等项目建设，力争用 3 年时间达到国家 5A 级景区标准，建成高品质文化旅游度假区。二是宛溪河历史文化带建设，规划范围约 167 公顷，通过统筹周边区域，形成"一河贯穿，山水文脉；两轴三片，一主三副；绿永商文，四带交织"的空间结构，强化城市历史文化视廊文脉和宛溪河绿脉的贯通。

　　②大桃花潭景区开发建设工程。依托桃花潭、查济两个国家 4A 级景区，及其周边丰富的自然和人文资源，整合打造大桃花潭景区。重点推进"两点一线（桃花潭—查济）、两路一桥（建设泾青公路、太平湖公路、新桃花潭大桥）、两岸一带（桃花潭东西两岸、青弋江水上风光带）"建设。在桃花潭核心景区推进环境改造提升、景点建设、夜景亮化等深度保护开发工程；加快推进桃花潭畔文化艺术中心二期项目；继续完善溪口—桃花潭—查济旅游路线环境提升工程；在查济核心景区加快实施古街（巷）道、游步道、车行道修复改造、古建筑修缮保护、步行街改造提升、各类管线地埋、饮水工程、农民新村工程及环境改造提升工程等。

　　③青龙湾生态旅游示范工程。依托青龙湾便捷的区位条件和优美的山水风光，围绕"徽韵山水、龙隐福地"的形象定位，以山水观光、文化展示为基础，以养生度假为核心，重点建设周塘游客中心、旅游码头等一批基础项目，加快景

区道路改造提升，启动建设鱼乐天地主题游乐岛、禅茶文化养生园两大主题岛，形成与市场配套的接待服务能力和特色休闲业态的聚集，创建 4A 级景区，争创国家生态旅游示范区，建设集文化体验、商务会议、户外运动、生态人居为一体的综合性养生度假旅游目的地。

④扬子鳄旅游开发工程。围绕"中国扬子鳄之乡"品牌，在原中国鳄鱼湖景区基础上，结合旅游六要素对景区进行全面改造，完善旅游功能配套，拉长旅游消费产业链。近期在原中国鳄鱼湖景区基础上，结合夏渡森林公园、欢乐王国、野生动物园等项目，扩大景区规模，提升景区品质，将中国鳄鱼湖打造成为国家 4A 级景区。

⑤文房四宝城市品牌提升工程。围绕"中国文房四宝之乡"品牌，依据《文房四宝之乡城市品牌提升三年（2013～2015 年）行动计划》，强化文房四宝相关元素整合和城市品牌包装，着力实施"十个一"（"一园、一基地、一中心、一剧、一节、一带、一馆、一雕塑群、一城、一频道"）项目，完成文房四宝产业园一期重点项目建设，建成中国宣纸传习基地，办好文房四宝文化旅游节，大力支持宣砚产品开发，打造宣城笔墨纸砚产业带，推动文房四宝及相关产业加快发展，不断提升文房四宝之乡知名度和美誉度。

⑥历史名人诗画开发工程。进一步挖掘历史名人诗画等文化资源，大力推动市级文化旅游项目建设，重点推进市博物馆（新馆）、中国文房四宝博物馆、市美术馆"三馆合一"建设工程，将"宣城历史名人馆"纳入其中；建设石涛纪念馆；改造提升广教寺双塔周边环境，建成遗址公园，全面提升城市文化内涵。

⑦古建筑古遗址保护利用工程。以古建筑、古遗址、古村落为载体，对市域范围内 19 处历史文化名城名镇名村、17 处全国重点文物保护单位、57 处省级文物保护单位、194 处县级文物保护单位等，在保护的前提下做到合理、永续利用，实施中心城市府衙街区改造工程、旌德徽文化交流体验基地和河沥溪小溪口古街区等项目建设，以展示皖南地区古代营造文化为主线，努力建设成主题鲜明、环境优美、产品丰富、综合效益好的生态型人文旅游目的地。

⑧美好乡村休闲养生旅游开发工程。以"美好乡村"为依托，以"休闲养生"为引领，以"纸上江南·水墨原乡"为核心理念，兼顾"当地居民"与"游客"双重需求，不断加大农村基础设施建设，大力发展乡村旅游，积极推进旅游业与相关产业融合发展，打造 15 个乡村旅游聚集区。❶

---

❶　文改办．宣城市谋划实施文化旅游提升八大工程［EB/OL］．中国宣城网，2013-06-10.

数据分析

　　乡村旅游不仅是人们旅游度假的一种空间选择，也是人们的一种审美活动和文化体验，其目的地主要是蕴藏着丰富历史文化遗产和文化资源，拥有秀丽的自然景色、独特的环境特征的乡村。所以，深入挖掘乡村文化资源，充分发挥乡村文化对乡村旅游的促进作用，让乡村文化走出田野，走进大众心中，对于提升乡村旅游的水平，丰富乡村旅游文化，实现乡村旅游的可持续发展，具有重要的指导意义和现实意义。

　　首先，认真规划乡村旅游，大力开发旅游产品，注重对乡土文化的挖掘和保护。乡村旅游在为旅游者提供高质量旅游产品和旅游服务的同时，也可以提高当地居民的生活水平。旅游部门有必要制定乡村旅游的总体发展规划，用来指导乡村旅游产品和旅游服务的可持续发展。乡村文化推动乡村旅游的发展，发展乡村旅游要求保护乡村文化资源，延续乡村历史文脉。应对具有乡土文化气息的传统作物、动物、饮食、服饰、工艺品、歌舞表演及农作方式等，进行深入挖掘，并加以保护和开发。旅游基础设施建设应符合当地的地域特色、风俗习惯、传统文脉，与周边环境协调统一，并贴合实际，体现传统和现代的结合。

　　其次，把握旅游特色乡镇、村的文化特征，塑造乡村文化品牌。乡村的文化风貌、文化风格是其文化精神的集中重要体现。如果能准确把握乡村文化的个性，就可以事半功倍地塑造乡村文化品牌。

　　再次，可多角度确立乡村旅游的文化体验主题，丰富"农家乐"的内容和形式。乡村旅游活动在本质上是一种深入的参与性、体验性、学习性的旅游方式。乡村文化的丰富性和多样性，也决定了乡村旅游可以为公众提供形式多样的文化体验。应拓宽"农家乐""田园风光"等乡村旅游项目的文化视角，让旅游者多角度、多方面、全方位地体验"农家乐趣"。例如，在少数民族聚居的地区，可增设少数民族婚俗表演、歌舞表演等；在山区，可开展"森林与动植物多样化"主题活动；在海岛和渔村，开展"当一天渔民"等体验活动。

　　最后，提高乡村居民的文明素质，提高乡村居民的文化水平，营造文明的旅游环境。乡村旅游目的地居民对待游客的态度，直接影响旅游者对目的地的感知和乡村旅游的体验值。发展乡村旅游，开发乡村旅游产品，发挥乡村文化对乡村旅游的促进作用，这本身也是加强乡村文明建设的过程。应倡导并弘扬乡村居民友好、热情、真诚、纯朴的民风，提高乡村居民的文明素质，提升文化水准和待人接物礼仪，改进乡村环境卫生条件、基础设施条件和旅游服务的质量，为旅游者提供文明、和谐、友善的旅游环境。

第五篇　文化消费

随着信息化在全球快速发展，人类已进入大数据时代。以谷歌、雅虎、Facebook 等为代表的国际互联网公司纷纷抓住这一机遇，充分利用大数据创造出巨大的商业生态和经济效益。在大数据时代，大数据产业必然能为文化消费提供一个新的发展机遇。

关于文化消费的含义，我国学者较多倾向于精神文化消费。如消费经济学的创始人尹世杰教授首次提出消费力分为物质消费力和精神消费力，并指出精神消费力是指消费者为了满足自己精神文化的需要而进行精神文化消费品消费的能力。米银俊等学者则认为，文化消费是指人们为了满足自身发展需求对文化资料的消费，其中发展需求包括对教育、文化、艺术、娱乐等的需求。但是随着经济、社会和文化的不断发展，大部分学者更倾向于广义层面上的文化消费。即文化消费是指人们为了满足自身的精神需求而进行的对精神文化产品和精神产品服务的消费行为。

根据人们消费的范围、形态和方法，可以把文化消费分成以下这些种类，见表 5-1。

表 5-1　文化消费的分类

消费范围	个人文化消费	消费者在个人家庭范围内进行的小范围的文化消费
	社会文化消费	消费者在个人家庭范围外，集中起来在特定的时间和地点进行的文化消费活动
消费形态	娱乐、消遣型文化消费	消费者进行的较低层次的文化消费
	智力型、发展型文化消费	消费者进行的较高层次的文化消费
消费方法	主动型文化消费	消费者直接、主动参与，并扮演一定角色的文化消费活动
	被动型文化消费	消费者只是作为欣赏者，被动接受文字、符号等作用于自己的感官，以消费文化产品的活动

　　国外文化消费的研究一般偏重于社会学领域，经济学角度的研究较少，而且较多地从文化消费的社会意义上进行深度挖掘，探讨文化消费在个人的社会关系中的地位和作用。在探讨文化消费的社会意义时，国外学者对文化消费的认识经历了一个否定、中性到肯定的过程。研究者最初认为，消费者只是文化观念的被动接受者。随着文化消费实践的增多，他们逐步认识到消费者在其中的主体性和主动性。而随着对文化消费内涵的进一步深化，他们进一步认识到，文化消费的过程是主客体互动的过程。

　　21 世纪以来，我国对包括文化消费在内的文化产业发展愈加重视。2000 年 10 月 11 日，党的十五届五中全会通过了《中共中央关于制定国民经济和社会发展的第十个五年计划的建议》，提出要"完善文化产业政策，加强文化市场建设和管理，推动有关文化产业发展"。这是党首次把"文化产业"和"文化产业政策"写入官方正式文件中。2000 年 12 月，国务院出台了《关于支持文化事业发展若干经济政策的通知》，较系统地规定了鼓励文化产业发展的金融、财政等各项政策。党的十六大进一步明确"完善文化产业政策，支持文化产业发展"的发展思路。2009 年 9 月，《文化产业振兴规划》提出了发展文化产业的八项重要任务，其中就包括扩大文化消费。十七届六中全会通过的《中共中央关于深化文化体制改革，推动社会主义文化大发展大繁荣若干重大问题的决定》中提出，扩大文化消费、增加文化消费总量、提高文化消费水平，更凸显了文化消费在文化产业政策中的重要地位。我国"十二五"文化规划强调要扩大文化消费、刺激消费需求，为文化产业持续快速发展注入新的活力。党的十八大提出要建设社会主义文化强国，提高我国文化软实力。要全面建成小康社会，实现中华民族伟大复兴，就必须推动社会主义文化大发展大繁荣。

　　2015 年 10 月 31 日，中国人民大学和文化部文化产业司联合主办的主题为"互联网+文化消费"的"文化中国：中国文化产业指数发布会暨拉动城乡居民文化消费试点项目阶段成果发布会"在京举行。

　　本次发布会发布了"中国省市文化产业发展指数（2015）"和"中国文化消费发展指数（2015）"。中国省（市）文化产业发展指数为第六次发布，中国文化消费指数为第三次发布，两大指数每年定在北京文博会期间发布，已经成为北京文博会的品牌活动之一。中国文化消费指数不仅描绘了我国北京、上海、重庆等省市文化消费的相关指数，还从总体情况、城乡差异、区域差异、消费结构、消费偏好和影响因素等方面系统揭示了我国文化消费的现状。

表 5-2　中国省市文化产业发展指数（2015）得分及排名情况

排名	综合指数		生产力指数		影响力指数		驱动力指数	
1	上海	81.44	山东	82.14	北京	88.23	北京	82.47
2	北京	81.41	江苏	81.29	上海	87.67	上海	82.30
3	江苏	79.76	广东	80.37	浙江	83.56	福建	80.85
4	浙江	79.54	浙江	77.82	广东	82.03	辽宁	80.70
5	广东	79.49	四川	76.45	江苏	81.72	青海	80.20
6	山东	78.12	河北	75.04	山东	80.27	贵州	78.48
7	福建	76.24	江西	74.99	福建	75.97	海南	78.11
8	四川	75.86	河南	74.82	四川	74.81	浙江	77.25
9	湖南	75.18	上海	74.34	湖南	74.44	吉林	77.11
10	河北	74.69	湖南	74.10	河北	74.20	湖南	76.99

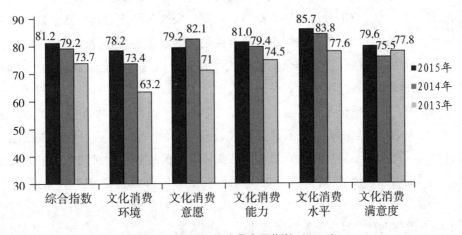

图 5-1　中国文化消费发展指数（2015）

　　从表 5-2 和图 5-1 可以看出，我国文化消费综合指数由 2013 年的 73.7 增至 2015 年的 81.2，平均增长率为 5%。文化消费环境、文化消费能力、文化消费水平指数等一级指标均呈上升趋势，且文化消费环境指数上升速度最快，平均增长率为 11.33%，文化消费意愿指数在经历了 2014 年的上涨后，有小幅回落，文化消费满意度指数在 2014 年有所下降后，出现了大幅提升。

　　从城乡差异来看，我国城镇居民和农村居民文化消费支出占可支配收入比重差异不大。但我国城镇居民在消费意愿上略高于农村居民，且由于城镇居民可支配收入高于农村居民，城镇居民文化消费水平明显高于农村居民，城镇居民文化消费依然在我国文化消费中占据主导地位。可见，随着可支配收入水平的提高，农村居民的文化消费能力不容忽视。

从区域差异来看，东部地区居民的文化消费意愿、水平均比中部和西部地区居民高。从消费结构来看，我国居民偏好的文化产品排名前十的分别是报纸杂志、游戏、文化器材、电视、设计、电影、图书、广播、艺术品收藏和娱乐活动。所以，报纸杂志、电视、图书等传统文化产品依然是居民主要偏好的文化产品，但游戏、设计、电影等新兴文化产品也逐渐得到消费者的认可，呈现明显的上升趋势，有巨大的发展潜力。从国内外产品消费偏好来看，在电影、动漫、游戏、演艺四类文化产品中，我国居民更喜欢国外电影和动漫产品，且喜欢国外电影和动漫的人数比喜欢国内同类产品的高出10%；而喜欢国内演艺产品的人数远高于喜欢国外同类产品的人数，超出比例近20%。

大数据的一个显著特征是由无数的次序混乱的数据组成的，大数据之所以"大"，是因为数据量巨大、类型繁多、价值密度低和处理速度快。其作用主要是通过数据开放、数据分析与核心价值再挖掘，来推动经济发展与社会创新。所以在当今这个大数据时代，我们应对所有搜集到的数据进行分析而不是只对个别样本进行分析，要接受纷繁复杂的数据而不是一味地追求数据的准确性。当前，集体消费在城市发展过程中给居民的个人生活方式带来了很大的影响。然而从另一方面来说，计算机、互联网技术的飞速发展和电子商务的不断推动，扩展出另外一个巨大的消费空间，即由云计算和大数据构建的"云空间"。以阿里巴巴为代表的互联网和电子商务企业则将人们从集体消费的趋势中拉回到个人电脑和手机上。据报道，2015天猫"双十一"全球狂欢节销售额达到912.17亿元人民币，其中无线交易额为626亿元，占比68.67%。我国文化产业正在从无数据时代走向有数据时代。从无数据到小数据，再到大数据，扩大了文化市场的资源配置空间，提高了政府对文化市场的管理能力。毋庸置疑，大数据以前所未有的速度和方式展现了其开放性、综合性和动态性，并推动文化、信息产业的重组和整合，推动文化进步并不断创新。由此看来，依靠大数据来进一步构建文化消费的空间，可以进一步增加文化消费的容量。但是，大数据时代绝不仅仅是信息技术领域的革新，更是通过大量数据收集、排列、分析与利用，最终推动政治、经济及文化的发展和变革。

在当前经济、社会、文化环境，以及大数据这个大的时代背景下，充分运用各种数据库、物联网等技术，进一步促进文化消费，提高群众的消费水平和消费能力，推动文化事业发展，是亟待解决的重要问题。

移动互联网助推文化消费新增长

引言

近年来，我国居民的物质生活水平不断提高，精神生活方面的消费需求也在不断增长。随着文化产业快速发展，文化消费市场已呈个性化、多元化趋势。新的文化消费形态不断出现，网络文化消费规模不断扩大，移动互联网成为文化消费增长新亮点。

"武汉智慧文化消费平台"正式上线

"武汉智慧文化消费平台"2日上午在武汉剧院正式上线，第四届武汉中华优秀戏曲文化艺术节新闻发布会同期举行。

"武汉智慧文化消费平台"是基于互联网模式与技术面向受众打造的集消费、演出、交易、技术、生产、运营、管理、预测、预警等为一体，标准化的互联网消费服务平台。

此次文化节运用"互联网+剧院"的合作模式，让大数据技术切实服务于中华传统文化艺术。在接下来的一个月，武汉的戏迷们将过足瘾，主打"京津沪汉"戏曲群英会，精彩演出轮番上阵，《西厢记》《谢瑶环》《甄嬛》《白蛇传》等地方戏曲代表作更是不容错过。

武汉市文化局局长何伟介绍，戏曲节将历时三个月，上演包括八大京剧、四大越剧、三大昆曲在内的近30场演出，并首次将武汉汉剧院"汉剧三部曲"搬上舞台。与前三届文化节不同，此次文化节首次借助"互联网+"平台，与"武汉智慧文化消费平台"实现跨平台的合作，通过这样的创新型转变，也希望戏曲文化进一步走近青年人，连接起戏曲和未来观众。

未来武汉智慧文化消费平台还将对文化产业的内容数据、生产行为数据、消费行为大数据进行分析，探索文化市场包括演出市场大数据的建设管理，并进行有效落地，引领"互联网+文化消费"，提升文化便民服务水平。❶

---

❶ 张隽，周雯. "武汉智慧文化消费平台"正式上线 ［EB/OL］. 人民网. 2016-03-03.

掌上文化消费能有多大市场？

"移动互联网+"给日常生活带来了丰富的变化，人们的文化消费活动也呈现出向以智能手机为代表的移动终端转移的态势，移动阅读、网络视频、网络音乐、网络游戏、旅行预订等文化消费方式正借助小小的"掌上物"演绎出日渐丰富多样的大气象。掌上文化消费有哪些"热点"？手机文化生活渐热的同时又存在哪些"痛点"？未来又将如何成为激活消费潜力的"增长点"？大数据将其一一揭秘。

（1）小小掌上物，大大消费群——数据

中国互联网信息中心（CNNIC）发布的第37次《中国互联网络发展状况统计报告》显示，截至2015年12月，中国网民规模达6.88亿人，全年共计新增网民3951万人。互联网普及率为50.3%，较2014年年底提升了2.4个百分点。中国手机网民规模达6.20亿人，较上年底增加6303万人。网民中使用手机上网人群占比由2014年的85.8%提升至90.1%。

"十二五"期间，我国宽带基础设施加速升级，已建成世界最大的4G网络，移动宽带网络覆盖和用户规模跃居世界第一。

在我国移动互联网迅速积累起的庞大用户规模基础上，移动端文化消费的群体也在持续扩大。《中国互联网络发展状况统计报告》显示，截至2015年12月，我国网络文学用户规模达到2.97亿，其中手机网络文学用户规模为2.59亿，较2014年年底增加了3283万，占手机网民的41.8%；网络视频用户规模达5.04亿，其中手机视频用户规模为4.05亿，与2014年年底相比增长了9228万，增长率为29.5%；手机网络视频使用率为65.4%，相比2014年年底增长9.2个百分点。

另外，基于移动端的网络游戏、网络音乐等也成为我国移动互联网用户热衷的文化消费方式。截至2015年12月，网民中网络游戏用户规模达到3.91亿，其中手机网络游戏用户规模为2.79亿，较2014年年底增长了3105万，占手机网民的45.1%；网络音乐用户规模达到5.01亿，其中手机网络音乐用户规模达到4.16亿，较2014年年底增加了4997万，占手机网民的67.2%。

国家旅游局数据显示，2015年中国国内旅游、出境旅游人次和国内旅游消费、境外旅游消费均列世界第一。我国居民旅游需求的增加也促进了手机旅行预订的走热。截至2015年12月，手机预订机票、酒店、火车票或旅游度假产品的

网民规模达到 2.10 亿人，较 2014 年 12 月底增长 7569 万人，增长率为 56.4%；我国网民使用手机在线旅行预订的比例由 24.1% 提升至 33.9%。

值得注意的是，用户数量的持续大幅攀升也带动了移动端文化消费市场规模的快速扩大。由北京开卷信息公司发布的《2015 年中国图书零售市场报告》显示，2015 年我国移动阅读市场规模达 108 亿元，同比增长 22%，移动互联网应用中阅读领域渗透率高达 60%。另据《易观分析：中国移动阅读市场趋势预测 2014—2017》称，2016 年移动阅读活跃用户规模将接近 6.9 亿人，2017 年移动阅读市场整体收入规模将突破 150 亿元。

除移动阅读之外，手机网络游戏等文化消费的市场规模也实现新的突破。据中国移动游戏企业家联盟联合相关调研机构发布的《2015 移动游戏产业白皮书》数据显示，全球移动游戏市场 2015 年产值达到 300 亿美元。其中，中国移动游戏产业收入达到了 65 亿美元，美国为 60 亿美元，中国首次超越美国成为全球最大手游市场。

（2）付费渐成习惯 收入日趋多元——案例

在北京一家银行工作的年轻白领周先生是移动阅读的忠实粉丝，每天上下班的路上、就餐期间及晚上睡觉前，他经常会打开手机上的客户端来阅读他喜爱的小说，"遇到喜欢的小说，我会充值购买 VIP 章节的阅读服务"。他表示，因偏爱用手机阅读，自己平时阅读纸质书籍的时间很少。

一本书、一部电影，无须走进书店和影院，只需一部小小的手机就能完成对它的消费和观看。事实上，目前我国手机网络文学与手机网络游戏均以用户付费为主要收入来源，并已形成一条日趋成熟的产业链，实现了文学、游戏、动漫、影视等娱乐产业的交叉融合，不断在原有内容上创造更多价值。

而对于手机网络视频来说，广告营收是其主要的收入来源，并成为市场规模不断增长的核心动力。"近年来，我国手机网络视频用户基数稳步增长，尽管广告仍然是视频网站的主要收入来源，但未来付费模式将会快速增长。"中国网络视听节目服务协会常务副秘书长周结指出。

《2015 年中国网络视听发展研究报告》显示，手机视频用户规模在过去的 3 年内保持增长趋势，76.7% 的视频用户选择用手机观看网络视频，手机已经成为网络视频的第一终端。该报告认为，随着国家相关管理部门对盗版打击力度不断加大，中国影视市场日趋繁荣，IP 持续走热……诸多因素会共同促进用户付费习惯的养成，推动付费模式走向成熟。

以往，手机网络音乐用户长期以来形成了免费使用的习惯，使付费模式在较长一段时间内难以推进。近年来，让用户根据音质分级付费逐渐成为业内企业较为认可的模式，用户付费开始成为一种行业趋势。"付费听音乐将是我国知识产权发展的大势所趋，而手机网络将其变成了一种可能。而且付费模式也将逐渐细化，听一首完整的歌还是只听几句歌词，其付费标准是不一样的。"一位业内人士向记者透露。

"目前移动端文化消费的收入模式总体架构已经成形，正处在不断完善之中。"北京大学文化产业研究院副院长陈少峰表示，手机网络游戏、手机网络文学都已通过会员制实现了收费，超越了原来纯粹靠广告收入的模式。手机网络视频除了付费收入和广告收入之外，还在内容制作等方面进行了有益尝试。他建议，未来要重视改编权、会员制、广告等模式，进一步实现收入结构多元化，同时降低规模成本。

中央财经大学文化经济研究院院长魏鹏举指出，移动端文化消费的多元化收入模式正在逐步形成，对于广告模式、会员付费模式等都已进行了有效探索，但未来移动端文化消费的收入模式应该更多地依靠会员付费模式，而非广告模式，因为手机等移动端的指向性和对应性优势更为突出。

（3）内容"快餐化"呼唤供给侧改革——趋势

携程旅行网数据显示，2015年跟团游、自由行、出境游、签证等度假产品的手机App订单占比超过50%，手机取代计算机、电话成为当前最主要的预订渠道。专家预测，2016年移动旅游消费的趋势会延续，特别是二、三线市场会呈现爆发式增长，手机端"行中购买""行中服务"将成为新的趋势和热点，同时也是在线旅游企业角逐的焦点。

"目前移动互联网已成为一个大的'品牌'，传统文化产业的业态也发生了很大变化，以移动互联网为平台的文化消费逐渐成了一种主流消费。"陈少峰表示，很多人会在休闲时间利用手机等移动终端进行文化消费，移动终端甚至已成为文化消费及营销的主要平台之一。

陈少峰认为，移动端的文化消费产品比较丰富，但是移动文化消费内容相对"快餐化"，部分内容质量不高，缺乏积累和沉淀，缺乏有持久力、有分量的精品。

一个值得关注的问题是，"80后""90后"群体"触网"正加速普及。数据显示，我国20岁以下的网民规模占比达25.6%，并继续向低龄群体渗透。这也使得许多网络文化产品制作愿意投年轻人所好，以更加适合年轻人的口味。如何培养多层次年龄群体的手机文化消费习惯，开发更多适合他们的文化产品成为网络内容生产者的重要课题。

目前，移动端的文化消费正逐渐成为整个文化消费的重要方式，也成为刺激中国文化消费潜力有效释放的新增长点。但移动端文化消费的内容管理方面仍然存在较大缺陷：一是版权问题，尤其手机网络小说、手机网络音乐还存在不同程度的侵权问题；二是违法、灰色内容的传播依然存在，尤其是在手机网络视频领域，相关内容的监管依然存在空白。

面对移动端文化消费存在的诸多"痛点"，魏鹏举表示，要加大移动端文化消费供给侧改革，目前我国移动端文化内容供给方面仍然比较散乱，内容品质良莠不齐。要通过进一步整合，增加优质内容供给，实现有效管理。同时，各级政府在出台文化消费激励政策时，要重点考虑如何更好地激活移动端的文化消费。

陈少峰认为，规范移动端文化消费，既要加强引导与激励，让移动互联网上的创作活跃起来，产出更多有价值的精品内容；又要加强监管，对于一些过于低俗、暴力的内容，政府要出台监管标准，予以监管。同时行业协会也要加强行业自律，共同营造移动端文化消费的良好"生态"。

掌上的文化消费越来越多样，文化生活愈加丰富多彩。在魏鹏举看来，未来以手机为代表的移动端文化消费市场会日趋活跃，并呈现出四大趋势：一是移动端本身的大屏化、多空间化会带动移动端文化消费规模的几何式增长，文化内容的传播会越来越趋于无线化；二是移动端文化消费会变得更加多样化和互动化，比如由于方便、互动性强、个性化内容多等优势，现在很多人都愿意通过移动端来观看 NBA 转播；三是移动端文化消费内容创造的互动效果会越来越明显，用户提供内容的趋势将更为突出，消费者在内容分享、补充、延伸上的参与力度会越来越大；四是移动端文化消费相关领域会成为资本投资的热点。❶

数据分析

随着移动电子商务、移动阅读、网络视频、网络音乐、网络游戏、旅行预订、在线教育、网络零售等文化消费方式的涌现，助推了文化消费快速增长。然而，在文化消费数量猛增的同时，更应当注重提高文化消费的质量。

---

❶　刘坤．掌上文化消费能有多大市场？［EB/OL］．光明网．2016-03-03.

（1）优质内容是王道

由于目前网络内容的传播没有规范化的审核，网络传播的渠道纷繁复杂，准入机制模糊，致使网络内容资源良莠不齐。在移动端上，有着各种移动软件，但说到好的游戏软件，名声大的并不多。在影视资源方面，好的影视剧也就那么几部，屈指可数。由此可见，我国真正优质的文化精品是十分缺少的。

因此，文化消费需求应当靠供给创新来发掘，通过个性化的内容来培养用户黏性。手机上的各种软件、文学作品、音乐作品、影视作品及网络上的各种页面除了要给用户提供舒适的观赏界面以外，最重要的还是提供优质的文化内容。

（2）以付费模式保护版权

目前，我国的网络收费之路发展比较缓慢，大多数网络视频、网络音乐、网络文学仍是免费的，网络资源同质化现象十分严重，各个领域盗版的现象有增无减，而付费模式能够在一定程度上改善这一状况。

一方面，网络付费模式将成为网络软件开发者、网络内容创作者及网络资源提供者主要的收入来源，激发文化生产者的创造力；另一方面，付费模式能够有效地保护原创者的知识劳动成果。在免费时代，网络文化产品消费者或用户在一定程度上是盗版的"帮凶"，传阅盗版作品是常有的事，而付费方式，促使文化产品不再是"免费的午餐"，盗版问题从而得到很好的解决。

当历史碰撞时尚：故宫文创产品受网友热捧

引言

近日，故宫博物院推出的以朝珠耳机为代表的文化创意产品再次受到了网友热捧，类似设计还包括写有"朕就是这样汉子"折扇、顶戴花翎官帽防晒伞等，据统计，目前包含故宫研发的文化创意产品已有近 6000 件。

故宫文创产品受网友热捧设计师"脑洞大开"

雍容华贵的朝珠遇上现代的电子耳机，你会不会也折服于设计师"脑洞大开"的设计？

（1）故宫微信公众号实时与网友互动

自前晚一个拥有数百万微博粉丝的账号贴出了朝珠耳机照片后，这一结合了古典与现代且穿越气息十足的故宫元素产品一夜爆红。有人调侃说"会有人愿意戴着听歌吗?"也有人直接表示"给我来一条!"

这款戴上能让人"感觉像在批奏折"的耳机,目前正在故宫淘宝官方旗舰店以120元一条的价格接受预订,长44.5厘米,材质为仿蜜蜡。

据故宫淘宝相关页面介绍,朝珠是清代朝服上佩戴的珠串,形状与和尚胸前挂的念珠相似,是地位和身份的标志之一。朝珠耳机的创意则是将这一清代宫廷特有的物品与现代时尚产品相结合,意在体现复古、时尚、实用的特点。

而除了这一朝珠手串,该店中还销售有图案为顶戴花翎官帽的遮阳伞、印有雍正帝"朕就是这样汉子"字迹的折扇、以尚方宝剑为外形的中性笔等产品,以及"奉旨出差"牌等趣味商品。

据故宫相关工作人员介绍,"故宫淘宝"是北京故宫文化服务中心开设的官方销售网店,其销售的产品与故宫内外的"故宫商店"基本一致,价格也是统一定价,意在以电子商务的形式传播故宫文化。

此外,该中心还辟有微博和微信公众号,以"本公"的语气实时与网友互动,在朝珠耳机火爆时,其微信公众号专门以"你们考虑过人家的感受嘛"为题推送一则帖子,将网友的吐槽、调侃帖整理后一一"卖萌"回复,经过卖萌、娇羞后最终归结为"你们高兴就好",一天内阅读量便超过了1万次。

就此,有网友点评说,故宫为了设计、推销自家的文化创意产品,"真是蛮拼的"。

(2) 通过文创产品对接文物与现代审美

其实早在2008年12月,故宫淘宝就已正式上线,目前在其店铺销售的以故宫元素设计的各类文化产品已有约200件。而"故宫淘宝"微信公众号也是随着微信成为普遍交流工具后推出,意在通过新媒体让故宫文化"活起来"。如何让故宫文化与现代公众顺畅对话,是故宫近年来一直在探索的问题,并希望能通过文化创意,让文物遗存与当代人的生活、审美、需求对接起来。

(3) 馆藏文物曾是时尚品

"可能在大多数公众心目中,故宫博物院的形象都是古典和严肃的。"近日,故宫博物院院长单霁翔曾介绍,事实上故宫馆藏中的许多文物,在历史上都是当时非常时尚的产品。

现在故宫推出的文化创意产品,也是以故宫的建筑、馆藏文物等作为元素进行创作,涵盖了高、中、低等不同档次,其中既有包含故宫元素的冰箱贴、瑞兽铅笔、木指纹锁家具、玩偶、琉璃和手机壳，也有根据故宫藏品元素研发的高仿书画、紫砂、陶瓷、丝绸等。

"既要有趣味性，也要有实用性。"单霁翔认为，观众从故宫带回家或从网上订购的文化产品，是对参观完故宫的延续和回忆，因此要确保品质。**❶**

（4）"卖萌"让故宫离百姓更近

故宫过去是皇亲贵族生活和办公的地方，绝对是门禁森严，普通老百姓万万没有随意入内的机会。即便是到了现在，故宫成了旅游胜地，但是在绝大多数人的眼里，故宫依然代表着严肃、正统、古典的形象。而随着包含故宫元素的创意产品的推出，显然已大大颠覆了公众对故宫的固有印象。

故宫每年接待成百上千万国内外游客，这不假，但是对于绝大多数游客来说，或者是限于时间紧张，或者是碍于故宫内人员拥挤，参观的过程几乎都是走马观花，一掠而过，根本就无暇顾及故宫内所陈设文物的细节。而不管是朝珠式耳机还是官帽式防晒伞，都是把故宫里面的文物元素和现代科技产品相结合，可以让消费者在欣赏把玩的同时，观察到故宫文物的细节，比如朝珠一共有多少颗，顶戴花翎图案是据何设计的，等等。这显然要比走马观花式的参观更有利于游客了解故宫，了解我们的传统文化。

另一方面，不管是游客从故宫把这些纪念品带回家送给亲朋好友，还是没来过故宫的人从网上选购故宫产品留作纪念，其实都等于是让人们了解了故宫，这当然也是一件值得肯定的事情。**❷**

数据分析

从"养在深宫人未识"，到各方市场竞相追逐，面对数以万计的艺术瑰宝，博物馆开始思考一个问题：如何让它们真正走进普通人的日常生活？

文化创新，就是"推陈出新"，即打破传统，与现代融合。时代的发展使文创产品的概念不局限于小纪念品，而是文化和创意二者结合并享有知识产权的商品。文创不仅能让博物馆的静态馆藏变"活"，还能更有效地进行全民文化教育。过去相当长的一段时间，对于中国优秀传统文化的传播与传承，往往是高高在上、曲高和寡，而如今人们更注重生活情趣和艺术审美，如何将深宫里、案台

---

❶ 黄颖. 故宫卖朝珠耳机 网友呼"来一条"［N］. 新京报，2014-10-23.
❷ 苑广阔. "卖萌"让故宫离百姓更近［N］. 长沙晚报，2014-10-23.

上的文化变"活",是文化产业转型的关键要点。

要保证文化的源远流长,就要保持传统文化与现代文化之间不割裂。在发扬传统文化的基础上,多接地气、多搞创意,不但不会损害传统文化氛围和历史文明肌理,反而更能发生令人惊叹的结果。故宫博物院设计的一系列"脑洞大开"的产品,不仅是一次观念上的转变,更是文化传承方式的一种创新。

应该认识到,这仅仅是个开端。我国拥有富饶的文化资源,如何更好地深入生活、贴近时代、走进市场,需要更多的人才和智慧保障。如今,故宫的文化创意设计师们开发了如此别出心裁的产品,值得思考的是,如何让更多的设计师和社会公众进入到这场文化传播中来,让设计氛围和文创市场变得更加开放和多元。这无论是对文化创意产品的丰富,还是文化市场的繁荣,都大有裨益。

在创新和创意带动文化产业转型的同时,要注意一个关键问题,即防止文创产品和产业的单调化和庸俗化。文化产业转型,不是简单复制,而是思想观念上的变革。假如仅仅是把秦淮河畔纪念币,简单换上九寨沟的风景,只能称作文化工业而不是文化产业;"朕知道了"折扇,到了少林寺换成"老衲晓得了",也是十分肤浅的。

文化创新和创意是文化发展的生命力,是培育良好的文化环境和有秩序的文化市场的基础。只有充分"开脑洞",文化产业才能实现快速发展,文化的传播和传承才会"旧貌换新颜"。

开放文化创意的重要前提是保护知识产权。义无反顾地拥抱现代、走进市场,打开文创产品设计的思路,悠久的文化和历史才能变得更加生动和有趣。

实体书店"逆袭","宣战"网店

引言

放眼全国,在过去的 10 年中,超过五成的民营书店已经陆续倒闭。近日,一些实体书店突然逆袭。

书店"逆袭":经营的是书更是文化体验

放眼全国,在过去的 10 年中,超过五成的民营书店已经陆续倒闭。而国营书店的光景也没有更好一些,全国新华书店的门店数量连年大幅减少,大部分门店的经营面积也一缩再缩。

事实上，这股席卷书店行业的寒潮所波及的，并不单单是中国。根据英国书商协会日前公布的数据，英国独立书店数量自有记录以来，首次跌破 1000 家。美国的第二大连锁书店博德斯集团在 2011 年宣布破产，小书店更是成片凋敝。

为此，记者专访了三家实体书店，从不同的角度来探讨同一个问题：大浪淘沙的格局中，实体书店如何突围？

（1）鹿鸣书店多元主体，专业运营

鹿鸣书店是复旦大学校区的最后一家民营学术书店，从 1997 年开业至今，已经走过了 17 个年头。日前，鹿鸣书店在新址重新开张。复旦大学后勤服务发展有限公司为书店提供了室内和前院面积均达 200 平方米的开阔场地，还会负责一些市场推广、营销方面的业务，以及餐饮的卫生管理。至于图书业务的经营管理，则全部由书店团队负责，后勤公司不予干涉。

17 年来，鹿鸣书店一直专心经营人文社科学术书籍，在专业性方面有口皆碑，得到了众多师生的拥护。

新开张的鹿鸣书店里，书在黑铁书架上排得满满的，且每种只有一本，顾振涛希望以此来营造一种图书馆仓储式的风格，让读者感受到学术的气氛。"书其实只是背景，书店更主要是一个交流的空间。"店长顾振涛介绍说，书架底下都装有轨道，在需要时可以收拢，腾出空间来举办文化沙龙、学术讲座。书店预备邀请海内外一流的文史哲学者，每两周在鹿鸣书店举办一次讲座，真正开发书店的文化社交功能。

（2）钟书阁打造最美书店、人文景观

钟书阁在松江的泰晤士小镇上才开了不到一年的时间，已经在全国都小有名气。

钟书阁的外观是一栋英式小楼，带一个高高的穹顶，与周围泰晤士小镇的建筑风格相融。刚进门的顾客往往是会发出惊呼的：玻璃地板下面铺满了书，两边充当墙壁的木柜里装满了书，连楼梯的每一级阶梯缝隙里，也都被书塞得满满当当。书店总经理房峻介绍说，这样的设计是想营造一种浩瀚书海的感觉，让读者徜徉其中。

房峻认为，实体书店相比于网络书店的最大优势，在于其场地空间。因此，将空间环境尽量美化、优化，突显创意和特色，让书店真正成为一道独具魅力的人文景观，是钟书阁的战略。

在书店的盈利模式上，钟书阁也在进行新的尝试，试图从零售业的固定模式中摆脱出来，与服务业接轨。2013 年，书店利用其设计团队的优势，为企业和家庭提供书房整体订制服务，包括设计空间、开列书单、采购图书等。目前钟书阁这一块业务的收入已经超过了图书营收，将成为未来主要的业务拓展方向。

（3）枫林晚拓展文化周边服务

"枫林晚已经有 18 年历史了，"浙江枫林晚书店的老板朱升华这样回忆说，"开始的十年里，我的理想是做专业的学术连锁书店，在浙江只要是有大学的地方就有枫林晚。"然而，在一家家分店关闭的痛苦中，朱升华一直思考着，传统书店该如何存活。

他表示，传统书店的盈利模式必须要改变，应该从赚取图书差价的书商转换为文化的服务商。2009 年，枫林晚与阿里巴巴合作成立企业图书馆，阿里巴巴几万员工的借书、选书业务都外包给枫林晚负责。而目前枫林晚做得更大、更成熟的一块，是儿童培训。现如今已经拥有 6 个校区，5000 多名学生。接下来，他又在考虑将培训的学生资源与图书资源打通，在今年推出儿童绘本馆。

此外，在朱升华看来，传统书店突围的另一条出路，是掌握定价权。枫林晚正在尝试图书与服务打包销售及介入图书出版的方式。去年，枫林晚与中信出版社合作推出漫画书《睡不着》。今年，书店还将举办作者的绘画展。朱升华认为，书店掌握定价权的商品能有高的识别度，让人一看就知道：是在枫林晚买的。❶

数据分析

一方面，实体书店"无边落木萧萧下"；另一方面，电子图书"不尽长江滚滚来"，而后者正是造成前者的直接原因。当今世界，互联网络快速发展，快递堆积如山已成为大学校园、居民小区等场所特有的风景，也成为实体书店心中沉重的巨石。

电子设备的逐渐升级使得人们的阅读显得越来越简单和随意，淘宝上也只需轻点"立即购买"，纸质书籍将在 2~3 天之后送到你手中。电子商务的发展对实体书店无疑存在着无处不在的威胁，实体书店想在这场本就不公平的竞争中存活，要么具有鲜明的特色和创意，要么借助电子商务的东风，不仅销售纸质书籍，而且实现综合经营。

---

❶ 钱好．书店"逆袭"：经营的是书 更是文化体验［N］．文汇报，2014-03-29.

台湾诚品书店是综合经营的成功案例。图书销售本就利薄，在电子图书盛行的今天更不可能实现"薄利多销"。为了公司的发展，诚品书店别出心裁地将图书和百货混搭，使得顾客在阅读的同时，或购买一些本就需要的文具，或坐下来慢品一杯咖啡，享受书店带来的便利、快捷，同时回味生活的惬意。这种措施不仅提高了书店的客流量，还增加了盈利。

网上书店通常被批评为"冷冰冰""没有文化气息"，其实不尽然，其十分注重丰富和提高用户体验。用户不仅可以与书店进行便捷的在线交易、在线沟通和评价，还可以看到其他消费者真实的体验数据，以辅助自己进行决策。与此同时，网上书店通过收集和分析用户的数据信息，可以完整掌握消费者的偏好，从而对图书种类做出相应的调整，"投其所好"永远是盈利的武器。

当今社会，人们对于提高自己的文化品位还是十分重视的。实体书店可以由此出发，在保持原有书籍质量和书店功能的情况下，将书籍延伸到文化，做到有特色、有品位，如此优化购书环境和体验，定能吸引一大批向往风雅的用户。

论具特色，古旧书店当之无愧。其存放的书籍与一般书店不同，文史类居多，且古书、旧书、特价书一应俱全。在其他书店很难寻觅到的书籍，往往存放在古旧书店的一隅，专业和特色是古旧书店的生存之道。

实体书店"to be or not to be"，还是一个未知数，需要市场的检验。假以时日，或许我们会得到来自实体书店的惊喜。

唱吧麦颂用互联网思维经营 KTV 的分析

引言

吃饭、唱 K、刷夜是无数"70 后""80 后"热衷的聚会方式，然而这一方式如今正慢慢改变，KTV 行业开始进入洗牌阶段。顺应着移动互联网改变传统产业的浪潮，唱吧希望用互联网思维颠覆传统的 KTV 模式，由线上 KTV 扩展到线下实体业务。

唱吧倒逼：从手机 KTV 走向传统 KTV

唱吧要到线下去，开自己的 KTV。通过投资并购，建立一个唱吧旗下的 KTV 品牌，"铺天盖地"地开 KTV。唱吧 KTV 会跟传统的 KTV 有区别，基本开 mini 店，不开大店，每个店 20 来个房间，要便宜，不要过于高大上。

之前的O2O，是往线下引流，挣广告费；然后，是线上支付线下消费，完成闭环，连支付扣点也要挣；现在，唱吧是要自己提供线下服务，服务费也挣了。这个"闭环"算是完整。

唱吧开KTV是因为自己就有现成的用户。目前的线上也是KTV的体验，随时随地，但这些人同样也有到线下KTV去面对面的、感受体温的、交友的需要。唱吧可以通过手上的用户数据，包括地点、性别年龄、秉性（喜欢的歌曲或歌手类型）、关系链、活动时间等，来把用户在不同时间段、以不同的组合方式、往不同的KTV里引流。它有可能做到的是，保持每家店的高饱和度、高换房率，进而实现高利润率。

以上是线上到线下的环节，还有线下到线上的环节。

在KTV里唱歌时可以跟唱吧的客户端互动。你在北京的KTV里唱，我在大理拿着手机听，听完了打赏你一瓶虚拟的嘉士伯，这嘉士伯马上就被唱吧转成一瓶真的嘉士伯在北京的KTV里被送到你面前。同时嘉士伯这个品牌再付唱吧一笔广告费+销售分成。这个玩法，对现存的KTV，用得上"颠覆"二字。

逻辑上，唱吧有可能以此成为中国最大连锁KTV。传统KTV是个地域性品牌，有点像餐厅，真正的全国连锁很难做。做传统生意，要跨城市扩张，要大的广告投入。KTV很少有这个意识。互联网是品牌先行。先覆盖了上亿用户，扩张就有不断回血的保证。

唱吧对移动互联网的启示在于，这是一个过硬的升级版的O2O。你也可以想象一下，下一个依靠巨大的互联网用户和品牌入侵线下，重建规则，刷新玩法的是谁？❶

数据分析

未来几年，我国经济上行压力加大，发展形势不容乐观。一些高端娱乐场所纷纷倒闭关门，KTV占据了其中一大部分，钱柜等业界大佬都难以维持每个门店的盈利，其他品牌的KTV门店也在不断收缩。装修成本高、消费者忠诚度低等是致使KTV走向衰落的原因。

虽然公款消费减少很多，但对于很多年轻人来讲，KTV依然是进行情感交流和释放压力的最佳场所，是年轻群体的刚需。

---

❶ 佚名. 唱吧倒逼：从手机KTV走向传统KTV［EB/OL］. 科技讯，2014-05-26.

唱吧麦颂 KTV 与传统 KTV 的不同点主要体现在以下两点：

一方面，消费者在传统 KTV 中，只能享受到点歌、唱歌、酒水等服务，而在唱吧麦颂 KTV 里，消费者在享受原有服务的基础上，还可以利用 KTV 进行社交活动，比如消费者注册唱吧的账号并登录，可以浏览在同一时间在线或者曾在近几天内登录的其他消费者，查看他们的个人资料并申请添加好友；可以将自己的歌声录制下来并上传至唱吧或者分享到 QQ 空间、微信、微博等社交网站，接收网友的点赞和点评。唱吧麦颂 KTV 增加了线上形式的互动和交流，符合当今消费者的使用习惯。

另一方面，唱吧麦颂 KTV 不同于传统 KTV 的经营模式。后者主要采取连锁经营的模式，而前者则为"直营+加盟"模式。值得关注的是，众筹方法被运用到唱吧麦颂 KTV 的扩张和经营中。对此 KTV 行业有兴趣、有信心、有期望的投资者可以出资 5000~50000 元，参与到 KTV 股权众筹中。其优势在于，投资者既可以是股东，也可以成为门店的消费者和义务的宣传者，投资者多了，可能会带来更多的客户，形成品牌效应，从而提高 KTV 的盈利水平。

"互联网+旅游"迎来短租旅游新体验

引言

以往，人们选择旅游住宿的方式无非是住酒店，但是在互联网发达的今天，新兴的民宿短租也逐渐成为人们旅游住宿的新选择。

短租模式行业发展新趋势

短租市场虽备受追捧，但是风险却不容忽视。

（1）市场需求，模式兴起

短租市场的经营模式可以用一句话概括：为房东提供免费房源注册，租客也可以免费浏览短租房信息。一旦租客看中某套房源，就可以通过电话等方式向短租房网站申请预订房间，网站客服会为客户提前订好房间，客户到达目的地后，拎包即住。租房成功后，短租房网站一般会向房东收取一定的服务费用，这也是短租房网站的盈利模式之一。

（2）经验模式，推陈出新

目前行业内部已经形成了较为成熟的运营模式，Airbnb、微信租房平台——

V租房，还有自有房源模式，如车库咖啡创始人苏菂加入的YOU+、"蘑菇公寓"等。

模式简介

（1）轻模式——Airbnb

Airbnb是Air bed and breakfast的缩写，意为气垫床与早餐。Airbnb成立于2008年8月，总部设在美国加州旧金山市。用户可通过网络或手机应用程序发布、发掘和预订世界各地的独特房源，并完成在线预定程序。Airbnb用户和房源遍布192个国家近35000个城市，被时代周刊称为"住房中的eBay"。

Airbnb的特色在于，第一，Airbnb所提供的租赁房屋主要是私人住宅，这样相比宾馆更加便宜，而且有独特的体验；第二，所有的住宅由屋主们自己提供，网站非常注重信誉审查，包括用户注册、验证等手续；第三，Airbnb还提供直接的网上交易平台。

Airbnb的"轻模式"使其在2010年完成了7倍的增长，并被评定为2010年十大网站商业模式之一。

（2）微信租房平台——V租房

将移动互联网与传统房屋租赁中介相结合的另一个典型代表是"V租房"。它是一款基于微信公众平台的快捷租房工具，代表着房屋租赁行业在移动社交时代新的发展方向。

"V租房"的特色在于力求为租房者和房主都提高效率并避免骚扰。对于租房者来说，V租房这个平台可让租房者避免中介骚扰，他们在这个平台中是沟通发起者而不是被动打扰者，也节省了房客的筛选成本。由于V租房的便捷操作，已有数千经纪人和房东在使用V租房，V租房服务已覆盖了国内30余个主要城市，也覆盖了美国洛杉矶、旧金山等海外华人聚居城市。

（3）自有房源模式——YOU+

2014年11月27日，随着"雷军投资的小米公寓"的消息在互联网中流传开来，YOU+国际青年公寓仿佛在一夜之间广为众知。"让你租房更便宜，还有家的感觉""小米公寓"等标签被贴上YOU+。

YOU+的中文意思是"优家"，创办于2011年10月，是一个面向青年白领的新品牌公寓，该公寓45岁以上不租；结婚带孩子的不租；不爱交友的不租。经过两年多的发展，YOU+以上海、北京、广州、深圳等主要城市为中心，快速进行连锁扩张。

除了"三不租"一个特色之外，YOU+将门铃门禁设置在比较隐蔽和奇异的位置，让租户通过看网络帖子、设置门铃机关等方式，对整栋公寓采用严格的管理措施，确保住宿安全。看房方面，求租者需要先加微信关注、预约，才可以看房。物管费是 YOU+的收入来源，为租金的 10%，此外水电费等都按照商业性质收取。❶

数据分析

旅游住宿大致分为酒店和短租两种模式。古代的客栈是现代酒店的鼻祖，其在古时候的功能主要是为舟车劳顿的商人提供休息场所，经过数百年甚至千年的大浪淘沙，酒店业已成为一个十分成熟的行业。短租则是近几十年的新兴行业，它是随着房源的过剩和闲置，以及旅人的需求而产生的，属性上与酒店相同，两者可以说是"同父异母"的关系。随着"互联网+"的发展，短租行业逐渐渗透到多个领域中去，预订平台不断扩张自己的业务范围，誓与酒店业比高下。

短租房主要采取小微型 B2C、C2C 等运营模式，让消费者体会到更加灵活的选择、更加人性化的服务和更高的性价比。但与此同时，短租房是否合法成为令消费者担心的问题。由此可以看出，两者虽然目标人群都是游客，但针对的消费者层次群体不一样，有着各自的受众和发展空间。

随着酒店业的衰退，短租行业的发展空间和市场规模逐渐扩大。互联网时代，很多人的住宿需求不再局限于舒适，而是更加追求灵活、方便和性价比。酒店行业无法及时做出相应的调整，无法达到消费者的需求，只能眼睁睁地看着短租房抢走自己的生意。国家出台的"八项规定"等政策使国内高端酒店业受到巨大影响，不仅住宿收入下滑，连带餐饮收入和会议收入也大幅降低。在这样的背景下，传统酒店业要回归本质，不仅认真分析当代消费者的需求，调整自己的发展方向，还要从住宿、休闲、餐饮、度假等多层面努力，争取分得一杯羹。短租作为酒店的补充，应把握住新兴行业的发展空间和国家对于旅游行业的政策鼓励，前途或者无量。但同时，仍需关注短租房的管理、法律保障等问题，保证其朝着健康的方向发展。

---

❶ 中国技术创业协会天使投资联盟 . 短租模式行业发展新趋势［EB/OL］. 前瞻网，2015-03-12.

万达文化旅游业路在何方

引言

作为中国目前最有影响力的企业之一，万达集团的雄心与魄力非同一般，从 2006 年开始涉足文化产业，到现在已经涉及文化旅游项目、电影产业等领域。

万达凭什么挑战迪士尼？

万达集团董事长王健林此前曾在公开场合表示："就是要与迪士尼竞争。"他用 4 个字设定了万达旅游板块的战略目标："全球最大。"

人们不禁要问：万达凭什么挑战迪士尼？王健林是信口开河还是真有底气？他的底气从何而来？万达挑战能成功吗？

（1）谁能打败米老鼠和唐老鸭？

提起迪士尼，人们首先想到的是米老鼠、唐老鸭、白雪公主、灰姑娘、匹诺曹等伴随我们成长的童话卡通形象。如今，这些卡通形象不仅家喻户晓，而且正在不断演绎新的形象。可以说，靠着这些卡通形象，迪士尼建立起了全球最大娱乐帝国。

迪士尼除了整体攻占别国游乐市场、在国外兴建迪士尼乐园外，其创作的系列卡通形象，也以生动活泼、永不减色的形象魅力捷足先登。由这些迪士尼卡通片诉说出的世界儿童共通的卡通语言营造出一个不可估量的文化大市场——卡通读物、卡通玩具、纪念品以及带有卡通人物形象的服装、文具等，迪士尼从而成为卡通市场的霸主。

（2）王健林手中的"王牌"和"软实力"

众所周知，最近 3 年万达通过资本化运作，并购了十几家国内大型的旅行社，2015 年收入会突破百亿元。近期，万达又投资了同程旅游网。显然，万达已经形成了从创意、线下旅行社、线上渠道到旅游目的地这样一个综合性的旅游产业链，或许这将成为他手中"压箱底"的资本。

此外，王健林早就打造了他的秘密武器——万达文化旅游城（以下称"万达城"）。王健林对万达城有明确的配置要求"超大型室内游、顶级秀场、酒店群、商业中心、医院等"，满足不同年龄、不同类型人群的享乐需求。

目前万达城在全中国已有 10 个项目，其中长白山度假区、武汉中央文化区和西双版纳度假区正式营业，其余 7 个在建。或许很多人会质疑，有了万达城游客也不一定会来，那么王健林靠什么吸引游客前往？在王健林看来，在当今社会，各种文化创意元素已多元化发展，若要打造一系列足以一炮走红且能遮蔽迪士尼的创新卡通形象，显然难度较大，但他的"软实力"在于已经拥有了一支能够打造"从创意、线下旅行社、线上渠道到旅游目的地的完整的综合性旅游产业链"的团队。在创意方面，万达早在几年前就创立了"文化旅游规划院"，专门负责创意人才培养和扶持，目前在职的 300 名员工中有一半就是外籍人士，其中不乏作为背景奥运会开幕式舞美总设计师的马克·菲舍尔这样的世界级大师所带出的团队。❶

万达文化旅游"帝国"四问

在万达集团最新的战略描述中，文化旅游和地产、酒店、百货并列为万达四大核心业务单元。万达文化旅游仍有很多让人看不透的地方，总结下来共有四点。

(1) 解决客源问题一定要并购旅行社吗？

从目前国内的旅游产业链现状来看，解决万达旅游的客源问题至少可以有这么几个选择：与大型旅行社达成战略合作；与 OTA 建立合作；与各地 O2O 生活电商平台合作；收购优质旅行社，等等。解决客源问题的选择非常多，为什么非要大肆并购旅行社？

较为合理的解释是这样的：万达实际上是想通过快速的并购以"速成"的方式拼凑起一个大型旅游集团的架子，这个集团包含了旅游设施规划与建设、旅行社、豪华酒店和内容丰富的"秀场"，外加雄心勃勃的影视娱乐俨然就是一个新"帝国"的雏形。

然而，如此"大跃进"式的并购加上"大跃进"式的旅游物业规划建设还是让人难免疑惑："罗马"真的可以在一天内建成吗？

(2) 在线旅游业内还有哪些 OTA 会是万达旅业的"菜"？

莫跃明曾对媒体表示，会考虑收购合适的第三方旅游电商平台。问题来了：国内在线旅游行业适合被万达收购的 OTA 还剩几个？

---

❶ 孙永剑. 万达凭什么挑战迪士尼？[N]. 中华工商时报，2015-07-30.

已经上市的途牛基本可以排除，刚刚获得大额融资的同程也不太可能，携程和艺龙就更不可能了，那么剩下的就只有驴妈妈、悠哉等正在被边缘化的 OTA了。根据艾瑞咨询发布的 2014 年第一季度中国 OTA 市场份额分布，携程、艺龙、同程等位居七强之列，驴妈妈和悠哉等均被归入了"其他"当中。不入流就意味着无法为庞大的万达旅游"帝国"输送足够多的客流量。经历了几轮的巨头并购和行业内的"合纵连横"，国内在线旅游行业的格局已定，如今整个行业已是巨头的天下，而巨头最不缺的就是钱。

应该说，并购 OTA，万达晚了一步。

（3）文化旅游的文化在哪里？

"地产搭台，文化唱戏"，这应该就是万达文化旅游规划的基本思路。目前来看，万达是先投入巨资在全国各地大兴土木，建各种奇形怪状的万达文化旅游综合体，单个项目的投入动辄达上百亿，然后再想办法嫁接各种文化元素。业务构成上，"万达院线+'秀场'+主题乐园+建筑文化"似乎就是万达所谓的文化旅游的"文化"部分。如果说，在一栋别致的现代建筑里看一场舞台剧，看个电影，然后再坐一下过山车就算文化旅游了，那这个文化也太狭隘了。

对比迪士尼将成功的动漫作为根基和灵魂，反观万达，除了宏伟的场馆外，能够归入文化产业的实在太少，其在各地匆匆上马的"秀场"最终很可能仅仅是一场文化"秀"，真正能够沉淀下来的东西可能非常少。文化没有这么简单。

（4）旅游是地产的临时避风港还是最终目标？

一直都有人质疑万达在打着文化和旅游的旗号搞地产圈地牟利，但缺少实质性的证据。尽管党的十八届三中全会未将房地产调控列为重点，也没有再提出新的限制性调控政策，但从去年开始，唱衰房地产的声音逐渐占据上风，一些媒体传言某些地方政府悄悄放松了对房市的限制性政策。种种迹象表明，国内地产市场正在降温。巧合的是，万达文化旅游"帝国"吵得最凶的时候刚好是地产市场开始降温的节点，刚刚折戟 IPO 的万达院线据传要借壳上市，打的还是文化牌，讲的还是文化旅游的"故事"。

综上所述，万达做文化旅游真的是冲着旅游市场而去的吗？还是仅仅在为可能下行的地产业务寻找"避风港"？❶

---

❶　蓝色旷野. 万达文化旅游"帝国"四问［EB/OL］. 虎嗅网，2014-08-09.

数据分析

万达集团作为中国最大的商业地产集团之一，正在积极进行转型，向文化产业进军。

万达董事长王健林立志在未来 3~5 年之内，把万达集团从一个地产公司变成一个综合性的商业公司和文化产业发展公司。在 2015 年的"互联网+"峰会上，他表示，互联网已成为占据人们生活的主要角色，万达仅关注实业发展是远远不够的，"互联网+实业"的模式是互联网公司和实业公司都应考虑的一种融合模式，实现线上和线下的创新发展。"互联网+金融"模式亦是万达集团取得长久发展的重要保证。"互联网+金融"模式使得万达建设的金融集团与互联网融合，即把万达众多的现金流发挥金融服务的价值。

万达广场是万达集团的一个重要支柱产业，由 2~3 个主力商铺和 95% 的中小型商铺组成。在传统金融模式中，中小型商铺很难取得贷款，而万达建设的金融集团可以为这些中小型商铺提供信贷服务，从而提升这些店铺的租金，增加万达广场的收入。

万达集团还组建了旅游相关的公司，充分利用"互联网+"发展"互联网+旅游"。王健林董事长称，与线上订购、线下旅游的传统旅游网站不同，万达正在建设大型目的地，推出线上与线下相结合的模式，实现更加低廉的价格定位，预计明年会推出相关的产品。

"互联网+电影"是万达集团的另一个 O2O 产业，其万达院线已成为国内最大的电影票线上销售平台，此外万达还与多个电影制作公司达成了合作。

"互联网+"将互联网与多个传统行业相结合，不断开辟新的发展空间与发展模式。实业公司如脱离了这场没有硝烟的战争，势必不能实现长久的生存与成功。

让传统文化融入暑期档电视节目

引言

暑期期间，学生成为电视荧屏收视的"生力军"。每年的暑期档综艺，热闹的节目不少，但如何将传统文化融入其中值得思考。

暑期档成文化消费"最旺季"如何补短板

文化市场即将迎来一年一度的暑期档。伴随着青年人消费意愿、消费能力的不断提升，以年轻人为目标群体的文化暑期档也成为我国文化消费的"最旺季"。

事实上，文化消费一直是拉动宏观经济发展的重要动力，然而由于文化市场竞争格局转变、文化产品原创性不足、文化市场融资困难等诸多因素，我国城乡文化消费增长仍滞后于经济增长和居民收入增长。

（1）供求脱节文化消费需求难以释放

从产品数量看，我国目前已是名副其实的文化产品大国，年生产动画 20 多万分钟，电视剧 1.4 万~1.5 万集，电影 600~700 部。但遗憾的是，无论是相比国际发展规律还是国内人均收入水平，无论是相比产业成长速度还是持续扩大的消费需求，我国文化消费量总体上仍处于较低水平，存在明显的消费缺口。

文化消费发展迅速，但在国民经济比重中占比仍不大，深层次原因是什么？在中央财经大学文化经济研究院院长魏鹏举看来，文化消费市场规模发展增速滞后的一个重要原因，在于大量文化产品没能转化为有效需求。北京大学文化产业研究院副院长陈少峰则认为，当前我国文化产业领域的业态、商业模式和竞争格局发生急剧变化，面对互联网带来的机遇与挑战，不少传统文化企业尚未找到适合互联网特征的商业模式，影响了文化产品走向市场。

与以往模仿型、排浪式消费不同，如今消费已进入个性化、多样化新阶段，文化消费更是如此。一方面，文化消费的主要内容正在变化，博客控、手机控、微博控、微信控、电商购物狂等形成了新的消费态度和消费习惯，与传统的消费模式大相径庭；另一方面，文化消费的主力军也发生了代际转换，"80后""90后"开始成为文化消费的主要组成部分，他们消费的取向、趣味、审美已经很大程度上影响着市场格局。在中国人民大学文化创意产业研究所所长金元浦看来，文化市场在迎合年轻受众需求的同时，也应当重视其他群体的需求，进一步调整和升级文化产品供给结构，提供适销对路的文化产品，创造文化消费的精品。

（2）精品匮乏创造力，薄弱制约市场发展

尽管文化消费市场呈现一片红火，但陈少峰坦言，从内容和模式上看，国内生产的文化产品仍有不足。"文化消费市场弹性比较大，刚需部分比较弱，有些文化产品质量好且效益突出，多数质量不高、创造的效益也不大。比如许多欧美的动画电影大片一到国内就能带动几个亿甚至十几个亿元的总票房，反观国内的动画电影

可能不到三四千万元，全部上映的影片平均下来大概一两千万元。"陈少峰说。

业内人士普遍认为，由于原创能力不足、优秀创意少，文化市场既缺乏广泛认同的精品力作和拳头产品，也缺乏质优价廉的大众文化产品，不少文化产品在消费环节遭受冷遇，难以获得应有的市场价值。

（3）基础薄弱公共文化服务体系亟待完善

记者在采访中发现，许多地区推出的暑期文化活动都是公益性质的，包括博物馆参观、非遗授课、木偶剧院演出等。开展暑期文化活动的主要目的在于培养学生的兴趣，拓展文化视野，所以多数并没有直达消费层面。但从长远的角度来看，这实际上透露出一个积极信号，即通过一系列文化活动给予孩子潜移默化的影响，逐步培育未来的文化消费群体。

从提升文化消费层次的角度来看，魏鹏举认为关键在于大众要提高阅读能力、审美能力和文化素养。提升文化消费水平，短期来看是文化生产水平与商业模式提升的问题，长期来看是文化素质和消费能力提升的问题。提升文化消费水平的关键在于完善公共文化服务体系、普及文化艺术教育、提升公民的整体文化素质。

此外，在刺激文化消费上，魏鹏举认为可以通过互联网众筹的一些新兴模式加以进行结合，把分散的创造者和分散的需求者结合起来。此外，还可以发展普惠型金融，加大对小微文化企业的支持力度，使其发挥更多支持文化创新的功能。❶

数据分析

自从湖南卫视《我是歌手》《爸爸去哪儿》等节目的一夜爆红，一时间，以明星真人秀为主的娱乐节目在各大卫视争相上演。当前国内的电视娱乐节目无论在形式上，还是在内容上，都朝着单一化、平面化发展，简单来说，就是好像越来越不好看了。分析其原因，大概就是创新性不够、文化性不强，重复度太高。

娱乐节目的数量越来越多，观众对于其质量的要求也不自觉地愈发提高。如何在保持节目趣味性和知识性的同时，不断创新节目形式和内容，是制作组面临的一大难题。将娱乐性、趣味性元素与中国传统文化相结合，是解决问题的一个出口。节目社会价值的最终体现的是满足观众的内在精神需求。直白、肤浅的节

---

❶ 邱玥. 文化消费如何补齐短板［N］. 光明日报，2015-06-11.

目可能会有意无意地传播低俗文化和腐朽观念，其艺术生命和效益一定比不过有文化、有内涵又令人喜闻乐见的节目。

电视作为当今社会主要的传媒工具，传统文化的传承是其义不容辞的责任，尤其在当今浮躁的社会风气下，电视媒体应以身作则，在追求经济效益的同时，要兼顾挖掘和宣传中国传统文化，生产出高质量的文化产品，哺育人们精神食粮，帮助观众树立正确的人生观和价值观，达到陶冶情操的目的。

"粉丝经济"影片，得"粉丝"者得天下

引言

近年来，由人气偶像执导或出演，并以他们的粉丝群体为主要观众的"粉丝电影"大行其道。在一片争议声中，这些影片接连赚得了高票房。对这些许多青少年喜欢但争议较多的"粉丝电影"，国人不妨抛却成见，以宽容心态面对。"饮鸩止渴"与"良性共赢"往往也只是一线之隔。也许只有当"偶像+电影"这一商业模式真正开始良性运转的时候，对电影、偶像、粉丝才是幸事。

"票房灵药"还是"票房毒药"？

《小时代1》早在上映之时，就遭遇着口碑与票房两极分化的现象，观众一边吐槽一边疯狂地买票进影院，这似乎已经成为独特的市场奇观。有人批评称，《小时代3》迎合了一种奢靡的生活，剧情无厘头，像"长版MV"；而《后会无期》贩卖了一种"文青"情怀，主线单薄，像"汽车微电影"。在这些批评家看来，粉丝非理性的观影行为让这些电影火爆，整体拉低了中国电影的品质。

这不得不让人想起2011年一部名为《孤岛惊魂》的电影，营销人员抓住因穿越剧《宫》而一炮走红的杨幂大搞粉丝营销，以500万元的投入卷得9000万元的票房。同年，韩庚主演的《大武生》上映，首映当天，在一些影院门口竟然摆着粉丝自发送上的花篮。而此前，李宇春参演的《十月围城》，也出现了多地"玉米"组团看片现象。2014年春节期间，电影《爸爸去哪儿》单日票房一度逼近以上亿元成本打造的3D电影《西游记之大闹天宫》，引得国内电影界一片哗然。

粉丝营销既能够成为"票房灵药"，也能摇身一变为"票房毒药"。当偶像被过度消费，也会加速其人气的衰竭，最终被新人替代。从票房来看，像《小时代3》就存在上映首日之后票房迅速回落的情况。可见无论什么年代，能真正打动人

心并引领大众审美的，是编、导、演俱佳的电影，而不是偶像们的"花拳绣腿"。

我们需要引导培育理性的观影习惯。评论界之所以不少人对"粉丝电影"缺乏好评，原因就在于眼下不少"粉丝电影"仅仅停留在肤浅的表面，只靠消耗偶像原本的人气和魅力，很少考虑到用精致巧妙的情节讲好故事、用演员精湛出色的表演塑造好人物。被贴上"粉丝电影"的标签，主创团队自己也会觉得"很不体面"。

得知自己的电影《小时代》系列被冠上了"粉丝电影"的名头时，郭敬明否认道："如果你把希望寄托在粉丝身上，票房是不会好的。一部电影的观影量级是几千万人次，铁杆粉丝也就一两百万封顶了，粉丝只是第一批冲进电影院的人，中间还有很多人叫'观众'，我们的电影征服了这群人。"

而对于自己的新作《后会无期》是否也是一部"粉丝电影"，韩寒不置可否："是否是'粉丝电影'真的不重要，只要是好电影就行了，我也在努力朝这个方向奋斗。"

反观电影工业成熟的好莱坞，"粉丝电影"的概念也早已存在，只不过和我们对它的定义大相径庭。好莱坞的"粉丝电影"主要"追"的是电影类型、题材和角色，而非某个特定的名人，如《变形金刚》系列、《哈利·波特》系列等。在博纳影业总裁于冬看来，对于观众而言"手中的电影票即是选票"——观众培养着市场，市场也培育着观众，这是一个水涨船高的过程。不少业内人士也认识到，对于观众观影习惯的顺应、引导、改变，是影视从业者不可推卸的社会责任。❶

数据分析

粉丝电影，从其概念上思考，就是主要依靠粉丝取得票房和口碑的电影。狭义的粉丝指的是明星的粉丝，广义的还包括著作的粉丝等。近几年来，粉丝电影的产量非常高，一些"小鲜肉""小鲜女"或一些小说受到"90 后"甚至"00后"的极力追捧，这些粉丝不仅在精神上支持自己的偶像，更在物质上做出很多的帮助，如购买专辑、海报、电影票、周边产品、应援物品等。

早在 20 世纪的美国好莱坞，"粉丝电影"就开始投入生产，如《007》系列、《星球大战》系列等，这里"粉丝电影"的概念不局限于某个明星的粉丝，而是指影迷、剧迷、书迷等。当然，好莱坞电影也有相当一部分是围绕电影明星进行

---

❶ 钱力. "粉丝电影"还能走多远？[N]. 中国文化报，2014-07-31.

宣传和制作，粉丝效应成为整个电影宣传的核心部分。

电影界有"粉丝经济"，舞台剧也不例外，由小说《盗墓笔记》改编的话剧一经上演，便产生令人震惊的热度，粉丝效应与明星效应、经典效应相比，规模和力量丝毫不会逊色。

粉丝电影相比于一般的电影作品，可能不需要特别苛刻的艺术标准，只需保留原作品的大体内容和特点，包括人物关系、情节联系等，一旦偏离太多，粉丝们就不买账。粉丝电影与其说是艺术作品，不如说是一种文化产品。

体育赛事免费观看时代或将终结，付费习惯有待养成

引言

2015 年 5 月初的世纪之战让国内体育人士再次看到了付费电视的前景，但在国内，免费收看体育比赛已经成为一种习惯。那么，付费电视距离中国还有多远呢？

视频网站为体育直播权一掷千金付费看赛是趋势

现任 F1（一级方程式世界锦标赛）掌门人的伯尼有点春风得意，这次与他们合作的不再是央视或者地方卫视，而是乐视网。

新赛季英超比赛在北京时间 2015 年 8 月 16 日开打，PPTV 斥资 1100 万美元从新英体育手里拿下了网络直播和点播权。

近些年众多互联网公司加大了对体育赛事直播权的购买，观看赛事的渠道正从电视转向网络，收费预期也越来越强烈。

事实上，从某些赛事的直播数量来看，互联网渠道早已大大超过了传统渠道。一口气拿下 2013—2018 年六个赛季 NBA 转播权的百事通，现在每年直播 NBA 季前赛、明星赛、季后赛等场次超过 1230 场，将央视五套远远甩在了身后。

乐视体育公司 CEO 雷振剑说，在此之前，F1 从来没有授权给过新媒体。他们担心视频网站转播 F1 赛事画面清晰度不够、质量不高等问题。

但很快，他们被乐视拿出来的方案给打动了。除了提供 1080p 高清直播，乐视体育还实现了国际信号、围场信号、车头信号、实时回放等 6 路信号的无缝转换，意味着拿着遥控器的车迷能自己掌控画面，通过切换镜头了解赛场上发生的每个细节。

随着互联网的普及，体育赛事直播的渠道越来越丰富，电视已经不再是唯一

的渠道。版权所有方一边在抬高价格，吸引更大金主，一边也想着自己通过对用户收费直接变现。

从 2012 年开始，新英体育就尝试让球迷付费看英超，2014 年更是决定减少合作商数量，引导球迷为内容付费。新赛季新英体育和 PPTV 每轮都会推出 4 场免费比赛和 6 场付费比赛。单场的价格在 6 元左右，也可以选择 30 元包月，清晰度不同价格也不同。

事实上，版权落入到营销手段更为丰富的互联网公司手中，能比传统渠道产生更多价值，这也令传统渠道在版权争夺中败下阵来。

在世界杯开始前，乐视体育即与 Jeep、哈尔滨啤酒、NIKE、Intel、宝马、百事七大行业的 23 家广告主成功牵手，广告收入破亿元。显然，对于广告商来说，把体育赛事搬到互联网上有更大的吸引力。❶

付费电视在中国还有多远

互联网电视是将来收费"电视"的主要平台。五年前"互联网电视"还只是概念，现在就已经是主流了。现在家中的无线网络已经可以轻松地传送在大屏幕上播放的高清信号了，因此互联网电视将成为将来付费节目的主要承载者。这里有以下几个原因。

第一，互联网电视其实已经将用户的所有终端都变成了电视机，只是大小不同而已，所以只要有网络，用户可以在任何终端上看到自己要看的节目。而且手机已经变成了控制客厅大屏的工具，而手机付费则对于所有人来讲都是天经地义的。

第二，互联网使得过去的以电视台为中心的频道收看模式变成了以用户为中心的内容收看模式，而由于互联网对于用户收看习惯的彻底了解而形成了属于互联网公司的社区中心，经过一段时间的积累，当这个社区中心达到一定规模的时候，互联网公司或是向这个社区用户收费，或是向其发送广告，盈利模式就变得很简单。

第三，互联网是市场经济的参与者，天生具备竞争精神，体育内容上面的竞争直接体现就是版权费的上涨，体育组织者从中得利，从而会按照他们的要求来对赛事做出改变，以适合观众的要求，观众也就会黏得更紧，形成一个更加紧密的网络社区。

那么是否中国互联网电视的付费收入模式已经成功了呢？答案是，还有很长

---

❶ 梁应杰. 视频网站为体育直播权一掷千金付费看赛是趋势［N］. 现代快报，2014-08-05.

的路要走。

①收视的基数还太小。尽管各个互联网公司都在推广自己的盒子和整机，总体数量还是不够。实际上，互联网尽管可以做很多传统电视做不到的事情，有些甚至可以是颠覆性的，但是所有的一切是否成功都是要看用户是否增加。

②独家内容太少。美国的 NETFLIX（网飞）网络电视公司在过去两年发展得很快，其独家电视剧《纸牌屋》成为互联网电视盈利的一个经典案例。不过网飞公司至今还没有踏入体育领域，因为若想取得独家版权就需要高投入，但是它又是一次性的，体育直播过后即使再精彩也很少有人付费了。

③设置过于复杂。在相同的内容上，人们一定选择电视，其中一个重要的原因是操作简单，遥控器按两下即可。而不论是在机顶盒还是在整机上，互联网电视的操作过于复杂。

互联网电视付费体育对于中国体育是"双刃剑"。

如果互联网电视在未来3~5年里有一个爆发式发展，比如，达到一亿用户，按照一半的用户愿意继续付费的话，这个行业在体育上面就可以在中国起到发达国家电视台的作用，在版权费上与央视强力竞争，从而为赛事组织提供长期稳定的资金，中国体育就可以从中受益。

但是如果用户只是在百万千万级徘徊，无论是投资者或者将来上市后的股民都会产生质疑，一旦资金链断裂，这些互联网公司由于完全是市场行为，也可能一夜之间倒闭，之前吹起来的中国体育的泡沫会瞬间破裂，那对于中国的体育市场将是毁灭性的。所以我说互联网电视的成功在中国还有很长的路要走。❶

数据分析

在未来较长的一个时间段内，免费体育频道将仍是国内休育频道的主力所在。但从长远看，免费体育频道让位于付费体育频道是国内体育频道发展不可逆转的潮流。鉴于此，我们应厘清中国付费体育频道在今后发展过程中的四个问题。

第一，也是最为关键的一点，考虑到国内付费体育频道的主要消费群体是我国国民，因此建设和发展国内付费体育频道必须立足于本国国情且充分结合具体的实际状况，使国内付费体育频道尽可能地"本土化"，凸显出其中国特色。例如，以国人的偏好、收视习惯、收视心理等为考量，来选择付费体育频道的节目源、体育项目等。

---

❶ 马国力 . 付费电视在中国还有多远［EB/OL］. 经济观察网，2015-06-12.

第二，经济发展全球化要求我们必须以国际视野来探讨和分析所面临的问题、困境，国内付费体育频道的发展自然也不例外。在坚持本国特色的前提下，付费体育频道的发展应放眼全球，全力提升国内付费体育频道的国际竞争力。

第三，从心理学层面来看，体育节目抑或体育频道主要是对观众进行的一种感官刺激，只有可以给观众带来感官享受的体育频道才会有高收视率。换言之，体育节目给观众所带来的感官享受程度与节目的收益率呈正相关的关系。所以必须全面提高节目的制作水平，增强体育解说员的专业性。

第四，国内免费体育频道向付费体育频道转变的趋势恰恰力证了体育频道潜在的盈利性。我们可以通过建立与体育频道关联的体育网站、创立民族体育品牌等形式来整合国内付费体育频道的资源，拓宽其影响力，提升其认可度，实现国内付费体育频道效益的最大化。

此外，基于我国的现实状况，付费体育频道的发展还应考虑以下三点。

第一，充分开发、利用、形成自身的技术优势，增强观众在观赛时的现场感、真实感，使观众切实感受到以自己为中心掌控比赛的快感。

第二，在深入认识和学习 BTB、BTC、OTO 等商业模式的基础上，付费体育频道必须形成自身独特的商业运作模式，从而使自身的资源有效地市场化，以带来最大的经济效益。

第三，中国付费体育频道发展的最大阻力应当是国民长久以来形成的免费收视的习惯。我们应当认识到，尽管付费体育频道是发展趋势所在，但人们脱离免费收视的惯性思维仍需漫长的时间。

盘点 2014 年中国移动游戏高速发展年的得与失

引言

2014 年是移动游戏高速发展的一年，数据显示，2014 年中国手游用户规模超过 3.5 个亿，同比增长 15.1%；中国移动市场实际销售收入 274.9 亿元人民币，比 2013 年增长了 144.6%；中国移动游戏研发商已超过万家，市场上手游产品数量近万款。

移动游戏产业或迎黄金十年 2015 年市场可达 400 亿元

移动游戏由于具有移动便携、操作简单、适合碎片化时间等特点，其用户规模及增长速度在游戏各细分市场最大最快。截至目前，中国移动游戏市场占有率达到 24%。在分析人士看来，随着 2014 年 TD–LTE 和 FDD–LTE 混合组网 4G 网络覆盖范围进一步扩大，城市 Wi–Fi 等基础设施和网络技术建设加速发展，以及智能手机、平板电脑在软硬件方面的升级，将共同推动移动游戏用户增长。

2014 移动游戏产业年度高峰会理事会主席萧泓认为，移动游戏如今已成为中国游戏行业中增长最为迅猛的细分市场，并且依然有着强劲的发展动力，在未来将成就下一个黄金十年。"移动游戏时代的制胜法宝是共赢，即通过跨界合作，实现产业的共赢"。

2014 年中国移动游戏资本运作情况分析

2014 年是移动游戏高速发展的一年，行业的火爆不仅仅体现在市场规模和产品数量上，更体现在资本的运作上。在统计 2014 年中国移动游戏的资本运作的同时，我们做出了分析，可以总结为以下四点。

（1）版权化

2014 年资本也扎堆在 IP 上，过千万版权费的 IP 的不在少数，拥有版权优势的产品和厂商就拥有先天优势。版权类型主要有：影视类，动漫类，游戏类，文学类，体育类，网络文化类。

（2）产业链化

移动游戏中终端硬件、芯片刷机、内容生产、渠道发行、平台用户等都是关键的产业链节点，因此，综合实力过硬，能形成产业链协同效应的企业在 2014 年成为龙头的有力竞争者。直接表现为移动游戏实现跨业整合，上下游抱团合作甚至融合，研发运营发行实行一体化。

（3）全球化

移动游戏海外出口成为热潮，主要得益于 App Store 和 Google Play 在全球范围内的渗透率和覆盖面。海外发行渠道的搭建与发展会是大公司树立全球品牌形象的重点，同时也是中小企业快速增加自己收入的热土。

（4）融资化

2014 年，中国 A 股公司全年完成了 38 起并购案，比 2013 年多 16 个，总金额达到 306.48 亿元。从行业层面来看，通过资本介入，快速展开移动游戏产业链布局，丰富自身核心竞争力，规避单产品风险和单业务风险都是中国移动游戏

市场竞争资本化的信号。❶

数据分析

2014 年是手机游戏行业多方位崛起的一年。在技术方面，3G、4G 网络逐渐覆盖；在硬件层面，移动智能设备更新换代、继续大力普及；在游戏层面，类型逐渐被细分。此外，手游玩家越来越理性、成熟；"90 后"玩家和女性玩家被视为一个完整用户层加以挖掘。总的来说，尽管手游"人口红利"越发减少，但手游行业各方面趋向于成熟，且呈稳步上升态势。

细分产业链

受行业规模化的影响，手游行业产业链的细分愈发明显，整个产业链的细化分工包括游戏开发、游戏运营、渠道建设与维护以及第三方服务。同时，类型游戏逐渐兴起，跑酷、MMORPG 手游、纵版射击等传统的端游类型也有属于自己的市场。用户层面，"90 后"玩家和女性玩家被整体挖掘。

渠道之争

当年 1 月 8 日，阿里数字娱乐事业群总裁刘春宁首次公开披露阿里的手机游戏平台策略：实现免费接入单机游戏，游戏开发商将分别获得独代游戏 40%、联运游戏 70% 的分成。游戏厂商与渠道的最大矛盾在于渠道的资源相对有限，因此，各家渠道经常通过版权运作、产品独代、跨界合作等吸引质优游戏入驻。

端游崛起

在重度游戏崛起的同时，端游厂商也在竞争激烈的手游市场找到属于自己的位置。2014 年，巨人、多益、完美等端游厂商的"试水"失败使它们奋力崛起，然后发行了相当成功的 MMORPG 手游。因此，端游及端游厂商的崛起便成为2014 年重度手游崛起的一个缩影。

社交分享

手游发展类型多元主要得益于智能设备终端的普及。实证表明，游戏玩家对于手游社交分享功能的呼声越发高涨，用户主动社交分享的游戏类型多为轻度休闲手游。2014 年手游的最大生力军当是得益于微信平台的腾讯移动游戏。虽然不能完全把握手游玩家对于手游的社交分享需求，但这一需求无疑已经影响手游行业对于手游社交分享因素的考量。

---

❶　佚名 . 2014 年中国移动游戏资本运作情况分析［EB/OL］. 手游那点事，2015-01-16.

第六篇　艺术经纬

改革开放以来，我国经济持续增长，受经济繁荣的刺激，我国的艺术正走在大发展大繁荣的道路上。文学、戏剧、戏曲、音乐、舞蹈、美术、电影、电视、摄影、书法、曲艺、杂技，以及民间文艺、群众文艺等各领域正百花齐放，各种艺术作品竞相绽放。我们的艺术在数量上的繁荣是无可争辩的，但是深入到质量层面就会发现良莠不齐，优秀作品屈指可数。艺术反映的是人们精神层面的追求，随着个性解放的深入，不同人群对艺术追求的着眼点不同，每个人都有自己的兴趣爱好。在这样一个充满个性和自由的时代，可供创作的素材是丰富的，可供选择的受众是广泛的，可供凭借的形式是多样的，可供开拓的前景是广阔的。但是，如何才能创作出让大众喜爱的，有筋骨、有道德、有温度的文艺作品呢？在艺术领域这是困扰每个创作者的问题，在大数据兴起的时代，通过精准的数据分析，或许能找到一些答案。

2015年8月，国务院在《促进大数据发展行动纲要》给大数据下了个定义"大数据是以容量大、类型多、存取速度快、应用价值高为主要特征的数据集合，正快速发展为对数量巨大、来源分散、格式多样的数据进行采集、存储和关联分析，从中发现新知识、创造新价值、提升新能力的新一代信息技术和服务业态。"信息技术与经济社会的交汇融合引发了数据迅猛增长，数据已成为国家基础性战略资源，大数据不仅对全球生产、流通、分配、消费活动及经济运行机制、社会生活方式和国家治理能力产生重要影响，对文化产业也产生了深远的影响。

比如，从全国文艺节目抽样数据分析，从来没有哪一个艺术节目能像春晚一样，吸引亿万中华儿女的关注。春晚是一场众口难调的文化盛宴，而节目之外则是全民的吐槽聚会，不同的声音反映了不同的需求，通过网络以不同的形式表达出来，汇聚成了春晚创作者身上巨大的压力。2015年春晚，除了那些难忘的画面和声音，有些数字值得我们关注。就收视率而言，28.37%相比2014年的直播总收视，降低了约2%。但在腾讯视频的播放量却达4.12亿，爱奇艺也收获1.38亿次播放量，总播放量高达5.5亿次。腾讯视频上的评论达13601条（含弹幕），爱奇艺达到 4437 条，这些评论超过八成来自移动设备端。这些数据反映了电视冷网络热的趋势，同时也揭示了受众对借助新媒体及时交流互动的热情。通过微博、论坛、博客、视频评论、新闻评论等网络讨论的数据的分析，我们能发现更多信息，我们能知道哪些春晚明星影响力大，哪些节目的人气及好评率高。我们甚至还可以对用户受众进行分析，从而了解到用户的观看偏好，不同地域、不同性别、不同年龄层之间的差异。通过这些数据分析，我们知道南方用户讨论比北方积极，女性观众是讨论的主力，占了 70.9%，而女性偏爱基调温馨的节目，移动端"90 后"是生力军，年轻的用户更喜欢人气明星唱新歌，等等。通过对不同观众的观看需求、不同类型的节目的观众反应的分析，创新节目的表现形式，借助不同的传播渠道，春晚可以在创新观众观看体验的同时，使春晚在影响力和人群覆盖上得到极大的拓展。这可以说是传统春晚与"互联网+"的结合，借助大数据的力量，未来的春晚一定可以贡献出更多让人们满意的节目，在中华民族最隆重的传统节日里带给人们更多欢乐、积极的文化气息。

同时大数据统计显示，我国电影业发展也很迅猛，2014 年我国故事影片产量 618 部，虽然产量同比减少 20 部；但全国电影总票房 296.39 亿元，同比却增长 36.15%，其中国产片票房 161.55 亿元，占总票房的 54.51%。以 58921 电影票房数据库网站的统计数据看，2014 年我国票房前 20 的电影中国产影片占据了 11 位，引进电影仍然占据了近一半，并且排名第一的电影是引进片，其不论总票房及观影总人次都超出第二名国产电影许多，详见表 6-1。

表 6-1 2014 年电影票房收入前 20 名

年度排名	电影名称	总票房（元）	总人次	总场次
1	《变形金刚 4：绝迹重生》	19.79 亿	4742.92 万	93.03 万
2	《心花路放》	11.69 亿	3398.00 万	92.30 万
3	《西游记之大闹天宫》	10.46 亿	2491.90 万	59.92 万
4	《智取威虎山 3D》	8.83 亿	2149.00 万	78.00 万
5	《星际穿越》	7.51 亿	2070.00 万	60.41 万
6	《X 战警：逆转未来》	7.24 亿	1936.09 万	63.21 万
7	《美国队长 2》	7.21 亿	1840.00 万	58.15 万
8	《猩球崛起 2：黎明之战》	7.11 亿	1931.86 万	65.60 万
9	《爸爸去哪儿》	6.96 亿	2187.00 万	50.80 万

续表

年度排名	电影名称	总票房（元）	总人次	总场次
10	《分手大师》	6.66 亿	2001.33 万	56.24 万
11	《后会无期》	6.30 亿	1966.75 万	56.29 万
12	《银河护卫队》	5.95 亿	1578.19 万	63.78 万
13	《超凡蜘蛛侠2》	5.91 亿	1524.71 万	62.79 万
14	《匆匆那年》	5.88 亿	1694.00 万	69.00 万
15	《澳门风云》	5.25 亿	1623.00 万	49.92 万
16	《小时代3：刺金时代》	5.22 亿	1650.16 万	47.31 万
17	《一步之遥》	5.15 亿	1213.00 万	49.00 万
18	《哥斯拉》	4.81 亿	1267.01 万	46.95 万
19	《霍比特人：史矛革之战》	4.64 亿	1135.00 万	40.71 万
20	《同桌的你》	4.56 亿	1390.00 万	56.65 万

同样是电影票房数据库的统计资料，截至 2015 年 10 月 5 日查询时，票房排名前十的电影中国产电影仍只占据了 5 个名额，其中包括当时正在上映的《港囧》，详见表 6-2。

表 6-2　2015 年 10 月 5 日前，电影票房收入前 10 名

年度排名	电影名称	总票房（元）
1	捉妖记	24.38 亿
2	速度与激情7	24.26 亿
3	复仇者联盟2：奥创纪元	14.65 亿
4	侏罗纪世界	14.20 亿
5	港囧	13.30 亿
6	煎饼侠	11.59 亿
7	澳门风云2	9.72 亿
8	西游记之大圣归来	9.56 亿
9	碟中谍5：神秘国度	8.62 亿
10	霍比特人3：去而复归	7.65 亿

票房仅仅是我们电影统计大数据中的一组数据，它可以反映我们整个电影行业的发展情况。通过不同类型电影的票房数据，我们可以看到不同类型的电影对

观众的吸引力及一个电影作品的受欢迎程度。国内外电影票房数据清晰地表明国外引进大片在国内的巨大市场，国外电影在中国取得令国产电影艳羡的成绩，让我们不得不反思我们的电影艺术产业的发展问题。引进片占据着我国电影票房市场的半壁江山，这些好莱坞影业机器高度工业化的成果所取得的成功值得我们学习。电影发展到今天已经是一个完整的工业体系和系统的产业链，它的运作包括剧本创作在内有许多成熟的经验和做法可以借鉴，我们的电影业要繁荣发展起来，必须认真学习借鉴世界各国的技术、经验及成功做法。只有通过数据比较，寻找差异，学习借鉴，我们的电影艺术才能更好更快地发展繁荣起来。

除了票房数据，对观影人次的统计也可以帮助我们分析出各电影的受欢迎程度，但不同院线、不同售票渠道售票价格不同会影响实际售票量，影响观影人次。对影片类型等属性数据进行统计可以方便我们去了解当前我们国内电影观众对哪种类型、哪种题材的电影比较感兴趣。以 2014 年的统计数据来看，比较卖座的电影以喜剧、爱情、青春、魔幻等类型的题材为主，一些公路片开始崭露头角，《后会无期》《心花路放》及《港囧》就是此类题材。此外对观众数据及细化指标的统计，包括观众性别、地域、年龄，购票渠道，电影演员，电影成本，观众影评等，这些数据汇总之后将会是电影事业发展的重要参考资料。

在艺术创作领域引入大数据，其中很重要的一点意义就是关注"用户"。习近平同志在 2014 年的文艺工作座谈会上指出，社会主义文艺，从本质上讲，就是人民的文艺。要真正做到"人民的文艺"，就要了解人民的心声。还以电影创作来说，从它的投融资、策划、制作，到宣发、放映等，都与潜在的用户有着密切的关系。而大数据正是揭示潜在用户需求的工具，通过对观众群体属性、规模、用户行为等数据的分析，可以去认识作品的市场及预期的收益情况。国外正面主题、英雄题材的电影的叙事手法委婉、故事引人入胜，国产主旋律电影需要学习，以避免生硬的说教，努力创作出更多传播当代中国价值观念、体现中华文化精神、反映中国人民审美追求的，集思想性、艺术性、观赏性于一体的优秀作品。优秀的文艺作品，最好是既能在思想上、艺术上取得成功，又能在市场上受到欢迎。我们有些国产电影能满足思想性、艺术性的要求，但是在市场上却遭遇挫折，也反映了我们电影艺术产业中的一些问题，如何将主流价值观与市场进一步结合，打造出更多能被市场广泛接受的作品是我们需要学习的地方，只有艺术作品有了市场，内在的价值才能影响更多的人。

文化艺术要获得发展，需要的是大数据所带来的参考、指导价值。数据分析可以告诉我们好的经验、好的做法，但数据不能告诉我们好的艺术作品的内容。

艺术的发展有自己的规律，真正好的艺术作品需要贴近生活、深入百姓、亲近人民，需要作者从我们的文化中、从我们的生活中去发掘艺术的灵感，通过作品可以传递真善美，传递向上向善的价值观，引导人们增强道德判断力和道德荣誉感，向往和追求讲道德、尊道德、守道德的生活。我们不会忘记，真正伟大的作品一定是内容与形式俱佳的作品，一定是紧跟时代发展脉搏的作品，一定是流淌民族精神血液的作品。

在信息化时代任何行业想脱离互联网而单独存在都是不可能的，只有与互联网相融合之后所获得的发展才符合时代的发展规律，才是健康的产业发展生态，这是发展赋予这个时代的机遇，艺术的发展也需加入到这个发展趋势大潮中。任何艺术的发展都遵循自己的规律，借助大数据的力量激发文化艺术工作者的创新灵感，创新文化艺术形式，创作丰富多样的文化艺术产品，从而推动文化艺术的创新发展，使我国的文化艺术事业走上新台阶。

让文艺创作有筋骨、有温度，杜绝"有数量缺质量"

引言

由于一些文艺创作者缺少对时代的真正思考，对人民的真诚投入，当前文艺领域存在"有数量缺质量""有高原缺高峰"的现象，这引起以习近平为代表的国家领导人的高度重视，提出要让文艺创作有筋骨、有温度，真正地引领时代潮流，做到为人民服务。

文艺创作如何有筋骨、有温度

在文艺创作日益繁荣的今天，各门类艺术可谓百花齐放、百家争鸣，取得了有目共睹的成绩。但任何一个时代所要求和所追求的，并不是单纯的艺术作品数量的多寡和艺术现象的喧闹。在文艺大发展大繁荣的倡导下，社会需要更多有筋骨、有道德、有温度的文艺作品。

现在的各文艺领域，从创作数量上可谓是呈爆炸式增长，但也有一些不良的倾向，如娱乐至上、脱离现实、价值扭曲、歪曲历史等问题。不用说普通受众广泛的影视作品里充斥着的拖沓冗长的虚假肥皂剧、无休止的宫廷戏，综艺节目里各种无底线的娱乐、闹剧般的狂欢，即便是严肃的艺术创作，风格的雷同、创意的平庸、品位的低俗现象，也是屡见不鲜，这使得文艺界出现了"有数量缺质量""有高原缺高峰"的现状。而造成这种现状的原因，主要在于缺少对时代的真正思考，对人民的真诚投入。

思想性、艺术性和观赏性完美统一的艺术作品，与"机械化生产、快餐式消费"的速食文化有着本质的区别。前者是具有生命力的精品之作，代表着创作者对时代的解读，是制作精良的艺术创新之作；后者是在西风东渐的背景下、市场经济大潮中产生的"速朽之作"，与社会主义文艺服务人民的宗旨相去甚远。所以在当前的文艺创作领域，文艺工作者们首先应树立和坚持正确的历史观、文化观、民族观、国家观，才能以向上、向善的作品，为时代立言、为人民立传。

什么样的作品才是有筋骨、有道德、有温度的？筋骨，在于对时代精神的高度理解；道德，在于对社会责任的勇敢担当；温度，在于对人民大众的深切关注。所以，有筋骨、有道德、有温度的文艺作品，是对历史虚无主义的排斥，是对虚假情感的批判，是对脱离现实的鞭挞。

正如习近平总书记所说，我国的作家、艺术家应该成为时代风气的先觉者、先行者、先倡者，通过更多有筋骨、有道德、有温度的文艺作品，书写和记录人民的伟大实践、时代的进步要求，彰显信仰之美、崇高之美。❶

公众对文艺发展的十大新期待

（1）文艺作品：推出更多"为人民放歌"的文艺精品

当下文艺创作存在"有数量缺质量""有高原缺高峰"的现象，对人民现实生活的反映不足。文艺创作一旦离开人民，就会变成无根的浮萍、无病的呻吟、无魂的躯壳。推出更多"为人民放歌"的文艺精品是满足人民精神文化需求的客观要求。

（2）文艺内容：更好地反映中国传统文化

文艺界取材中国传统文化的作品并不在少数，但深刻反映中国文化精髓的作品却并不多。很多文艺作品或戏说恶搞历史，或偏爱帝皇争权、后宫争宠。创作更好地反映中国传统文化的文艺内容，是公众的共同期待。

（3）文艺创作者：不因名利诱惑放弃职业操守

一些文艺工作者为求名利，或盲目追赶时代潮流，或刻意满足公众猎奇心理，把一个文艺工作者应有的职业操守置之脑后，导致作品高产却格调不高、文

---

❶ 张晶晶．文艺创作如何有筋骨有温度［N］．人民日报，2015-06-25.

艺炒作乱象丛生等一系列现实问题。

（4）文艺反腐：杜绝权艺交易

近年来，在各种利益的驱动下，权力与艺术日益紧密地结合在一起，相互利用，相互交换，从而滋生出各种腐败怪象，是对党政官员的严重腐蚀。百姓期待文艺界坚守底线，拒绝权艺交易现象再发生。

（5）文艺类型：加大对歌剧、交响乐等"高雅艺术"的推广

歌剧、交响乐等"高雅艺术"形式门槛较高，属于小众艺术。建议政府加大资金、宣传等方面的力度，推广"阳春白雪"的艺术形式，让民众有更多选择的余地。

（6）文艺传播：网络空间日益清朗

互联网已成为人们欣赏文艺作品的主要渠道，然而，大量无深度、平面化、色情化、猎奇类的内容却在网络空间中大行其道。公众期待网络传播环境得到净化，网络空间日益清朗。

（7）文艺环境：期待积极健康的文艺环境

当下的文艺环境存在许多不尽如人意的地方：一些文艺创作一味追求经济效益，忽视社会效益，导致"三俗"问题严重；个别文艺创作者靠关在屋子里硬"侃"、硬"造"，不管与生活有没有关联。浮躁文艺环境中的诸多乱象亟待治理，公众期待一个积极健康的文艺环境。

（8）文艺评价：建立更加科学的艺术评价体系

有学者研究表明，在当前电视界、电影界、网络界根深蒂固地存在着一套价值标准——收视率、票房、点击率、粉丝量、转发量、关注度等。这在一定程度上是造成当前文艺乱象的重要原因。

（9）文艺强国：发展文化产业，建设文艺强国

文化产业作为世界经济中的支柱产业之一，是促进经济发展的重要引擎。我国文艺创作突飞猛进，但所占全球市场份额依然不足。为此，需大力发展文化产业，建设文艺强国。

（10）文艺"走出去"：提高文艺国际影响力

实现中华民族的伟大复兴，不仅体现在我国在世界政治、经济、科技舞台上的重要地位，更深层次的是，要实现中华文化和文明的复兴。只有全力推进文艺"走出去"，全面客观地向世界展示我国的悠久历史和民族文化，展示我国各族

人民的精神风貌，才能为实现中国梦构建良好的国际环境。❶

保有生活温度让文艺更有受众

在互联网时代，人们关注什么呢？网络信息如此庞杂、快速更迭，将网民的目光锁定于一隅之地，所谓"共同关注"就往往不保险了。然而，有一个共同的主题"劳动"，却是五千年来，从小家到国家、从平民到领袖，无不共同关注的主题。然而，采用什么样的宣传形式让劳动和中国梦，成为亿万国人的焦点。很多时候，表现劳动这一主题，断然不能通过一两个故事，这样显得单薄，然而，一味地以宏大的文艺宣传、政论宣传，恰如文艺片在市场回回遇冷一样，受众寥寥。在此，中央宣传部推出的《劳动铸就中国梦》却既很好地表现了宏大的历史主题"劳动"、时代展望的"中国梦"，而又吸引了亿万观众目光。当然，在此之前从《舌尖上的中国》开始，中央电视台播出的纪录片，一改以往主题热，观众寥寥的颓势，《舌尖上的中国》不仅正能量满满、中国风劲足，而且在市场上反响热烈，收视率直线上升。《劳动铸就中国梦》亦引起了此类效应。何也，笔者认为，就在于让文艺片葆有"生活温度"，让政论片更接地气，这正是《舌尖上的中国》《劳动铸就中国梦》火起来的奥秘所在。

让更多的文艺片葆有生活温度，这不仅仅是为了迎合市场，也是文艺创造者们，永远和广大人民群众的生活站在同一维度的必需。文艺创造是一种情感表达，而这种情感表达，如若引不起共鸣，则制作再精美、投入资金再多，又有何意义呢？在习近平总书记文艺座谈会上的讲话之后，在网络上引起了非常强烈的反响，而文艺为了谁的方向更加清晰可见，文艺来源于生活，这一主题从未改变，文艺服务人民，这一目的性更强。而文艺与生活的距离应该保持的精准度，却是一种非常需要修炼的境界。诚然，对于很多优秀的文艺工作者而言，花时间在办公室冥思苦想那些非常"精辟"的词句，倒不如走到山村野外之中，看一看这个时代最有温度的现实，感受一下时代中国梦的创造过程，有时候，文艺的灵感，就来源于有热情的生活之中，而对于这种美丽的生活，文艺更应该用一种"温度"来回馈生活。

葆有生活温度的文艺更有受众，而《劳动创造中国梦》就恰如其分地展现了这一点，无论多么宏大的主题，一定要与生活水乳交融，无论多么精美的制作，一定要给生活留下位置。文艺有了温度，才会有受众，而文艺的目的在于教

---

❶ 张智萍. 公众对文艺发展的十大新期待 ［N］. 人民论坛，2015-04-07.

育人、感化人，而不仅仅是自我孤芳自赏的"黛玉"式的"小家子气"。❶

数据分析

拥有悠久而灿烂历史的中国文学艺术真实地记录着中华民族璀璨耀眼的文化和广博高深的精神内涵。作为精神创造活动的产物，文艺作品可以直击观众和读者的内心世界。但是在市场经济的大背景下，一些文艺工作者背弃了文艺精品的创作原则，走向了"赶场""走穴"等急功近利之路，导致具有重大影响力和引领社会风气的文艺精品匮乏，"有数量缺质量""有高原缺高峰"现象突出。从当前国内电视剧和电影的产量来看，电视剧一年超过1.5万集，电影一年的生产达到了600多部，可这些作品的质量良莠不齐，值得欣赏的优秀作品更是寥寥无几。这些问题对文艺创作的健康发展产生了严重影响，亟待解决。

首先，应该认识到我国文艺创作所具备的有利因素。一是巨大的市场。我国人口基数大，13亿人民中的文艺爱好者的数量居世界第一。在物质生活水平不断提高的同时，人们对精神文化生活的要求也不断提高。人民精神需求的满足、精神世界的丰富、精神力量的增强是文艺创作发展的源泉和动力，亦是目标和责任。二是丰富的题材。我国960万平方公里广袤绮丽的土地，5000多年源远流长的文化、56个民族多彩多姿的生活、100多年不屈不挠的反侵略战争、60多年建设新中国的奋斗历程、30多年改革开放的伟大实践，尤其是党的十八大以来，以习近平同志为总书记的党中央带领全党全国各族人民为实现"两个一百年"奋斗目标和中华民族伟大复兴即中国梦而奋斗的历程。这一切都是文艺创作取之不尽、用之不竭的源泉。三是拔萃的人才。人才是文学艺术创作中最具活力的因素，我国成千上万德艺双馨的文艺工作者凭借其良好的专业素质和独特的创造力，为我国不同类型文艺创作繁荣发展做出了贡献。四是党政的重视。通过制定相关政策、加强人才培训及扶持和奖励优秀文艺作品等举措，党和政府为文艺创作出精品、出人才、出效益提供了良好的条件，为文艺创作者铺平了道路，指明了方向。

其次，应该坚持正确的文艺创作方向。习近平总书记指出，广大文艺工作者要高扬社会主义核心价值观的旗帜，把社会主义核心价值观生动活泼、活灵活现地体现在文艺创作之中。在社会主义国家的文艺创作中，弘扬社会主义核心价值

❶ 李映雪. 保有生活温度让文艺更有受众［EB/OL］. 中国文明网，2015-05-25.

观是创作的本源。另外，还要注意多样性的注入，只有坚持主旋律和多样性的统一，才能使我国的文艺事业在社会主义的正确道路上百家争鸣、百花齐放。其中，最关键的就是要以人民为中心来指导创作。文艺创作应从人民中来到人民中去，把满足人民精神文化需求作为文艺工作的出发点和落脚点，为人民奉献最好的精神食粮。

最后，处理好社会效益与经济效益的关系。在文艺创作的实践中，很难形成社会效益和经济效益两全的局面，这就要求广大文艺工作者正确认识并处理好社会效益和经济效益的关系：一是把社会效益置于首位。一部优秀的文艺作品可以激励一圈人，一批卓越的文艺作品可以影响一代人，文艺工作者应该利用文艺作品，在潜移默化中引导公民树立起正确的文化观、民族观、国家观和历史观。当社会效益和经济效益发生冲突时，经济效益服从社会效益。二是社会效益和经济效益的辩证统一。真正成功的文艺作品不仅在思想及艺术上有所建树，同样也能够在市场上被大众接受、为大众喜爱。同时，文艺市场管理和市场秩序的完善、文艺产品和要素的合理流动和配置、现代文艺市场体系的健全，以及文艺创作支柱产业和龙头企业的培育应提上日程。三是完善公共服务体系。加强公共文艺基础设施和文艺公益组织、网络的建设；不断丰富文艺公共服务的内涵，拓展文艺公共服务的外延，构建覆盖城乡、结构合理、功能健全、使用高效的公共服务体系，保障公民的基本文化权利，满足公民的基本文化需求，逐渐使得公共文艺服务实现标准化、均等化。

大师版《牡丹亭》：昆坛盛事

引言

不到园林，怎知春色如许。2014 年 12 月 13—14 日，18 位国宝级昆曲大师联袂出演的《牡丹亭》在北京天桥剧场上演。刚打出演员表，现场已是满堂彩。两场演出，不但创下昆曲有史以来最高票房，更让现场观众有幸见证了昆曲历史上难得一见的盛况。

18 位国宝级昆曲大师同演《牡丹亭》创票房纪录

18 位名家大多年近七旬，其中以 76 岁的张继青年纪最大，最年轻的石小梅也已 65 岁。每个人都是一段昆曲传奇，能聚在一起登台，用武生泰斗侯少奎的话说，那就是"百年不遇"。汪世瑜的《叫画》是 20 多年来首次着装演出；张继青最后一次上妆，扮杜丽娘，也已是 15 年前；华文漪和岳美缇的《惊梦》，国内已 20 多年未见；杨春霞、蔡正仁搭档演《牡丹亭》，差不多也是 30 年前了……更为难得的是，此次演出不仅名家荟萃，剧目也是精心挑选，力图将几代昆曲大师精心打磨的不同版本的《牡丹亭》——呈现。

有观众就感慨道，"蔡正仁、张继青、侯少奎、石小梅……光听名字就让人醉了。"

这么多"角儿"同台，故事真是说也说不完。《牡丹亭》中的《冥判》，侯少奎以前并没演过。但由于当下已很难找出能演这出戏的老艺术家，主办方只能请侯老挑战新戏。尽管有诸多不易，侯老仍欣然应允，"这次演出实在太难得了。以前从没人这么做过，确实很震撼。老宗师们在天之灵该多高兴啊！"于是，从没演过这出戏的侯老就跟当年出演"冥判"的北昆名家白玉珍大师的弟子王德林学戏。72 岁教 76 岁，侯少奎戏称，"我俩是老头儿教老头儿，虽然年纪大，但我们这也算是一种传承"。

首场演出压轴登场，唱了一辈子"昆曲祭酒"的张继青却有些忐忑，走下舞台第一句话就是，"观众觉得怎么样，有没有什么不满意的？"其实，现场不停息的掌声早已说明了一切。老一辈的艺术家，观众在他们心里永远是第一位的。演出前，老人总是一大早就赶到排练场，反反复复抠细节，"毕竟很久没演了，还是要多练练，这是对观众负责，也是对我自己负责"。

开票仅两个小时，门票即告售罄。网友"玉山后人"用"空前绝后"来形容此次演出。"一颦一笑，都翩翩入画"的梁谷音此次出演《寻梦》，已是 72 岁高龄，"玉山后人"看完演出百感交集，"一个老艺术家的功底与精神淋漓尽致地展现在台上。按道理，《寻梦》中每支曲子唱完是不宜鼓掌的，因为那样会打断演员的情绪，但我实在忍不住要叫一下好"。

坐在天桥剧场一楼的观众席，特意从南京赶去看演出的网友"罗曼罗兰"，称自己有一种来朝圣昆曲的感觉。她在和记者交流时说，"美到极致，让人词穷。完全没想到，年近八旬的张继青唱功不减当年，和她搭档的徐华、王维艰也是 30 年前的老班底。侯少奎老先生武生演花脸，一丝不苟，石小梅的唱腔更如'水银泻地'，清香凛冽，独有风骨。张寄蝶的癞头鼋更是可爱。只有在这一刻，我才明白，为什么昆曲艺术能历经岁月更迭，绵延 600 余年至今。无他，美尔。"

18 位大师，年龄加起来超过 1000 岁，但他们却让戏迷见证了昆曲永远不老的生命力，留下了一段弥足珍贵的昆曲记忆。其实，昆曲从来都不是高高在上

的，情感的真实表达、美的极致呈现，几百年来从未改变，让人痴迷，岁月留痕。●

数据分析

因为大师版的《牡丹亭》有着天时、地利、人和的绝佳条件及大师们对经典的深度理解和诠释，被戏迷们亲切地称为"熊猫版《牡丹亭》"。它已经超越了时空的界限，打破了古今的壁垒，成为对传递现实通达与关切的载体。正如《红楼梦》中的一句引言"编新不如述旧，刻古终胜雕今"，在大师手上，"述旧"与"编新"变得得心应手，不再被视为矛盾和难题。

大师版《牡丹亭》在"述旧"部分上体现为表演上全方位的程式化，可以说没有程式化就没有昆曲，脱离传统程式的盲目编新，必然使昆曲遭受毁灭性的打击。在这次演出中，大师们的唱腔和身段都最大程度上保持着昆曲的传统范式和审美风格。在服饰上，这一版本的《牡丹亭》保留了各位大师以往盛名期和艺术成熟阶段形成的细节搭配与美学风格。道具、舞美上亦是如此。

大师版本的"新编"之处，是此版本比较有意思的地方。在文本细节处，大师版的《牡丹亭》极力制造与当代观众尤其是年轻人的沟通。表现在开场的《闺塾》一出，魏春荣老师给沈世华老师配戏的春香，在做功身段和表现小女儿情态上都透出一股现代气息。刘异龙老师的石道姑在《道觋》《婚走》两出中的四川话念白使全场观众惊奇不已，带来欢笑满堂。一个值得我们思考的问题：大师版的大胆"编新"之处为什么会成功，而不觉鄙陋突兀呢？尤其是对新编戏的创作者来说，这实际是一门比传承更难的学问。

原创歌剧《骆驼祥子》："大歌剧"与"中国味儿"相映生辉

引言

由国家大剧院汇聚作曲家郭文景、编剧徐瑛、导演易立明等一线主创全力打造，由指挥家张国勇与韩蓬、孙秀苇、宋元明、田浩江、孙砾等华人众星联袂演绎的原创歌剧《骆驼祥子》2015 年 3 月 5 日开启第二轮演出，通过精致的唱段、

● 董晨．18 位国宝级昆曲大师同演《牡丹亭》创票房纪录［EB/OL］．人民网，2014-12-17.

恢宏的交响、跌宕起伏的剧情与栩栩如生的人物将"骆驼祥子"表现给观众。

原创歌剧《骆驼祥子》亮相，《小白菜》变咏叹调

2014 年 6 月 25 日晚，国家大剧院酝酿创作三年，由郭文景作曲、徐瑛编剧、张国勇指挥、易立明执导的原创歌剧《骆驼祥子》完成了它的世界首演。

该剧用宏大壮阔的交响音乐，充满老北京情怀的舞台视觉，在"大歌剧"中融入了令人难忘的北京滋味。韩蓬、孙秀苇、田浩江、宋元明、孙砾、梁羽丰等歌唱家的倾情演绎，令老舍笔下诞生 78 载的那些经典人物唱出了拥抱岁月的动人咏叹。

歌剧《骆驼祥子》由享誉世界的作曲家郭文景谱曲。1994 年 6 月，郭文景的第一部歌剧《狂人日记》在阿姆斯特丹首演。20 年后，他倾注两年心血的作品《骆驼祥子》在大剧院完成了世界首演，这是他个人创作的第五部歌剧，同时也是 20 年来第一部牵手国内机构的歌剧作品。中国故事、中国团队、华人唱将，"《骆驼祥子》是我第一部中国约稿、中国首演的歌剧。我期盼这一天整整 20 年。今天，愿望实现了"。郭文景说。

此次，郭文景以饱含张力的歌剧化音乐语言，缔造出纯正的歌剧味道，为这个属于北京城的故事编配了波澜壮阔的交响音乐，威尔第式的浪漫抒情、瓦格纳式的磅礴隽永隐隐其中。而在北京生活了 30 年的郭文景对"北京滋味"有着独具匠心的渲染——三弦、唢呐等乐器的加入，京剧、民歌等音乐素材的使用，大鼓、叫卖的活用，使得整部歌剧有着深深的北京烙印。虎妞与祥子举行婚礼时，唢呐吹奏出民间婚曲的旋律与整个乐团的演奏交相辉映。第七、八场间的间奏曲，大胆采用了合唱间奏曲的手法，一曲合唱《北京城》情怀深厚，古朴庄严，更是精心嵌入《丑末寅初》中"花鼓谯楼""听也听不见"等唱词致敬鼓曲大王骆玉笙，也致敬这座"古老城市"。舞台呈现上，身兼舞美设计师的导演易立明设计了北京特色鲜明的舞美布景，哈德门、白塔、天坛、故宫角楼、烟袋斜街、钟鼓楼等"北京名景"纷纷收入其中，巧妙的布景技术带来了视觉上的流动性，令观众们移步换景间翻开老北京的记忆画卷——青砖灰瓦的主色调下，又见巍峨城楼、幽静胡同、热闹市集，这里正是祥子梦想启程的地方。而人们的视野也随着缓缓转台走街入巷，推开一座座院门后，故事徐徐展开，房前屋后的喜乐悲欢就此穿插上演。

据悉，首演当晚正值"国家大剧院 2014 世界歌剧院发展论坛"开幕，来自 14 个国家的 34 家全球著名艺术机构的领导者，以及国内众多知名艺术家共同观看了《骆驼祥子》的首演，他们不仅感受到了大剧院的创作能力和艺术水准，

更是沉浸在"大歌剧"气派下浓郁的中国味道和北京风情之中，纷纷给予该剧高度赞誉。未来三天，王心、张亚林、沈娜、周晓琳、关致京、王鹤翔等实力歌唱家还将相继闪亮登台，联袂演绎这段京城岁月的悲喜沧桑。❶

数据分析

《骆驼祥子》是老舍的著名小说，它对老北京社会底层人民的生活进行了非常真实的描绘。该小说曾被改编成话剧、电影、戏曲等多种艺术形式。由郭文景作曲、徐瑛编剧、易立明执导的国家大剧院原创歌剧《骆驼祥子》，选在 2014 年 6 月首演，正是为了纪念老舍先生诞辰 115 周年。

作曲家郭文景以饱含戏剧张力的歌剧化音乐语言、瓦格纳式的厚重宏大的交响乐写法，缔造出纯正的、符合国际标准的歌剧味道。在作品中使用了京剧、曲艺、民歌等素材，引入唢呐和大三弦等极具"中国音色"的民族乐器作为交响乐队中"调味料"，使"大歌剧"与"中国味儿"相得益彰。郭文景的"作者音乐"（套用电影研究领域的"作者电影"概念）却有效克服并超越了我国民间音乐、流行音乐的约定俗成性质，将歌剧《骆驼祥子》一举提高为当代严肃音乐作品。不仅如此，为增强音乐整体层面上的结构密度和审美强度而融入的民乐特色乐器和地域性乐器（三弦、唢呐、大鼓等）及传统北京地方文化元素（叫卖声、戏曲和民歌唱段等）的方法，有效避免了自谭盾、瞿小松以来一直困扰中国先锋音乐的现象：在单薄的旋律线上使用突兀的异国情调甚至猎奇式"中国元素"哗众取宠。

纵观整部歌剧，作曲家力图做到每场戏都有一两个小高潮。从第一场开幕时祥子的咏叹调《瞧这车》，到第六场小福子的咏叹调《我就像是墙边那一棵草》，直到第七、八场之间的间奏曲《北京城》，个个都是重头的、可资回味的唱段。虎妞和祥子的二重唱《我要让全世界知道》和虎妞最后的咏叹调《我要死了》更是发文学作品《骆驼祥子》之未发，把祥子与虎妞充分戏剧化乃至把戏剧冲突极端化的同时，也让"诗"呼之欲出，发而为"歌"，自然、激烈、寓悲于喜，由喜而入荒诞，却又在荒诞中隐含着真情，令人印象深刻。

大合唱《北京城》："厚厚的城墙，歪斜着影。喧嚣的城市，蚂蚁样的人……"掀起了全剧的最高潮，它以可比大教堂唱诗班的虔诚、庄严、历史感和人性，唱

---

❶ 高凯. 原创歌剧《骆驼祥子》亮相，《小白菜》变咏叹调［EB/OL］. 中国新闻网，2014-06-26.

出了北京城"道是无情还有情""天若有情天亦老"的厚重和沧桑。这是全剧最有"京味儿"的唱段，却是以最"西洋"的、源于基督教的歌咏形式唱出。正是因为它完全融合于艺术美的种种外观（音乐、唱词、舞台设计、道具服装等），最终成为这段大合唱里的一种超越性的艺术形象。

在中国乃至世界，歌剧这种艺术形式，因其与各国文化融合和交流而形成了各自鲜明的特点，被越来越多的人所接受。郭文景把《骆驼祥子》融入传统北京音乐素材（单弦、京韵大鼓和京剧等）的创新手法，是对歌剧的戏剧性、抒情性、交响性与地域性、民俗性认同感的一次突破。

从戏剧《爱恋·契诃夫》中重新认识契诃夫

引言

2015 年是契诃夫诞辰 155 周年，一时，关于契诃夫的戏剧也多了起来。人艺排演《万尼亚舅舅》，国话排演《爱恋·契诃夫》。与前者的经典重现不同，后者讲述的是契诃夫和他的恋人丽卡·米齐诺娃的爱情故事，由著名翻译家、剧评家、契诃夫研究专家童道明先生担任编剧，青年导演杨申执导，宗平、伊春德主演。

纪念大师诞辰 155 周年国话创排《爱恋·契诃夫》

为纪念契诃夫诞辰 155 周年，由中国国家话剧院出品演出，著名翻译家、戏剧评论家童道明创作，王晓鹰担任艺术指导，杨申导演，宗平、伊春德主演的《爱恋·契诃夫》于 2015 年 1 月 29 日起在中国国家话剧院小剧场正式上演。

该剧以《海鸥》在 1869 年圣彼得堡首演失败为背景，讲述了郁郁寡欢的安东·契诃夫与丽卡·米齐诺娃在创作事业与婚姻情感之间的故事。剧中，契诃夫寻求着丽卡带来的心灵慰藉，以支撑自己继续创作。丽卡支持着契诃夫，却对其拒绝自己的婚姻请求而痛苦。对于契诃夫来说，一边是利用生活中获得的新鲜爱情感作为作品的灵魂，一边却又渴望自由而排斥婚姻。而对于丽卡来说，契诃夫不仅是他曾经崇拜的作家，更是希望可以依靠终身的伴侣。

全剧通过一个失落的知名作家，一个渴望幸福的女人，以及发生在他们之间各种千丝万缕的矛盾与冲突，让观众见识到一个卸下神性光环的契诃夫，作为一个普通人对于自己理想与现实之间的取舍，让观众感受到一个更加多面、更加人性化的契诃夫。

本剧的编剧童道明是我国著名的翻译家和戏剧评论家,曾于新中国成立初期前往苏联莫斯科大学攻读语言文学专业,多年来翻译了包括《海鸥》《万尼亚舅舅》《樱桃园》等多部契诃夫著作,并著有《我爱这片天空:契诃夫评传》《惜别樱桃园》等诸多论文集,是中国戏剧界公认的契诃夫研究专家。话剧《爱恋·契诃夫》是以契诃夫与初恋情人丽卡·米齐诺娃的恋情为主轴,并将契诃夫的经典之作《海鸥》的抒情段落纳入到整部戏的结构中去,力图最大限度地将戏剧和文学的距离拉近。

该戏导演杨申是契诃夫的忠实拥趸,曾指导过改编版《海鸥海鸥》。《爱恋·契诃夫》的四位主演宗平、伊春德、李冰和陈诚都是国家话剧院演员,大家通过摸索角色的思维状态,激发自己的创作热情,力图在舞台上将契诃夫的精神与魅力传达给观众。❶

在敬仰与审慎之间犹疑

《爱恋·契诃夫》以《海鸥》在 1896 年圣彼得堡首演失败为背景,讲述了一个知名作家和一个渴望幸福的女人的故事。童道明认为,契诃夫在世时受到众多女性的倾慕,但他一生只爱过两个女人,一个是初恋情人丽卡·米齐诺娃,一个是他的妻子奥嘉·克尼碧尔。他与米齐诺娃有着长达九年的爱情关系,最终却没能走进婚姻殿堂。然而,和米齐诺娃在一起的时间内,却是契诃夫的创作高产时期。看似触手可及却永远无法抵达的幸福,到底被什么阻隔?这段关系对契诃夫的创作和生命有怎样的意义?童道明先生翻译的《可爱的契诃夫:契诃夫书信赏读》一书刚刚出版,童道明读完了契诃夫与米齐诺娃的几百封信,走进了他俩的爱情故事,写下了这个剧本。

契诃夫的传世名剧《海鸥》中的妮娜,原型正是丽卡·米齐诺娃。现实生活中,米齐诺娃是一位小学教师,天生丽质,通三国外语。在与契诃夫恋爱未果之后,曾一度投入作家帕塔宾科的怀抱,但帕塔宾科在她怀孕之后却又将她抛弃在巴黎,契诃夫由此产生了创作《海鸥》的灵感,同时,《海鸥》也见证了契诃夫对米奇诺娃深情的爱恋。

用今天的眼光来看,米齐诺娃是典型的文艺女青年,浪漫热情,为了爱情奋

---

❶ 应妮. 纪念大师诞辰 155 周年国话创排《爱恋·契诃夫》[EB/OL]. 中国新闻网,2015-01-20.

不顾身。她仰慕契诃夫，渴望安稳的婚姻，但契诃夫却始终回避，理由是，他爱好自由，怕婚姻干扰了他创作所必需的孤独。谁知在他生命的最后几年却对奥嘉一见钟情，迅速结了婚，还为后者写了无数封情书，较之以往写给米齐诺娃的更加热烈。

童道明先生给二人关系的定位是"苦恋"，他同情米齐诺娃，认为她美丽善良而又智慧，认为契诃夫也深深地爱着她，而阻碍他俩的，是契诃夫的孤独和对事业的追求，或许还包括他的肺结核。而这位了不起的女性则为了成全他，甘愿牺牲自己的幸福。这出戏饱含剧作者对契诃夫的崇高敬意。"爱情是非常复杂的。"舞台上的契诃夫哀伤地说："也不知是有幸还是不幸，在我们的生活中，没有一件事不是迟早要结束的……。"

但导演对这段关系似乎有另一种理解。舞台上，契诃夫和米齐诺娃总是离得很远，往往是两人刚刚依偎在一起，便横空跳出一对青年演员，上演一段戏中戏《海鸥》。很多戏中戏是导演加进去的，原剧本里并没有。青年导演杨申之前导演过《海鸥，海鸥》，对契诃夫戏剧有所了解，也正是由于这个原因，童道明才邀请他来捉刀。不知是否因为《海鸥》在导演心中留下的烙印太深，这一对青年男女总是反复出现，穿插或打断契诃夫和米齐诺娃的交流，要么出演"戏中戏"，要么与舞台上的二位一唱一和。导演用这种方式间离男女主角的爱情，同时提醒观众，契诃夫和米齐诺娃的关系，恰好对应《海鸥》中的特里普列夫和妮娜。剧中的契诃夫对待米齐诺娃却若即若离，一边表白着爱意，一边又说向往孤独："恨不能住到修道院去"。

不够爱是一回事，不纯粹又是另一回事。戏中戏冲淡了原剧本中的深情苦恋，试图展露二人在爱情背后的私心——契诃夫渴望灵感，米齐诺娃渴望光环。两人的爱情关系里始终掺杂了一点功利性。于是，舞台上的米齐诺娃不停地提醒契诃夫，他们曾有过多么浪漫美好的过往；而契诃夫却无心于往事，一再将话题拉回首演失败的心痛——两人的尴尬错位显露无遗。杨申对这段感情的审慎怀疑，与童道明老先生的敬仰慨叹迥然有别。于是，整出话剧始终在两种见解之间、在两人深情款款的对话和戏中戏的颠覆之间，摇摆不定。

好在，二位主演的精彩演绎为话剧增色不少。宗平戴上眼镜便像是被契诃夫附体一般，将一代文豪的大家风度、对恋人的矛盾心态拿捏得恰到好处。而伊春德扮演的米齐诺娃更是光彩夺目，外表始终温婉柔美，落落大方，内心却有着为了爱情不惜赴汤蹈火的执着，无愧为契诃夫的缪斯。伊春德是少有的不当艺人只当演员的女子，她身上的书卷气和外冷内热的个性恰好契合了米齐诺娃的特征，

也只有这样纯粹的女性，才配得上契诃夫九年的爱恋。❶

由爱恋契诃夫活出舞台雅趣

在现今中国，如果说童道明先生是第二了解契诃夫的人，那便恐怕没有人敢再妄称第一。所以在 2015 年 1 月 29 日契诃夫诞辰 155 周年之际，国家话剧院上演童道明先生根据契诃夫与女友米齐诺娃之间往事写作的新剧《爱恋·契诃夫》，无疑是极恰如其分的选择。

77 岁的俄国戏剧研究泰斗童先生，近年来已以"剧作家"的新身份为我们带来了多部原创。这些作品大多镶嵌有不少文学掌故与名人引言，剧中人也往往颇具典型知识分子性格，展现了童道明先生从学术跨越至创作的文化追求。在他最新的文集《一双眼睛两条河》的前言中，他这样写道："我大概还会在被朋友们称作'人文戏剧'的创作之路上继续走下去。而'人文戏剧'，说到底，就是展示文化、文学在精神上陶冶人的力量。"

新作《爱恋·契诃夫》亦是如此，剧中台词可与契诃夫研究的学术成果扣合者绝非少数，尤其是其中米齐诺娃邀契诃夫合影的一场。演员所做的动作，就是同时投影出的黑白照片所展示的、发生于真实历史中的一瞬——这种让书本中的知识得以"活"在舞台之上的雅趣，只有对契诃夫寄情极深者，方能创造，方得参味。

但出于粗浅的观感，我有这样一个不成熟的观点：对广大还不甚了解契诃夫，又预期看到一出传统而浅易故事的普通观众而言，《爱恋·契诃夫》这种知识性甚至大于故事性的作品，会不会起点太高？相比之下，童道明新作《一双眼睛两条河》直接落笔于当代知识分子的模式可能更为我所喜爱，童先生用他的学识丰满了人物的情怀与孤独；但若将这些知识换由角色契诃夫自己说出，那会否多少生出几分"当时闲谈"与"今日回看"语境上的龃龉？

由于童道明对契诃夫的挚爱与感动，相形之下，《爱恋·契诃夫》的四位演员，多少让我想严苛几句，我揣度他们并未完全吃透剧本的课题，以至于出现通篇腔调化的表现。

导演杨申选择以帘幕为主题进行二度创作，为剧本的舞台化提供了出色的帮助，其既分割了时空，提供了支点，充当了屏幕，又与多场冷而不凄的灯光形成一种俄式的情调，与其前作《白夜》有异曲同工之妙。不过导演对于那些人文

---

❶ 兰若. 在敬仰与审慎之间犹疑 ［N］. 北京日报, 2005-02-16.

气息颇浓的台词还是处理得节奏偏慢了一些，灵动欠奉，可再做精进。❶

数据分析

话剧《爱恋·契诃夫》以 1896 年契诃夫创作的话剧《海鸥》在圣彼得堡首演失利为背景，展现了契诃夫与丽卡·米齐诺娃的交往与感情纠葛。童道明先生从契诃夫事业最低潮时的情感切入，将契诃夫的精神、创作与生活艺术形象而生动地呈现在观众面前，非常深刻。话剧《爱恋·契诃夫》的舞台上共有四位演员：一位扮演契诃夫，一位扮演米齐诺娃，而另两位演员则在契诃夫与米齐诺娃的对白、回忆中穿插着表演《海鸥》中的片段。现实生活中，米齐诺娃的经历给予契诃夫创作《海鸥》灵感，而契诃夫更将与米齐诺娃之间的深情厚谊赋予了《海鸥》。我们从《海鸥》中妮娜的形象中便可以看到米齐诺娃的"面影"。从某种意义上说，没有米齐诺娃，没有契诃夫与米齐诺娃之间深厚的感情，就不会有话剧《海鸥》，也就不会有改变世界话剧形态的"新的戏剧艺术"。

童道明极其敏锐地抓住了这点，通过契诃夫与米齐诺娃的对话及回忆，将《海鸥》的创作过程、契诃夫的精神追求及艺术理念展现出来，使观众对契诃夫的思想、艺术有了更丰富和充分的理解；同时，通过对契诃夫与米齐诺娃情感的"描绘"、对《海鸥》首演失败后契诃夫苦闷心情的展示及对剧评家批评《海鸥》时契诃夫的气愤状态的显现等一系列生活细节的展示，也让观众看到了一个活生生的契诃夫形象。

契诃夫研究专家童道明对契诃夫戏剧从内容到形式都有深刻见解。从《爱恋·契诃夫》一剧可以清晰地发现，童道明有意将契诃夫戏剧的表现形式运用到自己的创作之中，构成《爱恋·契诃夫》有别于国内其他戏剧创作的不同特点。戏剧冲突方面，《爱恋·契诃夫》秉承了契诃夫戏剧创作所开创的不同于传统戏剧所表现的那种人与社会、人与人之间紧张激烈的冲突，而是表现出了人与生活的永恒的矛盾。《爱恋·契诃夫》中，无论是契诃夫还是米齐诺娃，他们都没有过错，是聪明善良的好人，他们是知心朋友，彼此相爱，相互理解、相互支撑、相互诉说，但最终他们没能成为夫妻。这如同契诃夫剧中的人物，他们和生活永恒地冲突着，那些善良的人物永远摆脱不了生活带给他们的痛苦。而这也正是这部戏的戏剧冲突之所在。剧中，当契诃夫和米齐诺娃并排坐在长椅上，面带微

---

❶ 过河卒. 由爱恋契诃夫活出舞台雅趣 [N]. 新京报，2015-02-13.

笑，内心中想必溢满了幸福……彼情彼景深深地打动了观众。

真实生活中的那个瞬间，被照片永久地保存了下来，成为契诃夫和米齐诺娃真挚情感的见证。童道明将真实生活中的这一瞬间巧妙地移入剧中，在貌似平淡的外表下，将情感推向高潮，使观众深受感动。其中饱含的契诃夫与米齐诺娃相互之间深厚而隐忍的爱，也更突出契诃夫和米齐诺娃爱情的悲剧色彩，进而起到更大的震撼作用和戏剧效果。

契诃夫的戏剧"动作很少""有许多关于文学的谈话"，将"小说笔法"引入戏剧，把舞台上的戏剧事件"平凡化"与"生活化"，开"散文化戏剧"的先河。在《爱恋·契诃夫》中，演员们同样是"动作很少"，扮演契诃夫和米齐诺娃的演员或站或坐，很少有吸引人的外在的戏剧动作，他们就在这种相对平淡的"表演"中将两颗热烈的内心呈现在观众的眼前。

契诃夫曾经说过："在舞台上应该像在生活中一样的复杂和一样的简单。人们吃饭，就是吃饭，但与此同时，或是他们的幸福在形成，或是他们的生活在断裂。"剧中大量充斥着"许多关于文学戏剧的谈话"，将契诃夫的创作和美学思想通过人物的对话表达出来。童道明通过对契诃夫的小说、信件等素材的大量采用，以对白、独白和回忆等形式，将"小说笔法"引入戏剧，践行了契诃夫"散文化戏剧"的风格。在《爱恋·契诃夫》中，我们看到了"像在生活中一样的复杂和一样的简单"的但却饱含深意的契诃夫与米齐诺娃的"生活"和"爱情"。

在《爱恋·契诃夫》的结尾，那"海鸥"的徽帜，那一个个的头像面具，显现出契诃夫戏剧中的潜流和出乎意料的美。契诃夫是不朽的，《海鸥》也是不朽的，丽卡·米齐诺娃因契诃夫和《海鸥》也将成为不朽。而童道明则用《爱恋·契诃夫》将契诃夫、《海鸥》和米齐诺娃的不朽记录并呈现在了中国观众的面前。

探析音乐剧如何突出重围

引言

一部又一部大小音乐剧相继出炉，业界一直谈论和憧憬着的属于音乐剧的光明前景似乎已在眼前。

四海一家：布局音乐剧全产业链

"这是一个 15 年的梦想。" 2015 年 5 月 21 日，当田元在《剧院魅影》英文巡演版北京发布会的现场，一字一字说出这句话的时候，现场的记者和音乐剧粉丝能够感受到她言语中的兴奋。2015 年 11 月，田元所在的北京四海一家文化传播有限公司首次引进这部享誉全球的知名音乐剧在北京巡演。

作为一家专注于音乐剧这一相对小众的文化演出市场的公司，四海一家本身的曝光率并不高，不过其制作的《妈妈咪呀》和《猫》等知名音乐剧的中文版都取得了票房和口碑的双丰收。身处一个中国音乐剧市场从无到有、从起步到逐渐成熟的时代，田元坚信，中国市场的潜力一定能够助推国内也出现一个"百老汇"或是"伦敦西区"，但这需要对市场培育的耐心及自身优质内容的支撑。做一家追求内容质量而非速度，先整合不同平台业务再产生价值的"慢公司"，正是四海一家的目标。

过去的 10 多年见证了中国音乐剧市场从无到有的发展进程。可能在几年前，很多国人还不知道音乐剧为何物，不过，在短短几年间，伴随着一些大热剧目在国内巡演的极大成功，国内音乐剧的观众人数也急剧增长，甚至在这个相对小众的市场内，国内也涌现出一批音乐剧的忠实粉丝。伴随着市场的扩容，国内投资音乐剧的资金以翻番的速度猛增，进入音乐剧制作市场的公司越来越多。而在快速发展的市场环境中，四海一家总经理田元和她的团队则一直坚持一条原则，那就是"内容为王"，即不过度追求速度数量，而是将更多的精力放在打造精品内容上，而好的剧目最终能带来丰厚的商业利润。

显然，田元对于音乐剧的理解和经营之道深受百老汇的影响。百老汇的成功法则就是"内容为王"。

百老汇剧院的兴起大多以独立的戏剧制作人为核心，戏剧制作人同时也是剧院的管理人，甚至是拥有者，Producer-Manager 一词本身就体现了制作人在百老汇的重要地位。那些以出租剧场为主、只经营"地产"业务的剧院集团大都面临沉重的财务压力，相反强调自主开发新剧的 Jujamcyn Theatres 凭借旗下 5 个剧场分享了百老汇大街上 1/3 的收入。

国际经验显示，一部经典的剧作能够持续上演数千场，让一个剧场红火数年，甚至是十几年，而《猫》《剧院魅影》《悲惨世界》等经典名著更是持续上演了 20 年之久，它大大降低了剧院的运营成本，并给制作人和投资人贡献了丰厚的利润——成功的剧作在上演的头几年就已经收回了投资，此后的演出收益利润比较高，版权的输出和衍生产品的销售更创造了数倍的附加收益。

数据表明，一部内容优质的音乐剧所带来的投资回报率要远远高于电影的回报率。以迪士尼的经典动画《狮子王》为例，其音乐剧版本上映10年，总销售收入是制作费用的50倍，而其原版电影上映1年，总销售收入仅是其制作费用的11倍。

而在内容制作上，比起有些公司一开始就做原创，四海一家则坚定地从引进英文巡演版做起，按田元的话说，要先"真正了解音乐剧是怎么回事，再通过制作世界经典音乐剧的中文版培养自己的制作能力"。

"因为如何把一个好作品的最好品质呈现在舞台上需要整合创意团队、制作团队、运营团队，需要和市场上的合作伙伴一起把它长期运营下去，好的音乐剧肯定不是只演出一场两场，它一定有很多年的生命力。音乐剧是舶来品，因此必须向别人学。"田元介绍道。

田元从2000年前后开始接触西方版权公司，通过版权合作，2003年推出了英文巡演版《猫》，2011年推出了《妈妈咪呀》中文版。中文版《妈妈咪呀》一周演出6~8场，在全中国24个城市巡演，第一个演出季做了200场，运营费用约7000万元。《妈妈咪呀》4年的演出加起来达400多场，这样的成绩在中国音乐剧市场上无疑是斐然的。

在田元眼中，版权合作是一种很好的合作方式。"一方面，这有利于我们自身的成长。因为我们的合作对象是世界上最优秀的一群人。有很成熟的产品，很成熟的制作团队，和巨人同行能学到东西。"田元称，"另一方面，他们对中国的兴趣也非常大，希望自己的作品在中国获得成功，所以签合同之后我们不是合同的甲、乙方，而是成了一家人，打造优秀产品是共同目标。"❶

剧场，音乐剧生存的依托

自2011年百老汇音乐剧《妈妈咪呀》中文版在国内获得成功后，音乐剧这种艺术形式逐渐走进了国人的视野。多家演出机构、艺术院校纷纷加入制作大军，一部又一部大小音乐剧相继出炉，似乎业界一直谈论和憧憬着的属于音乐剧的光明前景已在眼前。可是，若仔细观察就不难发现，目前音乐剧在国内的发展并非想象中那般如意。

有专家指出，国内大部分音乐剧首轮演出依靠一系列大张旗鼓的宣传，尚有不错

---

❶ 华夏.四海一家：布局音乐剧全产业链［N］.经济参考报，2015-06-12.

的反响。到了第二轮，情况便会明显弱于前一轮，到了第三轮情况显然不容乐观。

造成上述现象的原因，除了缺乏创作人员、专业演员、资金等因素，还有一个重要的原因——固定演出音乐剧的剧场凤毛麟角。相对而言，作为音乐剧长盛不衰的世界两大演出中心——英国伦敦西区和美国纽约百老汇，以及近几年音乐剧做得风生水起的日本四季剧团，在剧场方面就做得比较到位。

西区的存在为伦敦增添了许多魅力，其目前拥有近 50 家剧院。这些剧院每周都有多部音乐剧作品同时上演，其一大特色是有些剧目在一些固定的剧院长年上演，如音乐剧《猫》和《歌剧魅影》不间断地上演了 20 多年。为了更好地提高剧院服务品质，伦敦剧院协会对观众来源做了调查，据其近年发布的统计显示，有 2/3 的海外游客将看演出列为他们到伦敦的重要原因。可想而知，西区剧院的经营已不仅是音乐剧发展的重要依托，更成为整个城市旅游文化事业的重要支撑之一。

美国百老汇所形成的剧场经济圈模式并非简单的因为剧场云集，而是"天时、地利"。百老汇地处纽约曼哈顿地区最繁华的 42 街，这条长约 1 公里的"白色大道"上汇集了超过 40 家剧院。《猫》《歌剧魅影》等经典音乐剧作品每年在这里持续上演数千场。据 2011—2012 年有关报告显示，国外青少年游客构成了音乐剧观众的主力军。一年间，百老汇共卖出了 1230 万张票，游客平均停留 4.4 天。所以，百老汇剧院附近的每一条小街道里都有几家音乐剧、话剧等衍生产品专营店，以方便游客采购，形成"百老汇每 1 美元的票房收入，就能带动周围 7 美元的附加收入"的良性循环。因而，剧院的重要性也是不言而喻的。

日本四季剧团目前已积累了 30 多部剧目，重要的剧目甚至建造了专门的剧院进行演出，在几个大城市拥有超过 9 座专用剧场，还曾经搭建过十几个临时剧场。如在横滨，拥有一对醒目"黄色猫眼"的剧场成为城市景观之一。而且，这些剧场周边均设有车站，便利的交通大大方便了前来观剧的外地观众。

由此可见，在这些国家，专门上演音乐剧的剧院的功能已不仅仅是演出，更是代表城市文化的地标性建筑。在主要观众群由本地人转为外来游客的情况下，具备"专项专用""好找好看"特性剧院的存在，更好地满足了外来游客感受、体验当地文化及旅游等多项内容的需求，并容易在他们之间产生口口相传的宣传效应，如"没去过百老汇，就不算到过纽约"的广告语而今已深入人心，几乎每个游客都要"到此一游"。

其实，"剧、院互养"的运作模式在中国也有着良好的传统。就北京而言，戏曲是人们喜爱的艺术形式，进剧院看戏也就成为人们愿意花钱的文化休闲项目。而梅兰芳大剧院、长安大戏院已经成为国人，以及许多海外游客所熟悉的看戏场所。

相比之下，目前北京、上海等大城市的居民远未形成观看音乐剧的文化消费习惯，而针对外来游客的"剧院·旅游"的营销路线也因为失去了市场先机而格外难走——声势浩大、炫目多彩、内容丰富的大型实景演出已成为各方青睐并熟知的演出形式。在这样的情况下，建立或"培育"固定的、知名的音乐剧演出场所应当引起业界重视。否则的话，在各种演出的"大菜单"里夹杂着的音乐剧，很难立刻给人留下突出印象，却有被多种文化选择湮没的风险。❶

中国音乐剧本土化发展"引进"与"原创"两手抓

"中国音乐剧不应该走百老汇的老路，而应借音乐剧语言找到属于中国的、独特的故事讲述方式，吸引观众走进剧场。"百老汇制作人兰德尔·艾伦·布克日前亮相上海文化广场，参加第 32 届上海之春国际音乐节音乐剧发展论坛，他认为没有文化个性的音乐剧，即使投入数千万美元也很难吸引观众。面对发展状态处于"婴儿期"的中国音乐剧产业，本届"上海之春"音乐剧发展论坛邀请来自美、澳、韩等国家的 120 余位音乐剧专业人士，为这个"舶来品"的本土化发展和市场化运作出谋划策。业内人士认为，音乐剧产业能否落地生根，关键在于文化方面的对接，无论是引进还是原创，都需要从本土市场的需求出发，找到音乐剧语言和观众文化情感的共振频率。

（1）不会说故事，大制作也未能有大表现

2014 年年底，文化广场引进德国音乐剧《伊丽莎白》，这部以德语演唱的音乐剧，不像许多百老汇音乐剧那样拥有巨大的粉丝基础，却因为独特的剧情安排和丰富的历史内涵在连演 40 场之后收获了几乎"一边倒"的好口碑。在与会专家看来，各国国情不同，观众审美各异，但要制作出成功的音乐剧作品，有一点是共通的，就是懂得用音乐讲故事。《剧院魅影》《猫》《极致百老汇》等经典国外音乐剧的制作人托本·布鲁克曼参与了多部中国音乐剧的制作工作，他说："中国的市场有其独特性，你们已经拥有了全世界数一数二的剧院和硬件设备，接下来需要在内容开发方面努力，因为文化产业始终是内容为王。"

"内容为王"，这一观点得到了与会专家的一致认同。参与制作过 50 多部戏剧作品的兰德尔·艾伦·布克指出，原创内容的缺乏已经是全球音乐剧制作者面

---

❶ 张婷. 观察：我国音乐剧发展现状及困境 [N]. 中国文化报，2014-01-22.

临的共同问题。如今的百老汇也陷入了以大制作、高科技来吸引观众的窘境。动辄几千万美元的制作成本，也只能轰动一时，却没有为百老汇带来更多观众，也无法制作出长演不衰的经典之作。"音乐剧《西区故事》的制作费用只有区区30万美元，却达到了我们现在花费3000万美元也无法企及的艺术高度。中国音乐剧的发展不应该走百老汇的老路，而应该另辟蹊径，用属于中国人独特的讲故事方式，吸引中国观众走进剧场。"

（2）打造本土产业链，引进和原创需同时发力

"海外音乐剧如何在本土发展？以前想得很简单，以为如同把生长在野外的植物搬到室内种植，但实际操作起来，才发现有很多困难。"上海大剧院艺术中心总裁张哲在论坛上表示，原创音乐剧离成为一个真正的产业还很遥远。与中国类似的是，韩国的音乐剧市场起步比较晚，直到2002年，韩国才有了音乐剧表演，然而，在短短13年间，音乐剧演出已经占整个韩国演出市场60%的份额。EMK音乐剧制作公司副总裁金智元认为，这得益于他们的"三步走"战略，即引进西方经典、本土化以及制作原创音乐剧。"一开始，我们引进一些西方经典剧目，如《猫》《妈妈咪呀》等，吸引观众走进剧场，了解音乐剧的独特魅力。但很快，这些剧目就已经不能满足韩国观众的需求了，他们希望看到能符合韩国观众审美口味的作品。"在意识到这点之后，EMK公司开始将欧洲音乐剧本土化的尝试，引进国外的剧本和音乐，在舞美设计方面则加入韩国元素。

金智元指出，本土化能否成功的关键在于剧目的选择，这需要音乐剧引进方熟知本土市场和观众的喜好。"我们以前也曾将一些喜剧类的音乐剧本土化，但演出效果并不理想。比如，我们发现，各个国家对幽默的理解不同，但对悲剧却容易产生共鸣。"之后，《莫扎特》《基督山伯爵》《玛丽·安托瓦内特》等本土化音乐剧都在韩国取得了不小的成功。

无独有偶，日本的音乐剧市场也经历过引进经典和本土化的过程。与会专家认为，中国的音乐剧产业，先从海外引进一些经典音乐剧进行改编，或用中国演员出演海外经典音乐剧，在本土化的过程中打造属于中国的音乐剧产业链，培养专业人才。❶

数据分析

从当前音乐剧发展形势分析，中国的音乐剧演出的总量远远不够观众的实际

---

❶　徐璐明. 中国音乐剧不能"复制"百老汇［N］. 文汇报，2015-05-11.

需求，离音乐剧强国的梦想相去甚远。我国的音乐剧人和热爱音乐剧的各个演艺事业的社会团体，引进了不少国外经典音乐剧剧目来华演出，同时也搬演和原创了一些自己的音乐剧作品。

近些年来，音乐剧的上演一般有三种方式。一是引进国外团体的演出；二是搬演国外的经典剧目；三是原创作品。引进国外团体的演出，能让观众从欣赏原汁原味的音乐剧中感受音乐剧的艺术魅力，同时使得我们的创作人员也能够有更多的学习和研究音乐剧创作的机会。而要想发展我们自己的音乐剧产业，使我国的音乐剧事业兴旺发达，必须加强我们自己的音乐剧演出生产。从这些年的音乐剧演出情况来看，无论是搬演还是原创都并不活跃，更谈不上繁荣。

音乐剧没有形成规模化的市场，究其原因是缺乏专业并具有长远音乐剧发展目标的演出实体。

当前，我国音乐剧生产的主要商业运作模式基本是一次性投入，某一个演出投资方抓了一个剧目并预约了相关的知名主创人员参与创作，临时聘任一两位演艺明星担任主要角色，同时招聘其他创作演出所需人员来组织演出生产，剧目上演结束后，便没了下文。这样的一次性生产机制，就不可能有在发展目标下的后续剧目生产计划，也就没有剧目的不断开发和积累。

中国不缺音乐剧表演人才，缺的是能够展现他们才华，并在实践中不断提高他们表演技能的舞台。毋庸讳言，我国在音乐剧作曲、作词、编剧和编舞等极其重要的具有音乐剧特色的专业方面创作力量薄弱。而缺乏相对稳定，具有长远规划的创作、生产实体，缺乏剧目生产和演出的持续性，就意味着缺乏主创人员锻炼的机会。我们不能梦想有一位像韦伯一样的作曲家从天而降，与演员一样，作曲家、编剧和作词等主创人员也需要依附于音乐剧的演出实体，在不断的创作中，积累经验而逐渐地成长、成熟起来。

"互联网+影视" 能碰撞出什么火花

引言

2015上海电影国际节已经落幕，"互联网+电影"的新浪潮，将给中国的电影产业带来哪些新机遇？互联网金融的强势介入，将给中国的观众带来哪些新体验？

互联网+影视科技与资本创新并举

2015 上海国际电影节是在火爆中进行的。"内行看门道、外行看热闹",本次上海国际电影节除依旧吸引人眼球的各路明星大佬外,盛会上谈论更多的是"互联网+"的概念,包括"互联网+影视""互联网+制作"等,上海国际电影节俨然成"互联网大会"。影视产业全面拥抱互联网时代大幕已拉开。多位业内人士认为,"互联网+"带来的新科技、新业态已在催生影视行业巨变。

此外,本次上海国际电影节还给人一种感觉是,影视行业资本运作新态势继续推进,资本与影视的结合形式不断多样化。影视行业此前的封闭业务模式通过资本的开放走向公开、透明与合作、共赢。

(1) 互联网思维渗透影业

电影节期间,上海国际电影节和阿里巴巴集团签署战略合作协议。2016 年起,上海国际电影节将正式携手阿里巴巴集团,三年间共同搭建集新人扶持、服务、创新为一体的新型平台。阿里巴巴旗下的"娱乐宝"将作为电影节官方指定的互动娱乐合作伙伴。淘宝电影也将作为电影节的官方指定售票平台,与电影节展开多维度合作。上海国际电影节与阿里的合作将结合阿里的平台优势,从影视新人扶持、影迷互动服务、探索行业未来等方面内容入手,将电影节打造为一个具备互联网基因、提供极致服务体验、探索行业未来、孵化产业新势能的国际性活动。同时,上海国际电影节首次举办互联网电影系列活动,包括互联网电影展映、互联网电影产业投资跨界峰会、互联网电影上海高峰会和互联网电影之夜四大活动。

在上海国际电影节期间,易观智库联合上海国际电影节共同发布国内首份《互联网+电影趋势研究报告》。易观智库认为,"互联网+电影"就是将互联网的创新成果、商业模式、思维、技术与传统电影行业的融合,是对传统电影产业的优化升级,互联网思维将会对电影产业产生前所未有的冲击。

(2) 影视"高科技"

伟德福思文化传播有限公司在上海召开的主题为"聆听·未来"的调研体系发布会,发布会时值上海国际电影节期间,吸引不少眼球。在发布会上,伟德福思电影调研体系"电影声呐 FilmBuzz"、观影情绪洞察系统首次公开,展示观影端数据收集等的高科技产品。据介绍,通过佩戴集成先进传感器的生理信号采集硬件,体验者们可以清晰地在大屏幕上看见自己的每一次眼动、每一个情绪波动，即使表情保持的再淡定，脑电波和眼动是不会说谎的。此次发布的电影调研体系，包括 FilmBuzz（电影声呐系统）系统、多人观影情绪洞察系统、多维度生理信号同步系统等。其中，生理信号采集硬件被首次引入电影行业，这是行业内颠覆性的创新，利用跨界科技推动电影行业，大大颠覆"调查问卷"和"电话回访"的传统模式。另外，在本次上海国际电影节上，美国科视数字系统公司与上海影城合作，启用科视 ChristieFreedom 激光放映系统和 ChristieSolariaCP4230 DLP 4K 电影机，带给观众最佳的观赏体验。影视行业的高科技趋势在近年来更加凸显，从影视特效、3D 观影、院线改造等领域，高科技技术都在层出不穷。

（3）资本"搅起春水"

在影视产业拥抱互联网的大环境下，带着互联网思维而来的资本也将成为搅起行业"一池春水"的力量。本次上海国际电影节期间，在"互联网+"底色之上，资本正在绘就自己的行业远景图。

靳海涛在介绍深创投的投资理念时则明确提出，要投新兴的，如乐视网影视、"米粒"等；要投智能的，如做 4D 和 5D 电影和各种小型可移动的电影网企业，代表着行业未来的发展趋势；要投转型的，比如一些文艺机构和艺人的公司化、商业化转型等。资本在行业持续发展中敏锐地寻找自己的机会。易观智库在研究报告中提出对未来的猜想：内容为王还是渠道为王，谁将控制电影产业链？电影后产业链能否借互联网崛起？这些问题在现阶段或许只能看到未来发展的一点趋势，但在对未来的猜想中，资本无疑将成为重要的参与力量甚至是决定力量。[1]

数据分析

2015 年 6 月 21 日，第 18 届上海国际电影节落下帷幕，我们可以发现，这个无论在本土还是海外皆具影响力的盛宴背后出现了一个备受关注的词——"互联网+"。

互联网能否对电影产生本质的改变才是我们应该思考和探讨的重点。

我们认为，互联网和电影的"化学反应"离我们还很遥远，在短时期内，互联网还不能从本质上改变电影。在互联网和通信技术的影响下，网络电影、手机电影和微电影迅速进入我们的生活，他们与传统院线电影的一个明显区别就是

---

[1] 徐金忠. 互联网+影视科技与资本创新并举 ［N］. 中国证券报, 2015-06-20.

长度不同，但在电影诞生的早期，电影的长度也是类似的小短片，由此看来，电影的长短不能决定电影的本质。正如我们在电视上观看电影，互联网只是给电影的传播提供了另外一条渠道。手机、摄像机等科技设备的易获得性使得拍电影成为每个人都可以做的事，但是这并没有降低电影的门槛和成本，非专业的电影也不可能成为主流。现在互联网上的各种"微电影"只是一些碎片化的"微视频"，不能称为真正意义上的电影。

互联网时代我们似乎更加愿意在繁忙的生活和工作中抽空看一段简短的微视频，而不是花上两三个小时在影院观赏一部真正意义上的电影，加上政府、企业及各类社会机构也主办了不少微电影活动，微电影成为我们日常生活关注的焦点。这种现象，一方面对普及电影艺术、培养人才有所帮助；另一方面因为非专业人员的大量侵入使得电影艺术的门槛越来越低，人们对电影专业性的敬畏也日益淡化。

毋庸置疑，电影从诞生发展至今已经形成了一个完整的工业体系和系统的产业链。在互联网影响渗入我们生活、工作骨髓的时候，电影艺术也免不了受到影响，但是我们理性地找到互联网和电影融合时产生的最有价值部分，而不是无限放大互联网的力量。

"综艺电影"：中国电影市场上的"春药"还是"毒药"

引言

在《爸爸去哪儿》和《跑男》两部由综艺孵化的电影票房大卖之后，业内形成了一股巨大的讨论声音。著名导演冯小刚怒批："影响极其恶劣，这将导致没有制片人会继续投资一部严肃的、付出了很大努力的电影。"此话一出，引发现场观众一片哗然。综艺改编电影的大热对于中国电影市场到底是"春药"还是"毒药"？

冯小刚炮轰综艺电影："快餐模式"冲击传统精品

著名导演冯小刚被誉为娱乐圈"小钢炮"，向来敢怒敢言，在业内一直以敢说真话著称。冯小刚在浙江卫视《我看你有戏》的录制现场点评选手表现时，又将"炮口"对准当下中国电影市场产生的畸形现象：综艺电影的怪圈及某些作品过分营销忽视本体"对中国电影的发展产生了极其恶劣的影响；将导致没有制片人会继续愿意投资一部严肃的、付出了很大努力的电影"。此话一出，引发现场观众一片哗然。

一些观点指出，这一"经纪+综艺+电影"的 IP 掘金新模式，对传统电影制作模式及市场蛋糕发起了冲击，进而引发电影人的担心。另一派则相信，不论是否称得上电影，这是一种"市场共鸣"，且丰富了电影市场，迎合很多年轻人的"胃口"，给消费者多提供了一个选择，电影人不能用老眼光看新市场，毕竟有市场就有合理性。

《跑男》是电影是还是媒体产品？

此次争论，最大的焦点恐怕就在于综艺电影是否能够称为电影。这一严肃的问题，不但惹得冯小刚大光其火，就连《跑男》电影的制片人李亚平在拍摄前期也有所困惑。

"《奔跑》是电影吗？如前所述，在刚刚接触这个项目时，我抱着很大的成见，其根基就是不认为是电影，至少不是常规意义的电影。"这是李亚平在"炮轰"一事之后，受邀写出的声明，"但是从广义而言，它的娱乐功能、技术指标、收看和传播路径，又已经成为一个电影产品"。

更多的圈内人则认为，这类由综艺 IP 演化而来的大电影，更应该被称为"媒体产品"。"也就是说，背后是一帮非传统电影背景的团队在推动此事。"一位了解《跑男》电影制作经过的人士向《每日经济新闻》记者直言，"从《跑男》来看，它与传统电影一样，依然算作内容驱动，而不是营销驱动。只是这个媒体产品从电视渠道起家，又多了一个电影渠道。"

综艺电影备受争论的另一点，则是其"快速成片"。"相较于传统制作，这类电影最大特点在于效率高。"一位不愿具名的电影投资人士告诉记者，"在拍摄节目期间，积累了大量素材，节省人力、时间、制作成本。尤其在人物形象塑造上，前期节目已经让角色深入人心，不用再花费工夫铺垫。"

也有知情人士指出，所谓三天、六天拍摄完毕，往往也是电影后期的自我炒作。真实情况下，从筹备到拍摄，以及后期宣发，依然要消耗时间。以《跑男》电影为例，"据我所知，这部电影在综艺节目尚未开播之前就已在筹划，大约在 2014 年 4 月左右，创作过程中也经历了一些挫折。"上述知情人士向记者证实，"这也不可能是几天时间就能搞定的。"❶

---

❶　江然. 冯小刚炮轰综艺电影：快餐模式冲击传统精品［N］. 每日经济新闻，2015-02-09.

数据分析

冯小刚"炮轰"综艺电影在网上引发了相当激烈的讨论。网友的观点基本分为三派。一是力挺派，这一派认为：冯小刚的担忧是对的，现在也就冯导敢说点实话；二是中立派，他们认为电影的生存应该由市场决定，你片子拍得好，观众自然会买账。还有一类人是"揭短派"，他们指出，冯氏贺岁片也曾被指"低俗"，这种电影也是圈钱的买卖。比如前年冯导的《私人订制》口碑不好，却创造了冯小刚电影作品的最高票房。冯小刚感慨，自己"随便拍的《私人订制》一周4亿元，认真拍的《一九四二》不卖钱。"

现在的市场环境下，热门的电视综艺拥有稳定的观众群和收视率，凭借播映带来的口碑和话题效应，在现实生活和互联网上都保持着较高的活跃度。几亿的网络点击量，微博的话题阅读量，话题热度，明星效应，都意味着可能换成真金白银的巨大的票房潜力。

既然是成本低、见效快，并且有一定的经济效益何乐而不为？如果赶上春节档，或是在寒假期间上映，那些被综艺节目长期吸引着的学生族成了票房的重要贡献者，很多缺乏判断力的青年学生甚至都没来得及换掉校服就兴奋地冲进了影院，一些学生家长也被孩子"绑架"去看。用这样的模式锁住一个学生，甚至可以产生3倍甚至更高的消费，因此"合家欢"的观看模式成了"综艺电影"票房制胜的不二法门。

到目前为止，中国电影产业依然处于初级阶段，电影市场也依然具有强烈的"中国特色"，即休闲娱乐成为大多数观众进电影院的主要诉求，看电影的目的是增加谈资。某种意义上说，如果"综艺电影"能满足观众的这一需求，给观众带来快乐不是坏事。问题是整个电影产业如果蜂拥而至，争做这种"短平快"的电影，无疑将加剧处于初级阶段的中国电影的浮躁和投机。有人说，美国好莱坞也经常把热门电视节目改编成电影，但我们必须看到，这里有一个必要的"电影化"的过程，需要有基于电影本体的一系列改编环节。而像我们目前这样"短平快"地制作"综艺电影"，用好莱坞知名影评人托姆·格伊尔的话说，绝对是"中国独创"——这种类型的电影，成熟的电影产业绝对不会去触碰。

仔细思考一下，当下中国电影之所以会有那么多的快餐式生产，还形成了快餐式消费的链条，恐怕与整个社会的浮躁和急功近利有内在联系。学生、城市白领等学习、工作压力较大的群体构成了今天电影观众的主体，他们进电影院是为了放松，"90后""00后"的青少年观众更是单纯追求娱乐、"任性"消费。但不得不说的是，"快餐和可口"没有营养，人的成熟应该包含着对自己的口味、趣味和文化的理性选择。

由于中国电影市场的不完善，存在快餐式生产和中国电影观众尤其是年轻观众的非理性消费，"短平快"的"综艺电影"在当下乃至今后一段时间还会风靡，甚至大行其道。其生产者们或许还会以到手的高票房来嘲讽那些"执迷"于电影的专业性、电影本体的人。

可以预见的是，这种情形不可能是中国电影和中国电影产业的常态。因为不论是何种形态的电影，要想真正立足，取得有效的发展潜力，都必须从本体出发做精做强。如果不尊重艺术创造力，不尊重电影生产的基本规律，最终失去不仅是电影市场本身，还会失去最终清醒的大众。

《新华字典》拍电影？论 IP 改编的是与非

引言

IP（Intellectual Property，具有知识产权的智力项目）改编成电影已成为时下影视业发展的热门，《新华字典》亦被提上了改编的日程，这引起了各界人士的关注。关于 IP 改编的是与非以及如何实现高质量的 IP 改编成为时下影视创作人士思考的重点。

《新华字典》改编成电影这是中国电影的创意还是噱头？

IP 热在影视圈持续升温，几乎每天都有所谓 IP 作品开拍或上映。《新华字典》和"俄罗斯方块"已被互联网公司注册，将被改编为影视剧。国内还有怎样匪夷所思的 IP 会被改编？中国影视创意已经枯竭到拿《新华字典》来做噱头？国内影视制作业内人士接受了记者采访，在谈到电影对 IP 应当持怎样的态度时，争议是显而易见的。

（1）应该尊重 IP 带来的改变

代表人物：中国电影导演协会会长李少红。

有人认为，《新华字典》是惠及几辈人的工具书，如果改编得当，借经典的名声拉动票房无可厚非。中国电影导演协会会长李少红自诩"IP 热"的准支持派，"IP 本身无可厚非，我们不能因 IP 转化过程中的某些问题，而忽视这种新形态的存在"。李少红在影视产业打拼 30 多年，圈里的热词起起伏伏经历了好几轮。如今，IP 之于电影是又一次革命，李少红认为电影人应该尊重互联网给电影产业带来的改变。

（2）IP 改编是对市场的尊重

代表人物：《大丈夫》编剧李潇。

有人认为，IP 改编作品让观众看到片名就有亲切感，进而产生消费，正是内容产业延长产业链带来的优势。电视剧《大丈夫》的编剧李潇认为，一个 IP 有价值，就是因为它有闪光点，能抓住用户心理，满足消费诉求。在李潇的印象中，过往有不少影视创作是"闭门造车"，远离观众，而 IP 改编却以观众为中心，是对市场选择的尊重。

（3）依赖 IP 是电影的悲哀

代表人物：中国电影文学学会副会长汪海林。

中国电影文学学会副会长汪海林给 IP 热投了反对票，他说，"IP 实际上是 I poor，我很穷。尤其是有人动了《新华字典》的脑筋，原创真的如此匮乏？"汪海林给出抵触 IP 的理由：现在一说要找创意源，很多人就诉诸互联网热词，很多选题本身欠缺专业性，不具备电影转码条件，"如果创作完全依赖于热点，那是电影的悲哀了"❶。

"IP 热"为何如此流行？吸金效应是首要因素

IP，英语"Intellectual Property"的缩写，直译为"知识产权"。IP 的形式可以多种多样，既可以是一个完整的故事，也可以是一个概念、一个形象甚至一句话；IP 可以用在多个领域，音乐、戏剧、电影、电视、动漫、游戏……但不管形式如何，一个具备市场价值的 IP 一定是拥有一定知名度、有潜在变现能力的东西。美国迪士尼公司就是运营 IP 的高手，依靠米老鼠等深入人心的形象，不但拍摄动画电影，而且创造了史上最成功的主题乐园。印有米老鼠等形象的玩具、服饰等衍生产品所创造的利润远远超过电影本身的产值。

（1）IP 为何此时爆热，吸金效应是首因

中国电影产业的飞速发展所带来的"吸金效应"是 IP 热出现的首要动力。

---

❶ 王彦.《新华字典》改编成电影这是中国电影的创意还是噱头［N］.重庆晚报，2015-06-04.

票房收入从 100 亿元到近 300 亿元,中国电影仅用时 4 年。但与美国平均观影人次相比,中国人均观影次数仍有巨大提升空间,这就意味着中国电影市场未来相当一段时间仍将一片光明。资本的嗅觉是敏锐的,大批投资者蜂拥而入。百度、阿里巴巴、腾讯、优酷、乐视等互联网巨头也纷纷成立影视部门。10 年前,中国电影的投资主体不超过 100 个,而今天以民营为主的各类投资主体超过 1500 个。

电影投资者不差钱,差的是能拍成电影的创意。从网络上寻找题材已经成为电影投资者的"常规动作",并且屡试不爽、大有斩获。2011 年,改编自网络小说的电影《失恋 33 天》票房突破 3.5 亿元,成为年度票房市场的最大"黑马"。2012 年,由网络小说改编而来的电视剧《后宫·甄嬛传》一经播出就占据各大电视台收视率榜首,随之而来的漫画、戏曲、电影、游戏等也颇受欢迎。今年的"五一"档期,更是 IP 电影的 PK 大战,《何以笙箫默》《左耳》《万物生长》皆来自热门网络小说。

(2) 文学网站价值凸显网络巨头加大投入

IP 热使握有众多网络小说版权的文学网站备受瞩目。2015 年 1 月 21 日,中文在线在深交所上市后连续 23 个涨停。对此,童之磊说:"资本市场的反应说明大家看好我们,看好的不仅仅是我们的网络文学,也是看好移动互联。"

其他互联网公司当然也看到了网络文学的市场潜力和价值,纷纷加大投入。2014 年 11 月 27 日,百度正式成立百度文学,并现场签约影视、游戏等多家合作伙伴。两个月后,腾讯收购盛大文学成立阅文集团,统一管理和运营原本属于盛大文学和腾讯文学旗下的起点中文网、创世中文网、潇湘书院、红袖添香、小说阅读网、云起书院、QQ 阅读、中智博文、华文天下等网文品牌。

阅文集团副总裁罗立表示,从 10 年前的起点中文网到今天的阅文集团,网络文学市场价值的提升是有目共睹的。在这个发展过程中,网络文学不仅仅局限于在线文字阅读,更诞生了一条全版权运营的产业链,以文学为源头,促进精品 IP 在线下出版、影视、游戏、动漫、音乐、周边等泛娱乐领域的多态呈现,实现文字阅读市场价值最大化。❶

---

❶ 张贺. "IP 热"为何如此流行:吸金效应是首因 [N]. 人民日报,2015-05-21.

数据分析

目前中国电影市场上常见的 IP 电影主要有以下四大类：

①网络小说类：这是目前市面上最常见的 IP 电影种类。从《致终将逝去的青春》开始，越来越多的影视投资人关注到网络小说领域。单看 2015 年的"五一档"，由小说改编而成的电影就有《何以笙箫默》《左耳》《万物生长》等作品。而在 2015 年上海电影节期间，《死亡循环》《三生三世十里桃花》《盗墓笔记》等一大批网络小说又公布了 IP 项目的启动。

②音乐类：由高晓松监制的电影《同桌的你》拿下近 5 亿的高票房，这让热门歌曲 IP 在电影圈获得了青睐。流行 17 年的金曲《爱之初体验》也由滕华涛监制成了大电影即将在暑期档上映。此外，《睡在我上铺的兄弟》《小苹果》《一生有你》也已全部立项。

③动漫类：《哆啦 A 梦：伴我同行》在"六一档"收获了无数欢笑与泪水，上影节期间，源自国产动漫形象的《黑猫警长之翡翠之星》与《西游记之大圣归来》也备受瞩目。

④游戏类：IP 这个词原本是在网游界被炒得火热，随着互联网企业深入到影视行业，更加带动了业内人士对 IP 全产业链开发的关注。2015 年上海电影节上，《古剑奇谭》《仙剑奇侠传》《轩辕剑》等知名游戏都被传出即将改编为电影的消息。

IP 的指向是塑造整个网络文化的读者与观众，作为最先与作者产生互动的群体，他们在作品改编成电视剧或者电影的过程中不断对此进行热议，更有甚者还会吐槽。但是仅仅依靠 IP 这一噱头并不能促使电影的成功，因此 IP 的挑选和开发十分重要。

首先，优质的最具改编价值的 IP 需要经历时间的考验。那些只看到受众数字而忽略时间积累的 IP 最终都会失败。其次，充分考虑受众需求是前期调研的重要功课。以消费者需求为核心是开发和运营影视产品的起点。在内容上做到相信大数据、尊重网友投票，走"定制"路线，根据观众的喜好，最终一切产品由受众目标买单，这也是当前阿里影业所遵循的原则。最后，原作者参与核心创作是关键。《盗墓笔记》的作者南派三叔表示，原作者参与到创作中，能够让修改的部分和原著契合，"比如说，小说中没有详细描写的部分，可以在电影中表现出来，这一部分作为改编主体就会和原著没有冲突。这需要对小说非常了解的人才能做到"。因此有没有原作者参与核心创作，也是 IP 改编中颇为重要的环节。

纪录片《鉴史问廉》：以古为鉴、以史为镜

引言

由中央电视台、河南省纪委联合摄制的大型历史文化纪录片《鉴史问廉》，于 2015 年 1 月 9 日起在央视纪录片频道播出。它站在中华五千年文明史的高度，在历史的兴衰沉浮之中挖掘中华廉政文化的优秀遗产，全方位展示中国古代廉政文化的精华。有关专家认为，《鉴史问廉》主题鲜明，故事引人入胜、发人深省，在强势反腐深入人心的当下，此片的问世更具现实意义。

纪录片《鉴史问廉》获点赞

由中央电视台、河南省纪委联合摄制的大型历史文化纪录片《鉴史问廉》，于 2015 年 1 月 9 日起在央视纪录频道播出。以"廉"为核心、以"清勤慎"为主题，在历史的兴衰沉浮之中挖掘中华廉政文化的优秀遗产，也正因此，不少观众对这部回望历史、镜鉴当下的纪录片不吝点赞。该片总编导李青春在接受北京晨报专访时表示，"清勤慎"是中国古代吏治标准，但这三个字也适用于现在。

（1）讲好故事吸引观众

该片纵览数千年中华廉政史，从先秦到明清，重要的历史人物和历史事件均有涉及。面对浩如烟海的历史资料和众说纷纭的民间野史，摄制组潜心研究、遍访专家，精心选取最具代表性的人物故事，让观众在娓娓道来的故事讲述中，得到警示和启迪。例如，有对典故"旋马家声"的解读，也有对"甘棠遗爱"这个成语背后故事的讲述。而在介绍包公这位家喻户晓的清官时，该片则从当今百姓祭奠包公入手，讲述包公在端州和开封留下的感人故事，而最大亮点莫过于对京剧《铡美案》的阐释和解读。导演在片中不仅给观众呈现了动人的戏曲表演片段，还讲解了京剧脸谱"包公"的独特寓意，展示了当代戏曲史家对"包公戏"兴盛原因的探究。《鉴史问廉》总编导李青春表示，将纪录片故事化，用故事引起观众兴趣，这部纪录片才能发挥它真正的作用。

（2）情景再现真实历史

除了大量表现名垂青史的清官，《鉴史问廉》对贪官污吏也有深刻揭示。如表现唐代宰相李义府，片中将情景再现和专家讲解相结合，把他的贪得无厌、骄

横跋扈表现得入木三分。而片中点到贾似道酷爱蟋蟀，曾撰写《促织经》一书这个细节，更是对他玩物丧志的犀利嘲讽。

值得一提的是，为了将廉政故事讲得生动形象，《鉴史问廉》中的历史人物和历史场景都运用了情景再现的手法来表现，共十几个朝代、二百四十多个场景都遵循客观历史拍摄。屈原的遗世独立、岳飞的刚烈忠勇、张养浩的忧国忧民都在戏剧化的情境中得到了细致的展现，力图给观众留下深刻印象。制作团队希望通过对这些经典故事的生动讲述，使观众深思"廉则兴，贪则衰"的古训，体悟大力反腐对国家和社会健康发展的重要意义。

（3）发掘传统镜鉴当代

北京晨报：您和您的团队创作这部纪录片的初衷是什么？

李青春：习总书记指出"历史是最好的老师"。察古以鉴今，我们想借助这部纪录片立足河南省放眼全中国，对廉政历史文化资源进行一次深入发掘、系统梳理、全面展示、大力弘扬，最终做到古为今用。

北京晨报：纪录片取名《鉴史问廉》，这里的"问"字是否有其特殊意义？

李青春：我们很早就有了秦律，官员举荐制度、人才科举制度、吏治监察制度等。对待历史我们不能妄自菲薄，不能对祖先留下来的宝贝视而不见，要骑马找马。所以这个"问"字就是要探寻、去发掘、去借鉴，梳理优秀的传统文化，为当代反腐所借鉴。

北京晨报：从技术角度来说，《鉴史问廉》和其他纪录片是否有不同之处？

李青春：单从技术来说没什么不同，但我们的片子可以说工程浩大，跨度大、团队大、拍摄量大。我们采取故事化的叙述方式，古今穿越，现实切入，历史故事真实再现的拍摄难度很大，一共十几个朝代，二百四十多个场景，每一个场景都要换地方，演员都要穿不同的服饰。❶

数据分析

廉政教育纪录片《鉴史问廉》分以下8集：《兴衰之思》《清官之念》《清浊之辨》《道德之择》《文化之力》《律令之矩》《制度之重》《千秋之评》，以故事化的叙事手法，回顾历史长河，再现中国古代廉政文化精华。该片鉴古察今，探讨了文明兴衰与廉政建设的关系。

---

❶　韩英楠．纪录片《鉴史问廉》获点赞［N］．北京晨报，2015-01-18.

廉政文化在5000多年中华文明发展史上有着悠久历史。在先秦典籍《周礼》中，古人提出"六廉"概念，即廉善、廉能、廉敬、廉正、廉法、廉辨，即一个官员必须具备善良、能干、敬业、公正、守法、明辨是非等基本品格。历朝历代的百姓对政治清明和廉吏清官的渴望不曾消失。正在逐步实现大国复兴的中国该怎样面对这样一份"政治遗产"值得我们深思。今天的我们应当秉着"取其精华，去其糟粕"的立场，运用"古为今用、学以致用"的策略，创作属于我们自己的原创作品，以此来传承文化、复兴梦想，绝不当漂泊无依的"文化孤儿"，更不能做数典忘祖的"文明弃儿"。

《鉴史问廉》作为近几年来不可多得的廉政教育佳作，娴熟地运用了场景再现、专家品评等纪实手法，从官修国史、历代法律、监察制度、科举制度、文物古迹、民间故事、清官廉吏的真实典故中进行"考古发掘式"再创作，选取文学、戏剧等艺术形式的经典事例进行"大数据化"再加工，以荧屏形式呈现给广大观众，不仅是一场视听盛宴，而且冲击了观众的心灵。这样一部电视纪录精品，既为中华民族的廉政文化提供了新鲜的养分，又是中华大地上一道亮丽的文化风景线。

不得不提的是，《鉴史问廉》作为一部文化纪录片，与电视剧等艺术门类戏说、虚构等表现方式不同，它以真实的叙事感染人，以逻辑性和真理的力量震撼人，给予电视艺术工作者及廉政文化工作者双重启迪。该片主创人员巧妙地运用带有河南地方特色的故事桥段和内容元素，如豫剧中"当官不为民做主，不如回家卖红薯"的"七品芝麻官"，内乡县衙上"吃百姓之饭，穿百姓之衣，莫道百姓可欺，自己也是百姓；得一官不荣，失一官不辱，勿说一官无用，地方全靠一官"的楹联等。同时，主创团队还从戏剧脸谱形象解读包拯故事，从电影《狄仁杰之神都龙王》回溯了唐朝历史，描绘了中国式"清官清洁"的文化渊源和民意基础，实现了历史与现实的文化"对接"。事实上，文艺作品的宣传、教化、深刻并不等同于宣讲、喊话、尖刻，创作精品，越是接地气就越受欢迎，越赏心悦目越彰显党心。只有如此，我们才能用更多优秀的文艺杰作来书写文化传奇、续写文化辉煌，才能不负先贤初心。

第七篇　文化遗产

随着互联网和新媒体的普及，越来越多的信息和数据在社会生活中产生并急剧增长，以互联网和云计算为核心、以海量数据为重要特征的"大数据"已与现代社会各行各业紧密相连。在大数据视角下探讨文化遗产的保护与传承，既要尊重传统文化遗产保护传承的模式，又要注重在大数据影响下加强文化遗产数字化保护、传承、开发和创新，让文化遗产"活"起来。

文化遗产是一个民族文化的记忆留存，是历史留给人类的宝贵财富。根据遗产的不同形态特征，文化遗产可以分为物质文化遗产和非物质文化遗产。物质文化遗产是指从历史、艺术或科学等角度看具有突出的普遍价值的历史文物、历史建筑、人类文化遗址等有形人类文化遗存，如历史文献、艺术品、古建筑、古墓葬、古村镇、碑刻、壁画等。非物质文化遗产（以下简称"非遗"），即无形文化遗产，在《保护非物质文化遗产公约》中被界定为"被各社区、群体，有时是个人，视为其文化遗产组成部分的各种社会实践、观念表述、表现形式、知识、技能及相关的工具、实物、手工艺品和文化场所"，具体而言包括口头传授和表现形式、表演艺术、社会实践、仪式、节庆活动、有关自然界和宇宙的知识和实践、传统手工艺。

文化遗产作为民族历史文化的见证，承载着丰富多样的民族文化，保护、传承文化遗产有利于传承中华文明，推动我国民族文化的繁荣发展，在文化成为生产力的当代世界，保护、传承文化遗产也有助于推陈出新，促进我国文化的创新，带动文化事业和文化产业的欣欣向荣。

随着现代化进程和社会变革的加速，我国的文化生态环境和民族传统文化受到了猛烈的冲击，文化遗产受自然或人为因素影响，面临着不同程度被破坏和消亡的危险，尤其是具有无形特征的非遗，以惊人的速度减少、消亡。保护非遗迫在眉睫，近年来政府和大众也对非遗的保护与传承给予了更多关注，从政策到实践采取了一系列的保护措施。

在国际范围内看，日本是最早关注非遗保护的国家，1950 年日本颁布了

《文化财产保护法》，提出了"有形文化财产"和"无形文化财产"的概念及相应的保护法规。此后，韩国、巴西、法国、意大利、美国等国家也采取了一些初步的制度措施，呼吁人们保护非遗。联合国教科文组织于 1972 年通过了《保护世界文化和自然遗产公约》，强调对文化遗产法律保护的重视。1989 年通过了《保护民间口头传承建议书》，倡导对"传统和民间文化"的积极保护，此后又陆续发表了《人类口头及无形文化遗产代表作宣言》，设立了《人类口头和非遗代表作名录》，颁布了《世界文化多样性宣言》，并于 2003 年商议通过了《保护非遗公约》，正式界定了非遗的概念，并指明非遗保护包括"这种遗产各个方面的确认、立档、研究、保存、保护、宣传、弘扬、传承（特别是通过正规和非正规教育）和振兴"。

各国的实践工作相继有序开展，国外部分国家的非遗保护情况如表 7-1 所示。

相比于国际社会，我国的非遗保护起步较晚。我国于 1985 年才加入《保护世界文化和自然遗产公约》，后于 2004 年又加入《保护非物质文化遗产公约》，逐渐开启了我国非遗保护的政策历程。在此后的十几年内，从中央到地方、从法律法规到制度规划，我国各级政府先后颁布的非遗保护相关的政策不胜枚举，如《关于加强我国非遗保护工作的意见》《国家级非遗保护与管理暂行办法》《中华人民共和国非遗法》《浙江省非遗保护条例》《河北省非遗作品、资料和实物征集与管理办法》《成都市级非遗代表性项目名录及代表性传承人的申报与评定办法》等。

综观我国的非遗保护与传承相关的政策，首先，形式多样，内容丰富，自上而下的政策渐成体系。政策包括了法律、决定、通知、意见、办法、条例等多种形式，涵盖了非遗的抢救、征集、建档管理、名录管理、数据库建设等诸多内容。其次，部分政策条款提到了非遗数字化记录、数据库建设和网站建设等内容，体现了顺应大数据时代，加强非遗数字化保护与建设的现实需求。如《国家级非遗保护与管理暂行办法》第十四条提到"国务院文化行政部门组织建立国家级非遗数据库"，《中国民族民间文化保护工程实施方案》第五条指出"建立集工作平台、宣传教育和检索服务等诸多功能为一体的'中国民族民间文化保护网站'"等。

表 7-1　国外非遗保护情况

国家	实践情况
日本	在国家和地方设置"文化财保护审议会"，负责国宝的审查与文化财的保护工作
	选拔评定重要的非遗传承人为"人间国宝"，并给予特别资助，目前已有 360 位"人间国宝"
	制定有文化遗产登录制度，对文化遗产进行注册、登记
韩国	开展非遗记录工程，抓紧对传统民族、民间文化的资料搜集和整理
	成立了专门的非遗委员会，由专家和普通民众共同组成
	为全国最杰出的文化遗产传承人授予荣誉称号，给予活动经费、生活补助以及医疗保障
	利用非遗促进旅游文化产业的开发
法国	设立"文化遗产日"，众多博物馆和历史古迹免费开放或门票优惠
	确立"历史文化遗产保护区"，保护有 4 万多处的历史文化遗产
	设置"文化遗产局"，负责文化遗产的调查与维护
意大利	设置"文化遗产部"，专门负责文化遗产管理与保护
	形成"政府主管保护，私人或企业负责经营和管理"的"意大利模式"
	举行"文化遗产周"活动，免费开放众多博物馆、古迹建筑、艺术画廊等
	注重以博物馆负责非遗的保护工作，如巴黎大众艺术和传统博物馆，展示有烹饪、歌舞、手工艺品等非遗
	积极发展乡村生态文化旅游，举办木偶节并开设奖项，举办木偶展览等
美国	在哥伦比亚大学建立现代口述历史档案馆，保存有价值的私人回忆资料，各州也建有收藏口述历史资料的图书馆、博物馆
	开展"美国记忆"工程，被冠以美国全国性虚拟图书馆，加大非遗资源数字化力度
北欧各国	建立民俗档案，成立北欧民俗学协会，统筹指导北欧各国的民俗档案研究和民俗档案馆的业务工作

截至 2015 年年底，我国的非遗分为十类：民间文学、民间音乐、民间舞蹈、

传统戏剧、曲艺、杂技与竞技、民间美术、传统手工技艺、传统医药和民俗，综观我国的非遗保护与建设实践，从保护工程、资源普查、名录体系建设，到数据库管理、网站建设都已小有成效。自 2002 年起，中国民族民间文化保护工程、中国民间文化遗产抢救工程、全国文化信息资源共享工程、非遗数字化保护工程等相继展开，极大地促进了我国非遗保护与建设。我国非遗资源十分丰富，据2005—2009 年我国首次非遗全面普查工作所得成果，"收集珍贵实物和资料 29万件，普查文字记录量达 20 亿字，录音记录 23 万小时，拍摄图片 477 万张，汇编普查资料 14 万册，非遗资源总量近 87 万项"。目前，我国非遗保护已形成科学全面保护体系，建立了较为完善的国家、省、市、县四级非遗名录体系，已公布的四批国家级非遗代表作名录项目共 1517 项，非遗项目代表性传承人共 1986人，而入选联合国教科文组织非遗名录的项目已达 30 个，我国成为国际范围内拥有世界级非遗项目数量第一的国家。

在大数据时代的引领下，我国对非遗的数字资源存储与信息化建设也颇为重视。在非遗数据库建设方面，由中国艺术研究院非遗数据库管理中心组织研发的单机版和服务器版的"非遗数据库普查管理系统软件"，有力地推动了全国非遗普查资源管理和数据处理工作。目前，国家已规划建成"非遗普查资源数据库""非遗项目资源数据库""非遗专题资源数据库""非遗数字化保护管理系统"，各级地方特色非遗数据库也纷纷兴起。截至 2013 年 10 月底，国家非遗数据库存储的信息总量已达 16.6T。在非遗网站建设方面，据学者周耀林和李姗姗统计，"截至 2011 年 3 月 25 日，我国已建成国家级非遗专业网站 3 个、省（自治区、直辖市）级专业网站 17 个、市（州）级专业网站 13 个、县级专业网站 3 个，逐步形成了我国的非遗网络"，如中国非遗数字博物馆、中国非遗网、浙江省非遗网、上海非遗网等。

大数据时代的到来，使得文化遗产数据激增，对非遗数字化保护带来了存储方式、数据类型、价值创新等改变，非遗数字化保护在技术、法律、标准等方面面对着大数据语境冲击的机遇和挑战，如图 7-1 所示。文化遗产数据多样、复杂、异构，并处在动态变化中，如何对海量的数据设定统一的采集和存储标准，如何有效搭建非遗数据云存储系统、如何构建科学的非遗数据管理与服务平台，如何推动非遗数据的高效整合，如何借助大数据促进非遗开发与创新的实践等问题，是值得我们不断研究和探索的问题。

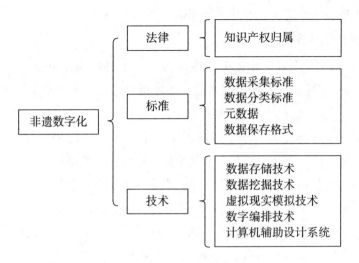

图 7-1 大数据语境下非遗数字化保护面对的问题

瑞金文化厚积薄发列入国家历史文化名城

引言

2015 年，国务院正式批复了江西省人民政府的请示，同意将瑞金市列为国家历史文化名城。瑞金市由此成为我国第 127 个国家历史文化名城。❶

瑞金何以入选国家历史文化名城

2015 年 8 月 11 日，国务院正式批复了江西省人民政府的请示，同意将瑞金市列为国家历史文化名城。瑞金市由此成为我国第 127 个国家历史文化名城。

国务院在对江西省人民政府《关于申报瑞金市为国家历史文化名城的请示》的批复中认为：“瑞金市历史悠久，红色文化特色突出，革命历史遗存丰富，是人民共和国的摇篮和苏区精神的主要发源地，城市传统格局保存较好，具有重要的历史文化价值。”

国家历史文化名城考察组成员、中国城市规划设计研究院高级规划师赵中枢认为，这是对瑞金历史文化名城特色的高度概括。而瑞金历史文化名城的保护，

---

❶ 江西省瑞金市获批列为国家历史文化名城 [EB/OL]. 人民网，2015-08-19.

应当贯穿于城市发展之中，使其成为"活"着的名城。

（1）硬件条件齐全

"国家历史文化名城"由国务院批准公布，在 1982 年、1986 年、1994 年分别有三批共 99 座城市列入其中。之后，国家历史文化名城不再采取成批审批的方式，而是采用"成熟一个，批准一个"的方法进行。

据《瑞金县志》记载，瑞金在南唐保大十一年（公元 953 年）设县，是一座千年古邑。在中国革命史上，瑞金是中国共产党建立的第一个民主政权的中央政府所在地，也是中央红军长征出发地。现在市内保存有廖屋坪、上湖洞、粜米街等 3 条历史文化街区，2 处中国传统村落，各级文保单位共 116 处，登记公布的历史建筑 119 处，珍藏的可移动文物 11418 件。"此外，瑞金还保存有苏区歌谣、客家灯彩等丰富的非物质文化遗产，其中 1 项国家级非物质文化遗产项目，5 项省级非物质文化遗产项目。"杨振昌介绍。

（2）从"景区"到"城市"的观念转变

2009 年，《瑞金市历史文化名城保护规划》重新编制，并评审通过。2010 年以来，在《瑞金市历史文化名城保护规划》的指导下，瑞金市先后编制了《一江两岸历史文化街区保护和发展规划》《瑞金市革命遗址保护规划》《瑞金市密溪村保护规划》《瑞金市洋溪村保护规划》等专项规划，对区域内历史文化街区、文物保护单位、历史建筑等的保护和可持续发展进行了严格控制。

瑞金市城乡规划建设局局长曾方来介绍，依据这些保护规划，2009 年以来，瑞金市先后投入 5 亿多元对叶坪革命旧址群、沙洲坝革命旧址群、中革军委旧址群附近的工业园进行搬迁，以期最大限度地恢复两个旧址群的原貌。2010 年至 2012 年，瑞金市投入 7000 多万元，实施了对叶坪、沙洲坝保护区内旅游功能设施全面外迁工程。对叶坪外围过度园林化建设的问题，通过构建绿化隔离带等措施进行了整改，努力修复原生的历史环境。

瑞金让红色文化资源"活"起来

面对红色文化蕴含着巨大经济价值，瑞金市积极推进文化体制机制改革，成立了瑞金市红色文化产业投资有限公司和瑞金市红色文化产业发展担保公司，建立"文银"合作洽谈机制，创新融资方式，放开红色文化市场经营开发权。今年，瑞金市就签约引进了红都铜雕工艺制品厂、瑞金竹编工艺公司、瑞金市红土地飞扬文化传播有限公司、瑞金市红色影艺传播有限公司等文化企业 11 家。近年来，瑞金多渠道融资、筹款，建成了中央革命根据地历史博物馆、中华苏维埃共和国历史纪念园等多个展示苏区文化的标志性项目。精心打造了叶坪、中央革命根据地历史博物馆等国家级 4A 文化旅游产业项目。引进了广东惠州"映山红"演艺有限公司，筹备创排了《映山红》《山歌情》《苏区干部好作风》等一批文化精品剧目，开拓了瑞金市文化娱乐产业发展的新领域。

瑞金市红色文化产业发展势头良好，投资触角遍及文化旅游、文化娱乐、文化艺术、文化培训、文化创意等众多领域。成立红色文化创意公司 10 多个，长征文化主题公园、共和国摇篮雕塑园、红色官窑、红色影视基地等一批红色产业项目正在规划建设中。

红色历史文化资源的良性开发利用，成功推动了瑞金经济转型发展，2010 年，瑞金三大产业结构调整为 16：34.5：49.5，以红色文化休闲娱乐产业发展为主的第三产业成为瑞金经济的重要引擎，2015 年 1—11 月，该市文化产业发展速度高出 GDP 增速 19 个百分点。

红色文化产生了良性效应。

随着中央革命根据地历史博物馆、中华苏维埃共和国历史纪念园、叶坪 4A 级国家景区等一批文化产业项目的相继建成，极大地提升了瑞金红色旅游品牌的形象。如今，瑞金市成了赣、闽、粤三省边际区域红色旅游目的地，每年接待的人数、实现的收入都以两位数增长。

瑞金红色旅游发展，也带动了人流、物流和商流，推动了城市发展。3 年间，瑞金的城市构架拉大了 5 个平方公里，新增城市人口将近 4 万，成为赣闽边际贸易中心。

红色文化产业的发展不仅带来了良好的经济效应，而且还带来了积极的社会效应。瑞金人们开门见"红"，耳濡目染深受红色文化熏陶，争做革命的好后代成为全市人民的共识。近年来，瑞金市先后涌现了舍己救人少年英雄刘天洋；全国党的基层理论宣讲先进典型周邦园；全国劳动模范刘志捷；全国三八红旗手谢晓芳；全国党史工作先进个人陈上海等一批英雄模范先进人物。

以身边的先进为楷模，瑞金全市进一步浓厚了"学先辈、做先进"的氛围，人们的精神文明素质明显提升。据了解，在该市开展的争创文明信用户活动中，原先参与率不到 50%，如今绝大部分农户积极参加，有数万户农民被评为文明信用户，有 70% 的村庄被评为文明新村。

数据分析

随着经济全球化的快速推进，中国社会正在发生着巨大变化，大众的生活方式、思想观念、利益诉求和价值取向越来越多元化，这主要是由于经济飞速增长和阶层结构日趋分化引起了价值观念的变迁。在这一现实背景下，我国的文化发展迫切需要社会主义核心价值观和国家主流意识形态的引导，同时迫切需要加快公共文化服务体系的建设和文化产业的发展。只有这样才能充分发挥社会主义先进文化整合社会多元价值、增强中国特色社会主义国家建设认同感的正面作用。

瑞金是享誉世界的"红都"，红色文化底蕴尤其深厚。近几年来，瑞金市着力把当地红色文化资源优势转化为经济发展优势，着力开拓红色文化产业。首先努力争取用红色旅游带动城市经济发展，现已成为全国十二大重点红色旅游区之一，同时也是 100 个红色旅游经典景区之一和 30 条红色旅游精品线路之一。另外每年创作两个或三个具有地方特色的红色文化精品节目，这些节目在推向市场时也都受到了热烈欢迎。

为了充分而有效地利用好红色文化资源，促进红色文化产业的可持续发展，瑞金还大力开发了一批红色文化衍生产品，使得红色文化产业链得以进一步拉长。如今瑞金引入的文化创意公司已经达到十几家，文化设施开发建设、文化艺术原创、文化旅游、文化娱乐、文化服务等多个领域均有所涉及。与此同时，由瑞金文艺工作者负责创作编辑出版的苏区时期的画册、书籍、光盘，也成为深受群众喜爱的红色礼品。目前为止，由瑞金企业开发的红色品牌产品多达 60 多个，今年上半年这些产品所创造的总产值占全市规模以上工业产值的 70%，甚至畅销海外，完成出口创汇 6000 多万美元。

在我国各个地区，类似的红色文化品牌日益增多。沂蒙山革命老区以文化创意赋予蒙山沂水新的生命力，使文化产业慢慢变成临沂的支柱产业；井冈山以文化产业为载体弘扬井冈山精神，促进了经济效益和社会效益的有力发挥；陕西省力求发掘陕西红色文化中的独特之处，专门成立了红色文化产业促进会……不得不说，蕴含着不朽的革命精神和厚重的文化内涵的红色文化，已经成为这些地方最引人注目、最广为流传的名片。

非物质文化遗产保护的"成都经验"

引言

成都文化遗产保护不仅做得实，而且做得"活"，不仅看得见摸得着，而且老百姓可以深入参与其中，让文化遗产在发展中得到保护，在发展中焕发活力青春。对于文化遗产保护，成都为世界提供了值得借鉴的成功经验。

凭借手艺与眼光成都非遗手艺人抱团创业

成都非遗文化底蕴深厚，非遗创业项目众多，非遗手艺人大多凭借各自的精湛技艺独立生活。一次偶然的机会，80后糖画艺人张强发现了非遗艺人抱团的商机。于是，张强利用非遗艺人资源成立了文化公司，组织策划非遗活动，成为非遗艺人的经纪人和大型非遗活动策划人。

（1）成立文化公司从糖画艺人到非遗经纪人

在成都窄巷子有一排手工小铺子区，不少特色非遗项目都选择在此处安家，80后糖画艺人张强的糖画摊位也在这里。"小张，今天有空过来倒糖饼啊？"周围的摊主亲切地与张强打招呼。张强一边倒糖饼，一边点头笑着回应。张强说，自己不是每天都在这里，只有闲下来时才会来摊位为游客倒糖饼。其实，张强现在真正的主业是一个文化公司的老板。

（2）非遗体验中心填补非遗技艺展示空白

成都有很多旅游演出项目，但非遗技艺展示却是一个市场空白，张强恰恰看到了其中的商机。张强牵头在锦江区文化馆开辟了一个专门服务外地游客的非遗体验中心。在这个非遗体验中心，游客不仅能看到剪纸、糖画、蜀绣、棕编、竹编等成都传统非遗项目展示，还能看到非遗项目传承人的绝活表演。张强透露，他已同旅行社等机构达成协议，让更多外地游客通过这个平台了解成都的非遗文化。张强信心十足地告诉记者，非遗体验中心只是他的一次投石问路，接下来，他计划在重要旅游景点建起这样的体验中心，将非遗市场这块蛋糕进一步做大❶。

---

❶ 王嘉. 凭借手艺与眼光成都非遗手艺人抱团创业［N］. 成都日报，2015-06-13.

成都：与非遗有关的"世界"

2015 年 9 月 11 日，第五届中国成都国际非物质文化遗产节在成都举行，主题为"传承文脉，创造未来"。国际非遗节为何落户成都？成都非遗在走出去与引进来的过程中发生了哪些故事？让我们走进成都，这个与非遗有关的"世界"。

（1）每个人的非遗

2015 年 6 月 13 日是我国第十个文化遗产日，2015 年的文化遗产日的主题是"保护成果全民共享"。非遗是所有人的，它属于中国成都国际非物质文化遗产节办公室主任刘洪、属于漆器手艺人周雪莹、属于国家级传承人宋西平、属于所有的成都人，并让全世界共享。

（2）共话成都非遗

成都保留了大量珍贵的民族和民间文化，是一个具有文化多样性的代表性区域。成都地区本身也有多项非物质遗产进入国家、省和市级保护名录。近年来，成都为非物质遗产保护的国际、国内交流做出了重要的贡献。❶

非遗保护的四川经验——让非遗"动"起来

2015 年 2 月 28 日，羌绣国家级非遗传承人杨华珍应邀前往巴黎，参加当地"中国年"活动。2015 年 1 月，欧莱雅集团旗下品牌植村秀推出了两款限量版的洁颜油，瓶身上所印羌绣图案正是杨华珍设计。产品上市后，杨华珍的跨国邀请就没断过。

"保护非物质文化遗产，需通过合理利用让它'动'起来。"省文化厅非遗处处长林彤认为，杨华珍的忙碌就是羌绣的"动态"。

（1）对外交流频繁 四川非遗大步走向世界

小镇锦门位于南丝绸之路起点，这里的非遗馆正在加紧装修。为了迎接 2015 年 5 月 1 日锦门街区正式开街，入驻非遗馆的蜀绣、竹编、漆器负责人亲自过问着每一个细节。"这里将成为对外展示四川非遗的重要窗口，我们都很重视。"蜀绣省级非遗传承人孟德芝说。

随着连续四届中国成都国际非物质文化遗产节的举办，四川非遗的国际知名度越来越高，全省各地充分利用文化遗产日、国际非遗节以及世博会等重大活

---

❶ 佚名. 成都：与非遗有关的"世界"［N］. 成都日报，2015-07-18.

动，组织最具亮点和特色的国家级、省级非遗项目和代表性传承人参与各类活动。

杨华珍是率先搞起品牌授权、跨界合作的非遗人。2015 年 1 月，在香港国际授权展上，有一家国外企业想与她合拍动漫，由她提供藏羌文化中大鹏金翅鸟的故事脚本和图案文样。她认识到，"只要有品牌意识，四川非遗走向世界大有可为。"

（2） 生产保护有力 竹编一年卖了 600 余万元

2015 年的农历春节，位于成都文殊坊和宽窄巷子的"刘氏竹编"每天都要迎来大量游客，没有一天关门。四川刘氏竹编工艺有限公司总经理、竹编国家级非遗传承人刘嘉峰介绍，公司通过从礼品市场向旅游市场转型，2014 年取得了600 余万元的销售收入。

刘氏竹编的生产基地位于达州渠县，为了让竹编能够养活手艺人，他们将产品定位为 3 类：收藏品、工艺奢侈品和生活艺术品。而成都梦苑蜀绣工艺品有限责任公司最近接了一个订单：一名生活在成都的德国人订了一件直径 1.2 米的牡丹鲤鱼双面绣，这件作品前前后后要用 8 个月来完成。

"通过生产性保护，非遗传承人的地位和收入得以提升，使得非遗能更好地融入当代生活。"林彤表示，非遗生产性保护社会效益与经济效益兼得，为非遗保护永续传承夯实了基础。

（3） 传承传习创新刺绣针法与美术知识相结合

首批获评"四川省非物质文化遗产传习基地"的绵竹年画博物馆，馆长胡光葵打算在 3 月 8 日正式将 3 名弟子纳入门下。绵竹年画博物馆每年至少要办两期免费培训班，已有几百人在这里学习年画，其中不乏外国留学生。

孟德芝的学生则分布更广：都江堰、绵竹、成都黄忠社区和文殊坊都有她负责的蜀绣传习基地，当前共有 70 多名学员。孟德芝在教学中总结出经验：单是传授刺绣针法不能达到很好的效果，需辅以美术知识培训方能融会贯通。在教学中，孟德芝会不定期请专业美术老师授课，今年她还要送两名徒弟到高校去进修。

除了带徒授艺，成都的"非遗进校园"已成为"新常态"。2015 年 11 月 21日，成都市锦官驿小学、郫县安靖学校等 10 所学校被授予"非遗传承基地学校"称号。据了解，成都目前开展非遗教学的学校已有 50 余所，部分学校还将非遗

纳入日常教学体系，编写了校本教材。❶

数据分析

众所周知，成都是四川以及西南地区的经济和文化中心，与其相邻的云南、贵州、西藏、甘肃、陕西、重庆等省市和自治区，保留了大量珍贵的民族、民间文化，可见，这是体现文化多样性特点的代表性区域。就成都地区本身而言，该地区有多项非物质遗产进入国家、省和市级保护名录，同时较早规划建设了非物质文化遗产园区，再加上近年来，成都通过自身的努力，两年一届的国际非物质文化遗产节，为非物质遗产保护的国内、国际交流做出了重要的贡献。其保护经验值得世界学习。

第一，政府搭台担起保护重责。四川省文化厅在实际工作中，充分认识到非遗文化的深厚内涵，及时有效地将非遗保护工作纳入政府工作层面，成立了非遗保护队伍，加快立法进程，加大财政投入。目前，四川省已建立起省、市、县三级非遗保护工作机构和工作队伍，有7个市州设立了非遗处（科），9个市州成立了有独立编制的非遗保护中心。同时，凉山、阿坝、甘孜3个民族自治州也已先后出台了地方《非物质文化遗产条例》。近年来，各级政府对非遗保护事业的财政投入不断增加，至2013年省级非遗保护专项经费已增加到每年1700万元。

第二，主办国际非遗节。于2007年、2009年、2011年连续举办了三届的中国成都国际非物质文化遗产节，是国务院正式批准的四个国家级国际文化节之一，是国际社会首个以推动非物质文化遗产保护为主题的文化交流活动，这也是1972年中国恢复联合国合法席位以来，联合国教科文组织首次参与主办我国的大型文化活动。在第二届国际非物质文化遗产节成功举办之后，文化部正式批准"非遗节"落户四川，定点成都，永久举办。第三届非遗节先后有181个国家和地区的代表，52支国外表演团队，4600多名外宾，1500余万民众参与，第二届、第三届拉动全市各类消费54.2亿元、61.5亿元。

第三，传承人坚守文化传承创新。四川省文化系统一直致力于深入普查，摸清家底，掌握资源，先后建立健全了国家、省、市、县四级非遗项目和代表性传承人名录体系。截至目前，四川省已有国家级、省级非遗项目代表性传承人各69人和682人。传承人在非遗传承保护中起着承前启后的重要作用，如果没有

---

❶ 严芳. 非遗保护的四川经验——让非遗"动"起来［EB/OL］. 四川在线，2015-03-02.

他们，一项项古趣盎然的非遗项目将无以为继。孟德芝等知名非遗传承人表示，非遗固然是拥有深厚历史积淀的文化项目，但是在城镇化浪潮中面对的人群已有了很大的变化，如果不做出改变和变通，非遗将会无人问津，因此，在坚守的同时，更要在制作工艺、宣传渠道等方面做出创新，满足时代的"新鲜感"，只有这样，非遗才能更好地保留和发展。

第四，建立名目体系。在现有的非物质文化遗产资源基础上，对重点区域和重点项目进行更深入地调研，形成了《成都漆器工艺生存现状调查报告》《成都龙门山脉段非物质文化遗产资源现状调查》，特别是"5·12"汶川大地震发生后，组织人员赴灾区调查非物质文化遗产项目的受灾情况，形成了《成都灾后非物质文化遗产保护规划》等专题调研报告和保护计划。成都非物质文化遗产保护中心汇集全市的普查成果，编辑成了普及性的宣传读物《锦城留韵成都非物质文化遗产》一书。历经多年的普查，基本达到了"家底清、现状明、记录全、质量高"的总体要求。通过对普查资源的科学鉴别和遴选，按照建立名录体系的要求和程序，其中一大批具有历史、文学、科学、艺术价值，且又濒危的项目纳入到了各级名录。

从太阳神鸟图案成为中国文化遗产标识，到中国国际非物质文化遗产节落户成都，再到以成都大庙会为代表的文化活动走出成都在海内外渐有影响，在非物质文化遗产方面，成都为世界提供了值得借鉴的成功经验。

非遗体验馆让非遗文化尽展魅力

引言

襄垣县非物质文化遗产体验馆是山西省首家以非物质文化遗产项目内容为主题的公共文化展示体验馆，既宣传又保护了非物质文化遗产，让非物质文化遗产尽展魅力。

襄垣非物质文化遗产体验馆——找寻久违的记忆

如果背上的文化包袱实在太沉了，不止包括久居城市的居民，大可不必非得骑着小毛驴去寻找久违了的记忆。只是应该去看看，已于2013年11月19日开馆的襄垣县非物质文化遗产体验馆，它就站在那里。它就站在府西街。临街石砌的台不是太高，上面的石磨、石碾和水井上的辘轳，它们代表着乡村的符号。过去和现在，根本和由来，其实所有的暗示都写在一扇门上。凡是经过府西街的人，都能看到它。间或有不少居民光顾，还有的老人领着小孩子，摸摸这，问问那。原来，这一馆藏着的远不止乡土襄垣的记忆。

在这里，在襄垣县非物质文化遗产体验馆，其实也是一个缩微了的"文化故乡"。这是怎样一馆重温乡土，并渗透着浓浓乡土情怀的时光。整个襄垣县非物质文化遗产体验馆，内设非遗展示区、历史民俗展示区，采用静态展示和动态表演，综合展示和专题展示，传统图文、实物展示与多媒体展示相结合的手法，全方位为参观者提供包括民间艺术技艺体验、现场艺术表演、观众互动、传统民间艺术技法的培训、旅游接待等丰富多彩的公共文化服务项目。与其说它的出现是复活了一段乡土时光的记忆，不如说在承载襄垣文脉的同时，作为融入居民生活的文化地标，进一步彰显着美好的文化意义。例如，历史民俗展示区，它并非一个形而上的概念。以《映像·年代图志》《风尚·乡俗时光》主题所展示的旧照片，曾经一个个活生生的细节仿佛就在眼前，有关农耕、游艺、手工等的乡土记忆也就在这细节背景的渲染中一点点地复苏了。而那些诸如方斗、簸箕、簸箩、油灯、器皿、构件等老物件，这么多正在消失的"宝贝"，大多征集于乡村。它们曾经浸润了乡土襄垣全部的审美的趣味、朴素的情感、生活的梦想和想要的幸福。出行，播种，针线，储藏，炊事，这正是诗经的本源和由来。非遗即"活着的历史"。

与历史民俗展示区显然大不一样，非遗展示区尽可能对一个乡村民居的场景作了还原。这一还原的场景，无疑对专题陈列展示体验项目渲染了一种氛围。虽然它不可能一一涵盖所有，但以国家级非遗项目襄垣鼓书、襄垣秧歌、襄垣炕围画和省级传统技艺项目襄垣手工挂面制作技艺、襄子老粗布制作技艺及襄垣非遗"十大怪"等为中心，依次呈现出那么本质的味道、本色的气质、本末的厚重和本原的色泽，却是襄垣曾经以来荣耀的乡土语言。

除了在这里可以分享襄垣鼓书的现场视听艺术，还能够在品茗一杯清茶的一截时光里，充分获得襄垣秧歌带来的视觉和听觉的双重满足。说起襄垣秧歌，这一被美誉为"山西戏曲艺术发展的鲜活标本"，它的起源大约是在明末清初。是在当地说唱艺术、民间歌舞基础上，吸收社火挑高、地圪圈及西火秧歌、上党梆子等艺术元素，而出落为一个板式齐全、唱腔优美、内容丰富、通俗易懂、表演幽默、乡土气息浓厚、群众喜闻乐见的地方小剧种。虽说《小二黑结婚》已一演近七十个年头，但当年红遍太行山的风头还在。并有荣膺山西省第十届精神文明建设"五个一工程"奖——优秀戏剧奖的《豫让与襄子》，以一场场"视听盛宴"，持续而深深地点燃了襄垣秧歌的集体记忆。

襄垣，就是这样充满丰富的想象，就是这样丰富着民间手艺的语言，并栩栩如生出一种历史悠久的非物质文化形态和风貌❶。

数据分析

　　文化馆是政府设立的公益性文化事业单位,是政府与群众之间架起联系和沟通的桥梁,是向广大人民群众进行和开展宣传教育、培训辅导、理论研讨、收集、挖掘、整理民族民间文化遗产等活动的公益性社会主义文化事业机构,也是当地社会文化活动的指导中心、创作中心、活动中心、培训中心,是宣传、学习、实践先进文化的主体力量。搜集、整理当地民族民间的文学艺术遗产,切实开展非遗文化保护是文化馆的主要工作之一,襄垣文化馆在这一基础上,设立了襄垣非遗文化体验馆。

　　从山西襄垣县的非遗现状来看,它需要非遗文化体验馆实现对非物质文化遗产的保护和宣传。首先,非遗文化馆在群众中进行非物质文化遗产保护工作的普及宣传,提高广大群众对非物质文化遗产保护工作的重视,为挖掘非物质文化遗产保护项目夯实基础;其次,可以利用体验馆的辅导功能对从事非物质文化遗产保护工作的工作人员进行多种形式的辅导培训,包括专家辅导和日常辅导等;最后,组织体验馆开展的业务人员和政府人员在实践中总结经验,积极开展专门的课题研究,探索非物质文化遗产保护工作的规律,发现问题及时总结,能够保证非物质文化遗产保护工作在科学的理论指导下有序地进行,从而提高非物质文化遗产保护工作的文化和科学含量。

古村落良户村保护开发路径分析

引言

　　近年来,各地古村落被毁事件时有发生。然而,来到太行山下,走进古村落良户,瞻仰楼台亭榭,细品古戏民谣,仍能感受古人在这里酿造的文化气场。

中国古村落旅游开发路在何方:资源、潜力与前景

(1) 古村落旅游开发的资源潜力

　　古村落,是指保留了较大的历史沿革(民国以前建村),建筑环境、建筑风

---

❶　佚名.襄垣非物质文化遗产体验馆——找寻久违的记忆[EB/OL].新浪网,2014-02-18.

貌、村落选址未有大的变动，具有独特民俗民风，虽经历久远年代，但至今仍为人们服务的村落。古村落是传统村落的习惯称谓，是中国农耕文明的历史结晶，也是乡土文化的物质载体。

随着中国城镇化步伐的不断加快（1949 年，中国城镇化率为 10.64%，到 1978 年改革开放初年，中国城镇化率为 17.92%，三十年时间城镇化率只提高了 7 个多百分点；1988 年中国城镇化率为 25.81%，1998 年城镇化率为 33.35%，2008 年城镇化率达到 46.99%，三十年时间城镇化率提高了近 30 个百分点。近十年来，中国城镇化速度不断加快，城镇化率每年新增 1 个多百分点，2013 年，中国的城镇化率达到 53.7%），中国传统村落正在加速消亡。"古村落是中国文化的根植所在，目前全国有 230 万个村庄，普查显示，依旧保存与自然相融合的村落规划、代表性民居、经典建筑、民俗和非物质文化遗产的古村落，现在还剩两三千个，而在 2005 年时，这个数据还是 5000 个。"全国政协委员、中国文联副主席冯骥才在 2015 年全国两会上的发言，引起了新闻媒体和社会各界对古村落的强烈关注。

（2）古村落旅游开发的形式与现状

根据对中国传统村落和中国历史文化名村旅游开发现状的调查与梳理，中国的古村落旅游开发主要有以下三种形式。

①旅游景区。依托古村落中遗存的历史古建筑和名人故居，开发博物馆、纪念馆、陈列馆等人文景点，或者依托古村落周边的山水资源和自然景观，开发自然景观型旅游景点，再配套必要的基础设施和服务设施，成为收费式的古村落旅游景区，是中国古村落旅游开发的主要形式。

截至 2014 年年底，在全国 186 个 5A 级景区中，依托古村落开发的 5A 级旅游景区有 6 个，占全国 5A 级旅游景区总数的 3%，分别是安徽西递—宏村景区、龙川景区、古徽州文化旅游区、江西江湾景区、福建土楼（永定·南靖）景区、山西皇城相府景区。

②农家乐。一批位于大城市郊区、交通可达性良好、生态环境优良的古村落，以农家乐为主要旅游开发形式，吸引大城市居民到乡村休闲，在周末和节假日表现尤为突出。其中，陕西咸阳市礼泉县烟霞镇的袁家村、北京门头沟区的琉璃渠村、浙江杭州市桐庐县江南镇的获浦村，是其中的典型代表。

③度假村（区）。随着富裕阶层和中产阶级的兴起，游客的需求越来越多元化、对旅游品质的要求也不断提高。近年来，古村落旅游开发涌现出一种新形式

——度假村（区）。不同于古村落旅游景区和乡村农家乐以接待大众客群为主，度假村（区）主要接待"小众游客"——对传统文化有偏好、对服务品质要求高、价格承受能力强的中高端游客；度假村（区）的开发主体，通常不是古村落的原住民，而是"新村民"——外来的文化型企业或高级知识分子。

（3）古村落旅游开发的前景

纵览中国的古村落旅游开发，总体还处于起步阶段。虽然不乏西递、宏村、江湾村、皇城村、袁家村等旅游开发案例，但在 2555 个中国传统村落中，旅游开发的比例很少。如云南有 502 个传统村落，进行旅游开发的比例不足 10%，开发尚可的古村落不到 1%；贵州有 426 个中国传统村落，进行旅游开发的比例不超过 5%，绝大多数古村落还处于"养在深闺人未识"的状态❶。

数据分析

近年来，各地古村落被毁事件时有发生。古村落保护的碎片化，割裂了整个文化生态系统，会切断流淌的文化血脉，因此要对古村落进行整体性、活态性、原真性、延续性的保护，恢复其固有的生机与活力。

对遗产经济效益的开发必须是在保护的基础上进行，我们不能以牺牲古村落为代价来实现经济效益，不能为了经济效益而配合着开发、不能为了吸引游客而进行刻意的人为地装饰。我们应该尊重当地文化发展的规律，在保存原有文化的基础上，以当地原有的特色文化来创造经济效益。

首先是保护。①应当加强对村民的教育，提高村民对遗产保护的意识，形成全民保护古遗存的意识。②树立相关的法律法规，坚决打击和惩处故意破坏、损毁古遗存的行为，为古遗存创建一个安全、和谐的保存环境。

其次是修复。要将遗存建筑内居住的居民请出，由政府、村委等相关部门逐步地有计划地对村落进行修复。修复的目的是使其恢复原貌，而不是为了注重眼球而进行美化。修复过程中，要把生态保护放在首位，坚持有机发展的理念；以最少、最自然、最不经意的人工干预来进行恢复，同时充分利用生态环保技术，就地取材，注意保留本土和原生态，充分利用低碳环保材质和废弃建材。

最后是开发。以文化促发展，将文化产业化，带动当地的经济发展。文化开

---

❶　刘煊岐．中国古村落旅游开发路在何方：资源、潜力与前景［EB/OL］．选址网，2015-06-01.

发过程要注重构建文化核心竞争力，创建属于本村落独有的特色文化，形成文化标识；"村落的物质文化、行为文化、制度文化、精神文化，构成了古村落的文化结构，使古村落具备独特的识别性，四者相互联系、相互渗透，赋予了古村落极大的吸引力，共同形成了古村落旅游的亮点和卖点。"这是开发的重中之重。物质文化是整个村落的外在体现，是游客可以直接看得到的东西，因此要积极采用差别化战略。

在突出亮点的情况下要完善整个村落设施，从旅游六大要素：吃、住、行、游、购、娱入手，发展饮食、建屋修舍、搭桥铺路、开发商铺，实现旅游吃、住、行、游、购、娱一条龙服务。不仅可以满足旅游的需求，还可以带动当地的经济发展。在村内设置导游服务中心，为游客提供导行、讲解服务，使游客可以真正了解到村落的历史、文化意义。

古羌城，羌文化绽放异彩

引言

羌族，是历经千年沧桑依然顽强生存下来的少数民族，是我国历史上唯一以民族族姓记入甲骨文并始终保存最初族源的最古老民族，被誉为中华民族演化史上的"活化石"。

中国古羌城：文化旅游发展如火如荼

四川茂县是成都至九寨沟的必经之地。在这个总人口 11 万的全国最大的羌族聚居县，羌族人口占全县总人口的 92%。2008 年，"5·12"汶川特大地震使茂县境内的羌族碉楼、羌寨、羌族古墓葬群等遭受近乎毁灭性的损毁。为保护濒危的羌族文化遗产，2009 年，茂县县委、县政府决定开展中国古羌城建设工作。时至今日，中国古羌城文化旅游发展如火如荼。

（1）立体呈现羌族文化

2013 年 11 月，占地面积 3000 余亩、总投资近 10 亿元、汇集各类羌族建筑风格和各种古羌文化元素的国家级 4A 级景区中国古羌城正式营业。

古羌城通过多种方式展现羌族文化。羌王官寨是羌族文化一个集中展示和体验区，浓缩呈现羌族建筑、室内陈设、日常生活和决策议事等内容，让游客了解古代和如今羌人的生活状态。在羌族文化广场，实景演出还原羌族举行迎宾、集会、庆典的场面，游客可以观看或亲身参与羌族婚礼表演，了解迎宾、鸣炮、吹号、挂红、咂酒开坛等礼仪。羌地文化公司副总经理陈海元介绍，景区内还有一台名为《羌魂》的演出，这是一台取材于国家级非物质文化遗产重大保护项目"羌年"而创作的大型羌族原生态歌舞。

中国古羌城执行总经理杨礼果说："我们的目标是打造一个国家级的羌族文化展示基地，秉承'静态保护+活态传承+产业开发+可持续发展'的理念，希望通过多样化的呈现方式，让每一位游客立体地感受羌族文化、了解羌族，让每一位来到中国古羌城的游客记住一些羌族的文化元素。通过慢慢传承和推广，让羌族文化被世人所熟知。"

（2）文化有了，旅游也要跟上

据统计，2014 年古羌城总经营收入 800 万元左右。虽然茂县是去往九寨沟、黄龙等四川著名风景区的必经之地，有近 70% 的游客会在此停留，但真正能留下来住宿的游人寥寥无几。"很多游人不想在这里住，就算有人想住，景区的接待能力也有限。"陈海元说，由于开发时考虑不够细致，整个景区中可用的床位只有大约 70 个。另外，配套的餐饮、休闲、娱乐设施也相对匮乏，直接导致多数游人只把这里当成一个中转站，而不是旅游目的地。

"起初，旅行团都不会专门安排游客到这里玩，只是中间停车休息，让游人简单转转，这促使我们重新思考运营方式。现在，我们与许多旅游团建立了合作关系，让更多的人走进古羌城，体会羌族文化。"杨礼果说，目前，古羌城的游客量每天在 5000 人左右，最高达到 7000 人。

"有的景区需要打造文化，我们这里不缺文化，缺的是优秀的经营团队、宣传团队。由于我们是国有独资企业，薪酬水平不易突破，经营成本进行分摊后，员工工资收入属于行业内的中下水平，很难吸引到高水平的从业人员。"杨礼果坦言，在基础设施建设、经营理念更新，以及如何让"硬件+软件"磨合、融合的问题上，中国古羌城需要走的路还很长❶。

---

❶ 胡克非. 中国古羌城：文化旅游发展如火如荼［EB/OL］. 中国文化传媒网，2015-09-21.

数据分析

目前，我国少数民族非物质文化遗产传承和保护的现状不容乐观，大批非物质文化遗产的传承链条正在中断，非物质文化遗产面临传承出现后继无人的困境。

羌族是一个只有民族语言没有民族文字的古老民族，有典可查的历史有3000多年。在汶川大地震中，依赖于口传心授的羌族非物质文化遗产遭遇了毁灭性打击。为了更好地认识、保护、传承、创新羌族文化，茂县中国古羌城应运而生。

在中国古羌城中，不但保留了羌族原有的民风民俗、建筑风貌、祭祀礼仪，而且还充分体现了羌文化的原生态环境和羌民族的生息特点，是中国乃至世界最大羌族文化活态展示、展演区及文化休闲、体验旅游目的地。中国古羌城全面展示了现存羌族文化，通过近万件古羌珍贵文物藏品、活态展示、自然景观等，淋漓尽致地展现出了羌族文化，也为我们充分认识、了解、传承羌族文化提供了一个广阔而又宝贵的平台。

通过中国古羌城文化保护区的建设经验，我们不难得到以下三点启示。

①建立并完善传承机制，我们可以依托传统文化资源，充分发挥政府的主导和牵头作用，借助民间力量，建设一批集展示、演出、培训、研究和交流于一体的非遗中心，既可以丰富文化旅游资源，又可以弘扬民族民间文化。

②加大对列入各级名录的代表作和传承人的宣传力度，扩大非物质文化遗产的影响力。为传承人搭建传习场所，并鼓励代表作传承人（团体）进行传习活动，通过学校教育和社会教育，让社会大众认识非物质文化遗产代表作，从而培养非物质文化遗产代表作的传承人。

③在传统文化鲜明、具有广泛群众基础的社区、乡村，开展民间传统文化之乡的活动，将文化产品逐步进行市场化，将旅游与文化在市场组合化，相互融合，最终实现双赢。会展论坛、文艺演出、传统歌唱舞艺比赛等类似的文化活动，已经在与旅游市场的结合中很好地体现了市场价值。将当地特有的文化内涵原汁原味地呈现出来，并遵从时代观念和实际消费需求，拓展产业链，从吃、住、游、娱等多个方面开发旅游资源。

哈尼梯田——农业文化遗产路在何方？

引言

世界遗产旅游历来是人们青睐和关注的焦点，面对成为"世界景观文化遗产"不久的红河哈尼梯田，如何平衡保护与发展。

哈尼梯田：农业与旅游的嫁接

2010 年，云南哈尼稻作梯田系统成为中国第二批入选"全球重要农业文化遗产"名录的农业文化遗产项目之一。2013 年 6 月 22 日，云南红河哈尼梯田文化景观成功列入联合国教科文组织世界遗产名录。笔者通过对红河哈尼梯田的田野调研，深入了解了哈尼梯田的价值所在。

从文化角度而言，哈尼梯田不仅仅是单一的稻作生产文化，与之相关的民间文学、民间音乐、舞蹈、服饰文化、饮食文化、丧葬嫁娶等相互联系、相互影响，形成了一个完整的、系统的哈尼文化圈。哈尼梯田覆盖面积大，涉及地区多，但是哈尼族在农业文化遗产的开发与利用方面有着独特的想法与保护方式。

哈尼人遵循了整个哈尼族人文与自然发展的规律，在建设梯田景区的同时，将与之相关的文化因素一并加入。如在箐口村设立民俗文化村，紧邻梯田景区，让游客在观赏自然风景同时还能够体验哈尼风情的民族文化。建立梯田风景区、设立民俗村是哈尼人在本地实施的保护方式，延伸的保护方式是将哈尼人世代相传的《哈尼谷歌》进行整理、出版，以图文并茂的形式向外界宣传哈尼梯田、哈尼文化；将产自哈尼梯出的稻米进行包装、营销；开发民族特色的衍生品、旅游纪念品等。

哈尼族在保护与利用农业文化遗产时，严格地遵循了哈尼人及哈尼梯田几千年来的自然发展规律，能够巧妙地和旅游业结合到一起，扬长避短，充分展现自己的民族特色与文化特色❶。

哈尼梯田的农业文化遗产特征及其保护

红河哈尼梯田具有至少 1300 年以上的开垦、耕作和发展历史，并至今持续

---

❶ 佚名. 哈尼梯田：农业与旅游的嫁接［N］. 中国文化报，2015-08-15.

使用和发展着。作为农耕文化的"活化石"、民族智慧的结晶、人与自然和谐的典范、山地农业技术知识体系的集成、农业生物的"基因库"和独具特色的自然与文化景观，哈尼梯田是一类典型的、具有全球重要意义的农业文化遗产。关于这样一类遗产，其保护理念和途径具有自身的特点和要求。

（1）哈尼梯田的农业文化遗产特征

①哈尼梯田是一个典型的复合农业生态系统。以哈尼族为主的各族人民在利用土地资源时，充分考虑自然地理条件，将山体分为三段：山顶为森林，山腰建村寨，寨脚造梯田。山腰气候温和，冬暖夏凉适合人类居住，宜于建村；而村后山头为森林，有利于水源涵养，使山泉、溪涧，常年有水，使人畜用水和梯田灌溉都有保障，同时山林中的动植物，又可为人们提供肉食和蔬菜；村下开垦万台梯田，既便于引水灌溉，满足水稻生长，又利于从村里运送人畜粪便施于田间。

②哈尼梯田是一个活态的农耕文明博物馆。哈尼梯田范围广泛，田块面积各异，形态千差万别，地形复杂，自然与文化景观丰富。千百年来，劳动人民在这个过程中，创造了独具特色的农耕技术和相应的文化习俗活动，形成了系统的文化现象和独特的农业生产方式，使得这一农业文化遗产长期以农业这一经济活动保持着生态、社会文化价值。更为重要的是，在这样一个独特的复合农业生态系统中，人始终是重要的参与者。其因时因地制宜的适应性管理理念，使其生产与生活方式随历史的发展而不断变化，但这种变化并非脱离自身资源与环境基础的变化，而是与自然协同进化。

③哈尼梯田为人类适应全球变化、保障粮食安全提供了应对战略与资源基础。哈尼梯田系统中，以水资源管理为核心的技术体系、丰富的农业生物多样性和文化多样性，是长期以来劳动人民适应自然的集成，为当今和未来社会人们应对全球变化、保障粮食数量与质量安全、缓解水土资源危机等，提供了借鉴意义。

（2）哈尼梯田农业文化遗产保护的三个有效途径

目前对于农业文化遗产的动态保护可以归纳为三个方面，这对于哈尼梯田的保护也具有借鉴意义。

①发展有机农业。有机农业是一种完全不用化肥、农药、生长调节剂、畜禽饲料添加剂等合成物质，也不使用基因工程生物及其产物的生产体系，其核心是建立和恢复农业生产系统的生物多样性和良性循环，以维持农业的可持续发展。它不仅有利于传统农业技术和农业文化的保护，有利于生物多样性的保护，也有利于增加农民收入，促进当地的可持续发展。

②发展生态旅游。生态旅游强调保护自然资源和生物多样性、维持资源利用的可持续性，实现旅游业的可持续发展，它是一种具有保护自然环境和维系当代人们生活双重责任的旅游活动。

③建立生态与文化保护的补偿机制，争取获得国家在文化保护、生态保护方面更多的支持。近几年关于生态补偿问题已经引起了广泛关注，也有了一些研究成果，目前最需要关心的是那些经济相对落后、生态相对脆弱、文化又非常丰富的地区，如何进行文化保护和生态保护的补偿问题❶。

数据分析

为了挖掘、探究、保护、传承和利用我国特色的农业文化遗产，仿照国际做法，农业部于 2012 年启动了中国特色农业文化遗产发掘工作，明确了"在发掘中保护，在利用中传承"的基本理念，创新性地建立了农业文化遗产动态保护与传承机制。农业部 2013 年 5 月 17 日，公布了第一批中国特色农业文化遗产 19 项；2014 年 6 月 12 日，公布第二批中国特色农业文化遗产 20 项。

农业文化遗产的保护难度远远大于其他类型的遗产。对于农业文化遗产这种系统性的、动态性的生态系统，而且还在不断地发生着变化的一类特殊的遗产的保护显得更为复杂。保护什么、如何保护都是重要的问题，亟待解决。

中国是个农业文明古国，具有近万年发展史。在这近万年的发展过程中，根据当地的地理环境，不断变换耕种方式，如轮种套种、保墒防旱、稻田养鱼、生物灭虫、桑基鱼塘等传统农耕技术，使农田虽耕耘了近万年，但仍能做到常用常新，从而确保了人类社会的可持续发展。但是，随着近代工业文明的发展，特别是随着化肥、农药、除草剂、催熟剂等化学化工产品的大举使用，仅在短短的 50 多年中，我国的土地就出现了一系列的严重问题，如土地板结、硬化、地力下降、酸碱度失衡、有毒物质严重超标等。我们并不是一味地排斥一切现代工业给传统农耕文明带来的影响，但残酷的现实告诉我们，我们必须对现代工业文明给当代农业带来的恶果进行反思。否则，农业文明很可能就会像是一个吸食了毒品的瘾君子，表面看精神抖擞，但实际上病入膏肓，失去了自身的净化和可持续发展能力。

今天我们发掘、保护农业文化遗产，就是想通过这样一项工程，将祖先所创造出来的传统农业文明以活态形式保存下来并传承下去，塑造人类农业持续性生

---

❶　闵庆文. 哈尼梯田的农业文化遗产特征及其保护［J］. 学术探索，2009（3）.

态系统，维持农业的可持续发展。

因此，尽管农业文化遗产仍然活动在当下，但因其历史发展，就其本质而言，仍属"遗产"。它的历史认识价值也仍然是它的最大价值。对于中国这样一个源远流长的农业文明古国，以农业立身，保护好农业文化遗产，让世界通过农业文化遗产这样一种"活态"遗产，来了解中国的农耕文明，同样是我们当代人应该肩负和传承的历史使命。

解析丝绸之路的"文艺复兴"

引言

2015 年 5 月 22 日下午，首届丝绸之路国际关系网络大会在古丝绸之路起点——西安大唐西市召开。联合国教科文组织总干事特别代表阿里·穆萨·艾尔，中国贸促会副会长尹宗华，中共陕西省委常委、宣传部部长景俊海等致辞。联合国教科文组织文化副总干事埃尔夫瑞多发表了 VCR 贺词。

首届丝绸之路国际关系网络大会成功在大唐西市举办

5 月 22 日，首届丝绸之路国际关系网络大会在西安大唐西市隆重举行。一边是印证着古丝绸之路贸易和人文交流的车辙痕、石桥水涵和店铺基址等珍贵历史遗迹，让人仿佛穿越了时空，聆听到了那山间回响的驼铃和大漠飘飞的袅袅孤烟；一边是开辟创新合作模式的丝绸之路网络平台的国际大会，不同的语言交流但很清晰地传达一个共同的主题：无论古丝绸之路还是新丝绸之路，都是丝绸贸易所及区域内人民的共同文化遗产与宝贵财富。运用现代信息科技和互联网技术，丰富丝绸之路网络平台，让世界的每一个角落都触手可及。

《2015 西安宣言》诞生

2015 年 5 月 24 日，古丝绸之路的起点西安大唐西市，一部对未来丝绸之路网络平台发展起到纲领性指导作用的国际会议文件《2015 西安宣言》诞生于此。

一部《2015 西安宣言》的形成就是一首深远的合作交流之歌。回溯 2013 年 10 月，成立近 70 周年的联合国教科文组织启动"为促进对话、多元化和发展的丝绸之路网络平台"项目，该项目建成后将拓宽丝绸之路资料的传播以及获取，使得大量的丝绸之路宝贵资料不仅能面向文艺、文化和学术领域的专家，同时也能面向世界范围的公众群体。一方面，"宣传、推广关于丝绸之路共同文化遗产的综合知识，敦促成员国致力于开展更广泛的丝绸之路文化遗产相关的知识合作与经验交流，建立并试运行丝绸之路文化遗产推广的协调委员会。"另一方面，"敦请联合国教科文组织丝绸之路网络平台成员国及加强跨文化对话与和平共存，并采取相应措施使丝绸之路各种相关资讯上线到丝绸之路网络平台上，推进它的数字化进程。创建科学委员会以协助联合国教科文组织审定丝绸之路网络平台的线上内容，使青年群体受益于联合国教科文组织的丝绸之路网络平台❶。"

文化遗产保护八十年：为丝路遗址串上颗颗明珠

早在 20 世纪 30 年代，当时的国立西北大学寓居汉中时期，学校师生就开始了对城固张骞墓的考古发掘。40 年代，西北大学在新疆地区开展了广泛的考古调查和发掘工作。50 年代初期，全面参与了新疆地区的第一次全国文物普查工作。70 年代，参与了新疆吐鲁番阿斯塔那古代墓葬的发掘。90 年代，先后参与了新疆乌鲁木齐柴窝铺、拜城克孜尔水库等处古代墓葬的发掘。

进入 21 世纪以来，围绕"丝绸之路"文化遗产保护与考古研究，西北大学牵头组织联合调查队，对塔吉克斯坦和乌兹别克斯坦的重要文化遗产点进行了考察，并与两国学术界建立了广泛联系。对我国参加该区域文化遗产保护工作，提出了切实可行的建议和意见，成功地将国内有关研究向"丝绸之路"沿线中亚各国延伸。

2007 年，西北大学教师承担的新疆"东黑沟遗址考古发掘"荣获"中国十大考古新发现"。2009 年，由西北大学牵头承担的新疆"东天山地区古代游牧民族大型聚落遗址考古与文物保护"获准国家大遗址保护专项，经费 5680 万元，是迄今为止国内人文社科领域获准经费最多的研究项目。学校围绕丝绸之路沿线大型文化遗址保护规划开展了大量研究和技术攻关，哈密白杨沟和庙儿沟古代佛教寺院遗址调查勘测、库车苏巴什古代佛教寺院遗址调查勘测、布尔津喀纳斯景区文物保护规划编制、青河三道海子古代墓葬文物保护规划编制、尼勒克吉林台古代墓葬发掘、特克斯恰卜奇海古代墓葬发掘、吐鲁番交河故城和高昌古城文物保护工程、呼图壁康家石门子岩画保护工程等，在绵延数千公里的丝绸之路沿线

---

❶ 黄锐，等. 首届丝绸之路国际关系网络大会成功在大唐西市举办［EB/OL］. 综合新华网、网易新闻、西安网，2015-05-24.

取得了一系列重要成果。这些成果，成为长安——天山丝绸之路廊道上一颗颗明亮的珍珠，串起了东西交往的古代文明。

"金哑铃"理论：丝绸之路沿线文明交往新构想

2013 年 12 月，西北大学中东研究所彭树智教授《我的文明观》甫一出版，就成为炙手可热的畅销书。彭树智教授于20 世纪 90 年代初提出了著名的文明交往论，认为，"交往使人类从地区史发展成为真正的世界历史""文明的生命在于交往，交往的价值在于文明""知物之明，知人之明，自知之明，文明自觉，全球文明"，并提出丝绸之路的最大价值在于它所倡导的包容和多元化，这些在学术界产生了广泛影响。同时，从文化地理角度，提出一条文明发展的"黄金海岸"，以及反映文化格局的"金哑铃"理论，为丝路沿线文明交往与文化格局研究提出了新的构想。

西北大学中东研究所是全国高校首批国际问题研究机构，几十年来，该所致力于丝绸之路沿线国家的相关历史文化研究，在西亚中东研究领域居国内领先水平并取得了系列研究成果。近年来，又与多个国家部委合作，承担的国家社科基金重大招标项目"当代中东局势发展及我国战略对策研究"等重要课题，先后提供了数十篇决策咨询报告，发挥了重要智库作用。

在丝绸之路沿线的多种文明交往与融合、丝绸之路沿线国家文明交往与文化格局研究方面，西北大学先后出版了 10 余部专著。其中《中东国家通史（13 卷本）》是国内首部中东国家通史，获得外交部的高度评价和学术界的广泛关注。目前承担的国家社科基金重大招标项目"非洲阿拉伯国家通史研究"开辟了国内该领域研究的新空间，项目成果将填补国内该研究领域的空白。编纂的《丝绸之路大辞典》，收录词目 11607 条，总字数 230 多万，是迄今出版的同类书籍中体系最完整、词目最全面、内容最丰富的一部有关丝绸之路的百科全书，也是一部集学术性、知识性、资料性、实用性为一体的大型工具书。

丝绸之路研究院：打造"一带一路"重要智库

今年 4 月，由中联部牵头组建的国家"一带一路"智库合作联盟在北京成立，西北大学丝绸之路研究院成为首任理事单位之一。作为西部地区"一带一路"重要智库，研究院先后与中石油、陕煤集团、西安大唐西市集团初步达成了"高校—企业"合作意向，与哈萨克斯坦国际商学院、韩国驻西安总领事馆、西咸新区空港新城等开展合作，承办了一批高层次国际学术会议，形成了高水平、跨界、跨域学术资源配置机制的协同创新平台，并出版了《丝绸之路经济带发展报告 2014》，形成了一批重要成果。

《中国西部发展报告》（也称"西部蓝皮书"）是西北大学中国西部经济发展研究中心联合全国高校、科研机构及政府部门的西部问题研究专家学者组成科研团队，对当前西部地区经济、社会发展中热点问题进行广泛深入的调研，在此基础上形成的一部高质量的综合性年度报告，每年一部，已经连续出版了十部，在全国已经产生了很大影响。西北大学一批学者参与了《关中—天水经济区发展规划》的论证制定工作，为推动"关中—天水经济区"进入国家战略层面重点建设发挥了重要作用。西北大学教师提出的《减少贫困地区儿童贫血现象，促进儿童全面发展》《关注农村学前教育，促进农村教育事业发展》等研究报道得到了党和国家领导的高度重视。2014 年形成"一带一路"专项咨询报告 20 余篇，发挥了重要的决策咨询作用。

西北大学被誉为"中华石油英才之母"，为新中国培养了第一批石油地质专业人才。在丝绸之路沿线，学校围绕相关方向，加强和丝绸之路沿线相关能源部门的合作，取得了大量理论研究和合作开发成果。为丝绸之路沿线重大基础建设提供科学依据、可行性对策与防治措施，累计研究经费达到 3800 万元，为我国和西部社会可持续发展做出了应有的贡献。与中石油、中石化等大型企业合作，开展了一系列能源资源勘探开发研究工作，研究经费达到 1700 万元。学校主持的国家"973"项目——"多种能源矿产共存成藏（矿）机理与富集分布规律"相关研究成果获得国家科技进步二等奖。

中亚学院：面向"丝绸之路"沿线各国培养人才

西北大学是全国最早为中亚各国培养留学生的院校之一。2000 年以来，已培养中亚各国留学生 1000 余名，是陕西省培养中亚留学生最多的院校之一。近年来，每年来自中亚各国的留学生平均在 300 人左右，占到该校留学生总人数的 60% 以上。

2014 年 1 月，为贯彻国家"丝绸之路经济带"建设战略精神，落实陕西省政府打造丝绸之路经济带新起点部署，西北大学成立了中亚学院，面向中亚招收留学生、为丝绸之路经济带培养复合型、技术性人才，目前有 300 多名中亚学生在校学习。

不久前，陕西煤业化工集团与西北大学中亚学院开展校企合作，携手实施"丝绸之路经济带建设千人培训计划"，计划利用十年时间从吉尔吉斯斯坦国内青年中招聘培养 1000 名石油化工专业人才，每年培养 100 人，支持公司在中亚地区的事业发展。

除了为中亚各国培养留学生，西北大学还积极开展国际汉语教育推广工作。学校每年为中亚国家提供 14 个名额的孔子学院奖学金，主要资助国际汉语教育硕士生和汉语进修生，为汉语在中亚国家的推广工作做出了贡献。应上海合作组织和陕西省政府共同委托，西北大学还承担了上海合作组织首批中文培训班的培训任务并圆满地完成任务，得到各方好评。

借助首届丝绸之路国际关系网络大会，丝路沿线 16 国代表相聚隋唐丝绸之路的起点大唐西市，领略隋唐商业文化，同时感受陕西西安厚重的历史文化底蕴，领略千年古城的美好，畅谈"一带一路"战略的国际新合作，共同助推丝绸之路文化的复兴与传播。

数据分析

联合国教科文组织携手中国民营文化领军企业大唐西市集团共同举办了首届丝绸之路网络平台国际大会。来自土耳其、阿塞拜疆、格鲁吉亚、德国、埃及、印度、伊朗、日本、蒙古国、韩国、阿曼、俄罗斯、塞内加尔、英国、加拿大等 15 个国家的文化遗产界的专家、学者，以及 100 多名中国业界嘉宾参与了此次会议。与会者就联合国教科文组织提出的"为促进对话、多元化和发展而构建的丝绸之路网络平台"进行了研讨。会议同时致力于汇编并传播文化与自然遗址、非物质文化遗产、世界史存和创意产业等方面的数据和知识，并最终在丝路沿线国家和地区打造一个成熟的、区域内跨文化对话的、相互影响的"丝路国际关系网络"，以促进丝绸之路的文化复兴。这是联合国教科文组织首次将重要国际会议放在中国民营文化企业里举办，同时也是我国提出"一带一路"战略规划后，世界上最有广泛影响力的国际组织对此战略做出的切实响应。

国务院授权和发布的《推动共建丝绸之路经济带和 21 世纪海上丝绸之路的愿景与行动》精准定位于"打造西安内陆型改革开放新高地"。据此，作为我国文化产业领军企业以及本届活动的承办方——大唐西市集团，努力践行"一带一路"战略，因此被誉为"推动一带一路建设的排头兵"。其所提出的"网上丝绸之路""丝绸之路国际博览园""丝绸之路国际博物馆城""丝绸之路风情街"和"丝绸之路文化创新工程"等"五丝工程"更是被写进了《西安宣言》，得到了各成员国代表一致认可和高度赞赏，认为其是促进实现"五通"（政策沟通、设施联通、贸易畅通、资金融通、民心相通）的有力抓手，并将成为推动"一带一路"建设的有力支撑。

由于丝绸之路上的很多文化遗产处于地旷人稀之处，容易遭遇自然和人为等因素的破坏。我们要依据《文物保护法》，督促政府承担全面监控并保护丝绸之路文化遗产的责任，并进一步加大财政和科技投入，在国家层面设立重点科技专项以实现丝绸之路文化遗产的保护和传承，推动技术创新以确保文化遗产的安全。目前，中国丝绸博物馆和浙大建立了创新联盟，并在丝绸之路沿途省区实施了 20 多个文物保护项目，同时与沿线国家共同开展 10 余个国际合作项目。各级人大也应依据《非物质文化遗产保护法》，监督并参与文化遗产在中国的保护和传承。例如，让蚕桑丝织在丝绸的原产地得到生产性保护，积极建设蚕桑生态村落和丝绸之路特色小镇，进一步推动丝绸企业转型升级，并带动时尚产业和旅游发展。

2014 年 6 月，中国与吉尔吉斯斯坦、哈萨克斯坦联合提交的"丝绸之路：起始段和天山廊道的路网"获准列入《世界遗产名录》，交河故城、高昌故城、北庭故城、克孜尔石窟、苏巴什佛寺遗址、克孜尔尕哈烽燧以及陕西、河南、甘肃等地的 22 处文化遗产地列入其中。丝路的成功申遗，提升了我国的文化遗产保护水平，并由此迈上了一个新台阶。我们坚信，按照世界文化遗产的保护标准和要求，我国将全面加强保护管理和利用工作，进一步加强与沿路国家的交流与联系，最终促进丝绸之路的文化复兴。

喀什老城浴火重生改造经验值得推广

引言

如火如荼的喀什老城区改造工程，已成为喀什各族群众热门的话题。因为它得到中央和自治区政府的大力支持与关心，同时这座千年老城的改造也是开天辟地头一回。

喀什老城改造：平静中发生的巨变

"我这个房子有 300 多年历史了。我当年结婚时，就是在老房子里办的喜事，现在你看我的新房子，宽敞、明亮又漂亮，不仅有了天然气，还有了上下水、有线电视。"说这话的人叫买买提伊明·赛买提，是新疆喀什老城的居民，今年 50

岁。在他不大的小院里，最显眼的就是一幅温家宝总理在他家与他们一家人的合影。

说到他幸福的来源，还得从 2008 年那场恢宏的喀什老城改造说起。

（1）一场艰难的护城之举

喀什老城被誉为研究西域城市的活化石，更是古丝绸之路上最有价值、最有影响力和最具代表性的一座古城。早在 1986 年，喀什就被国务院命名为国家历史文化名城。2003 年，世界遗产考察组实地考察喀什老城时指出：喀什老城是丝绸之路上历史古城较为完整的缩影，丝绸之路申报世界遗产没有喀什是不可想象的。

喀什老城修建在土崖之上，由崖底向崖顶修去，最多地段达六七层。走进老城区，在面积 4.25 平方公里的范围内，坐落着 500 多座独具特色的半街楼和过街楼，还有数百条街巷以艾提尕尔清真寺为中心向外延伸，曲折婉转，宛若迷宫。

然而，喀什老城内的老屋由于年久失修，千疮百孔，摇摇欲坠。加之老城地下的地洞经过漫长岁月，洞壁日渐酥松，洞顶不断垮塌，无论是发生地震还是火灾，居民都将面临灭顶之灾，老城区改造势在必行。

（2）一幅恢宏的改造画卷

为了兼顾好所有居民的利益，处理好民居改造中的各种问题，喀什市政府按照"完善设施，由外向内，就近建房，就近安置，边拆边建，重点保护"的指导原则，科学规划，分步实施，实现家家有房住、户户有就业、人人有保障、设施有提高、环境有改善、文化有传承、经济有发展的目标，实施居民搬家建房政府买单，居民搬家租房政府买单，要房要钱由居民自主选择等优惠政策。相关政府部门设计出与原来老房子形状相近，又符合居民新要求的抗震新居。同时，消防通道、活动空间，以及水电气暖等基础设施也得到配套❶。

数据分析

如火如荼的喀什老城区改造工程，已成为喀什各族群众热门的话题。这不仅是因为中央和自治区政府都给予了极大的关心和支持，这也是这座千年老城的第一次改造。因之改造的难度颇大，特别是牵涉到如何处置城市改造与传承民族文

---

❶ 王瑟．喀什老城改造：平静中发生的巨变［N］．中国文化报，2015-09-15.

化（特别是居住文化）的关系，引来了很多关注与议论，其中也有犹豫与担忧。

推进现代与继承传统，两者既相互区别，又相辅相成。城市的现代化不能以丢失传统为代价，也不能因恪守传统而止步不前。推进现代是历史更迭、社会发展的必然趋势，不以人的意志而改变；继承和弘扬传统文化，为现代社会增添独特的文化符号，使之具有浓厚的地域属性与民族属性，进而熠熠生辉。喀什老城区那些历史悠久的房子，大都以生土为主料，历经几十年上百年乃至几百年的风雨侵蚀，虽然拥有着中国古建筑的传统魅力，但许多已是断壁残垣，甚至已无艺术欣赏的感觉。而新规划设计的老城房舍，在布局上色彩艳丽，精雕细琢的廊柱，拱拜孜的轮廓，雕梁画栋的庭院，神秘隽永的壁龛，民风淳朴的铺面，将维吾尔风格淋漓尽致地体现了出来。环境色彩更加鲜艳，人文气味更加醇厚。实现了现代建筑与古代建筑的结合。原来交错叠嶂的院落，七拐八曲的小巷，昏暗充满霉味的房舍，狭促到令人窒息的庭院，经过现代化的改造，变得整齐了、通畅了、清爽了、明亮了、气派了，新老建筑形成鲜明对比。以木柴、煤炭为燃料的传统生活，变为水、电、暖、气通畅的现代生活。那些认为"七拐八弯""杂乱无序""拥挤不堪""烟熏火燎"等属于老祖宗流传下来的传统习俗，不能轻易改变的观点，是对"文化"与"传统"的偏颇想法。至于老城的"空中旱厕"，垃圾的无力清运，无下水道的乱泼脏污，净化靠蒸发，是老城人无奈的选择，并不是他们想要的生活，这些也本与维吾尔文化差别甚大。要想真正改善老城人民的生存、生活现状，更好的弘扬维吾尔文化，彻底改变这种 21 世纪的"老城窘境"才是关键。

喀什是著名的旅游城市，老城区的改造更是考虑了旅游业的发展与观光者的需求，用最典型、最地道、最精湛的喀什噶尔文化元素，进行旅游景点的重建与修缮，主旨在于让国内外游客能够充分地浏览"活着的老城"的独特魅力与风采。

侨批档案申遗成功，成为世界记忆名录项目

引言

2013 年，经过七年的努力，广东省以及福建省联合申报的"侨批档案"项目正式被列入世界记忆遗产名录之中，成为我国第九项世界遗产记忆。侨批是基于近代以来粤闽地区人民受生活所迫，背井离乡"下南洋"的时代背景所产生的具有中国特色

的档案性质历史资料。通过对侨批的研究，我们能重新再现百年前海外侨民的生活状态以及心路历程，对于历史、社会、经济等方面的研究具有深远的意义。

十万潮汕侨批，一部百科全书

筹备多年的潮汕侨批档案馆随着2010年12月23日的揭牌，也揭开了一个个令人好奇的问题：潮汕侨批因何携手五邑银信、客家侨批入选"中国档案文献遗产"？潮汕侨批档案馆的揭牌是否意味着民间的侨批保护开发已经进入政府视线？馆藏10万多封侨批的揭秘又向老百姓传达了什么信息？

（1）"打包"同申遗，保护更专业

据广东省档案局局长徐大章介绍，广东侨批档案"申遗"工程的启动，源于广东省人大代表、汕头市社科联主席陈汉初2007年的一份关于"潮汕侨批"申请中国档案文献遗产的省人大议案。"潮汕侨批"为何没有单独"申遗"？广东省档案局监督指导处副处长吴晓琼说，广东侨批主要由潮汕侨批、五邑银信、客家侨批三部分组成，已整理的潮汕侨批10万多封、五邑银信4万多封、客家侨批目前正在收集整理中未有确切数目。

（2）孝子心戚戚，舐犊情切切

潮汕侨批档案馆内，一组家庭系列的侨批让人读来倍感温情洋溢。

在这些家庭系列侨批中，有潮安县东凤镇二房后厝陈宏烈家1912年至1958年间的560多封侨批。从这些侨批看出，陈宏烈的四个儿子先后出洋旅居新加坡，每个儿子几乎逐月给家乡的母亲寄侨批，在赡养眷属上可谓"恪尽职守"。澄海侨胞陈鸿程20世纪二三十年代前往泰国谋生，在侨批中写道："母于上月底不幸跌伤，势颇严重，恕儿在外未能晨昏侍奉，实深遗憾❶。"

"侨批档案"申遗成功——潮汕侨批占大部分为广东首项世遗

侨批，简称作"批"，俗称"番批""银信"是专指海外华侨通过海内外民间机构汇寄至国内的汇款暨家书，是一种信、汇合一的特殊邮传载体，广泛分布在福建、潮梅地区和海南等地。

（1）"侨批档案"七年申遗路

早在2007年1月在广东省人大十届五次代表会议上，广东省人大代表、汕头市社科联主席陈汉初就在会上提出关于"潮汕侨批申报世界记忆遗产"的议

---

❶ 杨媛，东开.十万潮汕侨批，一部百科全书［N］.羊城晚报，2010-12-25.

案，引起了广东省有关部门的重视，潮汕侨批"申遗"工作也由此开始提上日程。

2007 年 5 月，研究中心正式向广东省档案局报送材料，申报将"潮汕侨批"列入世界记忆遗产，广东省有关部门初步同意将"潮汕侨批"列入"世界记忆遗产"上报国家档案局。经过讨论商议，同意广东省档案局提出的方案，由汕头、江门、梅州三市联合以"广东侨批"（包括潮汕侨批、五邑银信、客家侨批）的名义，再由广东省档案局申报为"中国档案文献遗产"，申报成功后再向联合国申报为"世界记忆遗产"。

2010 年 2 月 22 日，"中国档案文献遗产工程"国家咨询委员会召开会议，按照"中国档案文献遗产"入选标准进行认真审定，包括潮汕侨批在内的"侨批档案"入选《中国档案文献遗产名录》。

2012 年，"侨批档案"又入选了《世界记忆亚太地区名录》。

2013 年 6 月 19 日，由广东福建两省联袂申报的"侨批档案"，在韩国光州召开的联合国教科文组织世界记忆国际咨询委员会第 11 次评审会议上，经专家投票推荐，成功入选《世界记忆名录》，成为广东省首个世界记忆遗产项目。

(2)"侨批档案"入选《世界记忆名录》意义重大

侨批之所以能够吸引收藏界、学术界的眼光，固然是它本身所蕴含的丰富史料特性，同时亦有其所独具的文化审美属性。批封之上的精美图案，信局刻制的各式印戳，私人所用的珍异图章，龙飞凤舞的书法风韵，异国他乡的精美邮票，都在片纸方寸之间有机地融合于一体，那些精致的书笺、行云流水而又浸润深情的笔触，或敬尊仰从，或娓娓相叙，都深深打动了每一位看到它的人，令人不禁油然而产生出诸多感同和认知。而这种认同感，不仅是所见文书汉字和情感的熟稔，更是一种文化归属感的认同。因此，侨批所具有的文化属质，就是侨批所独有的一种文化价值❶。

☁ **数据分析**

侨批民间又惯称"银信"，它是银、信结合的档案文献；其"批"字，是梅州、潮汕等地区对书信的通俗称谓。是粤闽侨乡与海外交往形成的一种特殊文

---

❶　罗堃. "侨批档案"申遗成功——潮汕侨批占大部分为广东首项世遗 [N]. 潮商·四海潮讯，2013-06-19.

献，是海外华人、华侨与国内侨眷的书信与汇款的合称，其最主要的特点是"银信合一"，所以，它同时具有家书和汇款凭证双重的特征。在中华人民共和国成立前，很多民众依靠海外侨胞寄回来的"批款"维持生计，这些人在当时占当地总人口的一半左右，有些乡村的比例甚至可高达70%～80%。如以侨眷家庭为单位计算，平均每月所受到的批款，约占家庭总收入的80%。

实际上，侨批不仅仅在亚太地区，而且它具有全球意义。因为"侨批"所牵涉的国际移民史规模大、国家多、时间跨度大，而且海外华人在传播新思想、新理念以及支持传统落后的中国进行现代变革等方面，都为亚洲和世界其他国家树立了榜样。侨批保留下来的大量文献文字信息，是我们今天研究那段国际交流历史珍贵的、不可或缺的档案资料。很多广东籍华侨在寄给家乡的书信中，会提及他们在侨居地的所见所闻，诸如外国人的思想观念、生活习惯、社会组织方式，以及当地的建筑样式，等等，这些都会在带给家乡亲人新奇感受之余，对家乡行为观念、社会风俗习惯产生潜移默化的影响。

侨批是纸介质的历史文书，具有记录的原始性。这表现为侨批使用的材料（纸、笔、墨）及其书写格式、书法艺术，都原生性地保留了中国传统书信的风貌，具有原始性的特征。侨批文书的真实性还表现为其书信内容的真实，华侨对侨居地政治、文化、社会、法律以及华侨周边环境的记述，这些都是他们通过个人长时间的观察，有着作为一个来自不同文化的底层移民的自己的认识与理解，因为书信的接受者是自己最为信赖的亲人和朋友，因此信的内容多是直抒胸臆、表达感情，少有官方文书刻意的隐晦曲笔，大量的书信就组成了一幅宏伟的侨居地的历史画卷。侨批文书因其生态的真实和记录的真实，在世界历史记忆文书的价值是不可替代的。

作为人类私人书信发展史中的一个重要代表，侨批文书体现了世界文化多样性。国际移民是一种普遍的世界现象，他们来自不同的地方，迁移到最适宜自己生存的侨居地，各个国际移民群体带着不同的文化背景组成了各有特点的社区，他们与侨居地不同种族、不同文化群体和家乡亲友的联系、交流方式也深受自身传统文化的影响，形成了独特的心理和行为，不同文化特点的国际移民的私人书信就真实地记录和展现了国际移民文化的多样性。在现有的国际移民书信中，广东侨批最典型地保存了这一文化的多样性，理当成为全人类共同的记忆遗产。

侨批文书作为人类记忆完整体系中重要的组成部分、独特的文化和社会长久价值，决定它具有世界意义，理当受到全人类的尊重而获得永续的保护。

探析如何找到古建筑保护与利用的平衡点

引言

西湖边的蒋经国旧居要开麦当劳？那旧卡卡的包浆围墙外头，未来会不会摆一张长椅，上头坐着麦当劳叔叔，顶一头红发，面对仅仅数米外的断桥，咧着大嘴笑？

麦当劳将开在西湖蒋经国旧居　老建筑联姻洋快餐

西湖边的蒋经国旧居要开麦当劳？那旧卡卡的包浆围墙外头，未来会不会摆一张长椅，上头坐着麦当劳叔叔，顶一头红发，面对仅仅数米外的断桥，咧着大嘴笑？

它的开张会像灵隐景区星巴克一样，迎来网友们大多善意的调侃吗："施主，您是要大悲（杯）、超大悲（杯）、还是大慈（瓷）大悲（杯）?"

目前，从政府官网的环评公示信息判断，如果开门，这家消费场所可能会是"麦咖啡"，而不是出售炸鸡汉堡的麦当劳餐厅。

知情人士透露，这老屋的东家是浙江省机关事务管理局。不过，租给麦当劳公司的，可能并非该局，而是二房东，一位房地产公司相关负责人。

蒋经国旧居和断桥是邻居，却长期铁将军把门

雾蒙蒙的冬日中午，游人们在断桥边嬉闹，却极少有人转头看一眼路的北侧，北山路8号的蒋经国旧居。

别墅落成于1931年，抗战胜利后，蒋经国携妻儿来杭州，当时的杭州市长周象贤将此屋拨给他住，楼对断桥残雪，窗裱水光山色，与蒋介石和宋美龄的别墅澄庐（位于湖滨一公园）隔湖相望，小院内的桂花、棕榈、天竺、枫树等据说是蒋经国当年亲手种植。

如今，蒋经国旧居大门紧闭，屋檐上爬满了青藤。透过围墙，可以发现洋楼的窗户全都打开了，似乎正在准备施工。

"我在这里上班好多年了，就没有看到它对外开放过。"说起这位"邻居"，在蒋经国旧居门口岳庙派出所值岗亭执勤的保安师傅摇摇头。

在西湖散步的老杭州王奶奶说："这地方新中国成立后曾经住过王黎夫等名

人，不开放给游客，太可惜了!"

长期铁将军把门的蒋经国旧居似乎与马路对面天天游人如织的断桥处于两个世界。

未来的麦当劳会卖面包和薯条，原来的二房东偶尔宴饮和小住

日前，从杭州市园林文物局官网上刊登的一份公告显示，铁将军可能要下岗。

"杭州市园林文物局已于 2015 年 1 月 26 日受理了浙江麦当劳餐厅食品有限公司杭州石涵路餐厅新建项目环境影响评价文件许可申请材料……"官网显示，根据《环境影响评价法》《行政许可法》《环境影响评价公众参与暂行办法》《浙江省建设项目环境保护管理办法》（省政府令第 288 号）等有关规定，此项目进行公示。

26 日起，公众可以在 7 个工作日内将主要意见及理由以信函（杭州市龙井路 3 号景区行政服务中心环保局窗口）、传真等方式，向杭州市园林文物局办事窗口回复。

根据官网信息，这家店，并不是大众印象里的"麦当劳餐厅"，而是一家咖啡馆，主要进行面包、薯条等西点制售。建成后总共 100 个餐位，经营总面积为 335. 27 平方米。

以"汉堡炸鸡"为主业的麦当劳食品有限公司，在这个黄金地段，只开设"大众咖啡馆"，这又是什么原因呢?

从知情人士处了解到，这可能是考虑到西湖景区整体业态规划。2014 年的《杭州西湖风景名胜区业态提升规划》提出，除老字号餐馆"天外天"平价转型、可以提供点菜等餐饮服务外，其他众多历史建筑等公共资源都不能提供餐饮服务。《规划》主要起草人北京大学世界遗产研究中心宋峰教授当时曾表示，西湖景区的一些历史建筑，今后除文化展陈和服务外，只能配套提供三明治、简餐等小服务。

而租房给麦当劳公司的，可能是二房东，一位房地产公司相关负责人。他签下的租约有 15 年，几年来，这幢屋里请了一位厨师、一位阿姨，可以同时宴开两桌，房产商有时会在这里小住，有时会宴请少许友人，并不对外营业，不靠做餐饮赚钱。

老房子专家：门前冷落也是浪费资源

截至 1 月 27 日晚 11 点，政府官网上这条公示的点击量，只有 61 次，提意见的人基本分以下几类。

一些老杭州认为，应该留点空间给历史文化，留片清净在西湖边。也有市民很支持，北山路本来就在打造民国风的"北山之夜"，坐在西湖边喝咖啡很享受，蒋经国旧居就应该合理利用、面向大众开放。更多游客认为，西湖边多一家麦当劳，会很方便，解决了就餐的问题。走累了，也可以坐下来休息一下。

杭州老房子研究专家仲向平的意见是，蒋经国旧居另辟蹊径开麦当劳咖啡馆，符合时代潮流，也未尝不可。"我去过蒋经国旧居很多次，每次都大门紧闭。"仲向平坦言，如果把蒋经国旧居改头换面，变成民间历史纪念馆，是不太会有人去看的。

仲向平说，近 10 年来，杭州名人故居一直在增加。杭州城里最起码有 100 多个文化名人陈列馆，但一半以上一天都没一个游客进去参观，有些馆里，还是讲解员和保安多，这很令人心疼。"公家贴钱，门前冷落，也是对社会资源的一种浪费。"仲向平说。

仲向平建议，如果蒋经国旧居要开麦当劳，首先一定要在不破坏建筑的前提下。另外，可以尝试开一家专题性的麦当劳，充分利用餐馆里可以展示的地方，展出一些蒋经国旧居的老资料、老照片，从而体现社会效应。

文物专家：不能改变故居格局，但只要不破坏文物，不应干涉

记得大约 10 年前，杭州茅以升故居被改成咖啡馆，那座老房子几乎被拆成空壳。当时，茅以升故居这幢历史建筑的保护牵动了杭州人的心。如今蒋经国旧居又将作为商业用途对外出租，还是杭州市文物保护点，文物专家怎么看？

"就目前的实际操作来看，蒋经国旧居可以作为商业出租。"一位不愿意透露姓名的文物专家表示，故居作为商业用途需要报批，由于出租造成的管理单位变更及居民变更须向相关部门报批备案，如需装修，要将装修方案报相关管理部门，经过论证通过后才可以进行。

"有两个硬杠杠。第一不能改变建筑内部结构；第二不能改变建筑外立面。"蒋经国旧居作为一个文物点被使用，不仅是单纯的建筑资源，更是一种文化资源，因此，根据文物保护相关要求，谁使用谁负责，不论谁租下故居，故居内的所有维修、维护工作将由他承担。维修、维护方案也必须经备案，特别要强调的

是，绝不容许改变故居原有格局。

"只要不破坏文物，不应干涉。"这位文物专家说。

不要轻易否定，老建筑和洋小店的联姻

很多年轻人都有同样的感受——不知道为什么，每次看到老建筑新开洋小店，就会有冲进去体验或消费的冲动。

也许因为洋小店的桌面上不会留有前一位客人不小心跌落的黏糊糊面条；也许因为洗手间定时打扫并且有厕纸；也许因为走到全世界任何一个角落，都能保持质量恒久稳定的特色感和清爽感；也许因为它的消费水准和年轻人大多瘪塌塌的钱包比较匹配……

在这些小庆幸之外，其实每一个人心底大概还有一种对美的天然靠拢——古建筑之美，有时，是杭州南宋御街麦当劳店里，遇见那一根仔细保留着的罗马柱；有时，是西湖曲院风荷星巴克为了配合中国风老建筑的深褐色墙柱和落地玻璃角落上的木构挂落。

如果洋小店对我们杭州人的文化遗产有足够的尊重、会小心地呵护，那么，为什么，我们不能用开放的心态，拥抱一下？❶

有故事的老房子如何存续？

杭州西湖边建于 1931 年的蒋经国旧居，历经多年大门紧闭、落叶堆积后，日前由杭州市西湖风景名胜区管委会的项目审批公示显示，或将由浙江麦当劳餐厅食品有限公司新建餐厅项目。

围绕这则消息，专家观点和坊间舆论应属客观平和，并未一味指责"名人旧居开洋快餐"的"违和感"，或是排斥商业化运作，而是认同在履行审批手续、严格过程监管的前提下，只要不改变外观原貌、内部格局，商业开发利用并无不可。

诚然，保护不是僵化的封闭保护，通过合规合法的商业开发来聚人气、反哺保护，未尝不是一种"活态"保护的探索。但是，现实往往容不得人乐观，教训亦不少见。常常审批是通过了，但一迈过"门槛"，承租方、开发商便"任性"妄为。监管的缺位最终让老房子屡屡"受伤"，不可逆的影响损失令人痛

---

❶　杨晓政. 蒋经国旧居要开麦当劳 老建筑联姻洋快餐，你怎么看［N］. 钱江晚报，2015-01-28.

惜。既成事实摆在那里，到时专家学者再是"跳脚"也来不及了。

像同在西湖边的杭州市历史保护建筑茅以升故居，十几年前拍卖经营使用权，开起高档咖啡馆。结果卸了楼板、拆了窗户，"拆得只剩个空壳子"，改造后面目全非。几步之遥还有市历史保护建筑、南山路204号别墅，当年是住过许多著名画家的美院宿舍，后开出"两岸咖啡"。几年前，这座将近80岁的老房子，因安全隐患疏于管控，被夜半一把火烧穿屋顶、大伤元气。

难免慨叹，即便是在保护与开发关系命题几经深入讨论的现今，即便是有市级文物保护点的牌子、坐拥西湖白堤断桥的绝佳位置，蒋经国旧居这样"有故事的老房子"，虽不至像其他命运多舛的名人故居、旧居一样有"维修性毁坏""开发式拆除"之虞，但还是难寻一个平衡各方需求的生存模式。

那么，名人故居、旧居这些"有故事的老房子"，该探寻怎样的生存模式？答案或许难以一概而论，但至少有几条可资借鉴：

其一，改革开放到今时今日，各级政府应该有眼光、有胸怀，也有底气来做一些不能马上见到效益的公益性、公共文化投入。应有专门机构对故居旧居等历史文化遗产登记建档、分类管理，梳理评估各类老房子的历史文化价值。

其二，市场化运作也要厘清保护与利用的主从关系。"皮之不存，毛将焉附"说法是对的，问题在于保护传承和开发利用，到底哪个是"皮"、哪个是"毛"，可别本末倒置。对一些多年"铁将军把门"、市民游客无法亲近的故居旧居，不妨"以开发换开放"。

其三，眼光不要仅仅盯着拿故居旧居开店、开咖啡馆，不是只有这一条道可走。故居旧居并非天然地与"公家贴钱"、门可罗雀划等号。如能串起一条名人故里旧居、史迹遗存的特色休闲观光旅游线路，本身也是一项前景可观的好生意。

欧美国家许多名人故居是免费开放的，但纪念品商店里以名人为灵感主题的大小商品创意百出、设计精巧，让人忍不住掏腰包买回来。到奥地利萨尔茨堡莫扎特故居，参观之余买一盒莫扎特头像巧克力，去英国斯特拉福德小镇"朝圣"莎士比亚故居，顺道选一支复古的鹅毛笔。这些名人故居衍生纪念品的利润，可以补贴日常维护运营的开销，还能成为最艺术的"流动广告"。

"有故事的老房子"如何存续？期待政府能更多开动脑筋，找到一条在传统与现代的维度之间、在文物保护与商业开发的规律之间、在历史文化遗产的维护

与传扬之间，兼顾并利的道路。❶

现代社会节奏和古建筑保护与利用

现代社会的发展与古建筑保护的矛盾，要从发展的角度来看待以及保护古代建筑和文化遗产；做到既让古代文化保存于世，也让部分古代文化遗产产生利用价值。

但是社会是向前发展的，在这期间必然会出现：①现代生活节奏与古建筑的矛盾；②现代城市的发展与古建筑的矛盾；③人口增长与古建筑的矛盾。这些矛盾都是相互依存、相互联系的。

现代生活增加了许多现代化的设备，而古建筑与现代化的设备又存在着许多不和谐的因素。例如，现代化的设备在古建筑中如何布置、安排，消防、水电等实施如何规范和布设。这些都成了古建筑发展保护的障碍。

另外，在第二个矛盾中，现代的居民都适应了现代的生活居住，现代建筑的生活空间、生活设施。经过调查得到，即使过去是住在古建筑房内的居民，在修复过程中搬到现代的居住条件下居住，那么即便在修复结束后，允许回到原房居住，此时在对比之下，对于在古建筑房内的生活便感到了不便。在年代久的房子里生活的人们也说出了他们在生活中的众多不便，如垃圾、污水、粪便等问题。

最后一个矛盾，其实与第二个矛盾有着很大的联系——人口的增长。一方面是人口的增长；另一方面也是城市化的进程带来大量的人口涌进城市。这些都使城市的人均居住面积大大的紧缩。何况，中国不像国外某些国家那样有着那么多空闲的土地作为城市扩建之用。中国的新建筑历来都是在老的建筑拆除之后，建造新的建筑物。因此，为了保证居民的居住空间，政府也不得不拆除原来的老房子建设新的现代住房。

因此，在现代的社会中，如何处理好古建筑的保护和利用是很重要的。根据调查我们得出，现在居民中大多认为古建筑保护是需要的，但是更重要的是如何利用，在保护以后如何产生经济效益。

由于考虑到社会发展的因素，保护古建筑的难度。政府应该重点保护那些典型的古建筑，不至于全部的古建筑消失殆尽。社会也是向前发展的，我们要认识到保护祖先留下遗产的重要性。但是单单保护，而不去发展，那社会恐怕也会停滞不前。

---

❶ 江南. 有故事的老房子如何存续？［N］. 人民日报，2015-04-09.

在保护与利用相互联系、相互制约的关系中，我们要根据具体的形势来处理好现代社会节奏给古建筑带来的冲击。使古代建筑遗产得到最大的保护，使其文化、风格得以向世人表明历史的意思；与此同时也得以最大的利用。这样才是古代文化遗产的真正意义❶。

数据分析

历史文化遗产是一个国家和一个民族长期形成的物质文明和精神文明的杰作，是不可再生的。保护好历史文化遗产，让它们在今天现代化社会中继续发展、发光，正是一种现代文明的象征。很多人认为保护历史文化遗产与现代化建设似乎是一对矛盾，但实践证明两者完全可以互相促进，实现共赢。

长期以来，如何善待文化遗产，存在一种狭隘的观念。要么是忽略了保护，让古建筑、古遗址等残破不堪、无人问津，要么是盲目利用，过度拆造、过分商业开发。可喜的是，随时社会的发展和人们观念的进步，越来越多的人开始认识到文化遗产保护的重要性。人们开始明白，要想既实现文化遗产的完整保护，又能得到合理利用，找到保护和利用的平衡点是关键。

文化遗产并不是孤立的，它与周边环境、与人类活动有着非常亲密的关系，这就要求我们处理好文化遗产的公众利益和利益相关方的关系。随着文化遗产保护利用实践的逐步推进和观念的与时俱进，当地居民等利益相关方的呼声和权益越来越受到重视。特别是对古建筑保护而言，处理好当地居民和文化遗产的关系，将人们改善生活的要求和文化遗产的保护利用相结合，让人与文化遗产和谐共处，已成为共识。

在具体操作中，需要找到政府、社会、个人之间的平衡点，从而形成良性循环的保护与利用模式。香港的"活化历史建筑伙伴计划"在这方面就做了成功的典范。香港对古建筑采取"活化"思路，在政府、专家学者的指导与监督下，将古建筑具体操作交给社会机构运营，既减轻了政府负担，又有效地避免了在运营过程中其历史文化价值的破坏，同时还能吸引公众对古建筑保护与更新的关注。同样，法国对古建筑的保护利用也采取了社会共同参与的方式，将具备条件的古建筑租给当地人甚至外国人，但对租用者的使用、改造却有着严格的规定。如租用了塞纳河左岸老建筑的巴黎中国文化中心，在改造中就融入传统的中国元素，让人充分领略

---

❶ 正锋，章建．现代社会节奏和古建筑保护与利用［EB/OL］．水利工程网，2015-08-01．

了中国特有的建筑与艺术的魅力，感受到扑面而来的文化气息。可见，科学合理的制度设计和良性循环的模式，不但让保护利用行为得到奖赏、鼓励，让破坏损坏行为得到惩罚、治理，还可提升更多人的保护参与意识，从而形成群体智慧。

在国际上，可持续发展能力已经成为衡量文化遗产的重要标准。文化遗产的保护利用是一个浩大、复杂、系统的工程，其可持续发展能力的提高是关键，切不可急功近利、妄想一蹴而就。当然，古人的创造留给了今人，今人的创造留给未来，在尊重历史遗产的基础上，也不要害怕改变。只有融入今人的创新和新颖元素，文化遗产才能焕发出与时俱进的光彩，才能一代代永续流传。

探析校园引入非遗文化，让非遗文化有传承

引言

非物质文化遗产走进校园能够为非遗的传承注入一缕清源，通过校园宣扬传统文化，加强传统文化教育，熏陶和培养学生的艺术素养，传递非遗文化精神，对培养非遗文化传承人起重要作用，因此引起教育部和国家的高度重视。

"非物质文化遗产校园传承研究"正式立项

经全国教育科学规划领导小组学科规划组评审，全国教育科学规划领导小组审批，由中国文学艺术基金会非遗校园传承基金提供资助，中国艺术研究院中国非物质文化遗产保护中心、中国教育学会小学教育专业委员会、中国教育学会初中教育专业委员会、中国教育学会高中教育专业委员会共同开展的"非物质文化遗产校园传承研究"工作，已作为全国教育科学"十二五"规划 2011 年度教育部重点课题于 2011 年 7 月正式批准立项，立项通知书文号：教科规办函〔2011〕10 号，课题批准号 DLA110302。

作为中国教育领域最权威的理论研究工作，"非物质文化遗产校园传承研究"课题的正式立项，将进一步促进中国青少年非物质文化遗产传承保护工作步入一个新台阶❶。

---

❶ 佚名."非物质文化遗产校园传承研究"正式立项［EB/OL］.中国非物质文化遗产促进会官网，2014-12-08.

传承中国传统文化走进宁波"京剧进校园"

到 2011 年 3 月，教育部推行的"京剧进校园"试点满 3 周年了。这一举措曾引发热烈讨论，15 个京剧唱段中，"样板戏"比重是否过大等问题一度成为舆论热点。而南方人对京剧普遍缺少认知和地域文化差异也成为推行"京剧进校园"的难点。

3 年之后，"京剧进校园"推行情况如何？记者走进宁波市几所试点学校了解情况。

(1) 初衷，传承中国传统文化

从 2008 年 3 月开始，教育部选择在北京、天津、浙江等 10 个省（市）中小学开展京剧进课堂试点，试点学校中一至九年级义务教育阶段学生学唱 15 首京剧经典唱段，其中小学生学唱 10 首京剧经典唱段，中学生为 5 首，学生一学期只要学习一首即可。

(2) 现象："京剧进校园"呈两极分化

对于"京剧进校园"，记者在试点学校采访时看到了呈两极分化的现象。有的学校一直在坚持和深化"京剧进校园"，让京剧更适合宁波的实际并取得了不俗的成绩，也有的则渐渐地淡出了视线。

很多学校在施行"京剧进校园"时，遇到了由于地域文化差异产生水土不服的情况，不少老师反映京剧唱腔复杂，学生不容易掌握。为了调动学生学习京剧的兴趣，宁波市新城第一实验学校采用了时尚与传统同步，群体与个体共同发展的办法，并借助多媒体进行教学。该校的音乐教师王晓说："其实京剧离我们并不远，在学生喜欢的很多流行歌曲里都糅合了京剧的艺术元素，比如周杰伦的《青花瓷》《霍元甲》、陶喆的《苏三说》、李玟的《刀马旦》等。"考虑到大部分学生喜欢哼唱周杰伦、飞轮海的歌曲，热衷 hip-hop，如果要他们在音乐课上集体扯开嗓门唱"把一切反动派统统埋葬""来日方长显身手，甘洒热血写春秋"，这样反差强烈的场景，很容易让学生产生排斥心理，因此该校教师就通过孩子们喜爱的偶像热衷京剧入手，在潜移默化中拉近学生与京剧的距离，把他们逐渐领入京剧的殿堂。

(3) 探索：不妨加点宁波元素

据宁波市教育局体卫艺处有关负责人介绍，3 年前确定的 10 所"京剧进校园"试点学校，目前没有调整计划。教育部门希望"京剧进校园"活动进一步与校园文艺活动相结合。短期内，"京剧进校园"试点活动不会有大的变化。另外，教育部门也会尝试让学生有更多的机会接触其他戏曲如越剧、甬剧、姚剧等，因为这和发扬地方戏曲并不矛盾。教育部体育卫生与艺术司司长杨贵仁此前也明确表示，京剧进音乐课堂并不排斥地方剧种进课堂，可以在地方教材标准中加入地方剧种，鼓励地方剧种进课堂。据悉，在宁波的各县（市）区，地方戏曲甬剧和姚剧等在江北区及余姚市的一些学校也进行了较长时间的教学实践，并取得了很好的效果。

（4）关注之声："京剧进校园"只是先行一步

不仅是京剧，其他的中华优秀传统文化项目也需要进入校园，京剧进校园只是"先行一步"。这是传统文化传承的一种途径，有利于促使中华优秀传统文化占领青少年的思想阵地，也有利于中小学素质教育的全面实施。

但如何让这个活动更接地气？如何融入校园文化建设？宁波文化底蕴深厚，在"京剧进校园"过程，不必拘泥于形式，大胆融入宁波地方文化，如结合"甬剧""姚剧"等地方文化进行推广。此外，培养学生对传统文化的兴趣，方式也可多样化❶。

数据分析

教育工作者是国家命运和民族兴衰的承载者。"把人培养成什么样的人才、怎么培养人才"，是教育工作者需要直面思考的价值取向。教育部重点课题"非物质文化遗产校园传承研究"，旨在以继承、弘扬中华民族优秀文化的高度，培养师生欣赏、认同本民族文化和保护本民族文化的意识，增强非遗校园传承的责任感和使命感，提升师生传承中华民族精神的文化自觉和文化自信。因此非遗文化走进校园，是教育改革和文化传承的双赢举措，也是为传承人的培养奠定基础。

要完善非物质文化遗产校园传承的相关机制；可以制作相关的课本教材和专题片，下发到具体的学校，然后让其上交进行审查筛选；对各个申报单位的课题进行审核后，下发开题通知；在管理上要做到：文化引领到位、科研指导到位、管理服务到位；提出新颖的管理方式，三维管理方式。即区域、项目、学校类别

---

❶ 佚名. 传承中国传统文化走进宁波"京剧进校园"［EB/OL］. 中国非物质文化遗产促进会官网，2014-10-08.

（小学、中学、高中）管理三者相结合；提出文化与教育结合。学校看重的是非遗传承的教育传承，培养有民族精神、传统文化的接班人。关键点在"人"上。

首先，氛围营造。结合青少年的身心特点和认知规律，主要采取寓教于乐的方式，各区县（市）文化系统相关单位要将非遗展览、展演活动在校园开展，把民间技艺项目和传承人邀请进校。通过开展"非遗"展演进校园、高校"非遗"辩论赛、民间手工艺制作学习等多种活动，营造全民学习、保护非物质文化遗产的浓厚氛围，使"非遗"走进校园，与学生亲密接触，最终使学生增强"非遗"保护意识，培养学习和保护"非遗"的兴趣。

其次，队伍建设。由市文广新局、市群众艺术馆聘请技能大师、传承人、专家，开展"非遗"项目专业教师培养培训，可采取跟班学习、集中培训、师徒传教等方式，市教育局组织中小学教师积极投入到非物质文化遗产知识的学习中，打造一支有兴趣、有特长、乐于奉献的非物质文化遗产教师队伍。

最后，因地制宜。根据"一校一特色、一生一特长"的主旨和因地制宜的原则，鼓励支持少数民族、农村地区学生到开设民族、民俗文化相关专业的高校和开创双语教育的学校就读。对就读高等职业院校和中等职业学校"非遗"相关专业的学生，争取按照师范生的范例给予帮助和支持。根据不同民族地区的文化特色，创新相对应的工作方式，多形式地推进"非遗"进校园工作。

西安市非物质文化遗产保护工作成绩可嘉

引言

西安市的非物质文化遗产系统发掘传承保护已走过第十个年头。这10年中，西安市积极遵循国家和陕西省的指示，按照非遗保护的法律法规积极开展西安市非物质文化遗产的保护、传承等工作，在取得可观的成果的同时，也积累了不少宝贵的经验。

西安：非物质文化遗产保护取得可观成果

陕西省于2014年1月10日经陕西省第十二届人民代表大会常务委员会第七次会议通过了《陕西省非物质文化遗产条例》，并于2014年5月1日起施行。其实早在2008年该条例还未面世的时候，西安市已经公布了包含33项非物质文化遗产在内的第一批非物质文化遗产名录，2009年公布了第二批非物质文化遗产名录共 36 项，2011 年公布了第二批非物质文化遗产名录共 28 项。市政府常务会议审议通过了公布西安市第四批 53 项非物质文化遗产代表性项目名录的请示。目前，西安市市级非物质文化遗产名录达 150 项。

据悉，西安市已公布的前三批市级非物质文化遗产名录共 97 个项目，其中西安鼓乐入选联合国教科文组织公布的人类非物质文化遗产名录，7 个入选国家级名录，65 个入选省级名录。

西安市还命名 134 名市级非物质文化遗产代表性项目传承人，其中 51 名入选省级代表性传承人名录，6 名入选国家级代表性传承人名录。每年资助代表性 134 名传承人开展传习活动，资助 20 多个区县建立展厅、传习所，为传承人传习活动搭建平台。每年在国家文化遗产日和春节期间举办非遗展演、展示活动，宣传非物质文化遗产保护成果。

非物质文化遗产项目展演博人眼球

2015 年 6 月 6 日下午，在第十个非物质文化遗产保护日（6 月 13 日）到来之际，由西安市文化广电新闻出版局主办，西安市群众艺术馆、西安市非物质文化遗产保护中心、新城区文化馆承办的非物质文化遗产日展演活动在陕西非遗美食文化街区永兴坊举行。

中午 12 时，来自西安市 50 多位非物质文化遗产传承人，现场展演 20 个非遗项目，吸引上千市民前来观看，并纷纷点赞。

其中，微缩社火的传承人宋志荣、泥塑大师苗春生、风筝大师张天伟、阴阳书法剪纸大师吕国岭等现场演示，使市民近距离感受到了非物质文化遗产的独特魅力。其中，染色剪纸是周至剪纸的一大特色，它融绘画与剪纸为一体，形式突出，别有韵味。毓兴村路家第 10 代孙女路晓春和终南镇东关村姨母家儿媳赵秀英，继承发扬了路氏家族剪纸特点。剪纸作品的剪、刻、画、染技艺工整细致、构图严谨、设色浑厚、丰富多彩，更多地继承了路氏家族的剪纸特点。路晓春的剪绘染色剪纸，工艺是三分剪、七分染的单层染绘，路晓春能扮演秦腔戏剧中的旦角，所以她的人物剪纸作品能成组、成套完整保存。

动态风筝即会动的风筝，是通过人的操纵或借风力使其旋转而自然摆动的风筝。张天伟的动态风筝主要是用风为动力、吹动风轮旋转，通过齿轮组的减速，经曲轴、连杆、滑槽、摇臂等机构，带动风筝上一些部位活动起来。张天伟是一名退休职工，拥有陕西省一级工艺美术大师、陕西省非物质文化遗产传承人、西安市群艺馆优秀民间艺术家及十佳民间艺人、全国动态风筝第一人等多项殊荣。

他从事动态风筝的研究创制已 30 多年，共有作品 500 多件。张天伟的风筝与众不同的就是可以动起来，活灵活现。1986 年至今，张天伟代表陕西省及西安市参加数次国际国内风筝大赛，足迹遍布全国各地及港、澳、台地区。先后荣获各类大奖百余项❶。

西安市非物质文化遗产博物馆常年开放

2012 年 5 月 15 日，在"5·18"世界博物馆日来临之际，西安市非物质文化遗产博物馆揭牌仪式在西安市群艺馆隆重举行。

博物馆内展出了砖雕艺人王泰来制作的大明宫砖雕模型，按 300∶1 的比例缩放，雕工十分精细；有传统的剪纸、刺绣、风筝、面塑、泥塑、娃娃哨和核雕等；郭氏家族的"云堆"制作取材广泛，造型独特；还有户县社火微缩模型也别具一格。在这里能见到很多在现代生活中难寻踪迹的老物件，如纺车、手推独轮车、风箱、草鞋、粮仓、指南车、打铁及古法造纸工具等。馆内展示的大型关中泥塑组群《关中记忆》令人震撼，1300 多个泥塑小人神态各异，还有 100 多个家禽牲畜及劳动工具、农家小院、鸡窝、拴马桩、戏楼、店铺等 30 多种，叫人叹为观止❷。

数据分析

近年来，我国积极开展非物质文化遗产的保护工作，积累"非遗"保护的丰富经验。从西安市非物质文化遗产保护成果的数据可以看出，西安市在非遗保护方面取得的成果是非常令人瞩目的。西安市在非遗保护方面的经验主要有以下五个方面。

一、依法保护。2005 年 3 月和 12 月，我国分别出台了《关于加强我国非物质文化遗产保护工作的意见》和《关于加强文化遗产保护的通知》，对"非遗"保护工作的方针、政策、措施等提出明确要求，我国的"非遗"保护工作开始步入正轨。2011 年 2 月 25 日，第十一届全国人民代表大会常务委员会第十九次会议高票通过非物质文化遗产法，于 2011 年 6 月 1 日起施行。从此，我国的"非遗"保护

❶ 王桢. 迎接"非遗日"西安市非物质文化遗产项目展演走进永兴坊［EB/OL］. 陕西传媒网，2015-06-06.

❷ 和冰. 西安非遗博物馆布展调整完毕 市民可免费前往参观［EB/OL］. 人民网，2015-03-13.

真正步入有法可依、依法保护的新阶段。2014 年 1 月 10 日，陕西省第十二届人民代表大会常务委员会第七次会议通过了《陕西省非物质文化遗产条例》，并于 2014 年 5 月 1 日起施行。按照上述法律法规的规定，西安市公布了非物质文化遗产名录和非物质文化遗产项目继承人名录，常年开放非物质文化遗产博物馆供市民观赏，定期举行非物质文化遗产展演活动，推进非遗保护"三进"等活动。

二、注重宣传。从上述提及的西安市开展的非物质文化遗产展演、开放西安市非物质文化遗产博物馆以及非遗保护"三进"活动等可以看出，西安市特别注重非物质文化遗产借助新闻媒体的宣传。西安市在做好非物质文化遗产保护工作的同时，还将保护成果以博物馆展示、展演以及演出等形式展现在公众面前，让公众能感受到非物质文化遗产的伟大和精彩，对西安的非物质文化遗产有一定了解，同时也培养了公众对非物质文化遗产的兴趣和自觉保护非遗的主动性，非常有利于西安非物质文化遗产的保护和传承。

三、积极申报，登记造册。近些年来，西安市按照国家、陕西省和本身对非遗保护工作的实际要求，对非遗重点项目进行挖掘、普查、整理等工作，至今已形成了包括 150 项非物质文化遗产在内的共四批非物质文化遗产名录，并公布了 134 名市级非物质文化遗产代表性项目传承人，为非遗登记制度的实行树立了典范。

四、为非遗项目传承人提供展示平台。西安市每年资助代表性 134 名传承人开展传习活动，出资为 20 多个区县建立了展厅、传习所，为传承人传习活动搭建平台。每年在国家文化遗产日和春节期间举办非遗展演、展示活动，宣传非物质文化遗产保护成果。

五、调动多方力量开展非遗保护工作。西安市常年开展非遗保护"三进"活动，"三进"活动的开展不仅需要政府的扶助与支持，也需要市文化广电新闻出版局、市非遗博物馆、市非遗保护中心、教育部门、学校、社区、企业等机构和非遗项目传承人和社会公众的共同参与。同时，非遗展演的顺利进行也离不开电视新闻、期刊、报纸、互联网等大众媒体的宣传和推广。

直播惹巴拉，感受湘西原生态文化魅力

引言

湘西北有个原生态的土家古寨，叫作惹巴拉，惹巴拉是什么意思？这里又保留了哪些独特的民俗？这里的山、这里的水、这里的人，又将用怎样的魅力勾起你我的乡愁。自 2015 年 2 月 16 日起，《湖南新闻联播》新春走基层，连续 5 天直播惹巴拉，全方位呈现惹巴拉的民俗风情和火热年味，展示、传播大湘西独特的文化魅力，为广大受众带来丰盛的新年文化大餐。

聚焦惹巴拉看湘西土家古寨怎么过大年

每天一部短片，用唯美的画面，散文式的笔触，展现惹巴拉文化的一个侧面。腊月二十六：《概貌》介绍惹巴拉的地理位置、人文概貌；腊月二十七：《年俗》展示土家人备年货、贴春联等年俗；腊月二十八：《女人》土家女性的家庭、社会角色和生活状态；腊月二十九：《美食》熏腊肉、做团撒、煮合渣等土家美食大观；大年三十：《部落》村寨的组织结构，从原始到现代的嬗变；大年初一：《爱情》土家的爱情故事、礼仪、讲究、习俗；大年初二：《艺术》打溜子、咚咚喹、摆手舞等土家艺术；大年初三：《历史的冰箱》土家在华夏文化中的方位和溯源。

每天一场直播，选取惹巴拉冲天楼、摆手堂、凉亭桥等地标，表现土家的幸福年。腊月二十八：《土家织锦》一场几十位土家女人的织锦展示，织出美好生活；腊月二十九：《烧土家菜》腊肉、合菜等几道土家美食的烧制过程；大年三十：《火堂洗脚》土家过年最高仪式，洗"和气脚""孝顺脚""好运脚"；大年初一：《凉亭对歌》凉亭桥上，唱尽山歌里的情爱，歌王出马，讲述动人故事；大年初二：《摆手狂欢》摆手堂里，一场上百人的狂舞，用千变万化的舞姿祝福新年。

另外，节目每天展示几句土家话，记者在村寨里随机采访，让土家男女老少在各种情境下使用这句土话。说生活，谈变化，讲未来，让这些土家话成为春节的流行词❶。

在"直播惹巴拉"中感受美丽湖南

在继 2013 年湖南卫视推出新春走基层特别节目"直播汤湖里"之后，2014年湖南卫视推出的新春走基层特别节目是"直播吕洞村"。转眼间又是一年，新春走基层直播节目已经成为湖南卫视新春期间的一个王牌栏目，2015 年走进的是有着浓郁民族风情的"惹巴拉风景区"，湖南卫视第三次新春走基层，让我们感受到了一个更加美丽的湖南。

"直播惹巴拉"让我们感受到的是捞车河畔的捞车村、惹巴拉村、梁家寨 3

---

❶　肖懿．聚焦惹巴拉看湘西土家古寨怎么过大年［EB/OL］．红网，2015-02-14.

个自然村的优美风光，三个古村寨由两条小河分隔，却由一座进入吉尼斯世界纪录的凉亭桥相连，风景极为优美，早在 20 世纪 50 年代《人民画报》就曾刊载惹巴拉的风光之美，并誉其为"中国最美的土家山寨"。

"直播惹巴拉"还让我们感受到了湖南多彩的民族文化风情中最打动人心的美——人情之美。其实不论是此次"直播惹巴拉"，还是以往的两次新春走基层直播，我们都能看到当地的政府部门，以及村寨父老，他们都以极大的热情积极配合湖南卫视完成拍摄，而且每次迎接摄制组的拦门酒仪式都既简朴又热烈，每一个民俗风情展现的镜头都完成的非常认真，这既是为了让大山深处民俗风情走向山外，也是湖南少数民族淳朴乡情的最真实体现，而这种淳朴的乡情是最能打动人心的❶。

惹巴拉年俗唤醒节日文化之魂

节日文化是一种历史文化，也是一种民族风俗和民族习惯。惹巴拉的土家族人就具有深厚的历史文化积淀，保存着独特的土家族年俗等民族文化风情。

节日文化的核心，就是纪念。仅以端午节为例，其主要就是为了纪念伟大诗人屈原而设立。再来看惹巴拉土家族人的摆手舞，其作为土家人祭祀先祖的舞蹈，动作源于古代土家先民狩猎和田耕劳作的姿势，耕地、犁田、播种、捉虫、收割，各种场景都有，于今而言也很具有纪念意义。

节日文化的关键，也即传承。毋庸讳言，节日文化一般都具有传承这一功能，否则也不会年复一年地流传下来。在惹巴拉，每户人家都有一个火塘，常年留有各种杂木柴火，常伴有微烟，含有营养物质，用来熏制腊肉；男女老少穿着节日盛装，跳起了土家摆手舞，这种古老的舞蹈，土家人称之为"舍巴"，被外界称为"东方迪斯科"。这桩桩件件，都让我们看到了惹巴拉的文化传承，也进一步加深了民众对节日文化的理解。

节日文化的重心，还在和谐。节日还具有融洽人际关系的功能，惹巴拉的土家人就很重情义，他们会把整好的猪肉，分几块给邻居、亲戚和杀猪的人，稍留大半新鲜猪肉过年食用，剩余的将全部腌制成腊肉。

不可否认，在现代化、全球化的影响下，在经济新常态的语境中，中国正在经历着从传统农业社会向现代工业社会、信息社会的急剧转型，传统的时空观念和交流方式也在这一过程中发生了巨大变化，也就不可避免地存在着如何对待和保护节日文化这一问题。湖南卫视将镜头对准惹巴拉，通过"新春走基层·直播

---

❶ 蒋丽丽. 在"直播惹巴拉"中感受美丽湖南［N］. 国际在线，2015-02-15.

惹巴拉"新闻节目向全世界推介土家族的民俗风情，就已经在对待节日文化方面先行了一步，值得我们点赞。

数据分析

原始古朴的明清街巷，乾隆年间的土家族冲天楼，古老的茅古斯、咚咚喹、织锦等传统，让龙山县惹巴拉土家古村寨一度被誉为"中国土家第一寨"。

直播惹巴拉，更加真实地感受到了土家文化的坚守和传承。没有文化的民族是可悲的，我们民族的文化需要每个人去用心坚守。这座土家古寨承载着丰厚的土家文化，它也是土家织锦的发祥地之一，这个地方还保留着土家语，这里都能找得出土家文化的痕迹。从"杀年猪"到土家人的火塘及土家人的美丽、独特的服饰，都满载着土家文化的浓厚意识，他们沿袭先祖的习惯，在这里生生不息，尽管他们的脚步踏遍山河，心却从来没有离开这里。他们的这份坚守，他们的这份用心的传承，使得土家文化不但没有被世人所遗忘，而且散发出更加迷人的风采。

直播惹巴拉，看到了三湘大地"其乐融融"的一个缩影。湖南这次推出的新春走基层"直播惹巴拉"节目，不仅关注到民生、民意，更重要的是通过这样的一个电视节目让我们在感受少数民族文化独特魅力的同时，也看到了湖南发展过程中的欣欣向荣，看到了三湘四水其乐融融的大家庭氛围。因为全国56个民族，湖南就占据了55个，这样的一个比例在全国来说可谓非常高，如何处理好这些民族之间的关系和实现共同发展，必定是要付出相当大的精力和心血。令人欣喜的是，通过直播惹巴拉，感受到的是土家古寨的无欲无求、和谐相处，这不但增强了民族之间的了解，更是成为民族和谐相处的一种动力。

直播惹巴拉，领略到了湖湘文化魅力的精神内涵。文化的发展已经成为潇湘大地各项事业发展的一个有力支撑，这种"软实力"随着时代的进步也在不断地呈现出风采多姿的魅力。直播惹巴拉在彰显少数民族文化的同时，更展现出湖南发展过程中对于文化这个战略因子的一种长远而又巧妙的布局，目的就是要让湖南的这些充满特色的区域文化、少数民族文化成为一种名片，从而成为一种不断凝聚湖南发展动力的精神引领，最终使潇湘大地的文化魅力不仅是一种吸引，更应成为一种动力，一种推动湖南发展的动力。

希望通过湖南卫视的直播，土家族原生态文化不仅仅能得以全面展示，也能激发起群众"文化自觉"，依靠群众和社会团体最大限度地认同、支持和参与土家族原生态文化保护，同时推动土家族相关文化产业发展，拉动旅游业发展，将土家族的原生态文化全方位呈献于世人面前。

重申报轻保护：如何走出遗产保护的怪圈

引言

目前非物质文化遗产保护工作中，面临的主要问题是一些地方仍然缺乏科学保护意识，重申报、重开发，轻保护、轻管理，保护措施不落实，甚至出现超负荷利用和破坏性开发，背离了实施非物质文化遗产保护工作的根本出发点，如何走出"重申报轻保护"的怪圈，受到各界的关注。

"申遗热"陡然升温重金申遗为保护还是为 GDP

随着"中国丹霞"地貌在第 34 届世界遗产大会上被列入《世界遗产名录》，"申遗热"陡然升温。一些备选项目筹集巨资欲"放手一搏"，另有一些紧锣密鼓加紧进行项目包装……目前有包括杭州西湖在内的 35 个景区正式备选"申遗"。

（1）"申遗"不惜成本，保护"捉襟见肘"

"中国丹霞"地貌申遗专家组近日"晒出"了一张账单：包括申遗本身、设施建设，以及景区综合治理在内的各项费用达十几亿元。其中年财政收入不过 2 亿元的湖南崀山所在地新宁县为"申遗"共投入 4 亿多元，银行贷款 1.55 亿元。

一石激起千层浪，而此种一掷千金的"壮举"早已屡见不鲜：广东开平碉楼为"申遗"花费 1.36 亿元，河南安阳殷墟投入 2.3 亿元，山西五台山单是景区整治和搬迁就开支 8 亿元……在国家项目资金、地方财政拨款、银行贷款等的包装下，申遗项目都成了"重金打造"。

然而，相对于"申遗"期间巨大开支，"申遗"后保护费用稀缺已成普遍现象。从北京五大"世遗"曾高达 32 亿元的修缮资金缺口，再到兵马俑博物馆年均仅几百万元维护费用，众多"世遗"的"待遇"一落千丈。

（2）申遗者热情高涨，老百姓看法不一

我国自 1985 年加入《世界遗产公约》以来，已拥有 40 处世界遗产，位列世界第三。而每个项目单是前期的规划编制、研讨论证、国际咨询等动辄就要花费

成百上千万元。

只有"申遗"一条路吗？是不是没有"申遗"的项目就得不到百姓认可和相关保护？相对于官方的热情和巨大投入，记者在采访中发现，公众对日益升温的"申遗热"褒贬不一。

上海一家国企部门负责人刘险峰说："'申遗'成功是国家的荣誉，自然遗产丰富的我国申报理所当然，但公众最担心的是——又要涨价了。现在很多地方动辄一两百元的门票相对于普通百姓的收入比例太高，不免有敛财之嫌。"

乡土建筑保护专家、原清华大学建筑学院教授陈志华在接受记者采访时表示：有些"申遗"之所以"变味"，源于有的申请者动机不纯，对遗产的价值、性质、功能和传承性缺乏认识，单从局部利益出发，导致遗产的人工化、商业化和城市化，严重损害其价值❶。

非遗何时不再"重申报轻保护"？

近年来，我国非物质文化遗产保护取得显著成果，但记者在采访中发现，目前仍面临"重申报轻保护"状况，诸如代表性传承人年龄老化、传承主体流失严重、"非遗"项目消失过快、市县级专业"非遗"保护人才匮乏、经费短缺等难题，亟待加以解决。

（1）动机不纯

一些地方申报名酒、名茶甚至名吃等非物质文化遗产项目的一个重要目的，是想要"广告效应"。

调查发现，一些地方申报名酒、名茶甚至名吃等非物质文化遗产项目的一个重要目的，主要是想通过申报《国家级非物质文化遗产名录》所产生的"广告效应"，将非物质文化遗产项目产业化，进而拉动当地经济。而与经济效益无关的"非遗"项目，由于"无利可图"，一旦申报成功，便被束之高阁，从而导致"重申报轻保护"状况的出现。

（2）流失严重

近十年我国村落（自然村）以每年 9 万个的速度消失，以村落为载体的"非遗"随之灰飞烟灭。

---

❶ 厉振羽 ."申遗热"陡然升温重金申遗为保护还是为 GDP［EB/OL］. 人民网，2010-08-23.

"人走了，把一身绝技也带走了。"文化部已连续公布三批 1488 名国家级非物质文化遗产项目代表性传承人。然而，这些传承人年龄普遍老化，年长者其至 80 多岁；各省份命名的省级传承人，耄耋翁媪大有人在，年富力强者则数量有限。中国艺术研究院提供数据显示，20 世纪 50 年代末及 60 年代初，全国有 367 个戏曲剧种，时至今日，仍在演出的剧种仅为 267 个。也就是说，半个世纪以来，我国各类剧种已消亡 100 种。

(3) 人才经费

据了解，文化部非物质文化遗产司于 2008 年成立，虽然 18 个省相应成立了非遗处，31 个省市也相应成立了非遗保护中心，但在众多省份中，到了市级和县级，非物质文化遗产中心则多是与当地群艺馆或文化馆，两块牌子，一套人马。

一些非遗专家坦言，人才匮乏是一个普遍性问题，"非遗"方面研究刚刚起步，许多大学也还没有设立"非遗"专业，只有民族学、人类学等学科与"非遗"有一些关联，且专业人才培养还没有形成体系，而"非遗"保护涉及多种学科，加上缺少政策依据，所以，目前仍处在一个不断摸索的过程中❶。

数据分析

自"非遗"概念被引入我国后，非物质文化遗产资源有了很明显的增长，我国已成为拥有世界级"非遗"数量最多的国家之一；然而，尽管保护名录上"非遗"数量"大跃进式"的增长速度喜人，大量"非遗"也慢慢地从我们的生活里悄然消失。

在保护经费的诱惑下，非遗项目成为"香饽饽"，很多地方一方面伸手向上要钱；另一方面漠视非物质文化遗产的保护与传承。"重申报轻保护"，这一问题在非遗领域积累多年，却迟迟得不到纠正。造成这种现象的主要原因有四个方面。

一、在与经济效益有关的遗产项目上，常常会由于申报成功后的"重开发"而导致了客观上的"轻保护"行为的发生。在中国，许多地方对非物质文化遗产的申报都是出于经济利益的角度。一些地方申报名吃、名酒、名茶等非物质文化遗产项目的一个重要目的，就是通过申报《国家级非物质文化遗产名录》所

---

❶ 佚名．非遗何时不再重申报轻保护？［EB/OL］．诸暨 E 网，2013-03-08.

带来的"广告效应",将非物质文化遗产项目产业化,进而促进当地的经济发展。

二、在一些无法带来经济利益的非遗项目上,由于无利可图,所以,一旦申报成功,便再"无人问津",从而导致了"重申报轻保护"行为的发生。在非物质文化遗产中,有相当部分的非遗项目已无法直接带来经济效益。如人生礼仪、传统祭祀仪式、神话史诗、民间传说故事等,这些是历史上就不曾进行市场化的项目,即使被成功申报,也不会对地方经济的提升产生立竿见影的效果。正因为这类非遗项目与经济无明显的直接联系,所以,一旦申报成功,也就很容易被人们藏于楼阁,或是任其发展,从而导致了"重申报轻保护"行为的发生。

三、遗产教育偏离主旨,客观上也导致了"重申报轻保护"行为的发生。数据显示,"申报业务"是我国遗产教育工作的主要内容,很少会涉及遗产申报成功之后的保护与传承问题,从而导致了基层工作人员只知道如何申报而不知道如何保护。实践证明,要想避免"重申报轻保护"行为的发生,我们至少应该在今后的展开的相关培训实践中,进一步加大非物质文化遗产保护工作的培训力度,让大家通过培训真正了解非物质文化遗产的具体内涵,指导保护非物质文化遗产的原因及保护的具体措施和行动,否则,要想从根本上解决"重申报轻保护"问题,就成了天方夜谭。

四、评估体系建设滞后,也是导致非遗保护工作"重申报轻保护"行为频发的另一个不可忽视的原因。在现行评估体系中,非遗的申报被纳入了官员的政绩。即实行分数制,申报一项就是一分,看得见,摸得着,这些都直接进入政绩考核体系,然而申报成功之后的科学保护与传承,由于没有具体的量化指标,所以并没有被纳入非遗保护工作的评价体系之中,是否实现很好的保护,也就与政绩无关。也就是说,"重申报轻保护"行为的发生,与我们的制度设计有关。为避免类似情况的发生,适时建立一套科学而有效的非遗保护工作评估体系与非遗保护工作监督体系,是从根本上解决非遗保护工作中"重申报轻保护"这道难题不可缺少的举措。

第八篇　文化科技

　　"大数据"时代的到来，深刻改变了人类对社会认知方式和交流方式，驱动着我国社会转型的早日实现。纷繁复杂的海量数据构成了文化建设的服务对象和言说语境，如何系统地搜集、分析、获取有价值的信息并在文化领域创造价值受到越来越多的关注。党的十七届六中全会报告明确指出"科技创新是文化发展的重要引擎。要发挥文化和科技相互促进的作用，深入实施科技带动战略，增强自主创新能力"。❶ 文化与科技的充分融合表明党中央高度重视发展文化科技产业，切实贯彻落实党的十七届六中全会、党的十八大、党的十八届三中、四中、五中、六中全会精神，抓住科技发展进步的难得机遇，提升文化产业核心竞争力，是建设社会主义文化强国的必然要求。

　　文化是一个比较宽泛的概念。微观上，文化的呈现形式可以具体到一场音乐会、一本书，甚至一幅画；宏观上，文化是现代社会各种关系和成员所必需的、共享的媒介，再上升到人类学概念，所有的人类社会都是文化，每一种生活方式可以看作一种文化，不同的民族、部落都有属于自己的独特文化。科技是科学和技术的总称，是抽象概念和物化工具的需求总和。科学技术作为文化的一部分，是文化的重要表现形式，在文化生产与传播活动中扮演着越来越重要的角色，同时不断驱动着人类追求更高层面的文化享受，丰富了文化的表现形式和内涵，深刻影响了人们的思维和生活方式。文化与科技相互促进，共同发展。文化为科技进步提供正确的人文价值观指引，只有在现代化价值观的引领下，科技的发展方向才能朝着正常轨道前进；科技的进步，尤其是以数字技术为代表的科技进步创造了仿真度更高的文化体验方式，提升了文化的构成品质，刺激了文化积累与创新，催生了以数字动漫、网络游戏、移动终端信息检索、物联网互动全景体验为标志的新兴文化业态，增强了文化传承能力与效果。文化科技作为文化事业发展

---

❶ 中共中央关于深化文化体制改革推动社会主义文化大发展大繁荣若干重大问题的决定[N]. 人民日报，2011-10-26.

的重要组成部分，其着力点是充分发展互联网、动漫、旅游等以服务业为主的第三产业，关注社会文化和精神文化两个层面的相关科学技术研究，涵盖教育、艺术、科学、旅游、新闻、出版等意识形态相对宽泛的文化领域。但值得注意的是，文化科技的发展不能过于虚化，应当借助一定的物质载体，才能更加直观、具体、形象地展示文化事业发展的最新成果。

文化科技的发展重点在于创新。文化与科技的融合，能够不断拓展并衍生出时代新兴的价值观念、行为方式、活动领域和产业业态，以科技创新支撑文化创新，以文化创新引导科技创新，不断增强科技和文化的互补支撑作用，加快培育具有竞争力的创意品牌，打造具有中国特色的文化产业集群，推动社会主义文化繁荣发展。近几年，随着"互联网+"模式的飞速发展，电影、广播电视、移动新媒体、公共文化等产业科技投入量增多，我国文化科技产业发展态势良好，极大地丰富了人民群众的文化生活空间和参与方式。

首先，电影市场前景广阔。3D、4D 技术、IMAX 系统的投入使用成了吸引观众的票房利器，带给观众极致的观影体验。徐克执导的大型 3D 动作贺岁片《智取威虎山》充分展示了文化与科技结合的良好效果，实现了口碑与票房的双丰收。❶ 好莱坞电影的成功是美国文化产业的缩影，拥有世界一流技术创新团队使得美国文化产业一直居于世界前列，由此看来，科技创新和内容创新的互相融合始终是推动电影产业发展的原动力。其次，公共文化建设比较完善。公共文化发展水平的高低是衡量文化建设的一个重要指标，图书馆、档案馆、社区服务站等单位的服务质量和数量对文化产业产生了重要影响。国家图书馆、上海图书馆等单位为了适应大数据时代的变化，积极主动地创新服务理念，利用前沿应用技术，拓展服务渠道与服务方式，强化服务工具功能配置，以人为本地构建舒适温馨的主体性环境，真正做到人工智能和现代化服务的充分结合，实现绩效考核的同时推动公共文化的可持续发展。最后，跨界沟通联系密切。相关的学术平台为政产研的交流讨论提供了宝贵的机会，2015 文化科技创新论坛在深圳举办，这次论坛的主题为"开源创新背景下的文化科技融合"，分设"协同创新与未来发展""创客经济与社会变革""开源创新与公共文化""创客与创新管理"四个单元。来自美国、澳大利亚、荷兰、法国、加拿大，以及中国（包括港澳台地区）的专家学者、政府官员和文化企业代表百余人齐聚本论坛，就文化科技产业的发

---

❶ 温源，等．"文化+"：创造发展新基因——定福庄国际文化产业峰会综述［N］．光明日报，2015-04-09.

展进行了一场"头脑风暴"。在"大众创业、万众创新"和"互联网+"国家战略如火如荼深入推进之际，论坛的成功召开足以说明文化科技创新的重要程度。

科技创新是文化发展的核心动力。科技与文化相融合所形成的强大助推力为文化创新提供持续不断的效力支撑，提供包括在线交互平台、技术孵化平台、创意衍生平台、大数据与云计算平台、跨文化传播平台等在内的助推载体，形成了文化产业园区、创意产业孵化园等文化集聚片区，在文化管理、文化传播、文化参与、文化呈现、文化遗产保护等相关环节，为文化发展注入新活力，提供更高的物质平台来满足人民群众日益增长的文化需要。文化科技的不断发展推动文化传承和创新，以网络技术为代表的现代技术的进步从时间和空间上拓宽了文化发展领域，增强了文化影响力，积聚文化发展内生动力，改变文化生存传统方式，催生文化创意杰出人才，迸发文化创造主体激情，促进文化传统历史延续，强化文化人格民族建构，从根本上确保文化创意产业的健康持续发展。

我国一直在探索文化科技创新路径，以期完成产业结构的优化升级，早日建成创新型国家。但在文化科技融合过程中，政府部门作为最大的数据保有者，掌握着全社会信息资源的80%，其关注点有时与现实需求不相适应，导致观念滞后、制度缺位、政策保障性措施不够完善等瓶颈性发展障碍。技术创新的关键在于营造创新的社会氛围，只有在恰当的环境中才能激发创造力，法国社会学家杜尔干指出："文化是我们身外的一个东西——它存在于个体之外，而又对个人施加着强大的强制力量。我们并不老是感到文化强制的力量……然而，当我们真的试图反抗文化强制时，它的力量就会明显地体现出来了。"[1] 政府部门应该加快数据开放与利用，通过制定宽松的财政税收政策，加大投入力度，营造良好的政策环境，积极鼓励科技型企业的健康发展。同时，文化企业信息不对称、融资渠道单一等问题也较为突出，特别是中小型"轻资产"企业，由于抵押的固定资产少，正待开发的技术潜在价值难以精确地衡量，缺乏竞争优势，融资比较困难。政府部门应重点扶持中小微企业，给予特殊的金融优惠政策，促进文化企业的蓬勃壮大，不断成长。

文化科技企业自身也存在核心技术不够、品牌影响力小、复合人才匮乏等问题，在实际工作中应当尽可能多地树立创新意识，将传统文化和现代科技紧密结合起来，尽量拥有自主知识产权的技术及产品。一部《大圣归来》的热映不光是对传统文化的内容再现，更是对我国高科技制作水平的形象见证，也再一次证

---

[1] 陈满林. 论文化在科技创新中的地位与作用 ［N］. 常州日报, 2011-10-09.

明了文化科技产业潜在的巨大价值。就目前来看，文化领域对智力、人才的引进工作尚有不足，为了更好地解决创新源动力的问题，增强我国高新技术研发能力，相关教育部门应当建立长效的人才培养机制，不断整合现有资源，重视培育科技与文化融合的综合性人才，整合高等院校和科研院所及社会力量等相关资源，加强各学科交叉建设，重点发展现代传媒、广播影视、文化旅游等产业模块，加快高水平复合型人才队伍建设，特别是能够快速适应大数据时代并掌握高尖端技术的国内外专家等，尽量丰富知识配备，优化人才结构，拓宽文化产业的深度和广度。此外，法制化保护意识薄弱也会制约文化科技产业的深层次发展，只有制定规范化的标准体系，才能保护文化产权，确保核心科技的安全，为科技创新夯实基础。

文化是提高国家软实力的重要源泉，而文化科技是文化发展的关键因素，认清文化科技创新在文化发展方面的重要作用，抓住机遇，加快创新与发展，不断提升综合国力，才能在国际竞争中立于不败之地，早日实现文化强国的远大目标。

互联网+：一种新的经济形态

引言

2015 年 3 月 5 日，李克强总理在政府工作报告上提到，制定"互联网+"行动计划。至此，"互联网+"战略上升至国家层面。其实，"互联网+"早已融入人们生活中，无论是百度、淘宝、京东，还是支付宝、微信、世纪佳缘等，都融合到各个传统行业，衍生出新的价值。"互联网+"模式，从全面应用到第三产业，形成了诸如互联网金融、互联网交通、互联网医疗、互联网教育等新业态，而且正在向第一产业和第二产业渗透。

"互联网+"战略上升至国家战略

2015 年 3 月 5 日消息，第十二届全国人民代表大会第三次会议在人民大会堂举行开幕会。李克强在政府工作报告中提出，"制订'互联网+'行动计划，推动移动互联网、云计算、大数据、物联网等与现代制造业结合，促进电子商务、工业互联网和互联网金融健康发展，引导互联网企业拓展国际市场。"

那么，什么是"互联网+"？

"互联网+"战略是全国人大代表、腾讯董事会主席兼 CEO 马化腾 2015 年向人大提出的四个建议之一，马化腾解释说，"互联网+"战略就是利用互联网的平台，利用信息通信技术，把互联网和包括传统行业在内的各行各业结合起来，在新的领域创造一种新的生态。

简单地说，就是"互联网+××传统行业＝互联网××行业"，虽然实际的效果绝不是简单的相加。"互联网+"的例子绝不是什么新鲜事物，比如，"传统集市+互联网"有了淘宝，"传统银行+互联网"有了支付宝，"传统的红娘+互联网"有了世纪佳缘，而"传统新闻+互联网"有了柴静《穹顶之下》病毒式的传播。

"互联网+"对传统产业不是颠覆，而是换代升级。

在通信领域，"互联网+通信"有了即时通信，现在几乎人人都在用即时通信 App 进行语音、文字甚至视频交流。随着互联网的发展，来自数据流量业务的收入已经大大超过语音收入的下滑，可以看出，互联网的出现并没有彻底颠覆通信行业，反而是促进了运营商进行相关业务的变革升级。

在交通领域，从国外的 Uber、Lyft 到国内的滴滴、快的，移动互联网催生了一批打车拼车专车软件，虽然它们在全世界不同的地方仍存在不同的争议，但它们推动了互联网共享经济的发展，提高了效率、减少了排放，对环境保护也做出了贡献。

在金融领域，余额宝横空出世的时候，银行觉得不可控，也有人怀疑二维码支付存在安全隐患，但随着国家对互联网金融的研究也越来越透彻，银联对二维码支付也出了标准，互联网金融得到了较为有序的发展，也得到了国家相关政策的支持和鼓励。

在零售、电子商务等领域，过去这几年都可以看到和互联网的结合，正如马化腾所言，"它是对传统行业的升级换代，不是颠覆掉传统行业。"

事实上，"互联网+"不仅正在全面应用到第三产业，形成了诸如互联网金融、互联网交通、互联网医疗、互联网教育等新生态，而且正在向第一产业和第二产业渗透。❶

---

❶ 国内新闻.解读：李克强政府报告中的"互联网+"是什么 [EB/OL].财经网 2015-08-06.

数据分析

2015年"两会"把"互联网+"作为国家发展战略首次提出,"互联网+"到底是什么?其实它早已融入我们的生活之中。那么,"互联网+"对我们的社会经济能产生怎样的影响?

第一,"互联网+"行动计划对于新兴产业的创造具有直接影响,且能够促进实体经济持续发展。"互联网+行业"能催生出许许多多的新兴行业。比如,"互联网+金融"有力激活并提升了传统金融,创造出包括第三方支付、移动支付、众筹、P2P网贷等模式的互联网金融,让用户能够在足不出户的情况下满足自身的金融需求。

第二,"互联网+"行动计划能够促进传统产业的转型变革。"互联网+"使得现代制造业管理越发柔性化,越发精益制造,更适应满足市场需求变化。"互联网+工厂"=智能工厂,制造业领域的"互联网+"行动计划是现代制造业与云计算、大数据、物联网、移动互联网的结合。如今许多国际企业为了与瞬息万变的市场变化相适应,往往将生产制造的设计都安置于云端,这样一来市场的变化需求就能通过互联网及时传递到智能设计制造上,然后以最快的速度完成生产制造,再借助现代物流第一时间送达消费者。"互联网+"行动计划有望助力我国传统制造业改造升级,将"中国制造"提升为"中国智造"。

第三,"互联网+"行动计划将推动传统行业的不断升级。"互联网+商务"=电商,互联网与商务的结合,则有效发挥互联网的长尾效应,既满足个性化需求,又创造出了规模经济效益。此外,"互联网+物流"所实现的现代物流业,可实现线上线下的互动,完成与消费者的无缝对接,将零散的个体消费汇集于一体。如此,广大群众的消费潜力可强力拉动经济增长。

就其本身而言,"互联网+"行动计划是一个创造无限魅力的实体产业的过程。将互联网与传统企业相结合,一方面,可缓解库存压力,甚至零库存也不无夸张。另一方面,资金的周转速度得以加速,且能因需生产,避免产能过剩,实现资源优化配置。毋庸置疑,在新常态下,"互联网+"行动计划足以上升为国家战略,其对产业结构的调整、经济新增长点的培育的影响是显而易见的。

在未来,"互联网+"公式将是我们所在的行业目前的产品和服务,在与未来多屏全网跨平台用户场景结合之后产生的一种化学公式。如何找到你所在行业的"互联网+",是企业需要思考的问题。

物联网助力文化传承与创新

引言

科技的发展往往被看作与传统文化是相互矛盾的，有些人认为科技只会带来人类物质上的享受，对精神文明没多少好处，还有的人不喜欢科学技术的发展，认为它是将人类引向加速灭亡道路的罪魁祸首。但我想说的是，科技会促进传统文化更好的传承与创新，赋予文化新的生命力。

物联网为文化行业带来怎样的突破？

2015 年在北京举办的中国国际物联网博览会，众多物联网相关的制造、服务商汇聚一堂，集中展现物联网发展的勃勃生机。那么，物联网能够为文化行业带来怎样的突破？

（1）物联网应用广泛

物联网，顾名思义就是将物与物通过网络联系在一起。物联网往往与智能卡、RFID（射频识别）、大数据等技术相联系。智能卡、RFID 标签是终端设备，用于存储物品的数字信息，然后借助专用设备提取信息，并通过网络传输和大数据技术进行信息的集中存储、分析、处理，进而实现大批量物品的快速管理、控制。

2014 年我国 RFID 市场达到 385.23 亿元，规模居全球第三位；而物联网市场规模已达到 5679 亿元，具有巨大的经济效益和市场前景。现在，物联网已经"润物无声"地进入并改变着我们的生活，手机支付应用、图书馆自助还书系统、遍布上百个试点城市的市民"一卡通"等，都是物联网技术在大显身手。

（2）监测藏品环境，远程控制调节

近年来，博物馆、美术馆、图书馆等公共文化服务机构也逐渐感受到物联网技术的魅力。由于物联网具有全面感知、可靠传输、智能处理等优势，许多单位将其作为预防性保护贵重藏品、对藏品环境进行实时监管的重要技术手段之一。

据了解，2010 年，国家文物局在敦煌莫高窟、秦始皇帝陵博物院开展了物联网应用示范研究。如敦煌莫高窟，已在 60 多个洞窟安装了 200 多个传感器，包括温湿度、二氧化碳监测设备、崖体内部温湿度、崖体裂隙、壁画病害等传感

器。山顶和窟区布置气象站和风沙监测站，窟区安装空气监测站等。在数据采集、实时监测的基础上，通过网络将数据传输至专用的数据库，并将分析结果实时传给洞窟开放管理系统和莫高窟监测中心，一旦数值超过承载限度，系统将发出预警，并通过短信平台传给相关人员，采取相应的保护措施。

（3）控制藏品流向，便于批量管理

除环境监测外，物联网技术还可以在博物馆、美术馆、图书馆、档案馆的藏品、藏书管理系统内大展身手。只需贴上小小的 RFID 标签，藏品、藏书的登记、管理立刻便捷起来。

长期致力于物联网技术在档案管理应用的上海中卡智能卡有限公司负责人蔡薇告诉记者，当管理员用手推车推着一批贴有 RFID 标签的档案，进出装有电子标签阅读器的库房门时，阅读器会自动将这批档案的案卷号输入计算机，在档案目录数据库中对相关条目打上进出库房的标记。虽然用条形码也能实现，但条形码只能逐卷扫描录入，RFID 则可实现大量、瞬间录入。

"该技术可以助力于迅速找到放错位置的档案，管理员只需手持移动阅读器在库房巡视，发现需要寻找的档案时，阅读器会自动提醒。"蔡薇如是说。此外，物联网技术已经用于书画、酒类防伪，随着技术不断成熟，物联网在其他类别的珍贵艺术品、文物等防伪、防盗领域都有可拓展的应用空间。❶

数据分析

习近平总书记在中共中央政治局第十二次集体学习时强调指出："提高国家文化软实力，要努力展示中华文化独特魅力……综合运用大众传播、群体传播、人际传播等多种方式展示中华文化魅力。"物联网的诞生和迅猛发展，成为我国传统文化资源活化的一个全新平台。在物联网语境下，文化的展示和传播具有以下三个方面的特点：

一、文化产品将具有更加全面的感知性。信息产业的第二次浪潮构建了人与人的信息传播网络，而青出于蓝的是，物联网不仅实现了人与人的沟通，还进一步扩展到人与物、物与物的沟通，如此，一个包罗万象的客观物理世界产生了。可以说，物联网是人与客观物理世界互动交融的系统。物联网语境下，感知的目标和环境是人或物更为关注的，想要以物理世界主动告知人类的方式，实现人类

❶ 佚名. 物联网能够为文化行业带来怎样的突破 [N]. 中国文化报，2015-06-30.

对物理世界情况的感知。

二、文化产品将具有更加全面的互联性。在物联网时代，文化产品从纵向和横向两个方面显现出互联性：纵向互联是文化产品生命周期的互联，横向互联是文化产品市场应用的互联。在纵向互联中，文化产品从其一生产就会被贴上唯一的电子标签，生产、流通、库存、销售、消费等所有与该件产品相关的信息，会随着产品的周期运作陆续写入电子标签，最终汇聚到物联网数据库中。如此，方便了消费者对文化产品信息的查询，同时对产品的安全性也更有保障。在横向互联中，物联网可实现日常生活中普通文化产品的互联互通，实现物与物之间的远程访问、控制、存取和共享，这一特性使得物联网更易融入大众文化娱乐生活。

三、文化传播将具有更加深入的智能性。物联网系统中的传感器是一种探测、感受、转化外界信号的装置，它可将自然界的模拟信息转化成可由计算机处理的数字信息。毋庸置疑，物联网时代的设备在温度、光线、重力、地点等指标的感应能力上将更加精密。当前科学家们正不断研究如何在这些传感设备上实现自我学习、推导的功能。

在物联网时代，构建智能文化传播体系、让传统文化资源真正"活起来"已成为可能。我国在物联网研究上具有先发优势，又是国际闻名的文化大国，应积极建设物联网，借此平台，讲好中国故事、传播好中国声音、展示中华传统文化。

互联网环境下的全民数字阅读时代到来

引言

随着时代的发展，全民阅读的载体也向着数字化的方向发展，当前我国的数字阅读尚处于起步阶段，数字阅读能否对全民阅读产生重要的影响还依赖于政府对于数字出版行业的领导与监管，互联网时代的到来及人们对于不同阅读内容终将引领互联网下的数字阅读进入一个大发展时代。

2015年3月5日上午，第十二届全国人民代表大会第三次会议召开，国务院总理李克强向大会做政府工作报告时指出，要让人民群众享有更多文化发展成果，倡导全民阅读，建设书香社会。这是继2014年政府工作报告中提出"倡导全民阅读"后，第二次将全民阅读写入政府工作报告，并在报告中首次提出建设书香社会。在本次的两会上，如何进一步推进全民阅读工作依然成为各个行业人

士关注率最高的词汇之一。❶

传统阅读数字阅读齐发力，实体书店迎来"第二春"

近年来，随着新媒体的迅猛发展，知识传播的途径增多、成本下降、效率提升，人们的阅读方式也随之发生了很大变化。2014 年第十一次全国国民阅读调查报告显示，2013 年，我国数字化阅读方式的接触率为 50.1%，较 2012 年上升了 9.8 个百分点，各媒介综合阅读率为 76.7%，较 2012 年上升了 0.4 个百分点。2013 年，有 44.4% 的成年国民进行过网络在线阅读，41.9% 的国民进行过手机阅读。有专家指出，数字阅读正一步步成为推进全民阅读的重要抓手。

外语教学与研究出版社社长蔡剑峰对此分析，传统阅读将更适合于思想性强、具有收藏价值、适合反复阅读和高度吸收的阅读过程，是一种"情感体验"。而新媒体阅读的真正价值，并不在于现阶段普遍的快餐阅读，在于提供高附加值的阅读服务，从一本书到另一本书，从一个知识点链接到更多领域，不断增值、承载、丰富，是一种"知识获得"。两者互为补充，从而为全民阅读构建起一个各有所长的良性生态。

"全民阅读的推广需要充分考虑'互联网+'浪潮的影响，数字阅读将大大加快全民阅读的普及，也将用科技手段缩小阅读的'贫富鸿沟'。"当当网宣传总监徐淳讲道，当当的 2014 年图书消费报告显示，全国图书消费严重不均衡，一、二线城市图书消费占到 70% 以上，广大农村地区人均年均购书不到 1 本。

樊希安指出，三联韬奋 24 小时书店取得了很好的成绩，其核心是改变了传统书店单纯的"卖书功能"，而是锁定了卖书、读书和服务阅读的总体定位，以舒适的条件和服务营造读书氛围、着力阅读功能的构建和深化。张作珍也谈到，三联将把 24 小时书店作为一个品牌战略来经营。

"开办私人图书馆、推广全民阅读综合考验着我们的专业精神、服务精神和创新能力，希望政府继续探索社会资本进入公共文化事业的路径与合作方式，激发更多的社会力量为全民阅读尽一份力。"李岩如是说。

对于数字阅读，蔡剑峰强调，目前的数字阅读被技术主导，短期内看上去生机勃勃，实则并不利于持续发展。首先，依托技术搭建的新媒体阅读，缺乏优质的阅读内容和对阅读服务专业性和体系化的积累。其次，新媒体阅读尚未建立起

---

❶　广州分站．两会持续关注全民阅读数字化成关键助力［EB/OL］．泡泡网原创，2015-03-06.

规范的运营规则,在知识产权、商业模式等层面需要进一步健身。❶

"全民阅读"先行者:数字阅读是下一个互联网风口?

继手机、影视、OTT 电视、智能汽车后,下一个互联网经济的风口在哪里?如今,业内一些主流声音认为,答案或许是:数字阅读。

(1)"全民阅读"的前沿阵地

腾讯文学和盛大文学联合成立的新公司阅文集团在近日宣布正式挂牌,来自深圳和上海的两大互联网巨头正期待用资本整合的方式打通数字阅读的产业链。

据市场公开资料显示,2014 年盛大文学全年营收约 11.5 亿元,在线阅读市场的占有率达到 73.2%。尽管腾讯文学方面没有具体的份额数字,但前述文化产业分析师认为,两者新成立的阅文集团,将在内容和产品的数量、质量、人气、影响力及价值上,取得行业市场份额的绝对领先,可以说是目前全球最大、最全的互联网中文原创平台。

据悉,阅文集团目前拥有 300 余万册图书,近亿访问用户,近 20 亿元的年收入,团队人数 1200 人。在整合腾讯文学、盛大文学原有资源后,阅文集团旗下目前拥有创世中文网、云起书院、起点中文网、潇湘书院、红袖添香、小说阅读网等数字阅读平台。

(2)产业整合在即

目前,腾讯与盛大的强强联手被视为吹响了数字阅读领域产业整合的重要信号,而阅文集团也公开表示,新公司将在 2015 年将投入上亿元资金用于非网络文学内容的采购,同时与众多出版机构洽谈合作。

在行业整合的大趋势下,传统出版业上市公司正被资本市场所看好。国海证券指出,那些与互联网优先合作的公司有望在这一轮新的变革当中迅速树立新的行业地位,公司的基本面和发展逻辑都有着巨大的变化,就目前而言,传统出版行业整体估值很低,行业平均滚动市盈率不超过 30 倍。

目前,在传统出版上市公司中,中文传媒(600373.SH)被认为是最有可能在这一轮变革中最先受益的上市公司,据悉,中文传媒现有的第四大股东"深圳利通",同时也是阅文集团的股东之一。除此以外,长江传媒(600757.SH)由

---

❶ 郑海鸥.传统阅读数字阅读齐发力实体书店迎来"第二春"[EB/OL].人民网-人民日报,2015-04-02.

于其非教材类出版物销售收入占公司总收入的 30%，目前位列全行业最高，从业务结构来看，一旦"触网"之后无疑具有最好的发展弹性，因此也被视为热门首选之一。❶

数据分析

数字阅读已经成为我国国民阅读的重要方式之一。数字阅读具有便携性、易传播、互动性、低成本等优势，加上庞大的用户群，使得数字阅读逐渐成为全民重要的阅读方式，新媒体注入的新活力，推动了全民阅读活动的开展和推广。因此依托数字阅读方式推广全民阅读是顺势而为。学会科学地使用数字阅读的方法，正确地在海量信息中辨别真伪，透过现象看本质是提高阅读质量的重要环节。

数字阅读对于普通用户而言，除了增进阅读本身的需求之外，还对于用户的碎片化时间管理提供了有效的解决方式。而普通用户借助各种阅读设备，无论在工作还是娱乐的闲暇时间，都可实现随处阅读的方式。较之传统纸质图书阅读，数字化阅读方式在碎片化时间管理方面的优势一览无遗，这对于大多数普通用户而言，数字阅读在碎片化时间管理的意义是决定其学习和工作的动力之一。

应该承认，数字阅读有其自身优势。首先，数字阅读携带方便，人们可随时随地、快捷获取信息。例如，人们在休息间隔或是公交、地铁等交通工具上，都可刷手机看文章或打开掌上阅读器浏览一番。其次，数字阅读的信息量大，能有效拓宽人们的视野，且下载方便，阅读成本低。

然而，数字阅读的弊端更是显而易见。正因人们总是在无聊时利用手机看新闻、读电子书，或者刷微博、微信朋友圈，故在许多人的观念里，数字阅读具有随意性，是利用碎片时间进行的一种碎片式阅读，所接收的信息基本是快餐资源。同时，数字阅读也被视为一种没多少阅读质量的浅阅读，因为其庞大的阅读信息量难以被阅读者充分梳理与理解，导致其中最有营养的内容很难被吸收。

因此在数字阅读的问题上，相关部门一方面应当鼓励纸质阅读与数字阅读共同发展，以提高当前我国国民的阅读量和文化素养；另一方面也应当积极引导，鼓励各个数字出版平台能够为大众提供积极健康向上的内容，促进数字出版业高质量发展。

---

❶ 张汉澍，殷梦昊."全民阅读"先行者：数字阅读是下一个互联网风口 ［N］. 21 世纪经济报道（广州），2015-03-24.

从总体上看，数字阅读方式的不断发展也意味着我国当前数字文化产业的不断进步，当下这场媒介变革尚处于勃兴之初，数字阅读发展的迅猛之势给传统媒体带来了明显的压力。数字阅读大发展是一个不容置疑的事实，数字文化产业终将步入一个全新的时代。

"文化+科技"青岛打造智慧城市

引言

作为青岛唯——个确定以影视文化产业为发展方向的功能区，青岛西海岸新区灵山湾影视文化产业区目前已经汇聚了青岛东方影都、惠普全球大数据应用基地、国际数字娱乐港、国际健康生态城、海洋公园和文化创意产业园等千亿级产业项目。"影视文化+科技研发"两大产业的聚变，正催生一座未来之城在青岛西海岸崛起。

"科技引擎"：布局大数据，打造新一代智慧新城

2014 年，西海岸发展集团引进了惠普软件在中国唯一布局的全球大数据应用研究及产业示范基地，投资超百亿元的全球数字娱乐港、国际文化健康生态谷也相继签约……

维克托·迈尔·舍恩伯格在其《大数据时代》中曾把大数据比喻为"钻石矿"，数据创新的能量"取之不尽、用之不竭"，可以为发展中国家转型升级提供全新的动力之源。作为灵山湾影视文化产业区科技研发产业集群的龙头项目，惠普大数据应用基地主要由大数据应用研究中心、大数据处理中心、大数据测试中心和智慧产业实验区四部分组成。该基地将致力于收集和分析交通、农业、金融、旅游、环保等各领域海量数据，转化为切实可行的方案，为经济发展的快速决策提供科学依据，并将其研究成果及解决方案向全国乃至全世界客户推广。

"随着各地经济的飞速发展，各地政府也在寻求最有效推动城市未来的可持续发展的新方法"，惠普青岛项目方负责人说，"惠普软件将携手政府，通过HPHAVEn平台助力各部门信息智能互通，全面快速地掌握海量、多样和瞬息万变的数据，从而做出高效和正确的决策。"据悉，目前在灵山湾影视文化产业区内完成注册的影视企业达到 15 家，韦恩斯坦影业等 40 余家影视制作机构已经签约。与此同时，一批电视剧创作、原创电视栏目开发的项目也纷纷落地。灵山湾

影视文化产业区拓展投资、拍摄、制作等影视全产业链，将该区域打造成为中国知名影视剧作品原创基地。

"未来之城"：改变青岛城市定位

青岛是著名的帆船之都、音乐之岛、影视之城，而影视之城未来发展重心就在西海岸。

当前，青岛正抓住国家经济增长新常态下的战略机遇，将文化产业发展作为转方式、调结构、提升城市功能的重中之重。2013年12月召开的市委常委扩大会议明确提出，打造"文化青岛"，实现文化市场大繁荣。青岛前100年的发展重心主要放在了东海岸，而在后100年乃至更长一段时间，西海岸面临着更大的历史机遇，文化产业必然会在这片沃土上大有作为。

在加快推进影视产业园建设，推进科技集群发展的同时，灵山湾影视文化产业区也在快速推进基础配套设施建设。据悉，作为青岛西海岸新区灵山湾影视文化产业区的"市场主力运营商"，西海岸发展集团主要负责新区的开发建设任务，在两年的时间里，西海岸发展集团在推进岸线整理工程、"三横两纵"主干交通路网工程和安置区建设工程等方面开展了一系列大动作。其中，"三横两纵"中的名人岛路已完成主路基和绿化带施工，董家口集成大桥、子信路一期项目顺利完工，新港城公司董家口污水处理厂综合楼主体土建施工已完成。

同时，位于前湾港路与山海路交会处、总占地面积约1200亩的青岛西海岸现代农业观光园将开园纳客。投资30亿元、面向高端影视、创意及科研项目的文化创意产业园，总投资60亿元、以特色表演与娱乐体验相结合的"海洋梦工场"海洋公园等项目也将适时启动。

按照规划，未来1~2年内，灵山湾影视文化产业区将建成世界级影视产业园区及全球大数据基地；2~3年内，影视文化和科技研发两大产业集群崛起于西海岸中部，吸引1000家以上企业入驻，2000万以上旅游人口，10万人就业，成为新区中部崛起的主力军；3~5年内，承载起青岛"影视之城"的使命，打造成为独具文化特色和海洋风情，享有国际美誉度和影响力的"未来之城"。❶

---

❶　新区时政．文化引领科技先行灵山湾产业区打造多元化新城［EB/OL］．青岛西海岸新闻网，2015-06-11．

数据分析

作为国家"智慧城市"技术和标准双试点城市，建设"智慧城市"已成为青岛市的重要方向。惠普建设的大数据平台将发挥其信息分析的高效功能，为城市发展和公共服务提供决策参考。惠普青岛项目公司按照大分区小复合的分区理念编制项目规划，规划有蓝色智慧港、核心商务区、智慧生态谷和文化创意区，将主要建设全球大数据应用研究中心、大数据测试中心、大数据处理中心、全球战略伙伴智慧产业实验区等研发机构，有力促进青岛大数据产业发展，并引领国内新一代智慧城市建设。灵山湾影视文化产业区是青岛的"影视之城"，拥有科技研发产业集群。惠普大数据项目概念性规划方案综合考虑城市功能定位，充分将科技与影视相融合。从设计理念看，惠普大数据项目城市是以智为核的城市功能集聚系统，其发展背景是以泛在为前提的。在经济新常态下，新区的建设中，经济、能源与环境协调发展的问题将通过科技的手段解决，大数据、物联网等方式也将用于泛在城市发展模式的构建。

大数已融入现代社会的各个领域，信息化时代，世界各国空前地重视对数据的采集和使用。穿上大数据的锦衣后，原本那些存放在服务器上普普通通的"陈年旧数"也大放光彩。正如大数据之父维克托所预测："虽然数据还没有被列入企业的资产负债表，但这只是一个时间问题。"青岛市作为惠普软件在中国唯一布局全球大数据应用研究及产业示范基地的城市，引进的惠普大数据应用项目旨在推动信息产业发展，凭借惠普软件的高新技术优势及其行业领先地位，引来国内外高科技企业入驻，聚集大量软件信息人才，形成高端技术和高端产业的集群，加速青岛信息产业发展，发挥青岛在全省科技研发产业发展中的龙头带动作用，助推山东由制造大省向研发大省转型。

探析"互联网+博物馆"带来的全新感受

引言

随着数字化、三维建模等各类新技术在博物馆领域的应用，数字博物馆、网络博物馆等诸多新概念层出不穷。"互联网+博物馆"带来了多元化、创新性的服务。

互联网是博物馆发展的必然趋势

全球化为博物馆事业发展带来了巨大的影响，而新科技的运用与发展促进了全球化的趋势。博物馆与新科技的结合虽然包括了较早发展的数字化典藏库、远程教学、多媒体的展示及光碟的制作等，但是最具影响博物馆发展的关键因素仍是互联网。互联网不仅颠覆了博物馆陈旧的管理和传播的模式，而且也是博物馆发展的一个必然趋势。

互联网在电子时代为博物馆带来了新的运营契机，全球的博物馆美术馆的发展方向大体都以典藏、研究、展示、教育及传播为主，实体或虚拟的博物馆互联网提供无时空限制的服务与操作形式，同时还有助于这些专业部门的行政管理工作，电脑化的工作流程大大提高了博物馆内的工作效率，不仅如此，互联网科技更能使这些工作超越时间与空间的限制。

博物馆的网站是开拓潜在观众的渠道

博物馆、美术馆与网络结合并成为潮流不过是近十年的事，但是只有博物馆、美术馆自身设置专属的网站并积极开发内容与服务，观众才能享有博物馆的丰富资源。在法国，博物馆自 1995 年起才开始设置为大众开放的网站。在中国台湾，台湾历史博物馆于 1996 年拥有了自己的网站，成为台湾最早架设博物馆专属网站的博物馆。在短短的数十年内，由于网络博物馆发展之迅速，国际博物馆协会也从 1996 年起选用已于 1994 年开启的"虚拟博物馆资料网"（Le Virtual Library museums pages，VLMP），收纳全球博物馆的网站（http：//www. icom. org/vlmp/），今天 VLMP 已经成为探索全球博物馆最便利的链接。

无论博物馆数字化如何试图超越物质性的限制，一个成功的数字化博物馆往往是在某一些制度化的博物馆的支持之下建立起来的，数字化博物馆不但直接依赖博物馆机构的既有的大量典藏品，而且也是和各种学有专精的研究人员的知识成就与文化视野分不开的。因此，数字化博物馆都是建构在该博物馆既有的网站或首页之上。事实上，博物馆既有的网站或首页，本来是作为提供博物馆之相关资讯的管道。

网络的普及让观众与使用博物馆资讯的可能性更接近，各博物馆都纷纷建置自己的网站，设置所谓的"数字展示"，跨越了地理界限。在国内，号称为世界最大的公益性文化网站"故宫博物院网站"做得尤为突出，2001 年 7 月建成后，采用了专线接入及独立的服务器，平均每天的点击率为 70 万次，最多的一天点击率达到 360 多万次。

互联网运用的普及与数字化技术的进步，可以缩短观众与博物馆之间的距离，在没有时间和空间的限制下，造就博物馆与观众间更为亲密的关系。目前数字化博物馆的发展倾向是提供丰富的资料库，博物馆资料库最大的本钱来自丰富的展品收藏，此外，还包括博物馆开设的一些教育课程、图书出版物以及博物馆商店的商品等，这些资源都成为博物馆提供线上服务的内容。如广东美术馆在 2000 年创建了自己的网站，在不断完善和规划后，开设了国内首家美术馆的网上书店，主要销售广东美术馆开馆以来的出版物。

但是，在网络时代的博物馆迅猛发展的同时，作为博物馆人未免也会担心，是否网络的发展将剥夺人们参观真实博物馆的意愿。不过人们参观博物馆的最终意愿，总是希望由自己的感观亲自证实在网络上所接触或学习的经验，因此，今后人们会自然地将参观博物馆分为虚拟与实际的两种经验。博物馆应当擅用网络的特性发展其多元的功能，虚拟博物馆也不会取代现实博物馆，因为两者的体验是全然不同的，甚至，虚拟博物馆是开拓现实博物馆潜在观众的渠道。

数据分析

近年来科学技术的迅速发展对博物馆传统的展陈及公众普及方式带来了重大的影响。当下我国博物馆的数字化程度呈现严重的两极分化，究其缘由，各地人才之间的技术水平差距是一方面，另一方面博物馆人观念上新与旧的不同则更是主因。

截止到 2015 年，我国一级博物馆共有 80 余家，它们是博物馆教育中的中坚力量，但实际上只有少数博物馆在数字化程度上可真正地做到服务观众、面向社会。"博物馆数字化的目的不是为了技术的先进，而应注重实用和用户体验，归根结底用这些技术是在博物馆里服务观众的。"首都博物馆数字部主任孙芮英表示，"只有认清这个宗旨，才能从技术选型到方案设计、实施、为观众服务等真正地做好"。博物馆在数字化上技术选型应是稳定的，不能只把它当作先进技术的试验场。借助数字化技术从历史、文化、工艺、习俗各方面对传统的展陈进行补充，从而使这些历史文化信息更容易被普通民众所认知。

人才结构的不合理、地域资源分配不均是博物馆面临的难题，尤以后者为甚。"博物馆工作人员大多是博物馆学、考古学或历史学出身，缺乏技术人才，对新技术的应用比较滞后。"山西省博物院石金鸣院长如是说。据《国家一级博物馆运行评估报告（2012 年度）》显示，总分排名前 10 位有 9 个是中央和地方共建博物馆，排在 11~20 位的博物馆有 8 个属于省级及以上博物馆。地县级博物馆由于待遇条件不尽如人意，很难吸引各专业人才。普通地县级博物馆可能连专门负责展览的人也没有，更不用说数字化。可见，制定博物馆编制标准，并建立博物馆从业人员流动机制对于这些地方就显得很有必要了。

在"互联网+"时代，日新月异的新技术与博物馆的深度结合，极尽发挥了博物馆的教育和文化传播功能。可以说，"互联网+"时代，博物馆在我们每个人的身边。"互联网+博物馆"拉近了博物馆与人们之间的距离，同时提升了博物馆管理和文物保护水平，此外，还为博物馆资源的合理利用和高效配置提供了有力的技术支撑。

北京科博会尽显科技力量

引言

2015 年 5 月 13 日，由科技部、中国贸促会、国家知识产权局和北京市政府共同主办的第十八届中国北京国际科技产业博览会正式开幕。本届科博会的主题是"引领科技创新，推动产业发展"，来自经济合作组织、国际金融协会等 4 个国际组织和 19 个国家地区的 30 多个政府、科技、工商代表团组，全国 31 个省、自治区、市和国内外 1600 多家高新技术企业、高校科研机构、科技园区集聚科博会，展示最新科技创新成果。

引领科技创新，推动产业发展

经过 17 年的培育和发展，科博会已经成为一个具有广泛国际影响力的综合性科技盛会，成为中国与世界各国进行科技交流合作的重要平台，成为我国科技经贸领域最具代表性和权威性的重大国际博览会之一。

科博会主题报告会于 2015 年 5 月 13 日上午在政协礼堂举行，国际金融协会董事总经理兼首席经济学家柯林斯，中国工程院院士、环境工程专家郝吉明，清华控股有限公司董事长徐井宏分别发表的"中国的新常态与全球经济""中国防治大气 PM2.5 污染的进展与展望""打造支撑科技创业的生态系统"专题演讲，

受到与会的国内外政府和科技产业相关各界代表 1000 多人的高度关注。❶

中关村耀眼科博舞台

智能硬件正成为下一个"台风口"。在刚刚闭幕的北京科博会上，智能钢琴、智能服务机器人、新型智能电动自行车……多家中关村核心区企业，用新技术、新产品、新服务向我们展示出一个可以预见的智能生活。

（1）新的出行方式，一样的力气应对所有路况

需要自己"蹬"的电动自行车你会买吗？成立于 2014 年 12 月的北京轻客智能科技有限责任公司就带来了这样一款摒弃传统电动车转速助力方式的电动自行车。据公司联合创始人李一白介绍，这是一款针对城市出行需求和困局，以"主动助力"系统为核心的新型交通工具，它通过感应踏板在骑行过程中所受的阻力，实时输出所需助力。帮助骑行者轻松应对上坡、长距离行驶等各类情况。该产品已于 2015 年 8 月正式对外发布。

（2）新的生活方式，智能机器人"懒人"的好帮手

一只自己行走的行李箱？远处一个神奇的行李箱引起了北京商报记者的注意。北京小青瓜网络科技有限公司 CEO 吴云介绍自家产品说"你只需要告诉它要将东西送去哪里，它就会准确地将物品送到。可以应用于多种服务场景，如购物中心、超市、酒店、学校、银行、办公室等"。

（3）新的学习方式，"音乐小白"也可以钢琴独奏

"用这台钢琴弹奏就像玩'节奏大师'一样简单，在每个黑白键的上方，都有一个小小的指示灯，使用者只要让手指跟上指示灯的变换，就能弹出一首连贯的乐曲了。"小叶子（北京）科技有限公司的王俊珊向北京商报记者介绍，"我们的产品就是希望能让普通人从复杂的弹奏技巧里解脱出来，享受美妙有趣的过程"。

（4）新的娱乐方式用眼睛玩游戏不再是梦想

想象一下，手机解锁只需要轻轻看一眼、用眼睛玩切西瓜游戏、躺床上看电影用眼睛来控制……是不是觉得进入了科幻世界？"眼球追踪技术正将这一切逐渐变为现实"，北京七鑫易维信息技术有限公司 CEO 彭凡告诉北京商报记者，"该技术，不仅可以让人用眼睛玩切西瓜游戏，更可以帮助'渐冻人'等用眼睛

---

❶ 王娅莉 . 第 18 届中国北京国际科技产业博览会主打创新牌［N］. 中国质量报 . 2015-03-02.

打字，实现与他人的便捷沟通。虽然我们现在还很小，但相信我们前景一片光明"。该公司是国内首家专注于眼球追踪、头动追踪、眼控智能眼镜的科技公司。❶

数据分析

第十八届中国北京国际科技产业博览会由科技部、中国贸促会、国家知识产权局和北京市人民政府共同主办、北京市贸促会于 2015 年 5 月 13 日—17 日在北京举办的盛大文化科技交流会。来自经济合作组织、国际金融协会等 4 个国际组织和 19 个国家地区的 30 多个政府、科技、工商代表团组，全国 31 个省、区、市和国内外 1600 多家高新技术企业、高校科研机构、科技园区集聚科博会，展示最新科技创新成果。值得一提的是，阿里巴巴集团将首次亮相科博会，以"互联网+：从 IT 到 DT"为主题设立互动体验，借助阿里健康、农村淘宝、蚂蚁金服等业务，让观众接触最前沿的科技，体验未来生活的新趋势，也给大众创业提供有力的平台帮助。

据统计，前十七届科博会共 475.5 万人次参会，举办 200 多个专题千余场次论坛，先后有 4857 人次的境内外知名科学家、诺贝尔奖获得者等演讲；共举办 197 场科技、经贸、投资项目推介洽谈活动，来自国内外的 10.4 万家企业参加，累计签约金额达 7609.68 亿元人民币。本届科博会期间，签署的技术交易、产业合作项目协议总金额 822.54 亿元人民币。与往届科博会相比，项目签约具有四个特点：战略性新兴产业项目占比高、民营企业投资高科技产业项目占项目总数的一半、包含专利、商标、专有技术许可转让的合作项目接近签约额的一半、与京津冀协同发展相关签约项目开始出现。

科博会一贯重视、大力展示科技创新的成果。其中，"制度重于技术"的著名论断已经在国内产生了广泛而深刻的影响。因此，本届科博会展览将展示各地深化科技体制改革，实现制度创新的生动实践。以向全国推广的十项先行先试政策为蓝本，中关村示范区将大力宣传致力于破除束缚创新驱动发展的观念和体制机制障碍，全面深化科技创新体制改革，加大政策创新力度，充分发挥示范引领、辐射带动作用等方面取得的重大突破和最新进展。互联网带领我们慢慢走进了"万物互联时代"，云计算、大数据成为智能化社会的关注焦点，而互联网与

---

❶ 韩琼林. 中关村核心区科博会演绎智能生活（组图）［N］. 北京商报，2015-05-18.

越来越多的传统行业融合，也将创造出无限的产业和市场奇迹。

探寻360搜索创建的独立品牌好搜的未来发展

引言

2015年1月6日，360搜索正式推出独立搜索品牌"好搜"，在行业内引发震动。上线一周，"好搜"充满活力的品牌基调及贴合移动搜索用户需求的七项功能得到了广泛好评。

360搜索发力移动搜索商业化

凭借着优质的入口流量资源和全业界最庞大的互联网行为数据库，好搜商业平台的价值初步彰显，可为企业打造出完整的搜索引擎营销解决方案。

（1）好搜用户定位年轻活跃用户

在过去两年多的时间里，360搜索不断优化功能，提升用户体验。根据CNZZ数据显示，2014年8月，360搜索上线2周年之际，市场份额突破30%，并一直保持稳定，两年多三次打破外界认为的天花板。

虽然百度目前仍是搜索界的领头羊，但用户对其的选择多出于一种惯性和百度自身的定义。与其他搜索引擎用户群体的搜索习惯不同，好搜的用户从360浏览器、网址导航等平台进入，经大数据分析，这些用户更年轻更活跃，拥有较高的素养和互联网使用习惯，具有成熟的购买力，好搜为企业推广营造了高素质的用户生态环境。

（2）好搜打造商业价值全新平台，创建全产业营销链

对于此前已经与360搜索进行合作的企业客户来说，好搜品牌的推出，意味着新品牌的又一轮扩张，带来的是好搜市场份额及商业化能力的进一步提升。

在360强大的数据基因基础上，好搜自有多触点用户真实需求数据入口，已构建起庞大、多元、完整的互联网行为数据库。该数据库具有数据源更多样、数据链路更长、人群更活跃、人群更广泛等特性，对人群消费行为逻辑反映更清晰，产生的数据更密集、更趋真。与此同时，好搜拥有最立体、最漫长的产品线，具备最强大的数据收集到信息发布到行为触发的全面能力，从数据端到营销端的全链条技术支撑，帮助好搜打造了一个高效、深度、精准、即时的商业价值

全新平台，客户综合多元化的商业需求都能够在好搜的营销体系中得到满足。

（3）发力移动商业化

360 公司总裁齐向东曾公开表示，新品牌好搜推出后，将逐渐淡化对 360 品牌的依赖，以更专注的精神致力于在搜索领域，特别是移动搜索领域的深耕。通过创新的技术和产品，强化用户认知，在提升市场份额方面继续尽情地施展拳脚。好搜力求在未来两年内，PC 端搜索份额增长到 40%，移动端搜索份额达到 30%。

全新的好搜推广除了能给客户带来更多的优质商业流量，实现更高的投放效率外，还将给予客户最优质的实效营销体验和服务。在商业化稳步前进的同时，好搜逐步加快了在移动端开拓的步伐。下一步，好搜将对商业产品进行扩展，力求通过创新的技术产品成为真正意义上满足用户移动需求的搜索平台，为移动搜索推广打下坚实的用户基础。❶

数据分析

360 搜索已正式宣布推出独立品牌"好搜"，同步亮相的还有全新品牌 LOGO 和形象标识。"推出独立品牌的目的，是为了给 360 公司搜索业务尤其是移动搜索，提供更广阔的驰骋空间"，360 总裁齐向东指出，"360 是中国互联网安全第一品牌，但以往的 360 搜索并不是一个品牌名称，只是公司旗下的一个业务板块，所以'好搜'诞生，是搜索业务长大成人后名正言顺的举动"。

表面上水到渠成的一次更名，深层次暗含着 360 打算颠覆现有搜索行业格局，达成打破巨头垄断格局的愿景。

环顾我国市场竞争环境，我们还未建立起像美国、欧盟那样规范的反垄断大环境，市场支配权和资源优势被那些垄断巨头滥用，他们往往通过牺牲用户体验或利益，来维持自身企业的暴利，对竞争对手的打压更是肆意妄为。中国搜索引擎市场更是如此，一贯是百度一家独大，而 360 搜索在两年时间内获得超过 30% 的份额，朝着打破百度垄断局面，跨出了最重要的一步。

以医疗领域为例，近十多年来民营医疗机构飞速发展，对广告的需求也暴涨，但毕竟"人命关天"，医疗广告不同于一般广告，具有非常严格的管理规定，如此一来，很多民营医院就缺乏推广渠道。互联网网民搜索中，医病健康类占到相当比例，因此，搜索引擎顺理成章成为民营医疗机构重要的广告渠道。

---

❶ 佚名 . 360 搜索推独立品牌好搜发力移动搜索商业化［N］. 大河报，2015-01-23.

2008 年 11 月央视《新闻 30 分》层连续两天报道某一搜索巨头的竞价排名黑幕。2011 年，央视财经频道又聚焦某搜索巨头推广链接存在的诸多隐患，其中与人们健康和生命息息相关的医疗医药行业，不幸再次成为重灾区。

如今许多品牌在医疗领域疯狂吸金，而 360 搜索则致力于为用户提供更安全、可信赖的搜索体验。比如 360 搜索推出的良医搜索，为无数大爷大妈、患者用户规避了虚假医疗广告的侵害，保障健康和金钱的安全；同时附带的欺诈全赔、搜索结果番茄点评等功能，为用户搜索鉴别真伪信息提供帮助，避免网上的上当受骗，并人性化地允诺受骗后 360 来全额赔付损失，等等。正所谓"得民心者得天下"，种种"善良"的创新之举，赢得了民心，360 搜索份额和用户数量连创新高。

网络时代纸媒的转型之道

引言

网络时代，纸媒寒冬，传统纸媒正日渐式微，报纸的春天真的过去了吗？传统纸媒还有没有蓬勃兴旺的可能？

网络时代的纸媒何去何从

在信息化时代里，新浪、搜狐、网易、腾讯等大型综合类门户网站纷起，网络逐渐成为大多数人获取消息的主要渠道。在这种情况下，传统的报纸、杂志等纸媒经受着严峻的考验。

纸媒缘何受到冲击？作为平面阅读产品的一部分，以报纸和杂志为主的纸媒存有一个无法被忽视的硬伤——难以确保时效性。只不过，在网络及电视技术相对并不算普及化的过往，这个缺陷没有被凸显出来。然而，随着网络逐渐盛行，纸媒报道相对迟滞的弱点被全面暴露。众所周知，一份报刊通常每天仅仅更新一次，有些专题类报纸则相隔一周才会发行新刊。至于杂志，更是多为半月刊和月刊。与之比较，网络报道的即时性明显胜出前两者。

除此之外，纸媒的涉猎面比较有限，同样使其在同网络的竞争中处于下风。特别是对于一些专题类的报纸、杂志来说，网络普及化直接导致其原本针对一个领域的专业、细化地报道——这一优势转化为了内容单调、阅读乏味的劣势。因为读者在网上阅读时，可以轻易找到当下热门的专题版面，想要变更一个专题也只需点击鼠标，切换网页即可。所以，除了业内人士，作为普通受众的大多数人，往往并不乐于将自己置身在纸媒相对狭小的阅读视野之中。

就当前的形势来看，纸媒不妨尝试调整战略，削弱时效性事件的报道力度，转而增加一些相关的人物专访、趣味评论、坊间杂谈等长效性文章的分量，以期引起读者关注与阅读的兴趣。不仅如此，纸媒还应该更好地利用自身的一大优势——文章的存活能力。因为报纸也好，杂志也罢，读者都可以将其中令自己感兴趣的文章通过剪贴、装订等方式进行长期保留。与之比较，尽管百度、搜狗等大型搜索引擎已被人们熟练运用，但网络终究只是稍纵即逝的流媒体，其文章在作为文献资料方面的作用并不占上风。所以，增加有保存价值的阅读内容，也是平面读物抗衡网络的上佳途径之一。

事实上，即便当前无线上网、手机上网等高科技业务，以及多媒体乃至全媒体终端不断普及，人们阅读新闻事件变得无比便捷，仍有不少读者钟情于纸媒。换句话说，在这样一个信息化时代里，平面读物尚有其不可替代之处。❶

信息碎片化时代的纸媒应对策略

互联网的兴起、微博的风行，以碎片化为特征的浅阅读逐渐成为新的趋势。人们阅读方式的改变，使得作为阅读对象之一的报纸，处于新的困境。在媒体的新浪潮中，报纸如何再度进行定位，适应人们的阅读新规律，正是不少纸媒人应该正视的问题。只要因势利导、扬长避短，报纸非但不会被新媒体所替代，更能获得一种长远的发展动力。

（1）真实性是报纸的生命，应该重塑公信力并使之保值增值

微博时代，人人都是"记者"，可以即时发布新闻。但是，林林总总的信息，真假难辨，让人无从选择。过滤、选择、可信，这正是报纸的优势所在。"报纸对于博客及行业内其他新秀的优势在于，它能够为读者提供更加可信的新闻。"传媒巨头默多克曾这样说。

注重重大新闻的策划与报道，这也是提升报纸公信力的有力武器。如今新闻同质化竞争明显，报纸已远离了独家报道这个时代。在这样的情景下，做好重大新闻的策划与报道，显得格外重要。重大新闻的报道，立意应该更高，切入点与表达形式也应该常变常新，这样才能给读者留下较深印象。

---

❶　赵宇辉. 网络时代的纸媒何去何从［N］. 中国财经报，2012-05-17.

（2）增加对新闻的深度解读，提高信息之间的关联性

既然网络已经掌握了信息发布的第一时间节点，那么，报纸可以从深度用力，把报道重点放在"为什么"，而不仅仅是"是什么"。最佳的新闻报道，不仅是要还原事情的真相，更要揭开事情背后不为人知的真相。在20世纪80年代中期，中国的周报市场的发展异常繁荣，但几经更迭，最终随应潮流并拥有大量读者群的社会综合类周报只有《南方周末》。《南方周末》一直坚守的深度报道，形成了固有的读者群，并使其成了颇具社会影响力的报刊。

除了在做好深度报道外，报纸还应在提高信息关联性、整合传播上大下功夫。信息碎片化时代，报纸对信息量的追求不应是单纯的数量，而是应该通过"报道+背景+链接+评论"等整合方式，充分揭示报道的主题，从历史渊源、因果关系、矛盾演变、影响作用等诸多方面展开报道，提高读者的认知水平，提升报纸的魅力，显示出纸媒不可替代的优势。

（3）不断改版和创新，使报道符合读者的阅读需求

报纸版式、图片、色彩等编辑手段，都影响着读者的阅读心理。结构化阅读是报纸为读者搭建的"快车道"。短稿重点化、长稿立体化，通过制作标题、巧妙编排等方式，让每一位读者第一时间就快捷、全方位地了解新闻。在直观感、现场感方面，报纸一直处于劣势，只有让新闻立体起来，才能吸引到读者的眼球。

适当借鉴微博化的写作方式，亲和化表达。微博虽然内容很短，但其简洁性是报纸不容忽视的。这给报纸从业人员的一个启发是，记者编辑可以适当地采用轻松、有趣的表达方式来增加稿件的趣味性。❶

数据分析

随着互联网的发展和移动终端的兴起，网络媒体快速崛起，以报纸为代表的传统媒体受到极大冲击。虽说当前传统纸媒仍占有一定的市场份额，不过随着传媒环境的不断变化，网络媒体将对传统纸媒生存发展带来更加明显的影响。

传媒格局虽然变化，但传统纸媒仍是不可取代。网络媒体兴起之后，诸如"传统媒体将逐渐失去主导地位"等声音不绝于耳。甚至有人断言，网络媒体是纸质媒体的"掘墓人"。传媒大亨默多克认为，传统报业未来不会走向死亡，网

---

❶ 宋玉芹. 信息碎片化时代的纸媒应对策略［J］. 视听纵横，2012（4）：54-55.

络将为传统报业注入新活力，数字时代将孕育出全新的报业形式。如今，大众传媒业的发展充满了不确定因素，但变革是唯一的确定因素。根据现实而言，传统纸媒的确遇到了某种程度的发展瓶颈，他们对年轻媒体消费群体的吸引力不足，容易造成部分主体用户的"流失"。但传统纸媒不应局限于恐慌，而应该深入探索改变这种现状的方法。应清醒地认识到，传统媒体和网络媒体的竞争并不是排他性的"你死我活"，而是一种相互推动的良性竞争。

扬长避短、敢于创新是纸媒发展要坚持的根本。纸媒的优势在于拥有高水平的专业采编队伍，具有高度的新闻敏感和深度剖析能力，以及对新闻甄别、筛选、挖掘、加工的能力。同时拥有各方面积累的人脉资源，能将多方信息资源最大限度地进行整合。网络媒体的数字化之长，打破了纸媒的时空"束缚"，其内容形态、来源、信息具有更高的延展性、丰富性、时效性。鉴于此，纸媒需正视变革，转变传统媒体的定位观念，努力扬长避短、创新发展。坚持"内容为王"，充分发挥纸媒的深度报道优势，避免拼信息量、时效性的错误。在新闻的采集中要取长补短，从网络无边无际的信息海洋中挑选出有价值的新闻事件，进行再次解读。注重在背景材料、事件细节上深入分析，展现自己的特色风格，追求纸媒精品化发展以满足读者的精细要求。对于媒体而言，内容一直是核心竞争力。

科技，数字转型、多元整合是纸媒发展的重要出路。自 20 世纪 90 年代以来，为适应时代发展的需要，纸媒开始了全媒体报业的实验性探索。到如今，纸媒一直没有中断数字化传播的尝试，纸媒数字化传播的途径也越来越多。在当前全媒体趋势下，传统纸媒若要真正实现突围，思路必须转变，走扬长避短、优势互补的全媒体发展道路。

移动支付，得入口者得天下

引言

继苹果 Apple Pay、三星 Samsung Pay 之后，微软也宣布旗下 Windows 10 系统将支持手机虚拟银行卡支付功能。中国的线下手机支付市场将迎来一场大战。移动技术的长期发展，使金融、电信、科技等相关行业的移动支付逐渐成熟，也逐渐开始了一波新的移动应用的趋势。

苹果、三星、微软又要大战：谁将是国内手机支付王者

继苹果 Apple Pay、三星 Samsung Pay 之后，微软也宣布旗下 Windows 10 系统将支持手机虚拟银行卡支付功能。Apple Pay 业已敲定入华时间，三星也在谋求与中国银联合作，未来微软支付体系进入大陆也只是时间问题。中国的线下手机支付市场将迎来一场大战。

（1）谁家技术更好用？

从软件层面来说，Apple Pay、Samsung Pay 和 Windows 10 系统的支付功能实际上是一回事，都属于"手机虚拟银行卡"的类型。这种技术让手机模拟磁条或 NFC 芯片卡的物理信号，让 POS 机识别并进行支付操作。过程中手机向刷卡设备传输的并不是银行卡的卡号、密码，而是专用的加密信息。信息上传到银行平台被云端识别后向 POS 机返回支付成功消息，POS 机打出回单且无须顾客签字。由于银行卡号、密码均不暴露，手机支付可以有效避免卡片盗刷和信息泄露。

苹果、微软以及部分安卓设备都是通过 NFC 芯片来向 POS 机传输信号的。这种方式要求收银机带有 NFC 近场支付功能，在国内带有银联闪付标识的机器均可使用这种方式。三星的技术兼容性更好：带有 Samsung Pay 功能的手机除了 NFC 外还可以模拟磁条卡信号，只需将手机靠近刷卡槽就能识别。几乎所有 POS 机都带有磁性读卡槽，因此皆可与 Samsung Pay 实现兼容。

从便利性来说三星的技术显然更胜一筹，毕竟支持 NFC 通信的 POS 机普及度不是很高。不过除此之外，三家的支付手段从软件设置到消费流程都比较接近，难分高下。

（2）谁的标准更安全？

安全是手机支付要考虑的头等大事。如果不能保证安全性，谁都不敢把银行卡资料随便绑定在手机里。各家解决用户担忧的手段也基本一致：支持支付功能的手机均带有新一代指纹识别传感器，银行卡信息只存储在设备上不向云端同步，开启支付功能前必须打开手机指纹锁，本机存储的敏感信息都存放在专用安全模块中，等等。这些措施带来的效果就是，只要机主不会同时丢失手机和指纹信息，就无须担心卡被盗刷或者卡号密码泄露。不过如果手机系统被 root、越狱后机主再录入银行卡资料就存在被窃密的风险，因此使用支付功能的手机不应被 root/越狱操作。

（3）哪家前景更广阔？

从目前情况来看，各手机厂商的支付技术并无明显高下之分，使用流程和体

验也基本一致，其中三星的兼容性较好，而 Apple Pay 名气大，支持 Apple Pay 的手机销量也最多。但手机虚拟银行卡消费是一项新潮技术，消费者的认知程度太低，需要厂商、银行和商家共同培育使用习惯。

　　未来决定各家胜负的因素将主要是营销手段，谁能快速教育用户、训练商家熟练度，谁就能抢占先机且一炮打响。与几大国际巨头相比倒是国内厂商更懂得消费者心理、更了解市场培育的诀窍。华为、小米、魅族、联想这些品牌均已经或计划推出带有虚拟银行卡支付能力的手机型号，未来他们也会下决心推广，并可能仿照支付宝和微信支付投入大量资金补贴顾客、让商家和顾客主动学习新功能，快速养成消费习惯。相比之下苹果、三星、微软这些国际巨头很难放下身段做接地气的营销，容易造成用户空有新机却不知该如何使用新技术的结果。从这个角度来讲，虽然手机支付领域国际品牌来势汹汹，最终占据主流的还会是几大国内厂商。❶

透视移动支付模式下一步新革命安全机制成关键

　　目前移动支付模式拥有许多模式，除了早期常见的移动设备本身感应设备外，以 App 软件或利用 QR Code 连接网络刷卡系统也是常见方式。而在过去智能手机尚未普及的时代，以基本通讯科技就能达成移动支付的系统，也快速带动了移动支付的运用。

　　而近年来在智能手机及移动设备成熟后，以 NFC 近场通讯为主的短距离通信技术，则成了目前具移动支付发展的模式之一。也因如此，越来越多手机大品牌如 Windows Phone8、iPhone 6，也开始支持 NFC 技术，将手机模拟为传统金融信用卡，作为移动支付的媒介。而研究调查机构 IHS 更预估至 2018 年配置 NFC 技术的手机数量将高达 12 亿台。

　　而根据国际研究暨顾问机构 Gartner 预估，到了 2017 年，全球移动支付交易金额将接近 7210 亿美元。亦有数据显示从 2012 年到 2017 年间，全球移动交易将以平均每年 35% 的幅度成长；我们也可以从各式数据及现况发展中发现，网络与移动设备的快速发展，移动支付俨然成为全球及跨境的新消费形态，也改变了大众使用金钱的模式。

　　我们能发现，从去年起各大公司来势汹汹攻占移动支付市场的情势看来，多样化的服务及高速的移动支付发展，也显示出消费者在移动支付平台的选择上更

---

❶　王强. 苹果、三星、微软又要大战：谁将是国内手机支付王者［EB/OL］. 雷锋网，2015-03-25.

为重要。而移动支付也将会是发展其他移动商机的关键，因此如何使消费者能够信任并相信支付条件，将成为移动支付的一大考验。

尤其在移动支付才刚起步的台湾，唯有消费者信任此一机制并尝试使用移动支付后，才能产生一种不同的支付环境形态。当然目前各种移动支付趋势安全性考验，也可能开启识别技术的发展与用途，除了指纹识别外，声音、瞳孔等其他识别也将可能成为未来的发展技术。很显然，这也将带起另一股商机的诞生，不论是 IC 或相关科技产业，也都可能将受惠于移动支付的趋势，成为下一个兴起的产业。❶

数据分析

得入口者得天下——这是在移动互联网时代非常流行的一句话，这句话在移动支付领域尤其适用，经济的发展带来了人们社会化、碎片化时间的增多，随之而来的，人们对于移动终端设备的需求与依赖性越来越高，若将每一台设备比作一个支付入口的话，毫无疑问移动支付的机会在这个时代大大增加了。

移动支付是用户使用移动终端（通常为手机）对所消费的商品或服务进行支付的一种服务方式。2014 年，移动支付进入繁荣发展时期，NFC 近场支付、二维码支付、声波支付等越来越多的电子支付新形态走入了人们的生活。根据 iResearch 艾瑞咨询的最新统计数据显示，2014 年，第三方移动支付市场交易规模达到 59924.7 亿元，较 2013 年增长 391.3%，2015 年中国第三方移动支付市场交易总规模达 9.31 万亿元，同比增长 57.3%。数据显示，在 2015 年第三方移动支付交易规模市场份额中，支付宝以 72.9% 的份额居首，财付通（微信+手 Q）以 17.4% 位居第二，拉卡拉、百度钱包、易宝支付的市场份额均在 1% 以上，分别为 3%、2.2% 和 1.5%；快钱、平安付、京东支付、连连支付相对较小。虽然移动支付保持着高速增长，但移动互联网入口数量却呈现了缓慢增长态势。

可以说，移动支付是介入未来互联网的入口，而且可能是最重要的入口。通过服务收费口控制服务将成为竞争核心，这个趋势也逐渐明朗化。移动支付本身（如佣金收入）或许并没有多少价值，让它价值连城的是作为控制战略资源（信息和服务）入口的地位。如，用户要通过移动支付"介入"互联网，就自然而然留下可供分析的个人信息，如此便会形成路径依赖。由此产生的商业利益，才是商家极

❶ 佚名. 透视移动支付模式下一步新革命安全机制成关键［EB/OL］. 移动支付网，2015-03-17.

为关注的。当前对移动支付的争夺，可视为一个全局性的前兆信号：互联网潮流正从产品模式（如按拥有产品收费）向服务模式（如按介入使用收费）过渡。

制度创新、市场创新之争是移动支付产业竞争的实质。互联网市场创新得到的支持越多，此处最有活力的科技巨头就更能占据主导地位。回顾国外市场发展，苹果在美国已迅速占领并主导了移动支付市场份额，谷歌则兼并了移动支付公司 Soft-Card，开始与运营商联手。现在三星公司也参与到移动支付领域，在业界展开激烈竞争，与运营商的良好合作是其一大优势。再看中国市场，互联网企业、运营商和金融企业围绕移动支付的博弈也愈演愈烈。试看未来的国际市场格局，制度创新是美国巨头的优势，而市场创新则是中国的优势。不难发现，美国信用卡的过度发达一定程度上影响了民众对"刷手机"的接受程度。因此，中国如能在移动支付的制度创新上加大力度，发挥市场的决定性作用，中国有望超越美国。

值得提出的是，从互联网支付发展经验看，技术强弱并不是决定因素。当前，移动支付上的近场支付技术（分为 NFC 和类 Square 两类及子类）、远程支付技术，包括传统的磁场支付技术，阿里巴巴等推出的快捷支付，呈各领风骚之势。谁是最后的赢家，主要取决于各方力量的利益博弈，并不单单取决于技术本身。

自媒体走出自己的"康庄大道"

引言

随着微博等传播技术的深入发展应用，互联网进入了自媒体时代。"人人"都可以成为信息的采集者、制作者、发布者。

中国自媒体盈利模式的三种状态

在新华网、《人民日报》等传统媒体寻求新媒体发展形态和商业模式的同时，自出生起就具备天生商业属性的各类自媒体，"怎样赚钱"的道路无疑要比传统媒体宽得多。自媒体针对的是更加细分的用户群，在商业模式上完全可以垂直送达、量身定制。

今日头条、严肃八卦和冯东阳恰好代表了眼下中国自媒体在盈利模式上的三种状态。

（1）今日头条：大盘子装小零嘴

根据 2015 年 1 月今日头条官方发布的数据，在过去两年里，这款新闻类

App 的装机用户量已经积累到 2.2 亿、日活跃用户超过 2000 万。

2014 年中，经过了一轮跟传统媒体和门户网站的版权纠纷之后，今日头条选择通过账户注册的方式跟其他媒体合作，其中就包括自媒体。

对自媒体来说，这是一个用户基数极大的展示平台，且不同于微信、微博这类基于圈子的自媒体形式，基于"个性推荐算法"的今日头条，为自媒体人提供了新的尝试和更多的可能性。但是至今为止，它对自媒体人的吸引力尚显不足。

（2）"神秘"的广告收入计算法

从纸媒到门户网站、再到今日头条这样的新闻聚合和推荐工具，新闻传播的载体一再被颠覆后，新闻的传播速度和创作方式也在被超越和颠覆。

但新闻出版的商业模式始终如一。作为吸引自媒体人入驻的手段，今日头条也开通了针对自媒体的广告系统。

（3）严肃八卦：没有经验也没有野心

尽管尚未建立清晰的商业模式——这一部分跟作者的旨趣有关——"严肃八卦"，仍旧称得上是很成功的自媒体：在内容和流量上实现了双重新闻价值。

对于微信订阅号"严肃八卦"，张润芝一开始并不抱多高的预期，"不过是给朋友们说几件好玩的事情，最多几百个人，试了几次累了就作罢"。但粉丝数每天都在增加，订阅号里的内容甚至开始成为其他公众号的抄袭对象，"创意老被抄，而且大号抄完了阅读数比我多"。

（4）冯东阳：最古老的读者付费

冯东阳告诉记者，已有 800 名读者、以 120 元的价格购买了他为期一年的文章。作为最传统的商业模式，在纸媒时代，读者付费已经逐步被广告模式取代，在与自媒体相关的讨论中，读者付费也常被认为生存空间很小。

在冯东阳看来，愿意付费的读者，是"懂得先付出的人，与这些人交朋友，你能从他们身上学到更多"。他还告诉他的读者们："我为什么会发展这么快？其实我也是别人的 VIP 会员，而我花的钱要比你们花的多很多。我会把我学到的东西，分享给订阅我的 VIP 用户。"❶

解构自媒体：商业模式急需创新

不到三年时间，自媒体行业借着微信公众平台的东风，已经从零零星星的尝

---

❶ 时代周报新媒体. 中国自媒体盈利模式的三种状态［N］. 时代周报，2015-03-24.

试演变成了一个庞大的生态圈。

作为新生事物，自媒体行业还难以为这些问题给出标准答案。可以肯定的是，在欣欣向荣的背后，自媒体行业同样存在诸多问题，而这些正负能量之间的相互博弈，将决定自媒体的未来走向。

不管怎样，探索还在继续，自媒体的故事才刚刚开始。

互联网进军传统行业的一大利刃是打破垄断和特权，自媒体就是媒体权力被瓦解后的产物。

在自媒体出现之前，开办一家媒体需要大量的政策资源和经济实力，需要自筹载体、自找用户。但以微信公众平台为代表的自媒体渠道出现以后，达到同样的目的你只需要几步注册。

概括而言，当下自媒体内容的差异化体现在：网媒以全面及时的消息见长，纸媒以翔实丰富的事件追踪立足，自媒体的根基则是评论，注重思想和观点的自由传递。

和传统媒体领域大众媒体、专业媒体并存的局面一样，自媒体领域有人见人爱的大V，也有专门为细分人群服务的垂直化自媒体。与传统媒体相比，自媒体在内容上显得更为自由，这同样也是对读者需求的精准把握。这正是自媒体受关注的最核心原因。

（1）谁在做自媒体？

如今大部分自媒体人的前身份都是媒体记者、编辑、主编，等等。离职做自媒体对他们来说就像零成本创业，意味着工作不再有约束、薪水不再设上限。

那么，吸引这些媒体人纷纷脱离组织、另起炉灶的原因是什么？

首先，自媒体事业意味着个性的自由和解放。传统媒体都有自己的工作流程。其次，自媒体事业意味着收入状况的改善。众所周知，传统媒体的从业者大都年轻，因为媒体行业薪水的天花板十分明显。而自媒体除了拥有宽松的报道尺度外，在收入方面的状况要远远超出传统媒体。

可以说，传统媒体是讲究分工的，制定规则、明确边界，创作、编辑、校对、发行、渠道、运营、商务各个环节分别有人负责。但自媒体基本上是一个人包揽了所有的工作。

因此，人才从传统媒体业向自媒体业流动也就不足为奇。

（2）平台混战，解构与重组

大多数自媒体一样需要平台，甚至组织化。

眼下，主流的自媒体平台主要分成四类：微信订阅号；门户自媒体专栏；百度百家、腾讯大家；虎嗅网、钛媒体。除了上述四类，自媒体领域名声较响的还有 WeMedia、界面等。

对自媒体人来说，事业起步阶段需要借势各类平台打造知名度。所以，如今很多自媒体稿件都是多平台通发，同质化严重。但在发展壮大到一定程度后，平台对其的价值将会大大减小，自建渠道（微信订阅号）成为最好的归宿。

总之，鱼龙混杂的自媒体行业，在解构了媒体的特权之后，亟待规范和重构秩序。❶

数据分析

随着微博、微信等深入发展应用，互联网进入了自媒体时代。如今每个人都可成为信息的采集者、制作者与发布者，这种信息生产传播方式的巨大转变，带给受众全新的、刺激体验的同时也成倍增加了社会风险。即使利弊相依，实现利益最大化也并非全无方法。随着自媒体时代的到来，现实社会与虚拟社会都面临着种种挑战与机遇。

简而言之，互联网领域由三部分主体构成：管理者、信息接入提供者、网民。这三者之间既相互对应，又有共通之处。如果能够理顺三者的关系，就能为互联网发展奠定坚实的基础，社会也将为之受益。

互联网管理者面临的主要问题是如何行之有效地管理互联网，并实现管理和被管理之间的共赢。借鉴世界经验，有法可依一直是互联网管理的前提条件。例如，韩国强制实行网络实名制，美国有十几部互联网管理法律。在我国，互联网法律法规经过十几年的发展，一个涵盖多领域、多方面的体系已建成，管理水平在不断提升。

强化责任意识是互联网信息接入提供者需要具备的重要意识。作为互联网信息接入提供者，无论是营利与否，在遵循业内管理办法的同时，也需重视现实社会中的责任。尤其是面对自媒体时代多样、复杂的信息来源，互联网信息提供者更应谨慎，努力规避信息风险。

网民是自媒体时代最大的受益者，但往往也是最高风险受害者。前者体现在寻找信息、共享人生的方便与快捷，后者则是因为你永远不会知道网络那头的面孔，究竟是善意的还是邪恶的。此情此景，唯有一个健康的互联网环境，才能给人们带来更多的安全感，这是互联网管理者、运营者义不容辞的责任。

管理者、信息接入提供者和网民都是互联网构成的主体，但三者之间不是平

---

❶ 贺树龙. 解构自媒体：商业模式急需创新［EB/OL］. 网易科技，2015-03-20.

行线，而是一种纵横交错的关系，这也恰好构成了整个互联网发展的运行图景。身为管理者面临着多方的监督，身为运营商责任与义务同在，身为网民既受益，就更应配合互联网的工作，共同维护网络环境。

在自媒体时代，每个人都拥有自己的发音器。健康良好的互联网环境，有利于公民的自由表达，也可推荐公共事务。但是，任何事物都有双面性。互联网传播若缺乏必要引导和规范，这柄双刃剑就有可能伤及多数人。网络之言或许只是一家之言，以讹传讹往往滋生虚假信息，产生网络谣言。对待网络言论，我们要从自身做起，学会理性甄别信息，坚持不信谣、不以讹传讹，自觉守护健康传播环境，让互联网的明天更美丽。

MOOC 入学分，互联网引导"并行教学"模式

引言

从 2013 年起，MOOC 平台逐渐进入人们的视野。当前，包括清华大学在内的八所高校，纷纷通过这一平台对本校优质课程进行推送，MOOC 平台遂成了社会教育及文化传播体系的重要组成部分，其认可程度也不断提高。

清华大学 MOOC 平台上线

2013 年年初，清华、北大等众多国内一线高校纷纷宣布加入 edX 阵营，2013 年 10 月 10 日清华"学堂在线"的上线再一次升级了中国的 MOOC 模式：打造全球首屈一指的中文 MOOC 平台。

edX 主席 AnantAgarwal 教授给了一个非常明确的比喻来阐述 MOOC 相对于传统在线教育的区别，那就是"从书本搬家到课程搬家"，这意味着课堂上的教学活动要在网上实现。如果说传统在线教育就是一段又一段提前录制好的课程在网上播放的话，那么 MOOC 的体验更多是将"交互"融入使用者身边，"学堂在线"同时支持面向学生的学习系统和面向老师的课程管理系统。

从学生角度，在注册、登录平台后形成个人账户后，学生可以通过强大的全文搜索系统完成课程选择，也可以将学习过程中的问题、意见发到社区及时交流，学生还可以看到其他"同学"学习进度。从教师角度，系统除了完成针对试题、练习的编辑管理功能汉化及优化外，教师还能通过平台提供的分析报告和研究数据全面跟踪、掌握学生的学习行为、学习过程和学习特点，从而进行有针

对性的教学、评价以提升学习效率。

项目负责人在发布会上宣布，清华 10 月中旬会同步在 edX 和"学堂在线"上线五门课程，北京大学也有一门课程上线，平台同时也在积极引进 edX 上其他课程。同时，学堂在线目前已经开始支撑清华校内课堂教学，现在的"C++设计"和"云计算与软件工程"两个本科生课程，合计超过 120 名学生都在通过该平台完成教学研究。❶

MOOC 生态初现：高等教育陷入了互联网狂热中

犹如一块石头坠入平静的水面，MOOC 让全球高等教育掀起阵阵涟漪。有人把 MOOC 称为"高等教育陷入了互联网狂热中"，虽然还没有成熟的商业模式，但 MOOC 在课程数量和注册人数上正在疯狂增长。

2013 年 MOOC 在全球遍地开花。从欧洲到亚洲，基于 MOOC 模式的在线教育联盟不断成立，人们期待 MOOC 能引起高等教育的更大变革。但需要冷静的是，MOOC 远远没有成熟，关于其模式、其课程设计、其参与方式都还处于探索阶段。

总体来看，MOOC 以定制的平台技术为基础、严格的课程制度为保障，以教师、学习者、平台之间无处不在的交互为经络，以交互产生的各种课程材料为骨肉，由此形成完整的生态系统。它必须抓住学习者的需求，精益求精地对知识学习过程中的各个小细节进行完善，从而能够吸引学习者在这样"宜居"的学习生态中持续投入、不断学习。

（1）参与方：挑战与受益

"MOOC 模式强调知识生产胜于消费，产生的新知识有助于维持和发展 MOOC 的知识生态环境。"华南师范大学焦建利教授分析认为。平台、大学、教师作为内容生产和管理环节各司其职。在 MOOC 上，平台提供技术和规则，大学负责提供数量可观的资源，教师负责教课以及讨论与交流。

（2）平台方——要将学习者学有所得作为首要目标

从平台方说，实施 MOOC 是一件充满挑战的事情。从基础设施到课程设计到考试发证，中间环环相扣，这样的工作量在数量不大的情况下与海量数量的情况

---

❶ 教育观天下. 清华大学 MOOC 平台上线学分互认不会是问题［EB/OL］. 搜狐教育，2014-11-21.

下有着天壤之别。相关人士表示，即便做平台，也要将学习者学有所得作为首要目标，如何解决网络教育的互动性、解决个性化学习、自学习管理等，都应该是平台方的责任，否则对于口碑效应明显的教育培训行业而言，很难确保平台的可持续发展。从平台方来看，仍有许多等待解决，如何保证大规模在线教育的网络质量，如何让技术充分发挥作用，如何设计一个良好的可操作的针对海量学习者的规则等。

（3）大学——从 MOOC 中借鉴经验

参与 MOOC 对大学是付出也是机遇。一方面，激励大学生产更多优质资源；另一方面，大学有望通过 MOOC 实践来促使长期以来试图改变但一直收效甚微的教学模式变革。大学参与 MOOC 首要之事是拿出"最优质的资源"，即"名师"资源，这样才可能形成一种辐射的效应。其次，学校应当设定规则让教师更好地参与 MOOC。此外，大学应当积极探索在线学习、混合学习以及翻转教室等创新性教学模式，并在 MOOC 课程中所得到的经验广泛总结，将其有机融合到大学自身的课堂教学和人才培养中。

（4）授业者——走出传统的教学模式

对 MOOC 教师而言，首要的挑战是提升教学能力。来自全球的海量学习者无形中给予了教师巨大的压力——必须要做出足够好的课程保证大部分学习者的好评。其次，教师必须走出过去传统的教学模式。MOOC 注重沟通、讨论，注重启发性思维的培养，这对习惯了传统教学方式的教师来说挑战不小。最后，更多精力的付出。一项调查表明，通常一位教师在教授 MOOC 之前花费的时间超过 100小时，而在教室授课的话，他们仅花费几十个小时。

（5）中文 MOOC 平台雏形始现

2013 年可谓是中文 MOOC 元年。北京大学、清华大学高调加入 MOOC 三大组织之一 edX，复旦大学、上海交通大学加入 Coursera，中文 MOOC 平台雏形始现。上海市成立"高校课程共享中心"，来自市内 30 多所高校的学生都可选修平台上所提供的通识类课程并计入学分。随后，包括北京大学、清华大学、上海交通大学在内的 C9 高校也建立了高水平在线课程平台。

上海交通大学教务处余建波介绍说，从生态链角度上看，目前中文 MOOC 平台的来源有两个方面：一是教育信息化公司，二是高校或联盟机构。他认为，真正基于 MOOC 思想（大规模在线开放教育）的平台在国内还没有出现，未来的中国式 MOOC 应该注意考虑几个方面：注重特色资源、中文平台应面向全球华

人、平台的建设要体现合作精神，以及面向终身教育。❶

数据分析

大规模在线开放课程（Massive Open Online Course），主要通过信息技术与网络技术将优质教育推送到世界各个地方，它是开放教育资源运动发展十年的质性蜕变，提供免费的优质资源和完整的学习体验，展示了与现行高等教育体制结合的种种可能。

当前我国 MOOC 平台要进一步发展，需从以下四个方面进行思索。

首先，合作与联盟。从某种程度上看，MOOC 的合作超越了竞争。从平台上看，美国 MOOC 的提供商一般不是排他的，他们遵循课程技术平台的规范化和统一性。所以在一家平台上的内容也可以放到其他的平台。规范性也是国内 MOOC 平台建设应当十分注重的。从组织方式上看，联盟化是 MOOC 的一个重要特征。在亚洲这种趋势越来越明显。

其次，对海量学生数据库的研究。调查显示，MOOC 课的选课人数可以达到 16 万，但同时退课人数也相当惊人，多达 14 万，也就是说仅有 5% 的参与者可坚持到底，1% 的人通过并获得学习证书。MOOC 平台需要制定完善的规则，让更多的学习者能够坚持到最后，也可通过优化个性化的学习服务来吸引更多学生。

再次，以最强技术实施 MOOC。整个 MOOC 的过程中蕴含着许多值得研究的技术问题，包括机器发现、信息推送、大数据研究等，如何把这些技术更好地应用于 MOOC 中，值得研究。

最后，注重社区的力量。线上的社区与线下的社区都需给予重视。一方面，MOOC 依托网络社区进行交流互动，能够不断提高学生的学习兴趣和动力，让社区群体更多参与课程，如依靠网络社区群体智慧的评分机制就是一个良好例子；另一方面，线下的 MOOC 学习者社区同样不能忽视，MOOC 学习者在线下成立了区域性的学习小组，共同探讨学习经验，可保持学习者持续推进在线学习的热情。

但是这一切的前提是：优质资源。清华大学孙茂松教授表示"光是优质教学资源，我认为档次还不够，它一定是最优质的"。台湾交通大学教授李威仪也这样认为，"优质课程的重要性超越平台的建立。"

---

❶ 王左利. 清华大学 MOOC 平台上线学分互认不会是问题［EB/OL］. 搜狐教育，2013-10-11.

第九篇　文化交流

　　随着移动互联网的迅猛发展和信息全球化的加速推进，大数据、云计算等新技术在各行各业得到了广泛的发展。存储、挖掘、利用好海量的数据资源成为大数据时代下各个领域新的竞争力。在文化成为国家软实力的当今世界，文化交流成为各国外交的重要关注内容，跨国跨区域的文化交流离不开纷繁复杂的信息资源的影响，同样面临着大数据时代带来的机遇和挑战。

　　世界文化多姿多彩，每个民族、每个国家都有自己独特的文化，不同的群体和社会表现其文化特色的形式也不尽相同。为了推动世界文化的繁荣发展，尊重文化多样性，加强文化交流显得尤为重要。文化交流通常发生于两个或者多个具有文化源差异、文化特征差异的关系之间。从广义上理解，对外文化交流指的是"在文学、艺术、宗教、教育、科学、卫生、新闻、出版、体育、旅游等诸多具有文化性质的领域内所进行的国际交流活动"。具体而言，对外文化交流包括"派遣文化艺术和体育团体到国外访问、演出、展览或比赛；学生交换和学术交流；举办国际性文化活动或体育赛事，等等"。开展不同国家间的文化交流，对本国而言，既有助于推动国家的文化产业发展，促进商贸经济和政治外交，又有助于以文化展现国家特色，提升国家的国际形象；对国际而言，既有助于尊重世界文化多样性，促进世界文化的繁荣共生，又有利于增进不同国家间的了解和友谊，促进世界和平发展，建设和谐世界。

　　我国是世界上唯一一个有着悠久且从未中断文化传统的国家，一直以来坚持独立自主的和平外交政策，以礼仪之邦享誉于世。自改革开放以来，我国加快了对外往来交流的步伐，也加强了对外文化交流的重视。1982 年，全国人民代表大会第五次会议通过的《中华人民共和国宪法》，将对外文化交流列入我国的根本法系列中。2007 年，党的十七大报告指出要"加强对外文化交流，吸收各国优秀文明成果，增强中华文化国际影响力"，首次提出了"推动社会主义文化大发展大繁荣"。2012 年，国务院批准的《海外中国文化中心发展规划（2012—2020）》中指出，加强对外文化交流与传播，到 2020 年计划将建成 50 个海外中国文化中心。2013年，党的十八届三中全会进一步提出，"坚持政府主导、企业主体、市场运作、社会参与，扩大对外文化交流，加强国际传播能力和对外话语体系建设，推动中华文化走向世界"。

在文化政策的支持下，我国对外文化交流活动蒸蒸日上。据文化部2012—2014年的文化发展统计公报数据可知，我国近年来的对外文化交流项目和参与人数颇多，每年与20多个国家签订或续签文化交流年度执行计划，"中国文化年"和"欢乐春节"等大型文化活动也开展有序，影响广泛，详见表9-1。

表9-1 对外文化交流情况（2012—2014年）

项目		2012年	2013年	2014年
对外文化交流项目	项目数	1072	2159	1667
	参与人次	20062	66338	40781
签订或续签文化交流年度执行计划	国家数	27	24	21
欢乐春节活动	涉及项目数	323	385	570
	举办国家和地区数	82	99	112
	举办城市数	144	251	321

综观我国改革开放30多年来的对外文化交流，已呈现出全方位、多渠道、多形式的特点，对外文化交流路径主要有以下四种。

第一，互办文化年、文化节、文化周活动。2003—2005年中法互办文化年活动，取得了巨大成功，举办的各种项目达到300多个，在文化层面下的多个领域进行了广泛交流。此外，中国与俄罗斯、意大利、土耳其、澳大利亚、南非等多个国家也互办了文化年等文化交流活动。

第二，在海外建立中国文化中心和孔子学院。从20世纪80年代初设海外中国文化中心至今，已在亚洲、欧洲、美洲和非洲建成共20个中国文化中心。2004年，海外第一所孔子学院在乌兹别克斯坦成立，此后中国陆续在全球100多个国家合作开办孔子学院和孔子课堂，成为汉语和中国文化对外传播与交流的全球品牌和重要平台。

第三，进行学术交流与互派留学生。中外国际学术交流研讨会、各领域的国际学术论坛、中外高校学者互访等也是中外文化交流的有效途径。尤其在教育领域，据联合国教科文组织等公布的数据显示，我国已成为世界最大的留学生输出国。"据教育部官方数据分析，从 1978 年到 2015 年，我国各类出国留学人员累计达 404.21 万人。其中 126.43 万人正在国外进行相关阶段的学习和研究；277.78 万人已完成学业；221.86 万人在完成学业后选择回国发展，占已完成学业群体的 79.87%。中国在外留学人员分布在全世界 100 多个国家，留学人员最多的前五个国家为美国、澳大利亚、日本、英国和加拿大"。

第四，文化艺术与体育方面的访问、演出、展览或赛事等。例如，积极开展"一带一路"文化品牌创立工作，举办首届"丝绸之路国际艺术节""海上丝绸之路国际艺术节"；连续 3 年托举中国民族舞剧登陆美国华盛顿和纽约的"中华风韵"，成为美国主流观众欣赏中国民族舞剧的第一品牌。

近年来"大数据"和"大数据时代"话题逐渐升温，互联网和信息技术对文化创造、生产、交流与发展产生了极大的影响。2013 年召开了中国首届"大数据—大文化"高峰论坛，"大数据与大文化之间的关系""文化发展如何应对大数据时代的到来"等问题成为与会者热烈讨论的话题。中国对外文化交流作为传播中华文化、展示中国形象的重要方式，同样需要与时俱进，跟上"大数据时代"的步伐，依托大数据技术开发文化艺术资源，促进中华文化的对外传播与交流。

大数据时代的到来给对外文化交流带来了机遇。首先，大数据可以为国家的对外文化交流提供更为丰富多样的文化信息资源。近年来，随着各地信息化进程的不断推进，互联网、数据库和信息系统等各种软硬件的建设逐步得到完善，加之中国民族民间文化保护工程、中国民间文化遗产抢救工程，尤其是全国文化信息资源共享工程的有力带动，与中华文化相关的各类数据信息急剧增长，极大丰富了中外文化传播与交流的文化资源。其次，大数据可以为对外文化交流决策提供更为全面有用的信息支撑，提高决策的前瞻性。"数据是信息的载体，数据的本质是人，数据挖掘就是分析人类族群自身"，通过有效的数据收集、数据挖掘和数据分析，可以增强对文化交流发展情况和效果的监测与评估，以大数据分析受众的文化交流需求和潜在的文化项目价值，可以为中国对外文化交流时的文化符号和文化项目选择提供信息参考。

美国《新闻周刊》曾在 2006 年根据美国和加拿大两国的网民投票，评选出进入 21 世纪以来世界最具影响力的 12 大文化国家及其 20 大文化形象符号，其中影响力较大的中国文化形象包括汉语、北京故宫、长城、苏州园林、孔子、道教、孙子兵法、兵马俑、丝绸、瓷器、京剧、少林寺、功夫、西游记、针灸、中国烹饪等。而据北京大学 2011 年启动的《中国文化印象》项目的调查数据显示（详见图 9-1 和图 9-2），在美国、德国、日本、印度、俄罗斯五国认为孔子学院是了解中国文化的好渠道的受访者，他们感兴趣的中国文化主要是中餐、中国历史、中医、中国名胜古迹和中国功夫，而他们实际接触到的中国文化主要包括中餐、中国历史、中国电影、功夫、中医等。这些评选和调查的数据对于了解中国文化传播与交流的发展情况和趋势有一定的信息参考价值，运用大数据技术，对文化传播与交流的信息接收者进行全面的分析，可以更充分地了解不同地域和人群的信息接收习惯和对中国文化的兴趣所在或文化需求。

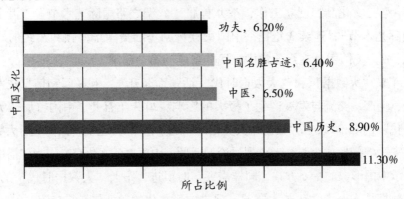

图 9-1　受访者感兴趣的中国文化

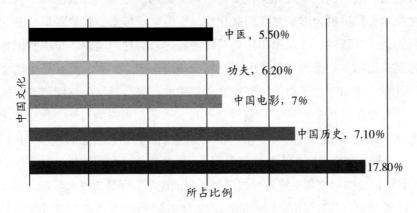

图 9-2　受访者实际接触到的中国文化

　　（图 9-1 和图 9-2 的数据来源为巩向飞的《从受众角度探析孔子学院对外文化传播的策略——基于〈中国文化印象〉调查数据的分析》。）

　　大数据以其"数据海量、类型繁多、价值密度较低、处理速度极快"的特点，成为新时代社会发展的重要影响因素。对外文化交流应积极应对大数据时代的到来，利用大数据资源和大数据技术，充分了解各国的文化特点和受众需求，优化文化交流的内容和方式，让中国文化大放光彩。

习近平为新加坡中国文化中心揭牌中新人文交流翻开新篇章

引言

奎因街 217 号，一个在新加坡再普通不过的门牌号，藏身繁华的中心城区，包裹在组屋的中间，曾经是一个很少有人会注意的地方。然而，随着一座占地约 1352 平方米、融合了中国文化元素和现代建筑设计理念的 10 层高楼拔地而起，此处不仅成为吸引众多游人驻足拍照的"景点"，还一度成为新加坡当地民众争相探究的城市幽境。这里就是"新加坡中国文化中心"，访问新加坡的中国国家主席习近平 2015 年 11 月 7 日为其揭牌。

习近平为新加坡中国文化中心揭牌

2015 年 11 月 7 日位于新加坡市中心的新加坡中国文化中心装饰一新，洋溢着喜庆的气氛，正在新加坡进行国事访问的中国国家主席习近平与新加坡荣誉国务资政吴作栋在这里共同为新加坡中国文化中心揭牌。5 年前，正是习近平和吴作栋共同为新加坡中国文化中心奠基。此次揭牌对加深中新和中国与东盟地区常态化文化交流与合作具有重要意义。

新加坡中国文化中心坐落于奎因街 217 号，毗邻南洋理工学院、新加坡国家图书馆、新加坡美术馆等知名文化机构，是目前我国在海外建设的规模最大、设施最完善的文化中心。揭牌仪式在文化中心小剧场举行。

仪式上，新加坡华乐团和新加坡少年儿童为中外嘉宾带来了精彩的演出。在乐团音乐总监叶聪的指挥下，演出以《黄土地组曲》第四乐章《石板腰鼓》开场，陕北气息浓郁的器乐演奏呈现出一派腰鼓喧天的热闹景象。第二首乐曲是新加坡高胡协奏曲《鱼尾狮传奇》第三乐章《情系南洋》。高胡独奏一气呵成、和缓优美，仿佛述说着新加坡建国初期的记忆。

在文化中心一层展出的是"梦笔新境——纪念中新建交 25 周年美术作品展"。"梦笔新境"展由中国美术馆和新加坡国家美术馆共同主办，中新双方各有 25 幅作品参展，代表了对两国建交 25 周年的祝贺，共同组成的 50 幅作品也象征了对新加坡建国 50 周年的祝福。

打造具有示范意义的中国文化中心

在投入使用之前，新加坡中国文化交流就已备受关注。正式揭牌后，新加坡中国文化中心仿若出水芙蓉，绽放于当地媒体的重要版面和门户网站首页，引发当地民众聚焦。

"'记得住乡愁'是习主席的名句，用它来表达我对新加坡中国文化中心的印象和期待再合适不过。"一位就读于新加坡国立大学的"90 后"中国留学生告诉记者，新加坡中国文化中心已经成为校园社交网络上的"热词"。"很多新加坡人祖籍就是广东、福建，中国文化中心会成为他们寄托乡愁之地。"

在新加坡这个重视建筑设计和多元文化的国家，中国文化中心建筑本身就是两国人文交流的华彩一章。中心大楼由参与过中国 30 多个城市的规划设计、被誉为新加坡"规划之父"的刘太格设计，以裙楼、塔楼、景观电梯、连廊和主屋顶组成，建筑风格融合了中国文化元素和现代建筑设计理念。晚上，玻璃景观电梯、空中连廊和"斗拱"灯饰营造出类似孔明灯的光效，与周边建筑、设施融为一体，成为优雅别致的城市景观。

文化中心内设施齐全，设有展览厅、小剧场、会议室、培训教室、图书馆。其中，位于六层的图书馆将与中国国家图书馆进行网络连接，为新加坡读者提供信息服务。小剧场采用先进的灯光、音响系统，可容纳 240 名观众。值得一提的是，位于中间层的露台和屋顶空间堪称美观与实用的完美结合，既是契合周边生态环境的"空中花园"，又便于举办开放型的文化艺术活动。不难预见，软硬件齐备的新加坡中国文化中心将很快成为崭新的城市文化地标。

在揭牌仪式后举行的工作会议上，雒树刚为新加坡中国文化中心的工作指明了方向。他指出，文化中心要办出特色、办出权威、办出水平。要以满足新加坡人民的文化需求为出发点，"应该让新加坡人民点菜，不是我们端菜，这样他们才能给我们点赞"。要发挥新加坡中国文化中心理事会双方成员的作用，统筹好中新两国资源，把文化中心打造成具有示范意义和引领作用的海外中国文化中心。要结合"一带一路"战略规划，使文化中心发挥更大作用。

中国驻新加坡大使馆文化参赞肖江华表示，中国文化中心将与本地文化团体进行多方面的合作，共同开展丰富多彩的文化活动，为中华文化在新加坡的传播和传承做出贡献。

对于未来，新加坡中国文化中心的工作团队信心满满。据马红英介绍，目前，新加坡文化中心计划推出数个主题项目："发现中国讲堂"将通过讲座加强与当地政界、学界、文化界和青年精英的交流；"全景中国"将每月放映一部中国国产电影；"狮城月圆"将把中国各地的文化艺术展览带到新加坡；"欢乐春节"则通过举办传统节庆活动，传递注重亲情及家庭和睦的价值观。

新加坡中国文化中心是中国在海外设立的第 23 个中国文化中心，发展海外中国文化中心是扩大对外文化交流，提升中外文化合作水平的重要抓手。在习近平总书记在文艺工作座谈会上发表重要讲话一周年之际，在《中共中央关于繁荣发展社会主义文艺的意见》指出"运用文艺形式讲好中国故事、展示中国魅力，是树立当代中国良好形象、提升国家文化软实力的重要战略任务"之时，海外中国文化中心无疑将肩负起时代赋予的更多责任和重要使命。

海外中国文化中心"朋友圈"扩容

2015 年 11 月 7 日当天公布的《中华人民共和国和新加坡共和国关于建立与时俱进的全方位合作伙伴关系的联合声明》明确提到："进一步加强文化合作。在《文化合作谅解备忘录》执行计划指导下，探讨开展两国文化产业合作。新加坡欢迎新加坡中国文化中心成立。"

如中国文化部部长雒树刚在揭牌仪式致辞时所说，中国文化中心的设立，标志着中新两国在人文领域的交流进入了新的阶段，在中新文化关系史上具有重要意义，是中新建交 25 年来两国睦邻友好、合作发展的重要成果。新加坡中国文化中心是中国与新加坡共享的平台，是增进中新文化交流，服务两国人文交往，增进中新两国人民相互了解和友谊的窗口。

新加坡华人先辈来自中国，两国在文化交流方面十分融洽。2015 年 4 月，两国签署了 2015 年至 2017 年文化交流执行计划。中国文化中心的建立必将推动两国文化艺术交流与合作向纵深发展。

当天，新加坡中国文化中心还举行了合作伙伴签字仪式。在雒树刚和马炎庆的见证下，新加坡中国文化中心主任马红英与中国儿童艺术剧院、中国银行新加坡分行、新加坡华乐团、新加坡金航旅游业有限公司和新加坡武术龙狮总会等多家机构的代表签署合作协议。❶

---

❶　叶飞. 中新人文交流翻开新篇章——走访新加坡中国文化中心［N］. 中国文化报，2015-11-12.

数据分析

　　新加坡曾经叫作"Temasek"，这是一个马来语名字，在汪大渊的《岛夷志略》里被译为"单马锡"。还在殖民地时代的新加坡，新加坡的人口并没有太多。到了 19 世纪下半叶的时候，被无情剥削的华人苦力，他们哀怨极大。1877年英国殖民政府在当地设立了"华民护卫署"来保护华工，毕麒麟是该署第一位护卫司。在华工的基本权益得到保护下，1880 年后来到新加坡的华人人数开始大增。

　　此后，英籍海外华人公会在 1900 年成立，华人的势力得到扩大。当时新加坡在中华文化的承续上取得不小进步，例如出现了被称为"新加坡的圣人"的林文庆，还有与保皇党联系密切的邱菽园。更加引人注意的是，也就是康有为、孙中山等人在这段时间也先后来到了新加坡。这些史实告诉我们，新加坡与中国之间一直保持着密切的联系。

　　移民们来到新加坡再创家园的同时也将各自的传统文化带入了新加坡，从而造就了新加坡的文化多元化的特色。新加坡的生活形态受到了中华文化精髓的影响。例如农历新年、清明节等传统节日，以及如景泰蓝、瓷器和书法等传统艺术，盛行于中国人中的风水之学说，在新加坡的一些建筑设计里都有体现。

　　中国作为文明传承悠久的古国，经过改革开放发展成为一个全球性大国，在当今国际上有着重要地位。中国重视与世界各国的文化交流，通过文化间的交流，中国与世界各国正走得越来越近。新加坡"规划之父"刘太格先生设计的中国文化中心，不论是建筑的总体设计，还是对建材的使用，包括后期的装饰，无处不体现着"中国风"元素。在中心内，中国元素还可以看到更多。新加坡是一个多元文化的国家，其中重要的就是有着五千年优良文化传统的中华文化。在新加坡宣传好中华文化并不是一件容易的事。习主席此次访问新加坡，向新加坡的本地人，特别是受西方教育影响的年轻人传递了许多重要信息，让他们了解到当前中国的发展现状，此行对进一步加深两国的文化交流具有重要意义。

　　在中新两国交往的长途上，中国文化中心必将成为一个重要的标志，指引着两国前进的方向。新加坡中国文化中心要做的就是"讲述中国故事，传播中国声音"。相信在中心正式运营后，能够借这个平台扩大与本地文化社团合作，为中华文化在新加坡的传承和发展做出巨大贡献。

"第一夫人外交"彰显中国形象的新亮点

引言

中国第一本《中国公共外交蓝皮书》正式发布。蓝皮书用专门的篇幅论述了 2014 年中国公共外交的重点工作，其中第一夫人公共外交、城市公共外交等内容，都成了国际国内媒体关注的焦点。

中国公共外交蓝皮书盛赞"第一夫人"彭丽媛

2015 年 4 月 15 日下午，《中国公共外交发展报告（2015）》（以下本文简称：蓝皮书）发布会在中国人民大学举行。中国人民大学公共外交研究院院长、新闻学院院长赵启正、中国人民大学党委常务副校长王利明、社会科学文献出版社社长谢寿光出席发布会。发布会还邀请到了来自清华大学、外交学院、中国人民大学等大学的学界嘉宾及出版社、媒体代表。中国人民大学公共外交研究院副院长孙萍主持发布会。

作为第一部针对我国公共外交事业发展做出全面梳理和总结的专业报告，蓝皮书从政府、城市、民间机构、跨国企业、国际传播、民间交流等多个角度，对中国当前的公共外交实践进行了深入分析和阐释，从宏观层面展示了我国公共外交事业的现状、成绩与问题。

党的十八大报告明确提出，要扎实推进公共外交，开展同各国政党和政治组织的友好往来，加强人大、政协、地方、民间团体的对外交流，夯实国际关系发展社会基础。2013 年 12 月，习近平在阐释中国梦和提升国家软实力内涵时强调，塑造我国的国家形象，对外传播中国文化、讲好中国故事、阐明中国价值是基本路径。这也正是中国公共外交的主题。越来越多的事实表明，公共外交在我国已经被提升到了国家战略的高度，公共外交蓝皮书的发布恰逢其时。

十八大以来，中国"第一夫人"彭丽媛在多次外事活动中，以东方女性特有的端庄，用典雅的外表、优雅的仪态、关注文化教育和慈善事业的亲善形象，赢得了国内外媒体的广泛赞誉，被称之为"中国外交新名片"。公共外交蓝皮书对"第一夫人"公共外交的概念做了系统的梳理与阐释。蓝皮书中提到，在我国快速崛起的时代背景下，通过第一夫人公共外交向世界传达中国善意，塑造开放、和平、文明的中国形象就显得尤为重要，她所展示的正是期待实现伟大复兴的中国最需要展示给世界的形象。

蓝皮书中另一个值得关注的角度是全球公共外交创新理论的整合，以及国际学术界对中国公共外交的研究观察。蓝皮书所集纳的理论研究成果，将公共外交纳入到中国国际形象转变的大背景中，立足实践寻求理论共鸣。其中涵盖了对中国网络的研究、中国对非洲公共外交的研究、孔子学院以及体育公共外交等热点问题，对于评估中国公共外交的效果、拓展中国公共外交的思路意义非凡。❶

盘点各国"第一夫人"之最

（1）希拉里·克林顿：最活跃的"第一夫人"

希拉里 1992 年至 2000 年跟随丈夫比尔·克林顿入主白宫，成为美国"第一夫人"。其间，她的身影出现在全球各个角落，惹人注意。这名随后就任美国国务卿的女强人在担任"第一夫人"时频频随丈夫或单独出访，日程很紧。

（2）安倍昭惠：最具争议的"第一夫人"

安倍昭惠是日本首相安倍晋三的妻子，是日本有史以来最年轻、最受欢迎、关注度最高的第一夫人。2012 年，昭惠夫人在日本神田书店街一个很深的巷子里开了一家居酒屋。媒体记者发现，昭惠不但是这家店的主人，而且还做所有杂务，端盘、擦桌、扫地、收款等，事必躬亲。当时安倍尚未当选，有媒体说，假如安倍当选首相，那么第一夫人每天扫地端盘子，也有失体统。不过安倍晋三出来为夫人解围，并否定两人出现感情危机的传闻。另据其他消息来源，昭惠夫人开办这间居酒屋，还有为安倍筹款的意图。

（3）米歇尔·奥巴马：最独立的"第一夫人"

2010 年 4 月 13 日，美国第一夫人米歇尔·奥巴马前往墨西哥首都墨西哥城，展开为期 3 天的访问。这是她首次以第一夫人身份独自出国访问。没有了丈夫的陪伴，米歇尔将充分展现她的魅力。米歇尔的行程包括做客墨西哥总统府，与总统夫妇会面、就餐，同总统夫人讨论美墨共同利益，前往伊比利亚美洲大学发表演讲等。

墨西哥驻美大使称米歇尔是美国非洲裔公民的代表性人物，她让人们认识到，只要辛勤工作和坚持向前，每个人都有机会去实现梦想。

---

❶ 郑亮．中国公共外交蓝皮书盛赞"第一夫人"彭丽媛［EB/OL］．中国网，2015-04-17.

（4）金润玉与鸠山幸：最亲民的"第一夫人"

日本前首相鸠山由纪夫的妻子鸠山幸和韩国前总统李明博的妻子金润玉在随丈夫出访过程中展现亲和、爱民的形象。2009 年，鸠山幸陪同刚刚出任首相的丈夫出访韩国，受到金润玉的邀请，参观一家传统饮食研究所，开启双方一段"泡菜外交"的经历。

（5）卡拉·布鲁尼：最时尚的"第一夫人"

与希拉里的"女强人"风格不同，法国前"第一夫人"布鲁尼习惯以靓丽的外表和时尚的穿着示人，每每跟随尼古拉·萨科齐出访，都是各国传媒关注的焦点。布鲁尼曾是世界顶级名模，穿着打扮不仅讲究，而且富有"深意"。一些分析师认为，布吕尼虽然不似希拉里一般"强势"，但她的时尚形象很大程度上体现了女性的政治智慧，为萨科齐"加分"不少。❶

数据分析

第一夫人是一个国家形象的组成部分。第一夫人在行政上没有专门任职，但是她们在陪同国家元首出访、参加国内国际政治活动中，可以体现一个国家的软实力。作为国家元首的伴侣，同时作为一国女性的代表，在国与国公共外交、国际议题倡导、公共服务与慈善等领域，第一夫人有着得天独厚的优势。她们不在谈判桌上进行国家间的严肃谈判，但是却可以在文化、旅游、社会服务领域与别国公众进行友善交流，展现本国文化，推进国与国之间相互理解。第一夫人的角色和作用无可替代。

从另外一个角度来看，第一夫人需要默默在丈夫的政治光环背后，做好第一夫人的本色。中国第一夫人之所以得到国际媒体的热切关注，一是她之前的知名度，二是对中国领导层形象的关心。随着中国外交的更加开放自信，第一夫人这个话题的热度逐渐褪去，也会是中国第一夫人的贡献之一。

当媒体对第一夫人的关注逐渐转移到公共外交、国家形象的领域时，如果更欣赏她的作为时，公众才会更好地接受中国第一夫人的形象新亮点。

第一夫人这一角色在第二次世界大战后，一直备受关注。著名的第一夫人有美国总统罗斯福的夫人埃莉诺·罗斯福，她毕生致力于支持世界妇女的权利运动，关注反贫困和世界发展。她还作为联合国人权委员会的负责人起草了《世界

---

❶ 盘点各国第一夫人之最［EB/OL］. 凯风网综合，2013-03-22.

人权宣言》。

因此，第一夫人往往成为世界各国观察一个国家的重要窗口。这个角色既有政治色彩，又有人情味，更代表了一个国家的女性形象。第一夫人的活跃度，往往也是和这个国家女性角色和地位联系在一起的。

外交舞台上的多数国家第一夫人，多数是扮演了公共外交大使这一角色。外交工作的精英化和保密化，使得别国公众对该国家的认识较少，因而就需要一些近距离接触。第一夫人随访期间，通过公众活动、参加演出、慰问贫穷和疾病患者，可以拉近与所在国家公众的距离，从而帮助他国公众更好地了解本国。第一夫人通过一种妥当、适度的参与，以更加柔软的姿态化解公众之间的分歧和对立，展现一个国家的民众态度、修养、学识和能力，是公共外交主体多元化中一个典型。

中国的女性角色，是国家形象中不可或缺组成部分。彭丽媛在国际舞台上的亮相，尤其是在十八大之后的外事活动中的亮点突出，改变了世界对中国女性的认识，提升了中国妇女的国际形象。彭丽媛作为中国第一夫人，成为世界各国能更深入、更全面认识中国女性窗口，让我国的外交和政治富有更加多元化的色彩。就像美国萨福克大学历史学者薛涌所说："第一夫人的文化本质恰恰是朴实、浪漫的家庭生活，是对女性的尊重。"更重要的是，"第一夫人并不体现大国之荣光，她所体现的是一个社会的价值观"。

建设"一带一路"文化先行构建亚欧文化交流新格局

引言

2015 年 11 月 14 日东亚文化之都、海上丝绸之路起点泉州，刚刚成功举办了一场精彩纷呈的国际盛会——第十四届亚洲艺术节暨第二届海上丝绸之路国际艺术节。随着各大活动落下帷幕，亚艺节六大板块、各项活动的总结分析也陆续出炉。盘点发现，收获满满：艺术范、海丝范、文都范，不仅给远道而来的贵客留下了美好的回

忆，也给泉州留下了历史性的文化遗产；海陆丝绸之路城市联盟工商理事会的成立，更为今后的发展奠定了坚实的基础。

第十四届亚洲艺术节暨第二届海丝国际艺术节完美落幕

（1）40 多个国家和地区参与并奉献百余场演出

本届艺术节吸引了 40 多个国家和地区的艺术团和嘉宾参加，充分体现出惠民、全域、基层的特点。其中，精品节目展演于 11 月 7 日、9 日、10 日在市区各剧场和各县（市、区）同时举行，总共演出 32 场次，9 支亚洲国家艺术团演出 19 场次，4 个文化艺术团演出 12 场次，福建省歌舞剧院演出 1 场次，观众人数达 17200 人。第四届国际木偶节于 11 月 9 日开幕，最后在晋江市闭幕，共吸引境内外 25 个艺术团体 300 名演员参演，共演出 58 场。

（2）时空穿越"艺·见"香港

漫画叮叮车、尖沙咀钟楼、前立法大楼……11 月 4 日晚上的领 SHOW 天地，一不小心就穿越到了香港。作为本届亚艺节市区第一个大型综合文化展览，通过"香港——回归祖国 18 年"、"武·艺·人生——李小龙"等多个主题，实景展现，把见证香港历史的很多风物实景带到泉州。

（3）"海之梦"晚会展示亚洲文化精华

海丝逐梦情相连，嘉宾相约刺桐城。开幕式晚会，专题文艺演出《海之梦》，三大篇章 18 个节目，集中展示了亚洲各国的文化精华，并融入福建文化、闽南文化元素，为观众奉上了一台精彩的视听盛宴，来自"一带一路"沿线 40 余个国家和地区的数百名代表，共襄文化与艺术交流的盛会。

（4）留下"一带一路"永久文化遗产

11 月 3 日，经中央批准，文化部与福建省人民政府联合主办的海上丝绸之路国际艺术节，将永久落户泉州市，每两年一届。泉州向全世界展示出一个海丝古城的文化底蕴，更展示出开放、包容、多元的未来情怀。

11 月 8 日，泉州台商区百崎湖畔，海上丝绸之路艺术公园·亚洲园，正式开园。开园仪式上，文化部部长雒树刚说，这个公园体现了"一带一路"的精神，充分反映了"一带一路"沿线国家的民心相通、文化相通，不仅为亚洲艺术节增光添彩，而且会留下一个永久的"一带一路"文化遗产。

盛会闭幕会有时，但这个公园将成为城市的文化地标，成为泉州又一道美丽的风景线。值得一提的是，作为文化部的重磅活动，"蔚蓝丝路"——海上丝绸之路文化特展，展出了海丝沿线国家包括手工艺品、绘画和民族服饰等数百件精品，以艺术视角再现了海上丝绸之路古老璀璨的文明轨迹和沿线国家独特的民族文化。

海内外文坛大家会聚泉州论文化发展

作为首届东亚文化之都城市，本届亚艺节特设的"魅力文都"活动板块，令人眼前一亮。更有第三届亚洲文化论坛和"文化的力量"论坛在此举行，海内外诸多文坛大家，会聚泉州论剑。

(1) 两个文化论坛大咖齐聚共话发展

11 月 9 日—10 日，泉州迎宾馆，海内外政要现身、文坛大咖云集第三届亚洲文化论坛，来自 ACD 成员国中国、日本、韩国、柬埔寨、印度尼西亚、缅甸、泰国、越南、阿富汗、孟加拉国、斯里兰卡、沙特阿拉伯、科威特 13 个国家，以及 ACD 秘书处的 111 名代表出席；莫言、刘梦溪、余秋雨、田青等海内外知名的文学大家，深度解读"一带一路"建设与亚洲文化对话。

世界华商联合促进会会长许荣茂先生，组织港澳台的优秀企业家一道回家乡泉州，由浙江民营企业发展联合会率领的一批浙商也启动了泉州港共建活动。全国人大常委范徐丽泰，以及郑宇民、王敏刚、许晓辉等 50 多位来自美国、日本、德国、新加坡和中国（包括港澳台地区）的专家学者，围绕"文化的力量"，在会上做了极具见地、发人深省的精彩发言。

(2) 魅力文都"秀"精彩不断嗨爆全城

因为文都，西街大麦仓重获新生，并声名卓著。亚艺节期间，鲤城区在龙头山面粉厂共安排了 8 场文化活动，开展了老电影海报展、闽南民俗风情摄影展、服装展示专场秀、群众文化艺术展演专场等；大罐秀也如约而来，嗨爆全城。

文都建设日新月异，新区嘉年华在丰泽城东精彩上演，包括"喜迎亚艺节放歌海丝情"文艺晚会、国际艺术美食节、比利时蒙斯当代舞演出及广场舞、国际设计影像节"全球文化之都"等，同样精彩不断。❶

"一带一路"成为亚洲文化新纽带

古城泉州汇聚亚洲艺术，千年"海丝"焕发蓬勃生机。11 月 8 日—15 日，

---

❶ 徐锡思. 第十四届亚洲艺术节暨第二届海丝国际艺术节完美落幕 [EB/OL]. 闽南网，2015-11-14.

第十四届亚洲艺术节暨第二届海上丝绸之路国际艺术节在福建泉州精彩亮相，40余个国家和地区的嘉宾云集刺桐城，为亚洲文化交融及"一带一路"建设带来的文化繁荣契机鼓掌与欢呼。

9日上午，耄耋之年的日本茶道大师千玄室大宗匠，在亚洲文化论坛上表演了日本茶道。轻品慢饮、推杯换盏，充满仪式感的茶道礼仪令人心生敬意。

绚丽多彩的尼泊尔唐卡、千姿百态的"海丝"沿线国家文物、气势恢宏的《丝海梦寻》舞剧……本届艺术节期间，来自蒙古国、菲律宾、泰国、马来西亚等11个国家的艺术团，带来了各具特色的民族艺术演出。

以本届艺术节的举办城市泉州为例，宋元时期，泉州因海上丝绸之路而繁盛，多元文化在此交相辉映。在如今的泉州城，中原文明与海洋文明、商业文化与农耕文化、儒释道与外来宗教和谐相处、共生共荣，成为中外文化交流融合的典范。

9日下午，300多名世界各国木偶艺术家亮相泉州国际木偶节。澳大利亚艺术家理查德·哈特与搭档联袂表演了《梦想家之深海奇遇》，惟妙惟肖的造型、风趣幽默的对白，赢得现场阵阵掌声。

"陆丝""海丝"延绵千年，既是商贸通道，又是文化之旅。孟加拉国文物局局长穆罕默德·阿尔塔夫·侯赛因认为，中国面向21世纪的"一带一路"战略追求和平、重视合作，倡导互利共赢，它将成为沿线国家民心相通的文化桥梁和纽带。

艺术节期间，披尼·扎禄颂巴等人还进一步倡议，加快互建国家文化中心；建立亚洲国家间历史档案、信息、资料共享机制；更多发挥民间机构和社会力量的作用，增进文化认同，夯实"一带一路"利益共同体的社会和历史根基。❶

数据分析

2000多年前，汉代张骞出使中亚，开辟了一条横贯东西、连接亚欧的陆上丝绸之路；随着古代航海业的不断进步，中外之间的海上贸易运输日益发展，逐渐形成海上丝绸之路。丝绸之路不仅是连通中国与欧亚非各国之间的贸易大道，更是沟通东西方文明的桥梁。

古代"一带一路"沟通中外经济往来，促进了文化的繁荣与发展。如今给

---

❶ 胡苏，任沁沁，刘姝君 . "一带一路"成为亚洲文化新纽带［EB/OL］. 新华网，2015-11-11.

世界经济发展和文化交流带来新的机遇。具有新内涵的"一带一路"战略的提出将打通中国与欧亚大陆经济文化的新通道，意义超出了历史文化。

"一带一路"沿线各国有着不同的历史"文化"宗教，要让各国人民产生共同语言、增强相互信任、加深彼此感情，只有通过文化交流与合作才能实现。近年来，中国与沿线国家的文化交流，形式越来越多样、内容越来越丰富、规模越来越宏大、影响越来越深远。

文化是构成国家核心竞争力的重要组成，对提升综合国力竞争中的地位和作用日益突出。文化具有潜移默化的影响力，通过"一带一路"与沿线国家进行文化交流与合作，做好"讲好中国故事，传播好中国声音"，把"中国梦"同周边各国人民的愿望与发展前景联系起来，让中华文化走出去，不断提升中国的国际话语权和影响力。

第十四届亚洲艺术节暨第二届海上丝绸之路国际艺术节不仅促进亚洲、欧洲经济交流，还对国际文化交流起促进作用。将文化内容纳入新丝绸之路战略，与"一带一路"沿线国家广泛开展文化交流合作，传播中华民族的优秀文化，让沿线国家和人民与我们共享当代中国发展成果的同时，深入了解中国和平发展的意愿。同时，改变以西方为中心的放射性的格局，而形成各国相互联系的、众多发展中国家联系到一起的网状格局，营造出新的、全方位的文化交流和合作渠道。

文化交流——搭建与世界接轨的桥梁

引言

2015 年我国与国外相继开展了丰富多彩的文化交流活动，近几年来，我国与英国、澳大利亚等在音乐、戏剧、人文等方面都进行了较为深入的交流、学习，在宣传和推广我国优良特色文化的同时，也吸收了国外优秀文化，丰富了我国人民的文化生活。本文对 2015 年我国已经开展的中外文化交流活动进行介绍与总结。

中韩文化交流

2015 中国（贵州）——韩国友好周活动，2015 年 6 月 3 日—5 日在贵阳举行，这是中韩两国正式签署《中华人民共和国政府和大韩民国政府自由贸易协定》后，中国与韩国双方开展的首个重大活动。

6月3日，2015年中国（贵州）——韩国文化交流美丽之夜在贵州省国际会议中心剧场精彩上演。来自贵州省歌舞剧院、韩国田银子舞蹈团以及功夫世家、乱打神厨等演出团的表演者为现场观众带来了一场色彩纷呈的视听盛宴。当晚的演出，由来自韩国田银子舞蹈团的《太平盛世·农乐》拉开序幕，以祈祷和谐与富饶为内容，通过兴致盎然的四物演奏与舞蹈形成一场盛大的庆典。

而与韩国代表作品交相辉映的是由贵州省歌舞剧院所带来的舞蹈《蝴蝶妈妈》《岜沙》《山祭》《多耶》四场表演。其中，《蝴蝶妈妈》取材于苗族神话传说，舞者们用美妙轻盈的舞姿祭祀着苗家人的先祖——蝴蝶妈妈。而《岜沙》则取材于中国最后一个枪手部落岜沙，作品将岜沙的人与树，以及人与自然的深厚感情展现得淋漓尽致。在《山祭》中，人们抬着丰收的五谷，感谢大山的孕育和抚养，表达着人与山相依相存的浓浓之情。而《多耶》里，年轻的女孩们踏歌而舞，欢乐、幸福。❶

中匈文化交流

2015年，当地时间6月6日，中国外交部部长王毅在匈牙利布达佩斯同匈牙利外交与对外经济部部长西亚尔托签署了《中华人民共和国政府和匈牙利政府关于共同推进丝绸之路经济带和21世纪海上丝绸之路建设的谅解备忘录》。作为第一个同中国签署此类合作文件的欧洲国家，匈牙利在共建"一带一路"方面发挥了引领和先行作用，而在此框架下中匈关系及包括文化在内的各领域合作也面临广阔前景。

中匈两国均拥有深厚的文化传统。近年来，两国文化交流不断取得新的成果。1月29日，由匈牙利国家美术馆、中华艺术宫、北京画院共同主办的"蒙卡奇和他的时代：世纪之交的匈牙利艺术"在北京画院美术馆开展，展出19世纪著名画家蒙卡奇及其追随者的作品。4月23日，"天然之趣——北京画院院藏齐白石精品展"在布达佩斯民族画廊开幕，展出了齐白石创作生涯特别是中晚期的108幅绘画精品等。

2月7日—18日，上海文化艺术团赴波兰、匈牙利进行2015年"欢乐春节"巡演，在匈牙利首都布达佩斯、"文化之都"佩奇和小镇卡巴举办3场专场演出，节目涵盖歌曲、舞蹈、民乐、爵士乐、杂技、魔术等艺术门类。据了解，匈牙利

---

❶ 曹雯．黔风韩流辉映：中韩"文化交流美丽之夜"上演［N］．贵州日报，2015-06-04．

华人华侨较多，当地民众受其影响对中国文化感到亲近与好奇，"欢乐春节"活动为他们提供了感受中国文化的机会。为推广春节文化，中国驻匈牙利大使馆此前还在布达佩斯千禧年公园举办过两次庙会活动，接待了数万民众，吃饺子、逛庙会、看晚会等中国春节习俗成为匈牙利人争相体验的活动。得益于当地华人努力，"欢乐春节"活动覆盖面进一步扩大。"欢乐春节"是中国文化通过匈牙利这个"桥头堡"走进欧洲的一个缩影。而匈牙利地处连接西欧和东欧的心脏地带，在中国同中东欧的文化交流中发挥着桥梁作用。

王毅表示，"一带一路"将把中国和匈牙利更加紧密地联结在一起。中国欢迎更多欧洲国家"向东看"，加强与中国及其他亚洲国家的互利合作，以不同形式参与到"一带一路"建设中来。的确，正如匈牙利"汉语热"不仅得益于文化交流的促进，也与两国经贸合作发展息息相关一样，"一带一路"重大倡议带来的开放、合作新契机，除了在经贸、政策等方面产生重要影响，也必将大大促进两国人文合作，为中匈文化交流谱写新的灿烂篇章。

中国驻匈牙利大使肖千在匈牙利发行量最大的主流报纸之一《匈牙利每日经济报》上，发表了有关"一带一路"的署名文章。文章特别提到，中匈两国传统友好、渊源深厚，两国人民之间有着天然亲近感。双方文化、艺术、学术等领域的交流广泛开展，两国友谊日益牢固，人民更加亲近，双方合作的民意基础更趋深厚。"匈牙利在'一带一路'建设上已走在中东欧国家前列。中方愿与匈方和衷共济、相向而行，进一步弘扬丝路精神，加强沟通交流，拓展合作领域，创新合作模式，携手共建'一带一路'，为两国人民创造更大福祉。"❶

中英文化交流

2015 中英文化交流年英国文化季 3 月在中国启动，共有三十场英国文化活动陆续在北京、上海、武汉等城市推出。

2015 年 5 月 18 日，由隶属全球第一户外媒体公司德高集团 JCDecaux 的德高巴士和英国大使馆/总领事馆文化教育处联合主办的 2015 中英文化交流年"遇见英伦音乐（UK Music on the Go）"活动全面启动，该活动是 2015 年中英文化交流年英国文化季的项目之一，全国 6 个城市联动，从 5 月 18 日持续到 7 月 17 日。上海、南京、重庆、武汉的 190 台巴士车身，以及北京、上海、广州的 392 块大学视窗 MD 媒体上，都有"遇见英伦音乐"的画面和活动二维码，市民拿起手机

---

❶ 静水. 中匈文化交流："厚积"之上再谱新篇［N］. 中国文化报，2015-06-15.

扫码，就可以收听 10 首最新英伦前沿音乐单曲，还可以为你最喜爱的歌曲投票。活动结束后，主办方将在最受喜爱的歌曲中抽出 4 位投票的幸运听众，给他们送出英国航空公司提供的每人 2 张共 8 张北京往返伦敦的机票，9 月免费参加英国最佳音乐节 Bestival 音乐盛典！

3 月 24 日，由新蝉戏剧艺术中心携手苏格兰特隆剧院等联合承办的"中英文学剧场连线"项目在中华世纪坛首演剧场春演季正式启动。作为 2015 中英文化交流年的项目之一，"中英文学剧场连线"将上演共计 7 部剧作 25 场演出，讲述中英文化。

"中英文学剧场连线"涵盖了英国特隆剧院的《尤利西斯》、两位英国导演在北京与中国演员合作的《乔伊斯之旅》和《惊鸿一瞥贝克特》、由易立明导演的三部原创作品《竹林七贤》《帝国专列》《等待祖先》，以及汤沐海指挥、易立明执导的英国作曲家本杰明·布里顿室内歌剧作品《螺丝在拧紧》，共计 7 部剧作 25 场演出。❶

数据分析

中外文化交流是我国的优良传统之一，历史上就曾有过唐朝对外文化的开放与大度引人注目。促进文化进步的原因有二，一是持续的内在积累，二是多元的对外交流。改革开放 30 多年后的今天，回顾唐朝的中外文化交流，有助于促进我们今天的文化进步。在今天这个深化改革扩大开放的年代，唐代的开放之态仍有许多值得借鉴的地方。

从未受过物质文明熏染的成吉思汗，却可以在一个杂糅了众多民族的国家，通过法典让帝国维持了大半个世界的和平与秩序。在这样一个庞大的帝国之内，普通人可以安心周游世界，东西交流之畅通，欧亚文化之交流，是人类之间最广大而开放的一次文化交流。从此，西方出现了中国的创造发明，如火药、纸币、驿站制度，中国用上了西方的药品、织造品、天文历法。这就是元朝科技发达的重要原因，可见与外国进行文化交流，对一个国家的发展来说至关重要。

文化交流是促进世界文化进步的一个重要因素，也是推动文化全球化和多样性的内在诉求。从春秋战国开始，中国就开始了文化交流的进程，随着时代的发展，这种交流日益加深，最终成为博大精深的中华文化的一部分。现在，经济全球化和

---

❶ 杨萌. 中英艺术家联手打造中英文学剧场连线［EB/OL］. 人民日报网，2015-03-25.

区域集团化日益显著，文化的软实力作用日益凸显，在国际竞争力上的作用日益加大，因而加强中外文化交流也就成为中国现代化建设的一个不可或缺的环节。

中国虽处于亚欧大陆的东部，但随着社会经济政治的发展，逐渐开始由近及远地与别国接触联系，扩大文化交流的范围。伴随着交流途径的多样化，如政府使节、留学学生、宗教、商业与商人、手工工匠等，甚至战争与俘虏，也曾为文化交流提供可能。中国与其他各国之间文化交流的深度或广度各有不同，因而彼此所受对方影响深浅及产生的结果，也因国家与时代而异。但中国与各国之间文化交流的形成是历史的必然，而且在与各国交往的漫长过程中，确确实实产生了让中外双方相互受益的内容。社会发展日益使得整个世界的联系更加紧密。从发达国家到发展中国家，乃至最不发达国家，都不能置身这一历史潮流之外，在历史的浪潮中大浪淘沙。经济全球化加速全球文化大交流，这是不以人的意志为转移的世界发展趋势。

孔子学院：从文化之窗到心灵之桥

引言

为庆祝孔子学院建立 10 周年，2014 年 9 月 27 日，首个全球"孔子学院日"在京举行。当天全球 123 个国家和地区的近 1200 所孔子学院和孔子课堂同时举办各类中国语言文化体验活动，共计 3000 余场，给各国民众献上一场丰富多彩的中华文化盛宴，为他们打开了解中国文化的窗口。

首个全球"孔子学院日"打开了解中国文化的那扇窗

2014 年 9 月 27 日，从最早迎来日出的新西兰维多利亚大学孔子学院，到最晚看到日落的美国夏威夷大学，全球 123 个国家和地区的 465 所孔子学院、713 个中小学孔子课堂，同时举办汉语教学公开课、中华文化讲座、学生文艺表演等各类中国语言文化体验活动，共计 3000 余场，给各国民众献上一场丰富多彩的中华文化盛宴，为他们打开了解中国文化的窗口。全球 1000 多万人共同参与了这场中国文化盛会。

文化沙龙、名家讲座、书法、中医、舞蹈、武术……在北京孔子学院总部举办的首个"开放日"活动现场，孔子学院总部请来汉语教师，为不同年龄段、不同水平的人讲述汉语。"中西方绘画"等文化讲座，以及泥人、剪纸、戏曲等文化活动也吸引了大批外国友人前来体验。

一些机构也在传播中国文化中汲取力量。厦门大学已与 12 个国家合作建立了 15 所孔子学院，约 40 个孔子课堂，2013 年注册学生约 1.87 万人，吸引外国人参加相关活动约 16.7 万人次。据首都师范大学校长宫辉力介绍，首师大专门设立了孔子学院处，目前已与美国、俄罗斯等国高校合建 6 所孔子学院，并通过孔子学院与所属院校进行深度合作。

孔子学院不仅传播语言和文化，也传播着凝结在其中的人类情愫和共识。清秀的埃及姑娘黛玉，在艾因夏姆斯大学攻读文学学士期间知道了曹雪芹和《红楼梦》，就为自己取了这样一个中国名字。她获得了孔子学院奖学金，在中国传媒大学攻读汉语国际教育硕士学位，她的梦想是毕业后创办一个电视节目，向阿拉伯世界介绍中国，让那里的人民了解中国人和中国文化，做文化与和平的使者。

真正在当地扎下根来，才会成其久远。中信建设有限公司董事长洪波建议，孔子学院应真正了解当地的需求，深度"耕耘"，结合当地发展、企业需求等开展语言、技术等方面的培训。

而更好地了解自己所面对的传播对象，增强中国文化传播方式的吸引力，是孔子学院需要研究的一大问题。"这么多外国人学会了中文，下一步他们可能要对中国、中国人、中国文化'说话'了。"第九届"汉语桥"大学生中文比赛总冠军、清华大学经管学院硕士生蒋思哲认为，中国和孔子学院应对此做好充分的准备。他建议孔子学院借鉴好莱坞的经验，培训孔子学院的教师、管理者等，了解外国人到底喜欢什么，讲好中国故事。❶

孔子学院，为世界捧出"中国读本"

孔子学院成立快 10 周年了。从 2004 年世界上第一所孔子学院成立至今，全球 123 个国家和地区已在大学建立了 465 所孔子学院和 713 个孔子课堂，为传播中华文化、促进文明交流做出了重要贡献。

梅花香自苦寒来，近 10 年来的每一步前行都是充满着艰辛和坎坷的，每一天在世界各地都上演着文化差异与碰撞的故事，每一位孔子学院教师都被要求成为一部浓缩的中国读本。十年寒窗，孔子学院不仅面对着在异国他乡"零基础"的成长问题，还得面对各种各样的诘难甚至妖魔化。孔子学院在全球的深入发

---

❶ 杨桂青. 首个全球"孔子学院日"打开了解中国文化的那扇窗［EB/OL］. 中国教育新闻网，2014-09-28.

展，以文会友，以友辅仁，不仅告知世人华夏民族"强不执弱，富不侮贫"的和为贵文化传统，更为中国的和平崛起赢得了广泛的舆论支持。

2014 年 5 月 30 日，习近平总书记在亲笔致一个孔院分校成立的贺信中指出：了解和学习对方的语言文化，有助于增进人民相互了解与友谊，推动国家关系发展。这也为孔子学院的发展提出了新的更高的要求。回首十年，中国给了世界一个惊喜；展望未来，中国还要带世界人民体验更为深广的文明之旅。❶

数据分析

从 2004 年全球第一所孔子学院协议在乌兹别克斯坦签署后，截至 2014 年，全球已建立 465 所孔子学院和 713 个中小学孔子课堂，遍及 123 个国家和地区，注册学员达百万人。10 年来，孔子学院快速发展，已然成为传播中国语言文化，促进中外文化交流的响亮品牌和重要平台。

世界"汉语热""汉语文化"的兴盛，孔子学院的遍地开花，传播了中华文明，普及了我们的民族文化。可以说，孔子学院为中华民族、为世界做出了重要的文化贡献。孔子学院是我们博大精深的民族文化的使者，散发着巨大的民族文化影响力和文化软实力。

一个民族、一个国家借助文化影响力和文化软实力才能对世界产生长久的和深远的作用和影响。我们知道，文化是一个国家的心灵和大脑。而一个民族要屹立于世界民族之林，所依靠的依然是文化。一个国家的经济实力、科技实力，最后都要归结到文化上面，具体表现为文化的力量、精神的力量、传统的力量。一个国家的真实国力和未来取决于这个国家拥有文化的软实力，取决于文化脚下的思想基础是否深厚，它的自我挑战、自我超越的信心是否旺盛，更取决于它具有怎样的文化和精神的创造力量，以及这个民族拥有怎样的文化自信和尊严。

我们借以提升和发展文化软实力的源泉、文化自信来自哪里？这种源泉、自信，自然来自我们的厚重传统、历史深处，但仅仅这些传统、这些历史还是不够的。提升和发展我们的文化软实力，还必须推动我们国家整体的文化创新，坚持古为今用、推陈出新，不断迸发中国文化魅力；增强文化的凝聚力、吸引力，不断增加中国文化价值；倡导共赢、责任、和谐的理念，不断提高中国文化的国际贡献度，加大文化传播的广度，努力扩大国际话语权。如今，那些在世界上广泛

---

❶ 周长鲜．孔子学院，为世界捧出"中国读本"［EB/OL］．人民网，2014-09-24.

开花结果的孔子学院，为我们带来了诸多机遇。

歌剧《骆驼祥子》巡演落幕成就中意文化交流佳话

引言

2015 年 9 月 14 日，国家大剧院宣布郭文景的歌剧《骆驼祥子》受邀米兰世博会与米都音乐节，9 月 23 日至 10 月 5 日在都灵、米兰、帕尔玛、热那亚、佛罗伦萨完成了为期 13 天的意大利巡演的演出计划。作为首部登台歌剧故乡的中文歌剧，意大利国家电视台（RAI）对该剧在都灵皇家歌剧院的首站演出进行现场直播。

《骆驼祥子》启程意大利原创中文歌剧踏上歌剧故乡

（1）第一次，原创中文歌剧踏上歌剧故乡

发布会上，国家大剧院副院长邓一江介绍说，"四年前，我们委约备受西方歌剧世界瞩目的中国作曲家郭文景进行创作，把老舍先生的代表作《骆驼祥子》搬上了中国歌剧舞台，北京首演之后收获了业内的强烈反响和观众的高度认可。现在我们就是要把这部以现代作曲技法创作、以国际化音乐形式呈现、突出中国文化符号和老北京地域风情的歌剧作品，推向世界的舞台、推向歌剧故乡的舞台。"

《骆驼祥子》作为歌剧历史上首部登台意大利的中文歌剧，先后亮相都灵皇家歌剧院、热那亚歌剧院、佛罗伦萨歌剧院三座著名剧院。

（2）第一次，意大利国家电视台直播国外歌剧

值得一提的是，2015 年 9 月 23 日晚，意大利国家电视台（RAI）直播了《骆驼祥子》在都灵皇家歌剧院的首站演出。国家大剧院的歌剧顾问、来自意大利的朱塞佩·库恰先生介绍说，RAI 在意大利相当于中国的中央电视台，"他们向来只直播我们国家最好的歌剧作品，直播一场来自国外艺术机构的原创歌剧，这是第一次！"

此次国家大剧院携原创中文歌剧赴意，不仅受到当地国家级媒体的关注，更是引发了业内的轰动，"中国的国家大剧院要来了，他们带来了中文歌剧！"已经成为意大利甚至欧洲歌剧圈近几个月来的最热话题，他们期待感受蓬勃新兴的

中国歌剧文化。

（3）第一次，中国歌剧作品以商演模式赴意演出

据介绍，《骆驼祥子》在佛罗伦萨的演出票提前一个月就已经售罄，其他四个城市的销售也非常火热。此次国家大剧院完全按照国际商业演出模式进行操作，演出全部纳入了对方的演出季，而且都是在 9 月新演出季开始之初的黄金时段。同时还介绍，此次巡演的每一站，国家大剧院都会在当地组织开展中意文化交流活动，在各个城市大力传播中国文化，为中意两国未来的艺术合作搭建起更加有力的平台。

《骆驼祥子》意大利巡演落幕歌剧推广与文化交流并行

从都灵、米兰、帕尔玛、热亚那到佛罗伦萨，13 天辗转 5 座城市的国家大剧院原创歌剧《骆驼祥子》意大利巡演，于佛罗伦萨歌剧院收官。

国家大剧院主创团队向记者介绍，佛罗伦萨歌剧院舞台音乐指导路易吉·巴奇安提刚看完半场时已非常惊喜："没有想到中国和意大利两个相距这么遥远的国家，在歌剧艺术上可以产生如此的共鸣。这是我第一次看中国歌剧，中国的传统文化在当代音乐的形式中直观生动地传递给了我，对我来说印象深刻、意义重大。"佛罗伦萨歌剧院艺术总监皮兰杰罗-孔特也表示："一部汉语演唱的、充满中国文化元素的歌剧，为意大利观众带来了更宽广的文化视野，以及完全不同以往的艺术体验。"

紧接着，歌剧《骆驼祥子》相继登台热那亚歌剧院、佛罗伦萨歌剧院，并在沿途各城市开展中国歌剧与文化推广活动，同样受到当地观众热捧。巡演到热亚那时，当地《19 世纪报》对演出大加赞赏："郭文景创作的这部歌剧，是音乐领域国际化的一个范例。"意大利《新闻报》更是先后发出 3 篇跟踪报道，称"将西方音乐置于中国文化的背景之上，传递出令人惊喜的力量。"据初步统计，意大利各大报纸、网络对于此次中国国家大剧院在意演出情况的报道累计达到80 余篇，覆盖了国家级报纸与各城市主流报纸，"这是令人惊讶的媒体报道盛况，如同大家都在追着祥子的车轮跑"。参加此次巡演的指挥家张国勇告诉记者，他很欣慰看到歌剧这种艺术表现形式现在成了一座传播中国文化的桥梁，"用世界性的艺术语言讲述中国故事，让中国文化走出去。"

中国故事世界方式表达成就中意文化交流佳话

打造歌剧《骆驼祥子》并非一日之功，国家大剧院用了整整 4 年时间，将老舍先生的这部经典作品成功搬上歌剧舞台。国家大剧院副院长邓一江表示，要把这部反映老北京地域风情的歌剧作品，推向歌剧故乡乃至世界的舞台绝非易事。

整部作品以现代作曲技法创作，以国际化音乐形式呈现，并突出中国文化符号，才有了今天成熟的蓝本。为了突出中国原创和文化元素，作曲家还大胆尝试运用民族器乐三弦和唢呐，传递北京的风韵。在舞美方面，特意找来由外国摄影家拍摄的老北京照片参考做布景。"祥子"还重视商演形式的运用，保证了观众都是真正爱好歌剧的观众和专业人士，在都灵的第一场演出票，早在两三个月前就已售罄即是例证。

意大利指挥家瓦莱里奥·帕佩里先生在观看演出后表示，这是一部现实主义题材的歌剧，这个故事可以发生在世界的任何角落，让人感同身受。国家大剧院歌剧艺术顾问、意大利著名艺术指导朱塞佩·库恰说，"祥子"在中国是家喻户晓的人物，老舍先生这部经典的现实主义作品阐释了中国人的精神，在当时的艰苦生活中，中国老百姓坚忍、执着，为过上更好的生活，顽强地与命运抗争。把这个故事推荐给意大利观众，可以让他们更好地理解中国的过去和今天发生的巨大变化。库恰还希望，这部剧可以给目前低迷的意大利文化市场带来更多的合作机遇。意大利驻华文化参赞，同时也是把老舍先生的小说《骆驼祥子》翻译成意大利文的汉学家史芬娜女士认为，中国是一个文化强国，希望《骆驼祥子》在意大利的成功演出，能够带动意大利与中国在文化领域甚至更多领域携手共进。

用世界性的艺术语言来讲述纯粹的中国故事，让中国文化走出去，走进西方主流文化艺术的视野，《骆驼祥子》的意大利之旅圆满完成了其使命。❶

数据分析

中意两国的文化交流历史悠长。两国都是世界上的文明古国，对世界文明的发展都做出过重大贡献。已有的文化交流历史，为东西方人民的相互了解带来了重要影响。

中国经典当代歌剧《骆驼祥子》受邀米兰世博会与米兰音乐节，在意大利巡演，推动了中意两国的文化交流，加深了中意两国人民的相互了解。中国与意大利同为世界文明的源头，文化的层次上相当，构成了对彼此文化的"内涵"理解和尊重方与合作的基础。同时，两国间也没有重大的国家利益冲突。因此，历史原因和现实的条件都为两国长期、稳定的文化交流奠定了稳固的基础，创造

❶ 李澄. 歌剧《骆驼祥子》启程意大利［EB/OL］. 北京晨报网，2015-09-05.

了良好的外部发展条件。

国家大剧院原创歌剧《骆驼祥子》是对老舍小说的解读，是大歌剧形式的《骆驼祥子》。该剧交响音乐宏大壮阔，但舞台视觉却充满老北京情怀，在歌剧中融入了北京滋味，带给观众们一次震撼又亲切的艺术享受。歌剧《骆驼祥子》以饱含戏剧性张力的歌剧化音乐语言、瓦格纳式的厚重宏大的交响乐写法，缔造出纯正的、符合国际标准的歌剧味道。作品中也运用了京剧、曲艺、民歌等素材，如小福子的咏叹调中使用了河北民歌《小白菜》的动听旋律，合唱段落中借鉴了京韵大鼓《丑末寅初》，在"大歌剧"中巧妙糅入北京滋味，恢宏大气又不失亲切感。此外，交响乐队中引入唢呐和大三弦等极具"中国音韵"的民族乐器作为交响乐中的"调味料"，使"大歌剧"与"中国味儿"相映生辉。

歌剧《骆驼祥子》是用世界性的艺术语言来讲述纯粹的中国故事，在弘扬中国优秀文化的同时，进入西方主流文化艺术的视野，推进意大利与中国在文化领域甚至更多领域携手共进。

第十篇　社会文化

　　社会文化是与广大人民群众生产和生活实际紧密相连，由群众创造，具有地域性、民族性和群体化等特征，并对社会群体施加广泛影响的各种文化现象和文化活动的总称。社会文化是其他文化形态的统领，或者说诸如公共文化、文化科技、非物质文化、文化艺术等领域的文化都包含在社会文化之中，其他各类文化领域不能涵盖的领域均可让社会文化所包含，不同文化形态之间既有边界，又有社会文化这根主线。每一社会都有和自己社会形态相适应的社会文化，并随着社会物质生产的发展变化而不断演变。社会文化在国家文化治理现代化体系中能够发挥重要作用，其主要体现在三个方面，一是提高人民群众的生活质量，满足广大人民群众的文化需求；二是保障人民群众的基本文化权益，促进人的全面发展；三是巩固文化大发展大繁荣的群众基础，促进政治、经济和文化的协调发展。

　　社会文化和其他文化形态一样在发展的过程中具有一定的历史连续性，新文化不可能脱离旧文化而产生，它的形成往往经过一个长期、深刻、痛苦的选择、淘汰、重组、积淀的过程。随着民族的产生和发展。社会文化具有民族性，表现在民族的语言、风俗习惯、思维方式、心理结构、行为模式等方面。不同的社会、地区的文化自成体系，各具特色，与其他文化相互渗透、相互影响，呈现出融合、同化和冲突等形式。下表是中国、西方（国家）、日本若干社会文化观念的比较。

	中国	西方（国家）	日本
人神观	天人合一	人神分离	神在人在
隶属观	对土地负责	对上帝负责	对大和血缘负责
至尊观	至尊至强合一	无至尊至强	至尊至强分离

	中国	西方（国家）	日本
传统观	等级传统	宪章传统	团队传统
发展观	重继承	重创造	重仿制
意识观	生命意识	发财意识	危机意识
精神观	道德精神	理性精神	现实精神

社会文化还具有一定的民族性，社会文化所构建的文脉是民族公共的灵魂，是人们的精神家园，是国家软实力的体现。2011 年 11 月，联合国教科文组织大会第三十一届会议通过了《世界文化多样性宣言》，将文化定义为"某个社会或某个社会群体特有的精神与物质，智力与情感方面的不同特点之总和；除了文学和艺术外，社会文化还包括一定集群共同的生活方式、共处的方式、价值观体系，传统和信仰"。这一定义肯定了社会文化的民族性。

社会文化环境是指人们所处的社会结构、社会风俗和习惯、信仰和价值观念、行为规范、生活方式、文化传统、人口规模与地理分布等因素的形成和变动；社会文化环境是影响人们欲望和行为的最重要的因素，不同的国家、不同的民族，由于其文化背景不同，因而有着不同的风俗习惯和不同的风格；社会文化是某一特定人类社会在其长期发展历史过程中形成的，它主要由特定的价值观念、行为方式、伦理道德规范、审美观念、宗教信仰及风俗习惯等内容构成，它影响和制约着人们的消费观念、需求欲望及特点、购买行为和生活方式，对企业营销行为产生直接影响。

我国社会文化在整个国家文化治理体系中的地位、作用以及发展主要分为三个阶段。

2000 年及以前是起始阶段。起始阶段的社会文化与公共文化政策没有太大的区分，主要着眼于对"文化事业"、"文化产业"与"文化市场"的相关规定。1982 年，中央陆续出台了《文化部关于省（自治区、市）图书馆工作条例》及《中华人民共和国国民经济和社会发展第六个五年计划（1981—1985）》，为我国最早出台的公共文化政策。1987 年，文化部、公安部、国家工商行政管理局联合发布了《关于改进舞会管理问题的通知》，该文件标志了文化市场的开放。1988 年，文化部、国家工商行政管理局联合发布了《关于加强文化市场管理工作的通知》，表明中央政府开始重视对文化市场的管理，推动其规范发展。

2001—2005 年为对社会文化进一步探索阶段。2001 年，第九届全国人大四次会议表决通过了《中华人民共和国国民经济和社会发展第十个五年计划纲要》，该纲要将文化建设作为精神文明建设的重要部分，开辟专章对"繁荣社会主义文化，提高文化生活质量"进行了全面的规划和部署。这标志着文化事业作为我国国民经济和社会发展重要领域之一的地位和作用得到承认与肯定。同年，文化部下发了《文化部关于印发〈文化部关于"十五"期间文化建设的若干意见〉和〈文化部关于深化文化事业单位改革的若干意见〉的通知》，对"十五"期间文化建设的要点进行了指导性补充，并在意见中指出对提供公共文化产品和服务的公益性文化事业单位进行重点扶持。

2006 年至今为社会文化全面发展阶段。2006 年，第十届全国人大四次会议表决通过《中华人民共和国国民经济和社会发展第十一个五年计划纲要》，该纲要进一步将"文化建设"作为独立的篇章从"社会主义精神文明建设"中单列出来，首次提出了"公共文化建设"这一概念，确定了包括村村通广播电视、农村电影放映、乡镇综合文化站建设、文化信息资源共享、重大文化自然遗产保护、"西新工程"、重大文化设施建设等在内的公共文化建设重点工程，进一步明确了我国"十一五"期间加强社会主义文化建设的具体措施和要求。相应地，国务院办公厅出台了《国家"十一五"时期文化发展规划纲要》，这是我国第一个在中央层面专门部署文化建设的中长期规划。该规划针对我国"十一五"期间公共文化服务的发展提出了完善公共文化服务网络、加强农村文化建设、普及文化知识、建立健全文化援助机制、鼓励社会力量捐助和兴办公益性文化事业等方面的要求和任务。❶根据《中共中央关于深化文化体制改革、推动社会主义文化大发展大繁荣若干重大问题的决定》和《中华人民共和国国民经济和社会发展第十二个五年规划纲要》，2012 年 2 月，中共中央办公厅、国务院办公厅印发《国家"十二五"时期文化改革发展规划纲要》。该《纲要》分指导思想、重要方针和主要目标，加强社会主义核心价值体系建设，加快构建公共文化服务体系，加快发展文化产业，加快文化体制机制改革创新，加强文化产品创作生产的引导，加强传播体系建设，加强文化遗产保护传承与利用，加强对外文化交流与合作等 12 部分。

近些年，由美国哈佛大学教授约瑟夫·奈提出来的"软实力"成为风靡国际关系领域的最流行关键词。任何一个国家或者民族要想立足于世界之林，就必须具有强大的文化凝聚力和吸引力。当今世界文化的交融极大地丰富了我国的社

---

❶ 中国网综合. 2007 中国公共文化服务发展报告［EB/OL］. 中国网，2007-12-21.

会文化，然而也带来了一些问题。

在 2015 年全国文化厅局长座谈会暨"十三五"规划工作座谈会上，文化部明确了"十三五"时期文化改革发展的总体思路：充分发挥文化工作对党和国家工作全局的重要作用，坚持中国特色社会主义文化发展道路，坚持社会主义先进文化前进方向，坚持以人民为中心的工作导向，着力推进社会主义核心价值观建设，着力传承中华优秀传统文化，着力推出更多无愧于时代的优秀文艺作品，着力造就优秀文化人才，满足人民群众日益增长的多层次多方面多样化的精神文化需求。深入推进文化体制改革，确保在重点领域和关键环节取得突破。加快构建现代公共文化服务体系，推动文化产业成为国民经济支柱性产业，建立健全现代文化市场体系，加强文化遗产保护利用，推动文化与科技深度融合，推动中华文化走向世界，全面提升国家文化软实力。

大数据时代的到来给人类社会文化的发展带来了重大的变革。在大数据时代之前的发展阶段社会服务是在用设备和网络为人类提供服务，这是一个整体的服务系统；当服务关联到数据本身时，信息化建设也就发生了变化，而数据具有分散性，数据的分散是信息化的核心。大数据源于云计算、物联网和移动互联，而云计算是人们追求的一种模式和路径，数据是由它带来的。无论是国家还是城市，都会涉及四方面的内容：经济产业发展、政府职能、社会的公共职能、军事和国防安全。而社会文化其实都可以涵盖到这四部分当中。在社会发展和技术发展过程中，会涉及各种数据处理问题，技术发展和社会发展都需要突破这个问题瓶颈。所以解决大数据在社会文化层面上的应用是一个十分重要的国家战略，如果这个问题解决不好，社会将永远沉浸在云计算、物联网、移动互联、智慧城市等纯粹意义上的技术控制中。你的数据没有互联、没有互通、没有互享、没有互用，云计算、物联网、移动互联、智慧城市都只能是梦幻。伴随着大数据的广泛应用，社会各个方面、各个层次产生的各种结构化、半结构化数据正在迅速累积，全球已经进入到数据暴发期。通过大数据获取更多的社会文化数据，能够更好地发挥社会文化的功能，为文化治理现代化服务。

大数据时代，实现国家文化治理现代化会遇到很多问题，其中一个问题就是以数据为生产要素的新一代信息化建设处处繁花似锦，但肯定不能一花一果。文化治理现代化过程中，对大数据在社会文化上应用一定要做好顶层设计，保有从设计上保持相对客观和相对准确，才能形成创新驱动。

世界各国对大数据在社会文化应用层面上的概念存在着较大差异。中国和美国对大数据在社会文化层面上的理解、应用和重视程度是不同的。美国提出这个概念的时候是基于用数据创造了新的模式和内容。而中国在基础设施建设和整个信息系统的发展上，跟美国有着非常大的差距，这个差距能够大到十年、二十年。但是关于云计算、移动互联网这块，中国起步比美国仅仅晚两到三年，传统的信息系统的技术中国跟美国又差很多，特别是在应用系统完善性上。

所以美国对大数据在社会文化层面上的理解应用是要用数据分析新的模式、新的路径。而中国要如何把大数据应用到社会文化层面上呢。无论是政府、高校，还是其他学术机构，研究大数据对社会文化的影响，一定要从数据的起源，从它的产生、存储、处理、统计、分析、挖掘、应用、互联互通等角度出发。站在整个数据价值链上去考虑，不能像美国那样仅考虑未来设想，而不顾及发展历程，这是因为美国的大数据研究系统基本成熟，中国不能照它的路去走，否则就会像中国的汽车一样，发展这么长时间仍然存在很大的问题，虽然产能第一，但汽车的核心发动机、电速箱、底盘，甚至是外形设计，都受到严重制约。

因此，我们一定要用自身社会文化的发展去对大数据的理解和应用，探索一条适合中国的大数据时代之路，从而能够用我们的一种办法，去实现对数据的使用。

关注古老村落状态，讲述中国乡土故事

引言

百集大型纪录片《记住乡愁》自 2015 年 1 月 1 日在央视播出以来，反响热烈。片中以 100 个中国传统村落为载体，通过富有诗情画意的镜头语言，对传承千年的中华传统美德进行以小见大的讲述，其真挚的情感，以及背后对文化传承思考的意义，赢得各界关注和好评。

纪录片《记住乡愁》唤乡土记忆寻千年文化

由中央电视台组织拍摄的百集大型纪录片《记住乡愁》于 2015 年 1 月 1 日开播。该片通过讲述中国传统村落的人文故事，试图唤起人们的乡土记忆，寻找民族千百年来传承的文化基因。

《记住乡愁》选取了 100 多个传统村落，于 2014 年 6 月正式启动，中央电视台共投入 40 个摄制组奔赴全国各地走访实拍，福建、山东、江苏等 10 个省区也组织力量参与。在纪实真切的镜头下，村落村民的发展状态和生活近况得到细致展现，那些被淡忘的传统文化也得以延续和发扬。此外，还于2014年8月1日举办了主题歌歌词征集活动，经过评委会筛选，《永远的乡愁》《生根的地方》等30首作品入围。这些作品将被录制成电视朗诵短片，其中12首经过谱曲在纪录片中播出。❶

看着这些台本，突然觉得，人一旦没了故乡的概念，一切病相就要来了。现代人生活在城里，没有一个共同的地理凝聚力，房子常常换，漂泊感就来了，漂泊感带来无根感，无根感带来焦虑。不像古人，不管走多远，心系故乡。

在这些节目中，我们看到的孝悌忠信礼义廉耻故事，远比在任何一部小说中读到的精彩。很难相信，倘若没有这40个摄制组长达9个月的艰辛打捞，任凭他们淹没、流失，对中华民族来说，将是何等的损失。

乡愁中的传统，传统中的乡愁，正是我们一刻都不能离开的春风。❷

乡情与乡愁最能打动人

《记住乡愁》这部作品应该是反映基层农民精神文化生活规模最大、观察点最多的大型纪录片。可以说，这部纪录片在这方面做了非常成功的探索。它以村落为中心，以文化传承为主线，以典型人物、事件、人文地理为内容主体，对中国文化传统的核心内涵作了较为全面的展示，抓住了所有华人所共有的念念不忘的情感——乡情与乡愁。一句话，这部作品在选题方面是真正抓住了中国最基本的国情。

从历史中传承文明，从传承中创造新的更适合社会发展的文明，应该是《记住乡愁》这部纪录片的重要特征。由老百姓来讲述自己的故事是《记住乡愁》这部片子的另一特征。让农民登上中央电视台的中心舞台，成为主角；让群众自己来阐述自己家族的历史、戒规以及相关的习俗；演员都是身边的群众，观众与演员之间没有距离感。这样的片子摆脱了刻意的宣传，使作品更有亲和力，更能打动人，真正起到"见贤思齐，见不贤而自内省"的教育作用，使后来者能在前辈们的言传身教中不知不觉地承传文明。

《记住乡愁》给人印象最深的是，作品抓住了乡村文化传承的重大力量，这就是乡邻间责任的力量、自觉的力量。这种力量发自内心，不需要外力的督促与

---

❶ 新浪娱乐综合．纪录片《记住乡愁》唤乡土文化寻千年记忆［EB/OL］．新浪娱乐，2015-12-27.

❷ 人民网综合．人民日报：记住乡愁，就是记住春天［EB/OL］．人民网，2015-01-08.

催促，这对于一个家族很重要，对于一个国家更重要。❶

数据分析

《舌尖上的中国》能够一夜爆红，成为一种万众瞩目的文化现象，其最根本的原因就在于它通过记录和展现全国不同地域的美食，唤起了中国人普遍的乡愁，美食是外在，而乡愁才是灵魂。系列纪录片《记住乡愁》，则把镜头从美食转向了村落，虽然记录的内容各有不同，但镜头下的事物承载的情感却是大同小异的，即萦绕在亿万中国人心头的乡愁。

乡愁不仅仅是一种个人的情感记忆，更蕴藏着我们民族的传统文化基因。对于绝大多数国人来说，都无法彻底隔断和乡村之间的联系，即便一些"90"后、"00"后从小出生在城市，长大在城市，但是他的父辈、祖父辈往往来自农村，这决定他们和农村之间依然有着某些无法完全切断的联系。而这种联系，除了以亲情为主线，同时还会有文化在其中作为纽带，也许文化联系没有亲情表现得那么明显，但却真实而客观的存在，比如说我们的一些思想品格、生活习惯、为人处世的态度等，都是从小在农村接受传统文化的熏陶而来。

农村的这种传统民间文化，体现在家家户户门口张贴的春联上，夹杂在村里老人口口相传的民间故事中，凸显在那些逢年过节才郑重拿出来示人的祖训家谱里。所有的这些，就跟河流、古木、旧屋一样，都是村落的一个组成部分，这也是中央电视台要以这种古老村落来提醒人们记住乡愁的根本原因所在。

《记住乡愁》致力于窥探那些影响人们的思维方式、生活方式和行为方式的观念，那些融入人们日常生活中的道德理念，它们不仅传承着中华民族崇高的精神追求，也绵延着传统文化在当下的回响。这是一种信仰与坚守，使得文化传承的脉脉细流静静地流淌在每个普通个体的心间，维系着宗族之根、血亲之根、文化之根。

"微文化"网络时代下的新兴文化形态

引言

互联网发展重心从"广泛"向"深入"转换，各项网络应用深刻改变网民

---

❶ 京华网综合．乡愁与乡情最能打动人［EB/OL］．京华网，2015-03-10.

生活。互联网技术的飞速发展也因此把我们带入了微交往、微传播和信息微循环的时代，为"微文化"插上了飞速发展的翅膀。

中国网民手机上网比例首超 PC 端网民生活全面"网络化"

中国互联网络信息中心（CNNIC）2016 年 1 月 22 日在京发布第 37 次《中国互联网络发展状况统计报告》（以下本文简称《报告》）显示，截至 2015 年 12 月，中国网民规模达 6.88 亿，手机网民规模 6.2 亿，网民上网设备中，手机使用率超越传统 PC（个人计算机）整体使用率。网民在手机电子商务类、休闲娱乐类、交流沟通类等应用的使用率都在快速增长，移动互联网带动了互联网各类应用发展。

理解微时代的微文化

今天，我们已经进入了一个名副其实的"微时代"。微博、微信、微电影、微小说、微支付……所有这些以去中心化、动态化、碎片化、零散化、即时化为特征的新兴的传播方式、文化形态乃至经济活动形态、日常生活形态，已经在潜移默化间深刻影响了我们的时代。

首先，"微"已成为时代文化关键词。曾几何时，我们的文化是以大为特征、以大相标榜的。我们创造了大城市、大工厂、大流水线、大厦，可是与此同时，我们也必须忍受大污染、大拥堵，等等。可以说，对于"大"的迷恋在很大程度上是现代问题的症结所在。但是信息社会的来临却让我们发现了"微"的魅力和"小"的美好，逐渐体会到，"微"和"小"其实是一种更亲切、随和、灵活、更个性化和人性化的生活样态和文化风格。

其次，"微文化"透露转型信息。站在这个从现代性到后现代性的历史性转型的高度看，"微"不仅是一种传播技术和传播方式，也是一种文化理想和审美理想，更标志着我们这个时代的转型。在微时代，权利更加分散，微技术使得真正的"草根"更加便捷地参与社会。微时代的经济更加尊重每个消费者的个性化需求，它提供的服务更加体贴入微。

最后，微时代面临着机遇和挑战。微文化绝非完美无缺。微技术在方便信息发布的同时，也制造出大量的信息垃圾、瞬间信息，并使谣言的传播更加容易。它在扩大信息交流、拒绝信息自上而下灌输的同时，也造成了人际交往的部落化、江湖化和小圈子化，使得大规模的社会整合、大规模的社会共识的达成变得更加困难。

　　所有由"微"带来的这一切，都为人文社会科学工作者以及政府管理部门提供了新的机遇，也使他们面临新的挑战。只有充分认识微时代、微文化的特征，充分肯定它们的积极意义，同时充分警惕其消极后果，我们的国家治理和社会管理才能更加有效，我们的社会科学和人文科学研究才能与时俱进。

微文化的四个趋势

　　首先，生产工具趋于"微小"。具体而言，微文化是以手机和电脑为基础而发展起来的一种文化。电脑不仅吞没和席卷其他的通信和娱乐机器，同时，它也改变了自己的物质形态。刚开始，一个显示器和一个笨重的主机盒子组装的电脑，它和人保持着距离，成为人的一个客体；接下来是可携带的移动电脑，它是人的亲密伴侣；现在有手掌中的手机电脑，它是人的一个新"器官"，这是电脑最新的进化，一个打破了手机和电脑界限的奇妙机器。作为微文化的载体的机器，本身也越来越小。

　　其次，信息趋于"微小"。如今，一切都被信息化了。所有的东西都获得了信息的地位。再微不足道的东西都可以转换成一个信息。电脑（手机）作为机器，生产和消费的都是信息。尽管信息的生产和消费由来已久，但是，电脑的信息概念则完全不同。对于电脑而言，信息可以被所有人生产，也可以被所有人消费。最主要的是，使用电脑意味着一切都可以被信息化，连隐私也可以被信息化，它将整个世界进行了非物质化的生产，它将世界生产为信息。

　　再次，使用者趋于"微小"。机器以前是成年人的使用对象，现在，孩童们也开始大规模地使用和消费机器了。机器是一种新的玩具，几乎所有的孩子对这些玩具机器都能无师自通，并且还可以作为父母的教师。从孩提时代开始就和机器打交道，人的一生终将和机器形成一个装置。孩子们的玩具开始发生重大变化。最初孩子的玩具对象是泥土，接下来是各种拟人化的娃娃或者汽车。现在，重要的玩具对象都是 iPad。成年人的玩具和孩童的玩具一体化了，人们会发现，父母和孩子争抢 iPad 或者手机的情况并不少见。

　　最后，生活趋于碎片化。人们的日常生活被切成了微小的碎片。碎片并不是现在发生的，大机器的时代已经导致了碎片化的生活。但是，今天的碎片化生活有不同的形式。以前人们被大的工厂机器所控制，人们是车间流水线上的一个环节，是机器的一个环节，人们被机器撕成了碎片；现在，人们是无限信息流中的一个环节，人们被各种各样的信息撕成碎片。或许，这正是目前全球范围内大师匮乏的一个重要原因。

数据分析

"微文化"作为一种新兴的文化形式，起源于微博的盛行，成熟于微信、微小说、微电影、微视频等，与互联网的普及与发展密切相关。"微文化"虽"微"虽"散"，却日益成为影响人们价值选择的新兴文化，不可否认，它也是有利有弊的，虽集诸多优点于一身，但也带来不少负面效应，需要引起注意。

一方面，"微文化"极大地便利了人们对于自我的自由表达，也使各种信息的获取与传递更为便捷。"微文化"通过一些看似微不足道的行为，从细微之处影响和改变着人们的思维方式和生活方式。小行动最终汇聚成大磁场，微小的力量也能经过迅速传递改变你我他。

另一方面，"微文化"的快速兴起也不可避免地带来了一些负面效应，如垃圾信息的泛滥、谣言的生成、负面情绪的传播、伪科学的散布等。在互联网普及和"微文化"盛行的背景下，由于信息生成的低门槛和信息传播的自主性、便捷性，每一个人都直接成为信息的生产者、接收者和传播者。同时，"微文化"又是一种快餐文化，一定程度上造成了人们获取知识、信息碎片化，甚至产生社会浮躁之风，这在一定程度上破坏了文化的整体性，使经典文化的积累和传承更加困难。

从目前来看，"微文化"对社会的影响是利大于弊的。所以，谈"微"色变实非明智之举，加以积极引导并充分利用使其成为传播正能量的"磁场"，才是当务之急。

十大流行语发现时代秘密

引言

经语言文字专家的反复考量商议，有"语林啄木鸟"之称的《咬文嚼字》杂志社评出"打虎拍蝇""你懂的"等2014年十大流行语。岁末年初评选一年来的热词榜单层出不穷，一份好的榜单，创新很重要，语言价值同样重要。

《咬文嚼字》评出年度十大流行语

近日，经语言文字专家的反复考量商议，有"语林啄木鸟"之称的《咬文嚼字》杂志社评出 2014 年十大流行语。

①"顶层设计"一词位列 2014 年十大流行语之首。"顶层设计"指的是政府的"战略管理",其核心是整体性、全面性、长远性以及重大性、全局性目标的设定,是政府统筹内外政策和制定发展战略的重要思维方式。

②"新常态"位列第二。"新常态"来自英语,本来描述的是 2008 年世界金融危机之后西方经济恢复缓慢而痛苦的过程,有人概括为"一低两高",即"低增长、高失业、高债务"。"新常态"一经流行,已不再局限于经济领域。

③"打虎拍蝇"入选 2014 年年度热词第三,是"老虎苍蝇一起打"的简称。"老虎"喻指位居高层的腐败官员,"苍蝇"则指身处基层的腐败官员。"打虎拍蝇"反映了党中央在惩治腐败这一大是大非问题上的原则立场和政策措施,既形象又深刻。

④还有"断崖式",人们用"断崖式"形容幅度大、势头猛的下行状态,运用范围十分广泛。

⑤"你懂的",本是网络用语。2014 年 3 月 2 日,全国政协新闻发言人在回答关于周永康传闻的提问时说:"无论什么人,无论职位有多高,只要触犯党纪国法,就要严厉惩处。我只能回答成这样了,你懂的。""你懂的"就此一夜走红,主要用于两种场合:一是由于许多人都知道,说话人不必多说或无须说明。二是由于涉及敏感话题,说话人不愿说、不能说或者不便说。

⑥"断舍离",出自日本杂物整理咨询师山下英子《断舍离》一书。她倡导通过"做减法",收拾好自己居住的房屋,让自己生活在宽敞舒适自由的空间,从而寻求压力的缓解和心灵的释放。如今,"断舍离"已成为一种现代生活的理念。

⑦"失联",即"失去联系"的意思。2014 年 3 月 8 日,马来西亚航空公司一架载有 239 人的波音 777-200 飞机与管控中心失去联系,至今下落不明。新闻报道中反复出现"失去联系"的说法。为了简便,一个新的缩略词"失联"应运而生。

⑧"神器",在我国古代神话传说中有"十大神器"的说法,古代人类对宇宙间许多现象无法认知,难以解释,只好"归功"于"神"的力量。如今将某种新器物或高科技产品称为"神器",目的是强调其独特的"神奇"功效。

⑨"高大上","高端大气上档次"的缩略语。

⑩"萌萌哒"即"萌萌的",本为网络词语,现在已演化为大众流行语。"萌"即可爱,重叠为"萌萌",则是很可爱的意思。"哒"读 da,本为音译用

字，谐音"的"，显得俏皮、幽默而亲切。❶

年度十大流行语仍有"遗珠之憾"

2013年十大流行语评选上榜者中，有"女汉子""奇葩"等，2014年"顶层设计"高居榜首，"新常态"位居第二，"打虎拍蝇"及"你懂的"等既有流行味也有深刻内涵的词语同样上榜。这不仅让人眼前一亮，也深感评选结果基本上"揪"住了年度流行语中最具代表性的"核心"词语。然而，在肯定评选的经典之时，对于评选结果，公众和广大网民仍感觉评选带有些许美中不足，稍有"遗珠之憾"之失。

其一，2014年十大流行语中"政治味"有些过浓了。无论是"新常态"还是"断崖式"，以及上述提及的"顶层设计""你懂的"等，基本上带有政治味的词语占到了"半壁江山"。

其二，本年度评选的十大流行语相对更为"高大上"，而少了些"矮穷丑"。那些民众同样关心，网络同样热议的流行语却没有上榜，譬如流行至今的"且行且珍惜"。

诚然，任何一个涉及全年度365天的流行语评选，很难保证"包罗万象"。但公众和网民可能更希望十大流行语中"遴选"和确定，更能体现兼容并包。观点不同，视角不同，会影响评选效果。如何在年度十大流行语评选中，做到优中选优，又能充分考虑各领域和阶层声音，是一项难度极高的工作也是一项艰巨挑战，但既然做了这项工作，并且期待这项评选能给社会带来积极意义和总结引导时代潮流，那就应该迎难而上，让年度评选实现最大限度的"准确""精当"又"生动"的结果。

从"十大流行语"感受中国改革的气场

说到"打虎"，2014年堪称"打虎年"。据悉，今年已有近40名省部级及以上官员落马，其中有为人熟知的苏荣、徐才厚等人。既"打老虎"，又"拍苍蝇"，对于普通民众来说，"大老虎离我们太远，眼前苍蝇每天扑脸"，那些嗡嗡乱飞的小苍蝇和大老虎一样招人恨，岂能不拍掉？

反腐，已成为新常态。进入新常态的，不只是反腐。在日前召开的中央经济工作会议上，最风光的用语不是令人耳目一新的"模仿型排浪式消费"，也不是

---

❶ 光明网综合.《咬文嚼字》评出年度十大流行语［EB/OL］.光明网，2014-12-16.

人们常说的"三驾马车"，而是"新常态"。2014 年 5 月，习近平在河南考察时首提新常态，新常态的出世，说明中央对我们经济发展认识更清醒；新常态火了，也证明了民众对各领域变化的认可。

新常态的出现，来自顶层设计。其实，多年前顶层设计就已进入大众视野，而今再度走俏，释放的信号再明显不过：全面深化改革、全面推进依法治国，乃至认识、适应、引领新常态，都离不了顶层设计。

十个流行语不可能涵盖 2014 年全部的状态，但是，我们仍能从中感受到 2014 年的大事，感受到语言的气息与魅力。生活在继续，反腐在继续，改革更将持续，愿美好的日子更多一些。

"年度十大流行语"彰显国家软实力

某种程度上，"年度十大流行语"起着凝聚国民共识的作用。

十大流行语有五句与国家当前的政治生活直接相关。它们再次验证了党和政府整合能力的增强，这些流行语正是当前政府治理整顿的核心，其中多是正能量。说明党和政府的公信力长期处于高位，政府有很强的整合治理能力。换句话说，党和政府所想的，也正是老百姓所诉求的，无形说明了对党和政府治理整顿的拥护支持。

近些年的年度十大流行语越来越高深，越来越有品位，说明国民素质的整体提升。无论是彰显国家整合能力的"顶层设计""新常态"等词，还是再现民众积极品味生活态度的"高大上""萌萌哒"，年度十大流行语多数现代而时尚，积极而高雅，有形无形地整合着我们的社会和民心，凸显了我们国家的软实力。当社会上洋溢着正能量，当老百姓和政府想到一起了，当大家所想的正是国家继续向前所必需的，还有比这些更强的软实力？

数据分析

十大流行语各有不同，既有反映当下中国政治经济生态的热词，也有流行于网络的日常生活用语，但是它们有个共同特点，那就是接地气，因而具有强大的生命力。

在宏观的层面上，有"顶层设计""新常态""打虎拍蝇""断崖式""你懂的""失联"这几个词，政治色彩比较浓厚。近两年，我国在政治和经济领域出现了一些新变化，很多人应该都有所体会。这是继续实施八项规定的几年，在政治领域里继续坚持反腐倡廉和改变作风，众多腐败分子被绳之以法，"四风"问题的纠偏改正，推动了政治"新常态"的到来；同时，这也是经济升级的几年，在经济领域的升级和进步，尤其是在大众创新和草根创业上有大的发力，这些都带来了经济发展的"新常态"。

而像"断舍离"一词的流行，则反映着一种新生活方式的兴起。2014 年年初，《人民日报》曾经发文谈"极简主义"，今年十月再次推荐"极简主义"生活方式，呼吁精神极简、物质极简。其目的是推动新生活方式的形成，更好地实现人的全面发展。

像"神器""高大上""萌萌哒"，这几个词则完全起源于互联网。在当今时代，互联网不仅改变了我们的经济形态和消费习惯，而且还极大地影响了我们的表达方式。在过去，对于新名词和新概念的创造和产生，基本上都是名人、文化人分内的事，而在互联网时代，普通人稍微一带动，就可能得到网友的热捧，产生"蝴蝶效应"，引爆整个网络。网络创造新词，其实质也是一种大众创新。

总之，十个流行语，既有特别宏观的，也有非常小清新的，既带有些许的政治色彩，也有人文关怀，虽然它们不可能涵盖 2014 年的所有状态，但是仍能让我们感受到语言的巨大魅力。对于这些表达各异、内涵丰富的流行语，我们寄寓了无限爱与希望，抒发了梦和理想。每个流行语都多多少少有现实主义风格，过不了几年有的会沉寂，有的甚至消失殆尽，不留痕迹。但还会不断地有更富意味的流行语出现。如果从中我们能发现时代秘密，并为之动容，就已足够。

繁简字之争意义在于存异求同

引言

"'亲要相见''爱要有心'，学汉字就给孩子心中种下美好的种子。"全国政协委员冯小刚在 3 月 4 日上午的小组会上说，文化传承需要繁体字，我希望学校教育能教孩子们一些有生活含义、反映祖先智慧的字。

冯小刚等政协委员建议学校教育重拾一些繁体字

"'亲要相见''爱要有心'，学汉字就给孩子心中种下美好的种子。"全国政协委员冯小刚在 4 日上午的小组会上说，文化传承需要繁体字，我希望学校教育能教孩子们一些有生活含义、反映祖先智慧的字。

他说，比如，亲爱两个字。亲的繁体字，左边是亲，右边是见。爱字的繁体字是简体字中有一个"心"字，也就是说"亲要相见""爱要有心"，这样教给孩子，会给孩子种下美好的种子。否则，"亲不见""爱无心""厂空空"。"能不能选择 50 至 200 个最有含义的繁体字，回到课本里来，这样也不会给孩子增加负担，也能让孩子感觉到中华文化最重要的部分，别失传了！"冯小刚说。

冯小刚的发言，得到了在场多个委员的认同。他们也一再强调，不是要完全恢复繁体字，而是要传承文化内涵。

全国政协委员冯骥才说，从篆书到隶书到楷书，传播越快对字的要求就越简单，简化字为了传播速度丢掉了文化意义。我们也不是要完全恢复繁体字，可以选出 100 个字，让孩子们起码认得，知道这些字是怎么简化的和有什么传统内涵。

全国政协委员郁钧剑说："关于繁体字的问题，我已经连续提了三到四次，我希望让孩子懂得一些，很简单的，不是要恢复。""我们要让孩子从小就知道文字的美，给他们多讲讲繁体字的故事，这样来树立核心价值观，传承中华民族的传统文化。我们过去丢了太多传统文化的东西，希望现在找补回来一点。"全国政协委员张国立说。❶❷

"汉字繁简问题的争论一直有，汉字也一直在简化。"
——人民教育出版社编审顾之川向记者讲述起汉字的简化史

从历史上看，汉字从甲骨文到楷书，总的发展趋势是趋向简单。清末就有人主张简化汉字。20 世纪 30 年代，当时的教育部曾成立"国语统一促进会"，1932 年公布《国音常用字汇》，收录了部分被称为"破体""小字"的宋元以来"通俗的简体字"。1935 年 1 月，"国语统一促进会"第二十九次常务委员会召开，通过了与钱玄同的提案有关的"搜采固有而较适用的'简体字'案"。如案名所示，它不是为新文字定策，而是提出将已在流通的简体字加以整理，以作为标准字。这些被称为"固有的比较实用的简体字"，一是现行的俗体字，二是宋

---

❶　姚远．冯小刚等委员建议学校教育重拾一些繁体字传承文化内涵 ［EB/OL］．新华网，2015-03-04．

❷　法制晚报综合．冯小刚建议恢复部分繁体字加进小学课本 ［EB/OL］．凤凰网，2015-03-04．

元以后小说中的俗字，三是章草（草书的一种，笔画保存一些隶书的笔势），四是行书和草书，五是《说文解字》中笔画少的异体字，六是碑碣上的别字。

1936 年 1 月，"简体字表"因受到考试院院长戴季陶的反对而"暂缓推行"。新中国成立后的 20 世纪 50 年代，简化汉字、推广普通话成为我国主要的语言文字政策，汉字简化终于成为现实，这主要有两方面的原因：一是有前代学者的研究与呼吁；二是当时我国有九成文盲，简化汉字有利于"扫盲"。

顾之川表示，我国推行简化汉字已有几十年的历史，在趋势就简的前提下，没有必要再变回繁体。至于简体字的缺点，并非不能改正。如果考虑到更有利于在中小学完善中华优秀传统文化教育，有利于两岸文化交流等问题，有利于在海外推广中华文化，完全可以提倡"识繁写简"，即认识繁体字，使用简体字，让中小学生认识一些繁体字。

争论归争论。

不可忽略的现实是：在推行简化字半个多世纪的漫长岁月里，传统文化迎来了前所未有的高潮。人们开始关注汉字，并思考：文字从何处起源？汉字的简化是如何发展的？

"我们既不能一味追求简化而任意破坏理据，也不能因固守理据而无视汉字的繁难。"

"在简繁之争中，最好不要先有了感情色彩，而是要冷静思考，客观分析。"北京师范大学文学院教授王立军表示，简化是由古文字向今文字发展过程中的一种重要方式。

他长期从事汉语言文字学教学与研究。"汉字是表意性质的文字，表意文字的根本特点就是其构形具有可解释性，也就是说，汉字的构形是有理据的。"

关于汉字的演化，他娓娓道来——

从古文字到今文字，汉字一直坚持理据性的特点没有改变，但汉字理据的表现方式却发生了重大的变化。在早期古文字阶段，汉字的理据主要是靠物象或物象的组合来表现的。由于象形造字法满足不了实际需要，人们开始摸索着用两个或几个象形字进行组合造字。形声的出现，使得汉字不仅可以从意义的角度加以类聚，而且可以从声音的角度加以类聚。随着这种类聚关系的逐步调整和优化，到了小篆时期，汉字便形成了具有一定基础部件和有限构形模式的构形系统，这个时期汉字的理据已不再是个体字符的直观理据，而是通过部件的类化、义化和整个汉字系统的形声化，上升为更高层次的系统理据。

隶书是汉字形体简化幅度最大的阶段之一，它对篆书进行改造的目的也是为了"以趋约易"。从书写的角度来说，汉字的形体越简单，书写速度就越快；从理据的角度来说，汉字的形体越复杂，理据保留程度就越高。所以，书写和理据对形体的要求是相互矛盾的。汉字的发展就是要在这两种力量的共同作用下，去寻求简繁适度的造型。

在现在所说的繁体字中，有不少字的理据早就非常隐晦了。王立军举例：如"執""願"按《说文》"六书"是形声字，它们的义符分别是"幸""頁"，但现在还有几个人能了解"執"为什么从"幸"、"願"为什么从"頁"呢？把"執"的义符改成"扌"、把"願"的义符改成"心"，意义不是更明确了吗？为什么非要那么绝对地说繁体字更能体现理据呢？

"我们既不能一味追求简化而任意破坏理据，也不能因为固守那些已经十分隐晦的理据而无视汉字的繁难。"王立军强调，简化汉字推行了半个世纪，方便了几亿人的认字和写字，已经成为传播现代信息和国际交流的载体，在传统文化现代化方面，也起到了十分积极的作用。书写和认读简化汉字已经成为国内外绝大多数汉字使用者的习惯。

"繁简之争的背后是新时代的文化身份焦虑"

北京大学教授龚鹏程正是用繁体字来回答我们的提问。来北大之前，他曾是台湾淡江大学文学院院长，台湾南华大学、佛光大学创校校长。

"对正体字有亲切感，这是当然，但这并不是最主要的。主要是认知上的，属于知识性感情，而非因自幼熟习的那种自然感情。"他所说的正体字就是繁体字。

"众所周知，简化字不只是个别字省了笔画而已，它还有大量同音替代、偏旁推类，一个字代替了好几个字，因此在认知上十分混乱。古代诗词歌赋文章典故、人名地名书名专有名词，到底原来是什么样，看简化字，更难判断，这让我头痛不已。"在龚鹏程的记忆中，无数文化名人、书法家，甚至中文系的教授也在繁体字与简体字的转换之间频频出错。比如：岳王庙写成嶽王庙、发展写成髮展、影后写成影後、新淦写成新干。"那不只是错了个把字，更是对一段话的文脉语境之误读，认知上大成问题。"

"親不见，愛无心，產不生，厰空空，麵无麦，運无车，導无道，兒无首，飛单翼，湧无力，有雲无雨，開關无门，鄉里无郎……"这是一段在网上流传的文字，言外之意就是简体字隔断历史文化。

"传统六书造字法和笔顺，都很难讲。须知文字是跟思维合一的，混乱且简陋的文字体系，自然会使得思想简陋混乱，这亦是无疑的。"龚鹏程说，"歧见之趋同，有时也不是在道理上争辩就能解决的，还须有情感上的基础。例如朋友和家人，歧见虽大，毕竟容易商量，就是吵吵，也不伤和气，这就易于达成共识。否则越要据理而争，双方的裂痕就越大，越凑不到一块儿去。"

当年的他，带队来北京，赴语委会讨论文字问题，迄今亦二十余年了。"从剑拔弩张，火花四射，到现在和衷共济，其实也不容易。"

"其实两岸文字学界交流合作多年，共识大于分歧。"他更为关注的是：眼光向前看，联合海内外，共同关心汉字与科技发展和运用的问题、汉字在世界拓展的教学问题，等等。

"繁简之论，之所以日益引起大家的关注，背后的因素是新时代的文化身份焦虑。"龚鹏程回到争论问题本身，"现在，中国正在逐渐走出欧洲中心主义的阴影，寻找自己的文化身份认同。文字，是最重要的文化符号，当然格外引发关注。民情须知、民气可用，我们应利用这个机会，好好来探索一下：汉字与科技发展、汉字与英文、西班牙文的国际竞争、汉字的推广等相关问题，不要继续斗嘴。"❶

也别忽视简化字的社会价值

繁简之争又起。在 4 日的政协文艺组讨论会上，冯小刚、张国立等委员打算联合提交一份关于在校园课堂里教学部分繁体字的提案。

也有不少反对声音。有人说，学会了简化字再去熟悉繁体字并不困难，简化字不会成为我们今天学习传统文化的障碍；还有人说，如今孔子学院在全球推广汉语，恢复繁体字不利于外国人学习汉语。其实，繁体字也好，简化字也罢，都是中华文化的重要组成部分。香港、澳门、台湾使用繁体字，没有妨碍其迈入现代社会；新加坡、马来西亚参照中国大陆推行简体汉字，现代化也一样如火如荼。这说明简繁之争并没有必要抬高到中华传统文化存废的高度上，简繁之争只是简繁之争。

汉字的发展历程有一个从繁到简的过程。从秦始皇统一文字后的篆书，再"进化"为隶书、楷书，可以说汉字的简化是历史的一种趋势。隶书是篆书的简化，草书、行书又是隶书的简化。早在南北朝时期，就有简体字了，那时叫"俗体"。何谓俗体呢？大抵就是民间群众用的字，俗嘛！汉字这事物在古代属于高

❶ 靳晓燕，李达. 汉字繁简争论：眼光应向前看 ［W］. 光明日报，2015-01-28.

雅用品，"万般皆下品，唯有读书高"，学习汉字是有门槛的，古代的文盲比例也是颇高的，这是历史，不能不承认。简化字的出现便利了普通群众学习文化，这是简化字的社会功绩。

不独中国如此，韩国也如此。韩国过去也使用汉字，早在殷商时期，汉字就传入了古朝鲜，其后经唐朝的传播，汉字已经成为韩国的主要文字。却也由于汉字的复杂性和门槛，汉字基本上为韩国知识分子所用，普通老百姓则很难使用，会不会汉字一度在韩国成为是不是知识分子的界限。到了中国明朝时期，韩国则进入了李氏朝鲜时代，那时他们出现了一个酷爱文化的世宗李祹，世宗不仅熟稔汉文，而且为了让平民百姓也学习文化，他依据该国民众的发音特点，编纂了《训民正音》，发明了朝鲜谚文书写系统，开始形成朝鲜民族独特的书写文字。到了朴正熙执政时期，虽然他本人汉字功底颇佳，但倾向于废止汉字，也造成了后来汉字在韩国的没落。虽然如此，韩文相对于汉字，显然是简化又简化的文字，却也让韩国民众借此提高了文化水准。当然，现在韩国又有人主张恢复汉字教育，认为汉字也是其国家文化传统不可或缺的部分，这是后话。

谈中韩两国这段历史，是为了说明简化字在扫除文盲、提升民族文化水准上发挥过重大作用。但这并不是否认繁体字的作用。中韩两国都出现了复兴古代汉字的风潮，这是正常的，是在文字全面普及之后的修正与恢复。作为中国而言，捍卫汉字文化的博大精神，不需要讲什么条件，中国学生多认识繁体字、多懂一点古代文化，是好事。然而好事也需要过程，简体字已经约定俗成，是法定文字，那怎么办呢？笔者以为，不妨在学校开设繁体字兴趣班，让学生拥有选择权吧。只要是学习文化，爱好什么字体都不是关键，关键是能够依照自己的能力去学到更多的知识。

至于意义的拔高，其实无甚意义。❶

数据分析

对于汉字繁简的争论一直存在，在今年3月4日的政协会议分组讨论中，导演冯小刚建议恢复部分有文化含义的繁体字，让少量繁体字回归中小学课本，引发网友激辩。有意思的是，春节前夕，有社科院专家发表了与之截然相反的观点，认为汉字还有简化空间，同样引发热议。

---

❶　周虎城. 也别忽视简化字的社会价值［W］. 南方日报，2015-03-05.

这两种观点概括为汉字保守派与进化派（没有褒贬之意）。"保守派"主要观点有三个：一是汉字本身就属于文化传统，需要保护，即"汉字是中国文化里最重要的一个部分"；二是不保护就面临着"失传"的危险；还有一个隐含的观点，即"亲""爱"等字的繁体结构里，本身蕴含着中国的传统伦理。而"进化派"的观点则更倾向于：文字是传播文化的工具。作为一种传播媒介，简化才是整体趋势，只有简化才能不断促进文化的传播和发扬，而繁体字又难学又难认，甚至有"影响中华文化的传播与发展"的风险。

应该说，这两种观点都不无道理。只不过前者立足于本体论，而后者则倾向于工具论。实际上，汉字归根结底是一种用于交流的工具。既然是交流工具，那么就应该主要从满足书写者需要的角度，来考虑汉字的简化或者繁化。如果书写者认为，必须使用繁体字，否则就无法找到文化归宿感，那么繁体化就必然来临；如果书写者觉得只有不断简化，才能更便捷地进行交流，那么继续简化就会成为新趋势。这才是汉字繁简之争中到底如何取舍的决定性因素。

而且，这个过程应该是自发性的，而非强制性的，因为这是文字的自我演变和发展。从那些不规范的网络语言的出现与盛行，可以窥探出书写者和表达者一直在做汉字简化的工作。其目的就是让表达更自由，文字无论是繁是简，最终的目的还是为了表达的便利与自由。如果以宽容的态度对待这种汉字的简化，就会发现，简化与繁化根本无须过多争论，书写者自会做出选择。

当然我们不难发现，在关于繁简字之争中，"两派"既有争议也有共识，将两派联系起来的就是"中华文化"，发扬中华文化是双方的共同立场。繁体字是否会失传，与传统书法、国画是否会衰落等，其实是同一性质的问题，其立足点都在于中华文化的保护与继承。实际上。这些问题大可不必过于焦虑；更值得我们去思考的是基于传统的道德重建问题，但这绝不是通过恢复繁体字能够解决的。

两会的舞台是一个大视野，是各方建言、存异求同的结果，就是齐心协力弘扬中国传统文化。从这个角度来看，同一天冯骥才的发言更值得关注。"我佩服日本、韩国，他们真拿自己传统文化当命啊！反观自身，我们的文化策略如何？"冯骥才如是说。如果我们能真正认清中华传统文化的重要性，也许对于文字的局部分歧就可迎刃而解。

春节"抢红包"：如何让传统文化得到时代传承

引言

羊年春节的关键词，非"抢红包"莫属。从年前开始不少年轻人就通过发微信红包或支付宝红包的方式给亲友拜年，虽然电子红包金额不多，但这种时髦的拜年方式也让亲友间有了互动，增进了感情。不过，从消遣的"伴奏曲"演变为春节长假的"主题歌"，有人认为"抢红包"毁了春节。

春节抢红包成一场全民狂欢，冲淡年味引发争议

要问 2015 年春节最火的是什么，答案不是春晚，而是"抢红包"。2015 年春节，抢红包成为一场全民狂欢，而不少人为了抢红包而坚持看完春晚，春晚微信红包在高峰期 1 分钟内摇动了 8.1 亿次。有的网友认为，除夕夜作为一家人团聚的重要时刻，不应"抱着手机不撒手"，切莫让红包冲淡了亲情和年味。

2015 年除夕夜，微信平台和央视春晚合作，推出了摇一摇抢红包，从当晚 8 点到 12 点，总额超过 5 亿元的红包通过手机微信"摇一摇"的方式撒向网友，单个红包最大金额达到 4999 元。据微信公布的数据显示，除夕 0 点到晚上 7 点，红包收发量已达 4 亿次，摇红包参与人数达到 2000 万，摇动超过 2 亿次，最高一分钟摇了 4000 万次。而高潮还是当晚 8 时春晚开始后，每个整点时间发出总计 1 亿元现金红包，共计 5 亿元，春晚微信摇一摇互动总量达 110 亿次，可谓"全民抢红包"。其中，当晚 10：34，春晚摇一摇互动达到峰值：8.1 亿次/分钟，送出微信红包 1.2 亿个。

争议派：冲淡年味引发争议

"抢红包"虽然成为春节期间最热门话题，但事实上，社会各界对此存在一些争议。有人认为，"抢红包"让商业活动冲淡了年味。市民孙先生告诉记者，他对抢红包不感兴趣，于是将手机借给了儿子，儿子左右手持手机，到点了就两个手一起摇，可就是眼看着红包数量越来越少，就是摇不到。"全程都很少跟家人交流，一直在玩手机，跟我们说句话还抱怨说因为说话没抢到红包。"孙先生说。

支持派：亲朋之间联络感情

在另外一些人看来，抢红包恰恰是让过年更有意思了。"网上红包这种形式很好，几块钱几毛钱都可以，互不攀比，大家就是图个吉利，这才是回归到过年红包的本质，既增添了过年的氛围，也增进了亲友间的友谊，是好事。"市民王先生说。

专家观点：收获至亲关爱又获社会认同

"以前的红包多来自于有血缘关系的亲属，而网络红包的出现，将传统红包的范围扩大到朋友、同学、同事甚至是陌生人，这样即使只抢到陌生人的几分钱，但仍会让人高兴。"著名心理专家、青岛市中心医院心理科主任张泮民告诉记者，与传统红包相比，网络红包是从相对较远的关系中获得的收益，这种惊喜带来的幸福感让人感受到更好的关爱和社会认同。

"发红包、抢红包其实是一种更好玩的社交行为，特别是通过微信群等群体社交方式，能够进一步增强人际关系。春节抢红包并没有增加额外成本，反而还能增进与亲友间的感情，是一种双赢。"但张泮民表示，与家人欢聚一堂、沟通交流才是春节的本质。所以，抢红包虽好，不要过度才好。

红包里的"秘密"，商家"抢粉丝"

据了解，新浪微博今年的"让红包飞"活动首次推出现金红包，并增加了用户互相"塞钱"的新玩法，这大大刺激了网友参与的热情。活动上线以来，范冰冰、唐嫣、林心如等明星纷纷在微博送红包，也让不少粉丝都参与进来，除了抢红包还能为喜欢的明星"塞钱"。

有经济专家分析了抢红包的资本运作。专家表示仅仅 2 天微信绑定个人银行卡 2 亿张，干了支付宝 8 年的事，若 30% 的人发 100 元红包共形成 60 亿元的资金流动，延期一天支付，民间借贷目前月息为 2%，每天的保守收益为 420 万元，若 30% 的用户没有选择领取现金那么其账户可以产生 18 亿元的现金沉淀，抢红包平台无疑是最大的受益者。❶

---

❶ 青岛网综合. 春节抢红包成全民狂欢，冲淡年味引发争议［EB/OL］. 青岛网，2015-05-25.

"抢红包"也是一种年味

羊年春节已过，回过头盘点春节关键词时，人们似乎发现这个春节多了很多现代元素，比如"抢红包"无可置疑占据关键词头把交椅。有手机的地方就有红包，这个春节，很多人都紧盯着自己的手机屏幕，生怕错过任何一个红包。"抢红包"虽然以年轻人为主，但很多老人参与其中，也玩得不亦乐乎。

或许正是基于对传统年味丧失的恐惧，我们总是饱含深情地去"指导"人们如何过年。但这样的"指导"到底又有多少成效？几年前，居住在城市里的人在饭店吃"年夜饭"还被视为"另类"，如今，饭店团圆饭已经成为非常普遍的选择。现代城市家庭的规模都不算太大，亲戚也不会太多，很多人已经不愿意在自己家里张罗十几口的饮食，折腾个天翻地覆。从传统的角度看，饭店里的年夜饭是对年味的破坏，但当传统的"家族"逐渐被核心的"家庭"取代后，饭店里的年夜饭也不再见怪了。

从这些多样化的过节方式来看，无论一些媒体如何深情指导人们怎样过春节，但过节再也不可能归集成"大一统"的形式。与此相对应，无论过年的方式如何变化，"团圆、快乐、唱响亲情"这些核心主题并没有变，现代生活只是通过不同的形式，将欢乐扩展到更为广阔的空间而已。多样化的过节方式，是和现代社会、多元文化高度匹配的，而"团圆守岁、围炉夜话"这样的过年方式，是和传统的农耕社会相匹配的。社会发展的每一个阶段，都应该有不同的过节方式，只要核心主题不变，呈现的形式就不该被拘囿。当然，如果过年的核心主题遭遇严重的削减或冲击，舆论的引导就会显得必要而有意义。❶

数据分析

亲友之间互送红包和祝福是中国春节的传统习俗。如今，在电子商务的发展和推动之下，这一习俗正在发生着变化——由腾讯公司和阿里集团等几大互联网公司发起的"抢红包"热潮席卷全国。

由于微信用户和支付宝用户数量庞大，所以导致"抢红包"活动堪称一场前所未有的全民狂欢。

这场全民参与的网络"红包暴雨"让传统红包黯然失色，也让传统春节开

---

❶　光明网综合."抢红包"也是一种年味［EB/OL］. 光明网，2015-02-27.

始散发出浓郁的现代气息。

据记载，互赠红包原是中原习俗，最早于宋代随着贬谪人家和大量南迁人口而逐渐影响海南原住人民。到了明代，这一习俗在海南扎下了根。当时传说有只叫作"岁"的怪兽会惊扰孩童，为了镇压这只怪兽，长辈将外圆内方的铜钱用红线串起来，在除夕当天赠与并挂在孩童身上辟邪。"压岁钱"的叫法就是从此而来。后来，人们将纸币用红纸包裹代以"压岁"，现如今，"红包"这个概念已经是家喻户晓。逢年过节，人们都会相互馈赠红包。红包的含义也不再是辟邪，而是祝福。

由此看来，互联网企业推行的电子红包，借助颇具趣味性、交互性的游戏手段，站在了传统与潮流的交汇点上，自然而然成为春节期间最炙手可热的娱乐项目。

诚然，互联网红包的走红和盛行捕捉到了大众心理，不少网民表示，"抢红包让大人们找到了儿时的童真""陪父母一起抢红包拉近了两代人的距离"。然而，人们只沉醉于那份对运气的好奇和执着，却遗忘了传统红包那份真挚的祝愿。

这些年，随着互联网技术与科技的快速发展，在数字化、商业化以及西方观念的冲击下，传统春节文化形式发生了不少改变，很多传统方式因此被迫"出局"，乃至电话、短信拜年都已经完败给微信，影响到人们过年相互祝福、维系感情的方式。如何在技术突飞猛进的今天，既充分享受着科技给我们带来的便利，又不会因此减少与身边人的面对面交流；如何在发展数字化、信息化产业渗透入生活的方方面面的同时，仍旧保留传统文化习俗的厚重性，让传统文化得到延续，这确实是一个需要深入讨论的话题。毕竟过年的根本意义，不只是在于追逐红包的多寡，更在于精神和道德的升华：懂得感恩、注重沟通、净化灵魂、吐故纳新、盘点过去、面向未来。

坦然看待圣诞节在中国流行

引言

每年的圣诞节都会引起两方的争论。一边说：圣诞节能带来很多快乐和新奇的东西，同时还能促进消费，应该过；另一边说：不能一味地崇洋媚外，淡漠自己的传统节日。2014年12月24日晚，西北大学现代学院封校禁止学生过平安夜。这不仅引起了学生的争议，也在网上引起激烈争论……不可否认，保护传统文化之初心总是好的，但背后折射出的问题值得我们思考。

高校封校禁学生过平安夜：谁过圣诞处分谁

2014 年 12 月 24 日晚，西北大学现代学院封校禁止学生过平安夜。这不仅引起了学生的争议，也在网上引起激烈争论。24 日下午 6 时左右，有网友在微博发布消息称，西北大学现代学院在校园内挂出标语，内容包括"争做华夏优秀儿女，反对媚俗西方洋节""抵御西方文化扩张"等，其中有宣传标语落款为共青团西北大学现代学院委员会、西北大学现代学院学生会。

无独有偶，禁止圣诞节的除了西北大学现代学院外，浙江温州市教育局也发文要求各学校"不在校园内举行任何与圣诞有关的活动"。温州市教育局基教处相关工作负责人说："以往我们就已经在对圣诞节这类的洋节日进行引导，今年是第一次发出更明确的通知。"该负责人直言，发这个通知的最根本目的还是希望学校能对传统节日引起重视，而非现在这般只是一味推崇西方节日。❶

中国节和洋节不是死对头

对于圣诞节，校方"希望学生能对传统节日引起重视""坚决维护中华民族传统文化"的论点，并非毫无道理，但暗自设置了一种逻辑陷阱：传统文化与西方文化格格不入，中国节和洋节是死对头。

其实，根本没必要担忧洋节在中国的风生水起。洋节来了，不代表中国节就土崩瓦解了。过洋节的人并不多，基本上是一些大都市里赶时髦的年轻人，他们生活方式新潮，价值取向多元，容易接受新鲜事物，且有一定的消费能力。这些人过了洋节，并不代表他们就排斥中国节。

如果把中国节比作中餐，洋节就是甜点。偶尔过一下洋节打牙祭，丰富一下味蕾，没什么不好，也没那么可怕。因为甜点毕竟是甜点，永远不可能取代正餐。再说，对于不少年轻人来说，他们过洋节多是图个时尚；而对于一些商家来说，大炒洋节多是为了商业目的而已。有人说，圣诞节在中国的含义，就是商家促销、大学生约会、小白领装清新、外企员工放假的一天。话虽尖刻，并非毫无道理。

❶ 陕西传媒网综合. 西北大学现代学院禁学生过圣诞节：在学校看宣传片［EB/OL］. 西部网，2014-12-26.

中国节和洋节完全可以和平共处，两者并非你死我活的关系。诚然，中华文化积淀着中华民族最深沉的精神追求，是中华民族生生不息、发展壮大的丰厚滋养，我们有责任继承发展优秀的传统文化。与其担心中国节被伤害和颠覆，不如不断提升中国节的号召力和生命力，不断挖掘其价值内涵。❶

媚俗化与妖魔化圣诞节都过了

许多人既过西方情人节，也把"七夕"当作中国情人节过。对他们来讲，西方节日或传统节日，都只是个可供娱乐的日子，真没想那么多。

这也表明，在一个全球多元化时代，不同文化之间的交流对话已不可避免。事实上，中国传统文化的一大特点就是开放和包容。何况，问题不仅在于该不该抵制过圣诞节，还在于如何表达与行动。作为一种文化选择，过不过圣诞节属于个人的自由。就此而论，若学校认为圣诞节活动可能影响教学或校园秩序，可进行疏导管理，但把学生组织起来看宣传片，甚至封住学校大门，却是不恰当的强制行为。至于地方教育主管部门发文禁止搞圣诞活动，也已超越行政权力的边界，是对学校事务的不当干预。

弘扬传统文化，不必与抵制圣诞节挂钩；确立传统文化主体性地位，也未必能从抵制活动中得到实现。媚俗化圣诞节是商业社会的一个普遍现象，妖魔化圣诞节则与对待外来文化的态度有关。不能不说，这二者都过头了。如果人们能够更多了解这个西方节日，回归其本来文化内涵，或许不会出现这种无厘头的狂欢场景，也不会发生这场文不对题的争论与抵制活动。

洋节与传统节庆，不应是道单选题

从万圣节、圣诞节到情人节，此种争论屡见不鲜。支持学校做法的一方忧心洋节昌而传统文化不彰，为此拍手叫好；反对者则表示，圣诞节只是人们释放压力、寻求快乐的一种方式，动辄上纲上线，实无必要。

解开这些症结，首先要扔掉的，就是有他没我、有我没他的文化封闭倾向。洋节与传统节庆，不是一道单选题。洋节也不会被"消灭"。据中国青年报社会调查中心的调查数据显示，超过半数受访者认为洋节走俏是由于商家造势促销导致，而其他因素也无非是媒体宣传、好玩等。可见，洋节走红并不可怕，它的流行，更多的是因为迎合了时代需要——商家促销、消费借口还有人们的社交娱

---

❶ 京华网综合. 中国节和洋节不是死对头 [N]. 京华时报, 2014-12-26.

乐，尤其是年青一代人的消解生活压力、社交玩乐需求，而这些，恰恰是传统节庆目前还不能更好地给予年轻人的。

所以，与其以关校门、下通知等强迫方式，不如退而结网，好好思索如何挖掘传统文化的现代价值和创新展现形式。文化交流，本就是习人所长，固自家根本。将传统文化加以改造，使其跟上时代要求，是洋节带给我们的启示。这需要我们有对传统文化真正的鉴别、筛选能力，也需要有对时代需求的回应和改变。

数据分析

无论是西北大学的封校"煲"平安，还是温州市教育局的明令禁止，其主旨都是希望人们重视传统节日，弘扬中华文化。不可否认，保护传统文化之初心总是好的，但背后折射出的问题值得我们深思。

近些年来，不少人对传统节日受冷落、西洋节日受热捧的现象忧心忡忡，甚至贴上西方文化渗透或国人崇洋媚外的标签，对其口诛笔伐。

在《华盛顿邮报》等西方媒体看来，圣诞节等西方节日虽然在中国越来越受欢迎，但也越来越有中国特色，与西方侧重家庭团聚和宗教氛围的圣诞主旨相去甚远。中国式圣诞往往被视为狂欢节，其主要形式是购物逛街、情人约会、商家促销等，概而言之，就是"玩"。圣诞节日趋中国化的实质，与其说是崇洋媚外，不如说是由我们的年轻人自主改造外来节日的一场运动。

中华传统节日更强调以祭祖敬长、家族团聚、礼尚往来、祈求福祉等来加强家族的沟通和凝聚，严肃的仪式对青年的要求是崇拜和服从，而少有玩乐与嬉戏。传统节日虽能在家庭温情上给予年轻人的心灵以抚慰，却难以满足他们更广泛的释压需要。

作为一个舶来品，外来节日没有传统节日那么多文化意义，可以在保留其基本框架的前提下加以任意改造，融入更多颠覆日常秩序和跨越家庭藩篱的玩乐内容。青年们不见得希望彻底打破既有的社会结构与文化习俗，而是在寻找能在特定时空突破规矩、放纵玩乐的机会。再者，在现代都市，较之于血缘、地域等先赋性人际关系，更个人化的后天关系对于年轻人更为重要，恋人、朋友、同事等关系需要一个更为个性化的节日平台。年轻人的诸多需求与商家的谋利营销一拍即合，加上游戏与玩乐本就容易在年轻人之间交互传染，以西方节日为外壳的公众狂欢节能星火燎原便不足为奇。

文化大融合是历史的必然发展趋势。随着改革开放的不断发展与深入，中国与世界其他国家的交往日益密切，各种思想、文化、价值观的碰撞和交融，使得我们的节日和庆祝方式更为多元。西方圣诞节引入中国，并越来越具中国特色，不是国人崇洋媚外，而是文化大融合的必然趋势。中国具有五千年传统文化的深厚文化底蕴，在对待舶来品的问题上，我们更应该有"海纳百川，有容乃大"的气魄和自信。

因此，我们一方面要坦然看待圣诞节在中国内地的逐渐流行，并相信它对中国社会的"改造力"非常有限。另一方面，我们整个社会也需要反思中华文化过于严肃、紧张的问题，对生活在全球一体化时代的年轻人的一些特殊解压需求予以承认和正面回应，促进中华传统文化的自我创新和与时俱进。圣诞节等洋节的流行不能从根本上威胁传统节日，换一个角度思考，我们其实可以从中看到继承、弘扬中国传统文化到底需要做哪些事情。

从"脑瘫诗人余秀华走红"分析中国诗歌的未来发展

引言

一首《穿过大半个中国去睡你》的诗在网络热传，作者余秀华火了。这个湖北横店村的农妇，写了 16 个年头的诗，终于被大众所识。不过，媒体和读者更愿意在解读她之前给她贴上"脑瘫诗人""底层"的标签。余秀华为什么会这么红？这是很多人发出的疑问。在笔者看来，这不过又是一场舆论与大众不经意的合谋。这一切看似不无偶然，实则暗合了媒体议程设置与大众流行的若干规律。只要看明白这些规律，对余秀华何以忽然受到热捧，也就不会感到意外。

身残难掩文字天赋，脑瘫诗人余秀华走红

近日，身体残疾和过人的文字天赋，令写了 16 年诗的湖北诗人余秀华几乎在一夜之间声名鹊起，她的作品在微信群中刷屏。脑瘫、务农与辍学，诗人余秀华的生命中处处有坎坷，幸好拥有诗歌，令她的精神在高高昂扬。

现年 39 岁的余秀华，来自湖北钟祥市石牌镇横店村，家中务农。余秀华因为出生时脑缺氧而造成脑瘫，无法干农活、考大学，高二下学期便辍学。从此，她赋闲在家，诗歌成了她忠实的伙伴。在视频采访中，因为残疾，余秀华说话时模糊不清，摇头晃脑，走路和打字时感觉很费力。余秀华很高产，有时候一个下午就可以写五六首诗。在搁笔良久的小说《泥人》中，她把写诗称作"一个人

的私密旅行"。只不过她的旅行用一根手指完成——因为脑瘫，她只会用左手食指打字，打字的时间远远超过构思。

诗人沈睿则说，这样强烈美丽到达极限的爱情诗，还没有谁写出来过。他甚至将余秀华比作了中国的艾米丽·迪肯森（又译艾米莉·狄金森）。不过，将余秀华比作艾米丽·迪肯森，还是引来不少争论，认为这个比较过了头。出版人、诗人沈浩波在微博上写道，"仅就诗歌而言，余秀华写得并不好，没有艺术高度。这样的文字确实是容易流行的。这当然也挺好，只不过这种流行稍微会拉低一些诗歌的格调。不过再怎么拉低，比起轻浮的乌青体来，总还算不上丢人败兴。"

香港诗人廖伟棠在与沈浩波回应里指出，余秀华和许立志（打工诗人，去年坠楼身亡）都有几首好诗，这已经很不容易。那些缺点存在于她的不好的诗中，也存在你我不好的诗歌里。然而她的确比我们更艰难，何必尽力一毁？❶

余秀华的诗，是诗又不是诗

微信上转发来转发去的文字太多了，有的根本不值得点开来读。微信传播的一个特点是，纯个人的自发的行为，不受外人支配。在此之前，人们大多没有听说过余秀华这个人。如果她的诗不能打动人们，其传播的速度和覆盖面是不可能如"病毒般蔓延"的。

余秀华促使我们再次思考一些跟诗有关的问题，余秀华现象给我们提供了一个新的参照，在余秀华的启示下，一些思考或许会有所突破。

关于新诗创作，以前有一句最毒舌的断语：读诗的人和写诗的人一样多。现在来看，这话又对又不对——在余秀华出现之前，可能是对的；余秀华的出现，打破了这个状况。

于是，值得讨论的问题就是：余秀华的诗好在哪里？平时大都不读诗的人们为什么会热传余秀华的作品？这个疑问是有一定合理性的。因为就在两年前，《浙江日报》上还讨论过：什么样的诗是好诗？这个讨论有一个重要的背景：20世纪七八十年代出现的以舒婷、顾城等为代表的"朦胧诗"，在几十年后，还没有逃脱"看不懂""脱离大众"之类的诟病。如果要求诗跟新闻报道、工作总结、读后感一样"通俗易懂"，其实是取消不同文体之间的界限，其实这等于取消诗。

在太漫长的历史中，中国人已习惯"载道"的文字，"载心"的文字就少

---

❶ 新民网综合. 身残难掩文字天赋脑瘫诗人余秀华走红［EB/OL］. 新民网，2015－01－17.

了。"载心"的文字是个性化的文字,"载道"的文字是公共化的。读惯"载道"文字的胃口,偶然看到"载心"的文字就会欣喜若狂。"个性解放"的提出,在中国只有 100 年,"载道"的传统却有几千年。

"越是民族的,就越是世界的",在一定条件下,有一定的合理性;同理,写诗是个人的事情,越是个人的,就有可能越是人类的。余秀华说她不关心人类之类的大问题,只管自己过日子。这话听起来大逆不道,但对写诗,这是王道。认真生活,忠于自己的内心,听从内心的召唤而写作,才有可能写出打动他人的诗。个性、内心、感受,这些个人化的事物,或许在一个不太短的时期里,都未必能得到应有的尊重、重视。说到底,是一个是否尊重人的问题。❶

社交媒介成就了余秀华神话

余秀华的人生故事就是一部励志片,当一个照片上看起来显得有些土气,而气质又略显张扬的"中国版"海伦·凯勒出现在面前,哪怕她不是一个诗人,也很容易打动人们的内心。

这一切看似不无偶然,实则暗合了媒体议程设置与大众流行的若干规律。只要看明白这些规律,对余秀华何以忽然受到热捧,也就不会感到意外。传统媒体的推波助澜,是余秀华迅速进入公众视野的重要路径。即便是在微信等新媒介迅猛发展的今天,传统媒体(包括其新媒体应用)仍是新闻热点的制造者和催化剂。一个脑瘫患者、农民、女诗人,这些元素十分符合传统媒体报道偏好,可向读者提供一种充满反差却又具有正能量的阅读冲击力。首先发现余秀华具有报道价值的媒体,无疑有着敏锐的新闻嗅觉和话题制造能力。

但不管微信和传统媒体的信息传播能力多强,这仍不是余秀华走红的全部重点。关键还要看大众审美偏好及其赏鉴水平。当一个照片上看起来显得有些土气,而气质又略显张扬的"中国版"海伦·凯勒出现在面前,哪怕她不是一个诗人,也很容易打动人们的内心。

目前环绕着余秀华的这场话语狂欢,可谓大众流行时代的一种正常现象。余秀华的个人经历及其诗歌作品的流传,也可给许多人心灵上的启迪。只不过,余秀华的人生固然值得颂扬,但不能因此降低诗歌本身的评价标准,否则对作者也是一种伤害。

好在余秀华本人对这一切抱着清醒的态度,没有在这场众声喧哗面前失去判

---

❶ 钱江晚报综合·余秀华的诗,是诗又不是诗 [N]. 戎国强,2015-01-19.

断力。面对纷纷上门采访的媒体，余秀华用"假如你是沉默的，海水也会停止喧哗"做出回应。这是非常难得的人格品质。从某种意义上讲，诗歌是余秀华抵抗现实或者逃避现实的一件武器，是她想象中的个人王国。因此，人们或许不该过多地去打扰她的这种美好想象。❶

数据分析

自 21 世纪以来，在全球化的大背景下，当代诗歌借助网络、博客、微博、微信等新媒体的力量，进入了一个全民写作的"草根时代"。余秀华敏感地抓住了这一时代契机，她的诗歌得益于网络的滋养，通过网络和新媒体得以广泛传播，从本质上来说，余秀华现象本身就是这一时代的产物。

余秀华横空出世，以迅雷不及掩耳之势推广普及了当代诗歌，人们重新认识或者说发现了当代诗歌，总体而言，这是一件好事。尤其难得和值得肯定的是，这一次诗歌热潮，正面评价始终占据主流，这也是诗歌进入网络时代后第一次没被当成"恶搞"的对象，没被当成网络狂欢的开心果、调侃物。这也说明，经过十多年的培育，网络文化成熟多了，网民修养和辨别能力提高了。

这其实是相当可喜的一步，网络最终将带来一场深刻的诗歌变革，释放诗歌的创造性。网络产生了三个有益效果：一是教育得以更加普及，培养了创作者，释放了文化创造力；同时也培养了读者，没有优秀的读者也就无法激发社会的创造性。二是作品得以方便流传，使创作者获得了动力与信心，创造出更优秀的作品。三是让诗歌走下神坛，普通大众都能成为创作者和鉴赏者。

当然，诗歌的草根性和通俗性也会带来问题。网络诗歌的低门槛，使诗歌的标准混乱，诗歌写作变得随意和粗糙。此前一次次的诗歌恶搞，其实可以理解为人们是在以否定之否定的形式对诗歌提出更高要求。但总体而言，量多才能质好，盛唐的出现，首先就是建立在量大的基础之上，这是诗歌发展要经过的必然阶段。只有先把大门打开，把基础扩大，让诗歌自由生长，才有可能在多元化的基础上，再经过激烈竞争、相互批判并融合吸收、不断淘汰，才能使好诗和好诗人最终脱颖而出。新诗诞生即将百年，在融合中国古典诗歌、西方现代诗歌和百年新诗三大传统和资源的基础上，或许可以开辟出一个新的天地，创造一个全新的境界。

---

❶ 新京报综合. 社交媒体成就了余秀华神话［N］. 新京报，2015-01-19.

民间版"儿童影视分级制"的参考意义

引言

中国科学院脑科学博士陆宇斐推出首个民间儿童影视分级制度，按适宜观看幼儿的年龄，片中有无暴力行为、脏话、性爱等内容，将动画片分为五级。根据这一标准，当天成立的一家儿童教育研究院对目前国内热播的 10 部动画片和亲子类电视节目进行分级，结果显示，《喜羊羊与灰太狼》适合 7 岁及以上儿童观看，《熊出没》则适合 10 岁以上儿童观看。

首个民间儿童影视分级标准出台

2014 年 12 月 19 日，中国科学院脑科学博士陆宇斐推出了中国首个民间儿童影视剧分级制度—中国儿童影视剧分级标准（1.0 版本）。

根据这份"中国儿童影视剧分级标准"的分级制度，儿童影视剧被分为五级：TV-K（2~6 岁）、TV~G（6~7 岁）、TV-7（7~10 岁）、TV-PG（10~14 岁）、TV-14（14 岁以上）。按照这一标准，动画片《喜羊羊与灰太狼》被归入为 TV-7（7~10 岁），《熊出没》为 TV-PG（10~14 岁），而《大头儿子和小头爸爸》《麦兜响当当》则为 TV-K（2~6 岁）。

在这份分级表中，如《大头儿子和小头爸爸》和《麦兜响当当》等作品，因无任何暴力行为、无任何粗俗语言、无任何性爱场景、情节对儿童的亲子关系和社会性发展有教育意义，被列入适合 2 岁以上小宝宝观看。而《喜羊羊与灰太狼》含有大量喜剧形式扮演的暴力行为；《熊出没》有粗俗的语气和词汇、使用炸弹和枪械等中度的暴力行为，都不适合年龄太小的孩子。

据媒体报道，动画片《熊出没》有 10 多分钟的内容出现了 20 多次不文明语言，据不完全统计在动画片《喜羊羊和灰太狼》中，灰太狼一共被红太狼的平底锅砸过 9544 次，被电过 1755 次……在这些儿童影视剧的影响下，多地都曾出现过儿童仿效其中暴力场面，最后造成伤害的案例。

在影评人麦客阿 Q 看来，最新推出的这个民间儿童影视分级制度并不具有科学合理性："我很疑惑这个分级标准在哪里，从公布的分级表格来说，并不具有可操作性。就比如按照这个分级制度，《麦兜响当当》'尤其适合 2~6 岁儿童'，作为一个 5 岁孩子的父亲，我不觉得我的儿子能看懂这部电影。很显然，《麦兜》

系列影片虽然'无任何脏话、粗话，无任何与性爱有关的语言或场景'，但是这一系列动画片的台词和影片要表达的情怀，只有成年人才能看懂。"

动画片分级，仅是净化儿童影视第一步

众所周知，眼下热播的一些动画片，很多都含有暴力、脏话、性暗示等不适宜儿童观看的内容。显然，这些动画片并不利于孩子的成长。现在，首部民间动画片分级标准出炉，虽然只是民间版，也足以令人欣喜。它引发了公众热议，褒赞多于非议，也可见民众对动画片分级的认同。另外，民间版动画片分级标准能抛砖引玉，促使"国标"尽快出台。

不过，欣喜归欣喜，出台动画片分级标准仅是第一步，净化儿童影视环境，还有很多工作要做。首先，职能部门要加强对文艺工作者的正确引导，促使他们明确自己的责任担当，儿童文学作家也应自律，他们要对自己创造的文学作品负责，创作出对儿童的文明习惯养成、正确人生观树立有益的文学作品。

其次，年轻父母要做好"过滤网"作用。儿童动画片很多，新闻中仅提到了热播的动画片，家长应当参考这个标准，主动对孩子爱看的动画片分级。如果今后出台了"国标"，相关部门对出现在荧幕上的儿童影视作品有了分级，家长也可以在智能电视上和电脑上对"超级动画片"设置限制密码，限制儿子独自观看。当然，如果能抽出时间陪同孩子一起观看更好，既可以为亲自互动加分，也能充当孩子受不良影视作品影响的过滤网。

最后，电视台、电影院也应着眼于儿童习惯和健康发展的需要，积极配合国家职能部门的儿童影视作品分级制度，尽到提醒、规劝观众的责任，必要的时候，对很黄很暴力的儿童影视作品说"不"，而不能一味地看重收视率、"票房经济"和"眼球效应"。

有了儿童动画片分级标准而不去执行，而不去出台配套的管理制度，父母和影视发行机构不去主动配合，这个分级标准将变得毫无意义。因此，净化儿童影视环境，不仅缺少一个动画片分级标准，还需要很多因素来推动。

"儿童影视分级制"应有国家标准

我国影视分级制一直没出台，所有公开上映的影视剧，都不分受众群体。可影视剧种类多样，风格各异，部分影视剧还涉及暴力、性、粗口等，为保护儿童健康成长，不应让他们过早地接触这些内容。

由于孩子心智还不成熟，很容易被负面内容吸引，甚至效仿影视剧里不健康

的对话和情节，影响他们的心理健康、品质塑造。如果在不恰当的年龄看到不适宜的镜头，又缺乏家长正确的解释和引导，就很容易诱发悲剧事件。这并不是孩子的错，而是影视分级制长期缺位的结果。

民间版儿童影视分级标准的发布，正是基于保护儿童不受伤害的立场，在国家标准尚未出台之际，可以起到弥补缺漏的作用，为社会和家长提供一个参考。不过，民间版儿童影视分级制只是建议性的，缺乏权威性和强制性。可见，还应加快出台相关国家标准，发布官方版的儿童影视分级制，让儿童影视剧的制播有章可循，让家长和孩子不再无所适从。

影视分级如同产品标识，告诉人们哪些人可以看哪些影视作品。2011年，我国《电影产业促进法（征求意见稿）》曾就影视分级公开征求过社会意见，但由于种种原因，一直没有下文。

儿童影视分级，走出第一步是最关键的，即使是民间机构给出的参考标准，也值得为之点赞，而且需要在儿童影视之外，扩展到其他领域。儿童影视分级不仅有利于形成百花齐放的创作氛围，促进社会价值多元化的形成，也有利于规范儿童影视市场，防止儿童沾染不良习气。

近年来，影视特别是儿童影视作品中存在的一些不良倾向，一直受到以年轻家长为核心的社会公众的关注，儿童影视分级显得日渐紧迫，有必要与国际接轨。比如，在动漫产业非常成熟的日本，按照读者群的年龄和性别，将漫画分为儿童漫画、少年漫画、少女漫画、青年漫画、女性漫画和成人漫画。

对于此次发布的这个民间版本的儿童影视分级制度，各界反响不一。在笔者看来，这个"民间智慧"只有多方回应才能凸显其"试水"意义。儿童影视分级需要多层面的沟通、探讨，政府相关部门的管理者应当从"民间智慧"中吸取经验，并借鉴国际惯例，官方和民间良性互动共同努力，探索出我国儿童影视分级制度。

数据分析

在我国影视分级尚未立法的情况下，上海和思儿童教育研究院推出了中国首个民间儿童影视分级制度，其敢为人先的探索精神，理应得到影视行业、监管部门乃至全社会的尊重。未成年人好奇心极强，一些危险、暴力、暴露等镜头往往会成为孩子们争先模仿的对象，这对于他们的健康成长极为不利。所以，对儿童剧进行分级是必要的。

　　我国影视分级制一直没有制定，导致所有公开上映的影视剧，都是不分受众群体，儿童与成年人混杂在一起观看。而儿童的认知能力有限，无法分清真实与虚幻，没有完善的是非分辨能力和道德观价值观，常看暴力节目可能会误以为使用暴力是正当的行为和手段。影视剧等公共文化产品对未成年人心智的影响，实在不可小觑。对此，西方发达国家普遍采用了影视分级制度来减少可能对未成年人产生的不利影响。

　　当然，并不是说我们这里也应当马上制定并施行影视作品分级制度，直接照搬照抄他国制度不一定不适合我国国情。民间版儿童影视分级标准的发布可以作为一个参考。同时，它也给影视拍摄者敲响了警钟，告诫影视创作者自省、自警，主动肩负社会责任，不制作少儿不宜的影视片。笔者认为，不论这个民间影视分级制度是否科学、合理，有总比没有强。家长根据这个分级制度引导孩子看动画片，对保护孩子身心健康也有积极作用，值得点赞。

小咖秀引爆全民表演热潮引发的思考

引言

　　有一种精神叫作自黑精神，随着一小撮明星通过对口型表演，坦露其"逗比"本性，这款名为小咖秀的短视频应用开始走红。

还原小咖秀爆红路径：能否打破短命魔咒？

　　主打搞怪对嘴表演视频制作的小咖秀，近期成了 App Store 中国区免费总榜的第一名，并且带动同公司产品秒拍排名也上升到第三名，小咖秀也已经成为一款现象级应用。虽然同属现象级应用，小咖秀和足迹、脸萌等应用的爆红路径却非常不同，足迹和脸萌都是草根创业团队，爆红几乎是自发性传播带来的偶然爆发。背靠秒拍和微博的小咖秀，爆红更偏向于层层设计下的超常发挥。

　　小咖秀直接负责人雷涛告诉记者，小咖秀是受到了 Dubsmash 的启发，陈意涵在秒拍上传的 Dubsmash 视频，让他有了小咖秀最初的想法。而去年年底，秒拍成立了创新部，在秒拍之外进行创新尝试，也让小咖秀的诞生成为可能。

　　据雷涛介绍，小咖秀从立项到上线仅用了两天时间，和 Dubsmash 不同的是，小咖秀将核心功能再精简了，只集中在对白的对口表演。因为之前秒拍的经验积累，团队判断，和 Dubsmash 主要以音乐对口表演不同，中国用户对于影视综艺对白表演的需求更加强烈，除此之外小咖秀还增加字幕功能，让表情更加"傻瓜化"，社交分享也实现了一键化操作，都属于基于中国用户的核心功能再造。

在推广和推广力度上，小咖秀更是从微博处获得了独一无二的资源支持，尤其是这种借助明星大 V 效应的传播，更是微博最擅长的领域，甚至微博本身就有大量的明星和红人资源可以导给小咖秀。除了秒拍和微博的明星资源外，秒拍在去年的 C 轮融资中引入了黄晓明、李冰冰和任泉的 Star VC，也让小咖秀在明星群体和宣传上，有着其他应用无法比拟的优势。

相对于脸萌、足迹等应用而言，小咖秀的条件无疑要优越很多。对背靠秒拍和微博的小咖秀而言，尤其是在封闭的微博平台上，小咖秀唯一需要考虑的就是能否持续产生内容和创造热点，让喜新厌旧的用户能留在平台上。❶

"小咖秀"这类爆款 App 带来的创业启示

其实，诸如小咖秀这样的爆款早已是司空见惯，比如 2015 年上半年的足记、how-old 等，它们大多是一夜爆红于微博、朋友圈等社交网络，其轰动效应短则持续两三天，最长也不超过一两月，最后也都逃脱不了被卸载的宿命。

不过，即使是昙花一现，但那一夜爆红的价值却也是让众多创业者红了眼。今日，我们就来分析一下这些爆款是如何打造出来的。

足记，就是将一张普通照片配上中英双语字幕，加上滤镜效果之后，变身逼格凸显的"电影大片"。how-old 则更简单了，一张正面照测出"颜龄"。而小咖秀，这款对口型表演的短视频应用，内置各类段子、影视剧、歌曲等经典段落音频，用户只需根据喜好选择音频，配以表演即可。

在如今碎片化、快节奏的时代，人们越来越"懒"，复杂的功能只能让人避而远之，相反，简单的功能更容易让人接受，也更易传播。简约是一种美，无论是苹果公司的产品设计，还是从优衣库、无印良品等简约设计的服装流行，都是这样一种文化的反映。

足记、how-old、小咖秀，它们都用一个简单的功能实现爆红，这也给了不少创业者启示：不要一开始就想做平台，追求大而全的功能，相反将姿态放低，将眼光放在一个小而美的领域，集中全部资源在一个功能上，解决用户的一个刚需，更加容易创造奇迹。

---

❶ 腾讯网综合. 还原小咖秀爆红路径：能否打破短命魔咒？[EB/OL]. 腾讯网，2015-08-05.

很多时候，我们喜欢的不是产品本身，而是产品所处的场景，以及附着于场景中的情感。"哥吃的不是面，而是寂寞"，这句很早以前的流行语便已证明："寂寞"的场景，远比"面"本身的价值高。

"小咖秀"这类爆款 App，带来的创业启示从百度指数上可以很清晰地看到，在爆红期间的搜索指数，小咖秀明显比足记和 how-old 都高，这样的结果无疑和小咖秀的"亲爹""干爹"有关。

首先是它的亲爹——秒拍，其 CEO 韩坤透露，在秒拍的首页上有设置"小咖秀"专区，来为小咖秀的导流铺路。

再来看它的干爹们，去年 9 月秒拍完成了 5000 万美元的 C 轮融资，领投方为凯鹏华盈（KPCB），其他投资方还包括新浪、红点，以及 Star VC。

最后这一点，并不是为了炫耀小咖秀的爹爹们有多厉害，只是想告诉广大的创业者们，梦可以做，但也别忘了现实。如果先天条件不好，就一定不要忘了去抱大腿啊！❶

数据分析

我们分析一下小咖秀到底是怎么火的？给程序员们带来了哪些思考？

成功的营销背后是技术推手

如果说手机界最会营销的是雷军，那么软件推广最好的效应绝对是明星效应。小咖秀真正火起来也就一周左右的时间，在快乐大本营播出时，正好使用了小咖秀，王璐丹在小咖秀的模仿，还有微博上各路明星在小咖秀的表演和分享，明星齐发、搞笑的视频直接引爆了热点。在这场轰动的宣传活动中，明星的领头羊效应和明星的传播力量再次发挥了巨大作用。

这个点就是搞笑，有趣加创意

这是一个全民娱乐的时代。要想火爆就得有趣，就得搞笑，有趣搞笑是它火爆的前提，但是有了搞笑和有趣不一定能火，还得加点佐料——创意。还记得前一段时间有一款 App 火的一塌糊涂吗？火到它的服务器都崩溃了，那就是足记。我们可以看出二者的共同点就是都与电影元素有关，符合这个娱乐时代，更重要的就是都有创意，你可能会想到给图片加文字，可是再加上电影台词，做出电影

---

❶　网易综合."小咖秀"这类爆款 App 带来的创业启示［EB/OL］. 网易，2015-08-05.

效果来，这就是与众不同的地方。你可能会想到模仿，你能想到只对口型吗？这就是创意。

与社交媒体融合的重要性

社区和社交也是小咖秀能快速走红的一个重要原因，使用者可以看别人录制的视频，可以吐槽，可以发弹幕，可以赞，这样的交互性有利于提高 App 的活跃度，使之可以一传十、十传百，达到传染效应。为什么其他类的视频没有火，不仅是上述两点做得不好，更是因为连这点也没有做到。

至此，做软件的关键点应是，以明星为推手（火爆的核心，营销的作用），以搞笑加创意（符合时代潮流）为灵魂，以社交为基础，不求面面俱到，也要做到以点带面。

剖析校园暴力事件频发背后的文化根源

引言

2015 年，我国各地区纷纷曝出校园暴力事件，校园暴力这一长期存在的问题再次成为社会关注的热点，当前，校园暴力逐渐出现了低龄化、恶性化等特点，这样的发展趋势显示出了在社会文化宣传以及教育方面尚存在的不足，随着学生年龄的增长并逐渐步入社会，暴力问题所带来的影响将进一步扩大，因此如何从文化方面彻底消除校园暴力产生的根源是当前十分重要的问题。

校园暴力事件频发，谁让花季少年如此残暴

（1）2015 年 5 月 20 日

安徽一名小学生因无钱"上贡"被逼喝尿。在仅有 7 人的班级里，班干部借"权力"横行霸道，多次以检查作业和背书为名，向同班同学索要财物；5 月 18 日，深圳龙岗区嘉联学校 2 名学生，因不满对方在 QQ 空间"互黑"对方，通过网络约架，引起十几人在学校门口互殴。

（2）2015 年 6 月 10 日

据网上公开的视频显示，南京浦口区陡岗中学初一的陈同学被高年级学生索要钱物，拒绝后遭到殴打，被逼自扇耳光，后在厕所被迫吸食管子上的大便。据

了解，对方还将殴打和侮辱的过程用手机拍下，并发送给部分学生和家长。该校负责人 11 日向受害学生和家长表示了歉意，并表示校方有不可推卸的责任，将加强内部管理。

（3）2015 年 6 月 21 日

江西永新县发生一起多人围殴女生事件。多名网友反映：一名女生被要求下跪，遭七八名初中生围殴，打人视频时长 5 分多钟。永新县公安局接到报案后介入调查，此次涉事女生有 9 人，其中小学生有 2 人，中学生 4 人，还有 3 人已辍学，年龄都在 12～16 岁。24 日，5 位打人女生家长到医院看望受害女生黄某，并向黄某及其父母道歉。一名涉案人员刘某已被刑拘。❶

斩断"校园暴力"魔掌

据粗略统计，仅 2015 年上半年，媒体公开报道的校园暴力事件就多达 30 多起。

人们不禁要问，我们的孩子怎么了？如何斩断校园暴力的魔掌？

（1）学校教育必须真诚反省

21 世纪教育研究院副院长熊丙奇曾指出，学生伤害案频发，与法律规则教育、生命教育和心理教育的缺失有关，而影视中不良风气的传播，给青少年提供了模仿学习的"样板"。

广西大学心理专家刘惠珍教授指出，心理健康教育缺失也是导致校园暴力事件频发的主因之一。分析近年来发生的校园暴力事件，可以看到，大多当事学生存在各种心理问题，比如性格孤僻、自卑、嫉妒心强，长期处在焦虑、紧张情绪中，等等。

多年前，教育部就要求各级各类学校，对学生开展心理健康教育。"然而专门设置课程、配备专业师资、开展对学生心理咨询服务的学校并不多，即使是开展心理教育和服务的学校，也存在人手有限、缺乏重视难以普及的问题。"一名长期研究青少年心理问题的教育专家表示。

广西大学社会学专业的大学生曾做过一次问卷调查："校园暴力发生在什么阶段？"92.9% 的读者选择初中、高中，7.1% 的读者选择大学。我国 17 岁以下的青少年中，至少有 3000 万人受到各种情绪障碍的困扰。

---

❶ 校园暴力事件频发，谁让花季少年如此残暴［N］. 北京晨报，2015-06-25.

"校园暴力的出现，绝不仅仅是管理不严、教育不力的问题，更重要的是，它表明了当前的教育远没摆脱应试教育的阴影。"一些家长和专家如是认为，正是死抱着应试教育的理念，一些学校以"以成绩为标准，以名校为目标"，导致德育教育严重缺位。

在不少学校，按规定设立的思想品德课常被其他主课挤占，成为可有可无的鸡肋，如何做人、如何尊重他人、如何爱护他人、如何与人和谐相处的人文教育长期被忽视。一些老师对学生简单粗暴，动辄采取暴力方式处罚学生，更成为很坏的示范。"学生在缺乏尊重的环境中成长，遇到挫折时，走极端的学生近年来越来越多，动辄采取暴力方式处理同学间细微的矛盾。"熊丙奇表示。

还有分析指出，校园暴力事件多发生在一些"非重点"学校，教育资源的不足，加上教师教育方法简单粗暴，让学生对未来感到迷茫和担忧，也是校园暴力事件的根源之一。

"学校教育必须真诚反省。"一些专家在接受记者采访时如是表示。

(2) 家庭教育是重要的"防火墙"

如何让自己的孩子远离校园暴力？南宁中学生打人事件发生后，当地有关部门、机构和新闻媒体及时进行了专题研讨。大家呼吁广大家长履行好学生的家庭教育及校外监护职责。作为家长，要让自己的家庭成为有善和爱的场所。

青少年自我认识、人格均处于成长期，一些好奇、轻狂、冲动的行为模式，多来自效仿。比如，一些社会戾气、成人施暴行为，因为网络的传播而被他们效仿，希望从中获得"成就感"。如何避免孩子意气用事，家庭教育是重要的"防火墙"。南宁市关心下一代教育研究所所长李英庆说，家长的语言、行为对孩子的影响很大。父母是怎么做的，孩子就会怎么学。孩子打人，说明我们的家长没有做好。

另一方面，一些孩子被人围堵殴打，往往是由于自身也存在一些问题，比如好攀比，喜欢表现自己，到处得罪人，这些很容易就会成为被欺负的导火索。其根本就在于，在独生子女的家庭结构里，父母长辈的层层庇佑，让孩子们缺乏对社会的正确认知。❶

---

❶ 刘昆. 斩断"校园暴力"魔掌：学校必须真诚反省［N］. 光明日报，2015-06-30.

数据分析

校园暴力，并不只是一种人与人之间的正面冲突，更是一种群体心理的反应，一种人生态度，一种意识。这些年来，校园暴力以各种不同的方式不断地出现在公众视野中。那这些校园暴力的背后到底是什么呢？是学生素质的低下还是在家长的溺爱之下，孩子变得自私狭隘了？还是对于相关教育的严重缺失？事实上，仔细看看当前我们社会所宣扬的文化，就能够发现校园暴力就是社会上暴力文化的直接衍生品。

如今，暴力文化已成为现代文化生活中部分成年人的生活调剂品，在此情况下，暴力文化的商业化自然成为商家的最大卖点。虽然我国有关青少年保护的法律法规中禁止孩子接触暴力文化，但是在影视文学作品、音像制品、小报小刊、电子游戏中，青少年还是很容易接触到暴力场面。更不可理解的是，成人往往因为一些影视作品是描写正义的战争或正义的做法就让孩子一同观看，即使其中的暴力场面十分恐怖。其实，孩子的价值观尚未成熟，在有暴力场面的作品中并不见得能理解什么是正义，相反，他们可能欣赏的只是其中的暴力行为。同时，家庭教育不当也是其中一个十分重要的原因。家长往往从孩子上幼儿园起，就向他们灌输在学校不能吃亏，遇到谁欺负自己就应以牙还牙、以暴制暴等错误观念。道德观念的传递不是靠灌输，往往还要靠家长的身体力行传授给孩子。

如今，我们正处在一个社会结构、体制都在急剧变化的时代，传统的道德观念在不断地瓦解、重构，整个社会的价值观走向多元。在这个前提下，孩子世界观中的暴力倾向在很大程度上是对于现实世界的投影。青少年的自我认识、人格均处于成长期，其行为模式多来自于效仿。一些社会戾气、成人施暴行为，随着网络传播后更易被未成年人所接收，导致孩子不自觉地拿起暴力武器，从中获得"存在感"与"成就感"。近几十年来，我们的文化一直强调"斗争"，认为"一山不可容二虎"，宣扬"有我无他，有他无我"的自私理念。在文化发展过程中，这种斗争文化被披上个性解放的外衣，深入年轻人之心。大众文化如此鱼龙混杂，孩子又缺乏辨别是非好坏的能力，同时，教育也为大众文化所绑架，人文教育的不足又使得文化市场上的不良文化得不到遏制，最终导致了暴力事件频发，并形成施暴群体低龄化和恶劣化的特点，而仅仅采取围堵、惩罚手段，并不能从根本上解决校园暴力问题，校园暴力的本质是社会暴力的投影，因此，遏制校园暴力，就必须对社会暴力文化进行清理，只有全社会都慎用暴力，以暴力为耻，形成社会性的对暴力的反思，才能真正地从根本上消除掉校园暴力现象。

参考文献

［1］马克思恩格斯全集［M］. 北京：人民出版社，1980.

［2］马克思恩格斯选集［M］. 北京：人民出版社，1972.

［3］列宁选集［M］. 北京：人民出版社，1972.

［4］毛泽东选集［M］. 北京：人民出版社，1991，1977，1999.

［5］毛泽东著作选读［M］. 北京：人民出版社，1986.

［6］邓小平文选（第二卷，第三卷）［M］. 北京：人民出版社，1994.

［7］李大钊文集［M］. 北京：人民出版社，1984.

［8］独秀文存［M］. 合肥：安徽人民出版社，1987.

［9］瞿秋白文集［M］. 北京：人民出版社，1993.

［10］张闻天选集［M］. 北京：人民出版社，1985.

［11］周恩来选集［M］. 北京：人民出版社，1984.

［12］刘少奇选集［M］. 北京：人民出版社，1981.

［13］黄楠森，龚书铎，陈先达. 有中国特色社会主义文化研究［M］. 济南：山东人民出版社，1999.

［14］戴有山. 文化战争［M］. 北京：知识产权出版社，2014.

［15］张岱年，程宜山. 中国文化与文化论争［M］. 北京：中国人民大学出版社，1990.

［16］中国共产党与中国先进文化. 中国共产党与中国先进文化［M］. 北京：中共中央党校出版社，2001.

［17］张静如. 中国共产党思想史［M］. 北京：青岛出版社，1991.

［18］金春明，陈登才. 毛泽东思想发展史［M］. 北京：共中央党校出版社，1993.

［19］孙占元. 中国先进文化的代表——中国共产党人文化思想研究［M］. 济南：山东人民出版社，2002.

［20］吴于廑，齐世荣. 世界现代史编［M］. 北京：高等教育出版社，1994.

［21］ 吉尔伯特·罗兹曼. 国家社会科学基金（比较现代化）课题组，译. 中国的现代化［M］. 南京：江苏人民出版社，2003.

［22］ 布莱克. 现代化的动力（中译本）［M］. 成都：四川人民出版社，1988.

［23］ 费正清. 刘尊棋，译. 伟大的中国革命［M］. 北京：世界知识出版社，2002.

［24］ 费正清. 傅光明，译. 观察中国［M］. 北京：世界知识出版社，2002.

［25］ 马克斯·韦伯. 新教伦理与资本主义精神［M］. 上海：三联书店，1987.

［26］ 庄晓东. 文化传播：历史、理论与现实［M］. 北京：人民出版社，2003.

［27］ 马克斯·韦伯. 经济与社会［M］. 北京：商务印书馆，1997.

［28］ 张清敏. 中国对外关系和对内管理和对外统筹［J］. 世界经济与政治，2013（8）.

［29］ 赵启正. 公共外交：向世界说明中国［N］. 新华日报，2013-12-18（B07）.

［30］ 杨洁篪. 新形势下中国外交理论和实践创新［J］. 求是，2013（16）.

［31］ 雷蔚真. 新媒体时代中国公共外交的新观念［N］. 光明日报，2016-04-25.

［32］ 空谈误国，实干兴邦——复兴之路启示之四［N］. 人民日报，2012-12-04.

［33］ 张清敏. 理解十八大以来的中国外交［J］. 外交评论，2014（2）.

［34］ 薛力源. 中国媒体公共外交的现状及对策研究［D］. 青岛：青岛大学，2014.

［35］ 布赖恩·霍金，扬·梅利森，肖恩·赖尔登，保罗·夏普，王姝奇，钟潇，牟舰. 外交的未来［J］. 国际政治研究，2012（4）：65-88.

［36］ 赵启正. 跨国对话：公共外交的智慧［M］. 北京：新世界出版社，2012：98-123.

［37］ 钟新，陆佳怡. 微博外交：与中国公众直接对话和互动［J］. 对外传播，2011（12）：52-53.

［38］ 赵鸿燕，何苗. 外国驻华使馆"微博外交"及其启示［J］. 现代国际关系，2013（8）：50-55.

［39］ 何宗强，李婷. 美国网络外交效用分析［J］. 国际论坛，2012（2）32-38.

［40］ Cull, Nj.. WikiLeaks, Public Diplomacy 2. 0 and the State of Digital Public Diplomacy［J］. Place Branding & Public Diplomacy, 2011（2）：1.

［41］ Lee, G. Ayhan, K.. Why Do We NeedNon-state Actors in Public Diplomacy. Theoretical Discussion of Relational, Networked and Collaborative Public Diplomacy［J］. Journal of International and Area Studies, 2015, 22（4）：1, 57-77.

［42］ Simons, G.. Taking the New Public Diplomacy Online：Russia and China ［J］. Place Branding & Public Diplomacy, 2015, 11 (5)：2, 111-124.

［43］ Zhang Qingmin. Contemporary China's Diplomacy ［C］. Beijing：China International Press, 2014.

后　记

本书是中央文化管理干部学院信息中心长期坚持的一项研究成果，通过现代网络技术，对全国文化系统每天发生的重要事件进行全方位的捕捉，并请权威专家对数据进行客观分析，表明我们对所发生事件的态度和从理论上进行分析研究，并做出相对公平、公正、科学的认知，旨在为全国的文化干部结合基层实践，运用理论分析方法，对动态事件进行科学决策提供一个分析问题、确立观点、解决问题、交流经验的普惠通俗读本。

文化大数据尽管是一件新兴事物，但是它毋庸置疑地渗透到了文化领域，这种现象不得不引起文化管理干部的关注。

文化大数据的内涵与外延尽管有明确的界定，但从国内外文化实践活动看，这是一个十分宽泛、动态的领域。首先，文化层面非常宽泛，我们从专业领域把文化大数据分成十大类，但这样的分类并不能穷尽所有。其次，大数据来源广泛，且有静态数据和动态数据之分，也有一个不断更新的过程，我们所获取的数据仅仅是沧海一粟，可以说非常渺小，微不足道。因此，真正地把握文化大数据，并从海量的数据里形成规律性的理论观点，并不是一个简单的事情。同时，文化大数据的建设有一个过程，不可能一蹴而就。此外，文化大数据建设的目标在于应用，既要为大众服务，又要为顶层设计，为中央制定文化政策、文化立法、文化政策的落地提供有价值的参考和利用，为决策服务。从这个角度讲，本书称为"文化大数据"，从数据量上来说是远远不够的。但作为学术引导，我们开创了专门对大数据进行深入研究的一个切口，旨在抛砖引玉，为引领国家文化治理现代化走向更加科学做出一点基础性工作。

"十二五"期间，中央文化管理干部学院在学术上取得了一些成果，在"十三五"期间，我们坚持把文化大数据作为科研研究的发力点，形成自己的科研品牌，践行对所研究的理论在政策制定者和政策执行者两者之间进行转化，真正为民族的文化复兴，实现中国梦做努力。以后每一年我们都将以文化的十个类别为基础，以大数据应用为切合点，将"分论"与"案例"相结合，为研究文化大数据提供最基础的数据分析。其中，"分论"以政策形成为端点，以政策演进为线索，通过总体描述与数据实践，可以给读者一个总体印象，便于考察文化大数据背景下公共文化、社会文化、文化产业、文化交流、文化科技、文化消费、艺术经纬、文化遗产、文化治理、文体改革的发展概况，是一个比较宏观的说明。"案例"则是作者方精心挑选的例证，旨在说明文化与大数据结合背景下上述文化类别的进展。

需要说明的是，随着文化大数据的发展，本书将定期进行更新，容纳更新的文化大发展数据、案例和事实，为文化干部和广大读者提供最新的文化大数据资讯。

本书在中央文化管理干部学院领导的大力支持下，由苏峰主编、戴有山副主编，武汉大学、清华大学、中央财经大学等众多知名学者参与了本书的编写工作，还有更多的同志参与了这项工作中，对此一并表示致谢。写作过程中，参考了相关政府文件、政府网站和有关作者的文献，在此也一并表示感谢！

2016 年 6 月 6 日